U0069136

王志勇——著

文明
基督教論

這世界正在被厚顏無恥的信念淹沒，那信念就是：權力無所不能，正義一無所成。在我們國家，謊言已不僅屬於道德問題，而是國家的支柱。一句真話比整個世界的分量還重。我們不要忘記，暴力並不是孤零零地生存的，它必然與虛假交織在一起。暴力在虛假中找到了它的唯一的避難所。

——索忍尼辛

目　錄

內 容

仁教與真理／聖愛之約與哲學之求真／
理性的種子與哲學品質／智商、實存秩
序與先知意識／智慧、仁教與教育／
真、仁與思想文明／知識信仰與前提性
實在論／科學精神與形上追求／知性主
體與真理情結／仁教、愛主愛人與治理
的使命／重建基督教的道統和學統／道
統與學統的方法論／基督教道統六要點
／基督教學統六要點／仁教、改革宗與
中國文化的會通／基督教文明論與教義
體系／門徒培訓、思維訓練與智者品
格／仁教、哲學與文明宣教／仁教座右
銘：愛主愛人

✝

唐 序

　　自古以來，基督教的產生就沒法避免與世界頂尖文化的衝突，而處理這件事的基督徒真是鳳毛麟角。能看到基督教的獨特性，以及透視世界文化的卑劣性，而加以正確及全面批判的基督徒或教會領袖更是少之又少，因為撒但在人的文明之中暗設了對基督信仰所構成的陷阱，是不易被發覺的。人應用神所給人的文化功能建立文明，原是人有上帝形象的特徵，卻因罪的存在，使文化在形成文明高峰的同時已經變成人類自義的精神堡壘，也成為整個社會的靈魂，固若金湯，不易攻破。

　　一般信徒或是毫無意識地被動接受或是半意識地姑且妥協，鮮有足夠智慧迎戰文明中的破綻及缺陷，所以基督教在福音的總體戰中無力揭開它的真面目，更何談攻破堅固的營壘，以至於教會常在世俗「高級知識分子」面前畏縮，而任其誇耀猖獗，並對基督教無理地歧視，這實在令人歎息萬分。

　　自宗教改革五百年以來，歸正先賢已證明我們是護教大工上最英勇及最精忠的戰士。數十年來，吾繼承了改教以來歸正運動中的護教精神，結合神學、哲學、護教與佈道為終身之事奉

原則，透過神超然啟示的智慧，批判世上的小學，站穩真理的立場，大聲呼籲罪人歸順基督的救贖，特別是知識分子。雖感孤獨，卻不敢退卻責任而不為。

今見到王志勇牧師寫成這本嘔心瀝血的大作，真是為他深深感謝上帝，這是自奧古斯丁以降，除了馬丁‧路德及約翰‧加爾文直到近世紀來，很少華人教會領袖所看到的要任。盼望這本書可以引發更多基督教的領袖鑽研基督教護教學中對文明的認識與批判，把人的心意奪回。

這是一本難能可貴、不可多得的護教著作，雖然內中難免有些不易明白、與大眾思潮格格不入的名詞與新思維，而觸及常人感到陌生的思想領域，這原是可以理解的，因為凡是有創造性的突破思維，一定會產生批判與不滿的反應。但我們華人基督教的文化就應當學習用忍耐的心期待上帝繼續的光照，等事態更為透明，主若印證，我們就可以甘心領受這份恩典，或在未來的過濾中使基督教在中國進入更完美的階段。在承受歷世歷代偉大聖徒所傳下來的正統信仰之後，我們應當憑著願意忠於全本聖經的思考，尋出神賜與我們文化所能找到的獨特成果，以至於在普世偉大的護教使命行列中共享我們所領受的一份。這樣，華人教會將更加成熟，也更榮神益人！阿們！

唐崇榮 牧師

✝

余 序

　　歷史學家唐德剛於一九九〇年首次提出中國歷史的三大階段、兩次轉型之說：中國歷史的第一段是先秦的封建社會，第二段是皇權農業帝國，第三段是民權開放的工商社會。第一至第二段的轉型，從戰國到秦帝國，大約三百年。第二到第三階段，從鴉片戰爭打開天朝大門一直延伸到廿一世紀六〇年代，一共需要二百年時間，距當下還有四十多年時間。

　　在論及中國近代「歷史的三峽」時，唐德剛生動地描繪說：「我們這條『中華文明號』大帆船，於一八四二年自虎門進入三峽，順流而下，千里江陵一漩渦，其是驚險莫名。……一路上我們從一般乘客中臨時培訓的傳統梢公和西式舵手，又逢灘必換，遇峽即改。而頑固的梢公、幼稚的舵手，才能不同，個性迥異；把舵手權，又各不相上下。以致逢崖觸礁，遇灘擱淺。而乘客之中，又各私其黨，嘈嘈雜雜，莫衷一是，弄得船翻船漏，溺屍如麻。……我們通過這條歷時二百年的歷史三峽，真是慘痛不堪！」[1]

1　　唐德剛，《開放》雜誌，1993 年 8 月。

太平天國、義和團、軍閥混戰、國共內戰、抗戰、大饑荒、文革、二二八屠殺、六四屠殺……中國人在過去一個多世紀裡所經歷的苦難，跟舊約中記載的猶太人瀕臨亡國滅種的慘禍何其相似！

　　然而，人類歷史在上帝的掌管之下。中國一旦走出「歷史三峽」，必將從「山重水複疑無路」的困局進入「柳暗花明又一村」之佳境，如唐德剛所言：「過去五千年的一部中華通史，實是一部『帝王專制史』；而今後五千年的中華通史，將是一部『民主政治史』。此一轉變，實是任何人力、物力，皆不能逆轉者也。……『帝王專制』所牽涉的非『帝王』一人而已也。它是個政治社會文化相互配合的特殊制度的集體運作。也是一部統治機器的有效操縱。『民主政治』亦然。它是一種制度；也是杜威、胡適師徒，口口聲聲的所謂『民主是一種生活方式』。從帝王專制，要轉變成民主政治，不可一蹴而幾。二者要從政治經濟轉型開始，而一轉百轉，要全部轉完，實非數百年不為功也。」[2] 對於中國的未來，我們都應該有唐德剛這樣的樂觀期許並為之而不懈努力。

　　如果緊接著唐德剛的論述往下探究：中國這艘巨輪要安全地「出三峽」，當然不能繼續依靠衣衫襤褸的縴夫、步步血汗的人力，必須換上新式發動機。然而，發動機有多種型號，哪一種發動機適合這艘巨輪呢？令人扼腕長嘆的是，近代以來中國的先行者們一直選錯了發動機，致使這艘巨輪時而乘風破浪，時而原

2　唐德剛，〈半論中共人民政權五十年（之一）〉，《傳記文學》第七十五卷，第四期，頁15。

地打轉，有時甚至掉頭而去，使「出三峽」旅途的痛苦與挫折倍增。觀念改變世界，近代以來中國從西方引進的觀念，偏偏是讓人走火入魔、揮刀自宮的「葵花寶典」，而不是讓人強身健體、脫胎換骨的「降龍十八掌」。留學英國的嚴復選擇翻譯赫胥黎（Thomas Henry Huxley）之《天演論》（Evolution and Ethics），以為是救中國的良方；卻茫然不知英美近代文明的根基，乃是建立在加爾文的《基督教要義》之上。陳獨秀、李大釗聽到「十月革命一聲炮響」，以為馬克思主義可以將中國引向天堂，殊不知中國由此墜入地獄：他們不曾讀過馬克斯・韋伯（Max Weber）撰寫的《新教倫理與資本主義精神》，此馬克斯非彼馬克思（Karl Marx）也，後者比前者睿智一百倍。

那麼，未來中國的出路何在？王志勇牧師在《基督教文明論》一書中的回答是：以加爾文（John Calvin）取代馬克思，以基督教文明取代肆虐中國的東方專制主義傳統和從蘇俄和法國傳入中國的現代無神論意識形態。在此過程中，中國教會的復興是一台「唱給世人和天使看」的大戲，復興的中國教會必定成為中國社會轉型中舉足輕重的力量。而比基督徒和教會數量的增長更重要的，乃是對基督教文明本質的認識和持守。王志勇牧師的《基督教文明論》是一本對症下藥的奇書，我想以一句話概括本書之主旨：未來中國社會和中國教會的希望，在於建立一整套國度、聖約與文明融會貫通的基督教世界觀和文明論。

作為「文明論」的基督信仰

中國文化的「醬缸」特質，使所有進入中國的異質文化和信仰都被打上「具有中國特色」之烙印。佛教進入中國之後，失去

了原始佛教中「怒目金剛」、「捨身飼虎」的犧牲精神，成爲皇權專制的附庸（少林寺方丈釋永信及對岸台灣的星雲、慈濟等無不如此）；社會主義思潮進入中國之後，蛻變成毛澤東式的「痞子運動」，以暴力和謊言爲開路先鋒，帶給中國無窮無盡的浩劫。基督新教也是如此：自馬禮遜（Robert Morrison）一八〇七年進入中國以來，雖然過去了二百多年，但趙天恩牧師所憧憬的「三化異象」（即「中國福音化、教會國度化、文化基督化」）仍是水月鏡花；反之，基督新教不由分說地遭到「中國化」的腐蝕，被穿上滑稽的「唐裝」：或淪爲庸俗不堪的成功神學，或被扭曲成拜財神、關公、觀音、媽祖式的民間宗教迷信，而未能彰顯其作爲一種強大而生生不息的文明的偉大面向，也就未能爲中國的未來指出振奮人心的方向。

　　基督信仰當然不是躲藏在教堂建築內的「心靈按摩」，也不是刻意遠離塵世、苦行僧式的「吾日三省吾身」。一九二九年，美國正面臨經濟危機的衝擊，人心惶惶，神學家尼布爾（Reinhold Niebuhr）指出：「如果一名牧師想被眾人接納，他只需停止引起人們對抽象觀念的熱衷，這樣的觀念人人都在理論上接受，又在實踐中否定。這名牧師也必須絞盡腦汁，思考這樣的觀念在他和別人面對當今文明社會中的一切社會問題時，是否有效可行。這會立刻爲他的職分增添一絲務實和有力的氣息。」顯然，眞理不是高高在上、玄之又玄的，眞理如空氣和水一樣每天都在對人類的生命產生影響。英國學者麥格拉思（Alister McGrath）在《加爾文傳：現代西方文化的塑造者》一書中引用了尼布爾的這段話，並認爲：「這一模式在加爾文的屬靈著作和講章中，恰恰十分突出。加爾文觸及眞實具體的人類境況，如社會、政治和經濟

問題。……加爾文的『將聖潔世俗化』，包括將人類存在的全部領域，引入上帝使如成聖和人奉獻自己的範圍之內。正是生命的成聖，深深地影響了加爾文的追隨者。而生命的成聖，在於工作的成聖。」這就是加爾文主義的精髓所在：既然塵世是「天父世界」，那麼人類就是居住其中的「好管家」。

清教徒時代，牧師當然兼有公共知識分子之角色，英國革命和美國革命的中堅力量就是一群牧師和長老，在美國《獨立宣言》上簽名的就有好幾名牧師。可惜的是牧師同時身為關懷社會的公共知識分子，且其教導與「時務」息息相關的清教徒傳統，在今天的全球教會、特別是華人教會當中尋尋覓覓都尋不見。王志勇牧師多年在北美華人教會中牧會，也常年奔赴中國及東南亞華人教會宣教、培訓，是中生代華人牧師中少有的「學者型牧師」，以及深研神學、洞察時務、行公義、好憐憫的公共知識分子。作為具備公共知識分子視野的牧師，王志勇站在「文明論」的高度論述基督教信仰的本質，他發現清教徒時代的信徒們將基督信仰當作一種完整的、貫穿於生活每個方面的文明形態，信仰不是割裂的、私人化的，而是整全的、公共性的，正如英國歷史學家托尼（R. H. Tawney）在《宗教與資本主義的興起》一書中所說：「清教徒在拯救自己靈魂的努力中，動員了天堂和塵世的一切力量。僅僅通過他不斷擴張的精神力量，清教徒不僅重新塑造了自己的特性和習慣以及生活方式，而且重新塑造了家庭和教會、工業和城市、政治制度和社會秩序。」這正是如今中國教會嚴重缺失、卻又無法躲避的「大使命」。

基督信仰中的法治與秩序觀念

聖經真理分為舊約與新約兩大部分,概而言之,舊約以律法為主,新約以恩典為主,但兩者不可絕對二分,兩者一脈相承、渾然一體。然而,就當今華人教會而言,普遍重新約而輕舊約,多談恩典而忽略律法。這種有偏差的教導在教會內外都產生了嚴重的副作用。

今日的中國社會處於失序狀態,共產黨的統治已進入末期,官方以馬列主義、毛澤東思想為主體的意識形態崩解。既然官府無法無天,民間亦為所欲為,整個社會缺乏對法治的尊重以及尋求優良秩序的動力。官府以酷刑對待人權律師和上訪民眾,而民間也不斷湧現出如楊佳般濫殺無辜的「俠客」。與此同時,中國教會也呈現出令人憂慮的無序、失序狀態:或者沿襲中國秘密會社的傳統,地下教會領袖逐漸演變成洪秀全式的獨裁者;或者仿效公司企業的管理模式,將長老會辦成「誰的股份多,誰的話語權大」的公司董事會;或者乾脆實行老子式的「無為而治」,連章程、信仰告白和財務管理條款等教會的基本要件都闕如,簡直就是「混一天算一天」。教會內部的真理教導存在重大欠缺,教會的組織管理體系混亂不堪,自然使得教會無法應對時代的挑戰,不能對具有敏感性的社會議題發出先知的聲音,甚至當自身的宗教信仰自由遭到政府侵犯和剝奪時也不知如何回應。那麼,這樣的教會又怎能充當世上的光和世上的鹽的職分呢?

在當今的華人教會中,受過系統的法學教育和法學訓練的牧者屈指可數,而早年的法學根基使王志勇成為一名具有法學家思想背景的神學家 —— 他與加爾文一樣,由法學走向神學:他早年

畢業於北大法學院，後來就讀於美國加爾文神學院。所以，與加爾文一樣，王志勇特別重視聖約、法治、秩序等觀念，他在上帝的創造和護理中看到了「秩序之美」。他認為，基督教和文化保守主義者所注重的是秩序、公義和自由。加爾文整個的神學思想就是以「恢復秩序」為念。世界的問題就是「失序」，失序導致的就是「混亂」。既然世界在整體上是由上帝創造的，人與周圍的時空性的環境之間具有「連動」的關係，人在道德上的墮落也引發了周圍世界的失序，當然人本身的歸正也會使得周圍的世界能夠逐漸歸序。換言之，如果說儒家的秩序是為東方皇權專制主義張目的「君君臣臣父父子子」，那麼基督教的秩序就是聖經中所說的「凡事都要規規矩矩地按著次序行」（林前 14:40）以及由此產生的權力分割和制衡觀念。

在中國，法律缺乏神聖來源，竊取「天子」之位的皇帝可隨意制訂或更改法律。於是，中國自古以來便缺乏法治精神，從未產生獨立的法官和律師的職業，法官通常由各級地方官員兼任，律師則由受到人們被普遍鄙視的「師爺」或「訟棍」充當。那麼，如何才能改變這種「無法無天」局面？王志勇認為，必須從聖經中引入聖約、秩序的精神價值，使之在中國的土壤中生根發芽、開花結果。他進而指出：公義就是合乎正當的秩序，若不承認秩序的存在，就從根本上否定了公義和自由的存在和意義。聖經啟示和教會正傳強調上帝的秩序和律法。然而，在今日教會的教導以及包括法學在內的社會科學研究中，這些觀念中宛如空谷回音。

加爾文主義與中國社會轉型

後毛澤東時代的三十多年，中國的經濟發展及城市化突飛猛進。與之平行，新興城市教會成為增長最快的一種教會類型。這種情形，宛如英美由清教徒佔主導地位的時代。英國歷史學家托尼指出：「清教徒精神選定的位置是社會中以下這些階級：他們經濟獨立、受過教育，而且對自己的社會地位感到自豪；他們決心過自己的生活，決不屈從塵世的權威；對於那些因為品德上的缺陷或者經濟上的無助而比他們缺少決心、缺乏活力、缺乏主人特質的人，他們表現出某種傲慢的輕視。」這些清教徒讓荷蘭在短短二、三十年間崛起為海上強國，這些清教徒支持克倫威爾打贏了與英國國王的戰爭，這些清教徒勇敢地奔赴一無所有的新大陸創建「上帝之城」，這些清教徒奠定了「民有、民治、民享」美國的立國之本。清教徒的時代過去了，但清教徒的精神氣質歷久彌新，仍然在鼓舞和啟示著今天的基督徒：究竟上帝的呼召是什麼？我們如何回應上帝的呼召？

那麼，接下來的問題就是：今天中國的新興城市教會及基督徒，有沒有可能承接當年英美清教徒的精神傳統，引領中國實現民主化和社會轉型呢？已經有越來越多的牧者和學者開始對教會產生此種期許。王志勇就是其中之一，他從改革宗神學、加爾文主義當中提煉出契合中國當下現實的「轉型神學」。在本書中，作者開宗明義地提出：「轉型神學就是聖經中所啟示的轉向基督教文明的五大路徑，這五大路徑來自基督教文明的五大要素。首先，在主權上從人本主義轉向神本主義，在此強調上帝在本體上的超驗性和歷史上的主權性；其次，基督徒從怨天尤人的受害

者轉向當仁不讓、見義勇爲的上帝使者，在此強調基督徒作爲歷史主體的使命和責任；第三，在律法上從狂妄自法轉向謙卑地遵守上帝的律法，在此強調以上帝的律法爲終極標準來不斷改變中國的惡習惡俗惡法；第四，在賞罰上從只要權利和恩典轉向面對罪的後果而勇敢地承擔自己的責任，在此強調真正敬畏上帝、遵行上帝約法的人必然得蒙上帝的祝福；第五，在未來和更新上從個人的悲觀絕望轉向信靠上帝的大能和計劃必要成全，在此強調世界歷史的結局不是同歸於盡，而是天上地下一切所有的都在基督裡同歸於一，基督徒的使命與呼召就是參與上帝必要達成的計劃。」這些洞見是上帝給苦難中的中國和中國教會的祝福。長期養尊處優且被自由派神學腐蝕和麻醉的西方主流教會，並不需要「轉型神學」；而在苦難和逼迫中的華人教會和華人基督徒，在尋求上帝對這個時代和這個族群的「心意」的過程中，或許能夠重現清教徒的榮光。

劉曉波曾以《未來的自由中國在民間》爲一本論述中國社會變局之專著的書名，王志勇牧師則進一步將其引伸爲「未來中國民間的希望在教會」。我深深地贊同此一看法，因爲若沒有新的思想和觀念進入，中國民間社會仍然被籠罩在臭氣熏天的醬缸文化中，民間與官府「精神同構」，中國照樣是毫無希望的。教會有可能成爲改變民間文化和民間生態的「酵母」或「催化劑」，那一點看似微弱卻不熄滅的光芒，足以擊退中國數千年如棉絮一樣沉重的黑暗。當然，正如王志勇在本書中所指出的那樣，中國教會的希望在於加爾文主義和清教徒精神，如果我們的信仰提升到世界觀和文明論的境界，如果生活在教會當中的基督徒既成爲天國的子民也成爲地上的公民，那麼在未來的中國就能實現「公

平如大水滾滾，使公義如江河滔滔」（摩 5:24）。

余杰

知名基督徒作家

✝

陳　序

　　我在東非坦桑尼亞維多利湖邊一個小漁村的基督教孤兒院當
志工，到今年九月就滿兩年了。無論在哪裡，孤兒院總是個很不
尋常的地方，它通常等同於一個城市、一個地區甚至一個國家絕
大多數陰暗面的某種集合，像濃縮的墨汁，又像化膿的傷口。我
所待的這一所孤兒院中有一百四十多個孩子，從兩歲到二十四歲
不等。有的剛因父母雙亡被領回來，有的已經上完大學、離院成
家；有的生來就是愛滋病毒帶原者卻在救贖的恩典中活得燦爛非
凡、有的生來健康，卻不自覺被沈重肉身拖向死蔭的幽谷。

　　他們都長於這個幾乎可以被稱爲「上好」的基督教氛圍裡，
有良好的家庭團契、兒童團契、青少年團契、各種禱告會和查
經，就連聖經也是院裡小學正兒八經納入考試範圍的一門學科，
他們從小到大耳濡目染，卻還是沒有辦法在屬靈的大海裡一帆風
順。從這些孩子們身上，我目睹了太多也學到了太多。有誰失落
滑跌、犯罪以至虧缺神的榮耀；又有誰如何奮力地與舊我肉搏，
有時勝負不分、有時陰晴不定、有時步步爲營、有時潰不成軍，
竟然沒有大獲全勝的時候。每次，我似乎也跟著經歷一場光與暗

之間的血仗，更致命的是，每次陪同他們歷經靈魂深處的爭戰，都像是上帝把高倍放大鏡舉到我眼前，讓我看到被具象化的另一個自己，我的失敗、驕傲、放縱和爛泥般的污穢。要說起來，我比他們更糟。

那些不為人知的敗壞和腐朽，要怎麼對付呢？

這次讀到王志勇牧師的書稿《基督教文明論》，深覺自己才疏學淺，也因鮮少如此刻苦又用心地研究聖經精義而感到慚愧，所以對於其中很多深邃的講論，實在沒有資歷過多地去「評」。但關於「心學」，也就是「密契神學」的部分，除了對王牧師這套體系之完整敬佩之餘，內容也觸動了我的心。畢竟這是關乎「心」，尤其是一顆在天父上帝恩慈、耶穌基督寶血以及聖靈保惠師光照下失而又得、死而復活的心。

要說與天父之間的「密契」，除了主耶穌之外，最得要領的，在我看來便是神人摩西。每每讀到「耶和華與摩西面對面說話，好像人與朋友說話一般」（出 33:11），這種像朋友一般的親密，讓摩西能夠毫無攔阻、毫不躊躇地向耶和華呼求、跟耶和華交談、甚至是略帶威脅性質的撒嬌：「你若不親自和我同去，就不要把我們從這裡領上去」，簡直可愛極了。摩西的執著卻並非無理取鬧，他清楚知道上帝一旦與人立約，便不可能背約，他牢牢抓住了上帝「信實」這一屬性，求憐憫求律法求亮光，「求你顯出你的榮耀來給我看」。他無疑是知道神心意，並且也是被上帝所認識的，正因如此，他才能夠成為上帝和以色列人之間的橋樑。

但摩西之所以能夠成為「神人」，顯然不是一蹴而就的。埃及四十年，看遍了一切榮華之中的榮華、虛空之中的虛空，就連

知識也學盡了。曠野放牧四十年，從至尊到至卑，孤苦至極，卻親眼所見燃燒不滅的荊棘、知道自己是那「拙口笨舌」的。最後到率領百萬以色列人出埃及，其間因那悖逆之民一次次頑梗犯罪而悲憤心碎，還是按捺不住愛他們的心，一次次求耶和華開恩。

王志勇牧師在第二章中這麼寫道：「聖經中所啟示的真宗教不僅強調我們對上帝和自身的認識，並且教導我們愛主愛人，這種心靈之愛乃是真敬虔的核心標記。這種認識乃是來自上帝超然的光照，這種聖愛乃是來自上帝超然的澆灌。我們根據人的宗教心而建構宗教系統和密契神學，核心就是我們在耶穌基督裡與上帝之間彼此相屬相愛相契的關係。」認識上帝和自身，愛主愛人，上帝超越性的光照，在耶穌基督里與上帝之間的密契關係。這豈不就是神人摩西嗎？

可儘管摩西是這樣好，更得我心的屬靈人卻是大衛。他真正扎心的部分，不是戰勝巨人的信心、不是殺死萬萬的無畏無懼、不是他舉世無雙的文采、甚至也不是那讓他能寫下「使我躺臥在青草地上，領我在可安歇的水邊」這樣感人詩句背後的力量，而是他深知自己惹動了耶和華的怒氣之後，哭泣禁食，並哀求一顆清潔之心的傷痛。

王志勇牧師如此寫道：「宗教和道德最大的困局就是人性的問題，真正的宗教家和道德家都會深刻地認識到人性的扭曲、幽暗和敗壞，同時又感到對自己無能為力，對他人愛莫能助。」如果這句話到此為止，這無疑描述的是一個再可悲不過的困局。因為人人都滿了扭曲幽暗和敗壞，卻又無能為力、愛莫能助，出路在哪裡？不過是死路一條。但王牧師接著寫了：「突破這一困局的關鍵就是聖靈的大能。」原來這種人性之中的可憐、可憎和可

恥並非無藥可救，相反，這藥明明白白地陳放在世人面前，從不曾被標上價格，既是免費，亦是無價。

在初信主的那幾年裡，我不明白為什麼即便是像大衛這樣合神心意的君王也會犯下如此顯而易見、甚至算得上是愚蠢的大罪，就像我不明白為什麼即便清楚曉得自己是有得救確據的人，卻仍不時陷入罪的網羅、難以自拔。當罪發動時，那些恩典、那份救他救我出黑暗入光明的大愛、那悔改的眼淚和重生的喜悅，就都不知去向了？就連那曾瞎了眼又重新看見的使徒保羅也感嘆：我真是苦啊！誰能救我脫離這取死的身體呢？誰能呢？

聖靈。

這就是為什麼大衛在「上帝啊，求你為我造清潔的心，使我裡面重新有正直的靈」之後，繼續懇求：「不要丟棄我，使我離開你的面，不要從我收回你的聖靈」（詩 51：10-11）。大衛果真是認識上帝並清楚上帝心意的。他知道無論自己再惡貫滿盈，只要上帝願意不收回聖靈，自己就是有救的，就有可能重回至聖所，就有可能在罪上多死一次、也在得勝的榮耀之中多活過來一次。

慢慢地我明白了，如王志勇牧師所寫，成聖是需要操練的。一個人能被稱為主的門徒，並不是因為他足夠剛強能夠抵擋仇敵的一切火箭，而是在試探面前，他知道自己足夠軟弱，知道靠著自己，什麼都不能做，便躲到了上帝翅膀的蔭下，得憐恤、得安慰。

大衛說：「求你轉向我，憐恤我，因為我是孤獨困苦」（詩篇 25:16）；他說：「有一件事，我曾求耶和華，我仍要尋求，就是一生一世住在耶和華的殿中，瞻仰他的榮美，在他的殿裡求

問」（27:4）；他說：「你是我的藏身之處，你必保佑我脫離苦難，以得救的樂歌四面環繞我」（32:7）。每當讀到「你是我的藏身之處」，我就會因上帝為大衛、為每一個罪人所預備的這份細緻又甜蜜的心靈密契而驚嘆不已。世人如我是多麼蠢笨又遲鈍，總是在犯罪之後試圖遵照亞當夏娃的舊例，逃避神的面，天起了涼風，你我卻情願在上帝的殿外凍得瑟瑟發抖。大衛之所以偉大，不是因為他不犯罪，而是他即使犯了罪，也從不另覓上帝之外的避難所。

同樣的領悟，可拉的後裔們也得著了。在訓誨詩裡，他們寫道：「神啊，我的心切慕你，如鹿切慕溪水。」（詩 42:1）記得多年前有次收看探索頻道的一個關於鹿的紀錄片，裡面講到鹿離不開小溪除了為解渴，另一個重要的原因是為了躲避猛獸的追捕。鹿身上的氣味不輕，很容易被食肉動物嗅到，所以每逢遭遇險情，鹿便把身體浸入溪水裡，一旦自己的氣味被水衝散，便能化險為夷。

我想，上帝一定就是那溪水，淹過我身上罪的氣息，救我脫離仇敵的圍剿，使我的心得以更親近祂的靈。王志勇牧師這樣寫：「心學的最高價值和追求是自由，就是在基督裡上帝賜給我們那榮耀的自由。」我唯有一再靠主恩典操練，才能在聖靈的光照之中，得享自由。

在孤兒院裡，我和這些青少年們總是在竭盡全力地突出撒但的重圍。時間越長我越發現，生而為人，我們都是一樣的，罪也沒有大小之分，或許他們犯了，我充其量只是持守住了行為。但耶穌也說了啊，凡看見婦女就動淫念的，這人心裡已經與她犯姦淫了。因此我也總是告訴他們，罪是可怕的沒有錯，但就是這些

不堪入目的醜陋，讓我們更體會天父的慈愛、耶穌的無瑕和聖靈的保守是多麼地寶貴。唯有每天每時在最深處的罪上被殺死一遍，才能在最榮耀的光中復活一次。這也是為什麼我能放膽對他們說：「無論一個基督徒活得是多麼地糟糕，跌倒多少次，只要你是跟隨主的，你身上就一定會有某個屬主的印記，讓世人和天使觀看；你也就有這樣的資格，可以在摔傷之後，回到天父的懷裡，讓祂用油和酒為你包裹傷口。」好在有主為我恆久自由的藏身之處。

王志勇牧師的書稿沉之又沉、重之又重，一個完整而正確的基督教文明體系，實在是難求而珍貴的。其中關於知識、關於宗教、關於德行、關於政治，如何能夠在上帝的永恆計劃之中呈螺旋式上升，從而越發接近祂最初造我們、造世界的心意，王牧師是思了又想、求而又求過的。我讀了，獲益良多卻因為不知如何下筆而忐忑不安，因為無論從知識還是靈命上說來，我都如不配的無知小民，最後只好選擇從自己的經歷和心路入手，短短成文。

願上帝繼續祝福祂僕人的筆，從而使萬國萬民得到造就。

陳又禮
《南方人物週刊》特約撰稿人

自 序

　　國度、聖約與文明，這三大詞語恰恰就是目前大多數基督徒所忽略的。

　　上帝的國度就是以「敬畏上帝，信靠基督；愛主愛人，守約守法」為標記的基督教文明！上帝的國度在世界歷史中的彰顯和落實必然是基督教文明。談及上帝的國度，卻不談基督教文明，甚至拒絕基督教文明的概念，那麼我們的信息就「不文明」，就是「野蠻」、「土豪」和「醜陋」！也就從根本上不合乎上帝所啟示的「善良、純全、可喜悅的旨意」（羅 12:2），當然也無法建立真正合乎上帝的旨意的文明。

　　人的本質就是按照上帝的形象受造，基督徒文明就是將這種形象完全展現出來。唯獨上帝在本質和存在上是完全一致的，而人的本質則需要一定的歷史過程才能充分發揮上帝賜給他的潛能，成為充分發展和成熟的存在。這一發展和成熟的過程，宏觀上而言，在世界中彰顯為上帝的國度與聖約的歷史進程；微觀上而言，在個人身上則是彰顯為基督徒效法基督、分別為聖的成聖過程。

　　把上帝的國度、聖約和基督教文明直接聯繫在一起，乃是「雅和博經學」[1]所特別強調的。上帝的國度乃是通過立約的方式展開的，上帝一開始就與人設立生命之約，要求人完美地順服上帝的主權和約法，從而建立愛主愛人的文明。這樣，我們就從根本上擺脫了十九世紀開始攪擾和敗壞全世界的國家主義與民族主義的幽靈，明確地恢復大公教會的眞理和立場，建立跨越國家和民族界限的基督教文明。

　　上帝是世界的大君王、聖約的設立者，祂通過創造世界和設立聖約完成祂的計劃。這個計劃就是在地上建立敬畏上帝、仁人愛物的文明。強調上帝的國度，我們就擺脫了世間各種罪人以「打江山，坐江山」爲模式所建立的「強盜團夥」的轄制；強調上帝的約法，我們就擺脫了世間罪人所設立的各種惡法惡規的捆綁；[2]強調合乎上帝旨意的文明，我們就能從根本上不斷改變我們自身和周圍文化中存在的各種愚昧、兇殘和野蠻現象。

一、基督教文明的異象

　　首先，我們必須明白基督教文明的異象。長期以來，那些支離破碎、以偏概全的神學使得基督教約化、淪落爲各種形式的民

1　雅和博經學：雅和博出自希伯來文 ahava 的音譯，意思就是「愛」，相當於希臘文的 agape。

2　奧古斯丁，《上帝之城》，4 卷 4 章。「沒有了正義，國家不過是一大群強盜。而強盜不過是一個小王國。團夥是人組成的，聽首領的號令，通過盟約組織起來，根據共同認定的法律分贓。它如果不斷招降納叛，壞事日益增多，劃定地盤、建立據點、攻佔城池、統治人民，就越來越可以公然有王國之名。」摘自吳飛譯本（上海：三聯書店，2009 年）。

間宗教,根本不能夠建立強大的基督教文明,當然也無法和周圍已經成型的異教文明抗衡。此類膚淺、錯謬、狂熱的神學,在中國宣教歷史上,使得個性強悍的傳道人成為洪秀全式的裝神弄鬼、妖言惑眾、占山為王的邪教領袖,使得個性軟弱的傳道人成為為強權吹噓拍馬、粉飾太平、愚弄百姓的神漢巫婆。在此類錯誤神學的影響下,西方歐美各國已經建立的基督教文明的大廈也在搖搖欲墜,無法維繫。

　　基督教文明是國度的文明,也就是天國的文明,乃是以上帝為中心、以上帝的約法為框架和標準、以耶穌基督為獨一救主的文明。「沒有異象,民就放肆;惟遵守律法的,便為有福。」(箴29:18)靈恩派的弟兄姊妹喜歡引證這節經文的上半節來凸顯自己領受的各種「**異象**」,但卻從來沒有詳盡地考究、遵守上帝的律法!假如極端靈恩派的弟兄姊妹能夠認真地考究、遵守上帝的律法,也就不會在上帝的律法之外高舉自己「傳道」、「趕鬼」、「行許多異能」了!沒有基督教文明的異象,我們就無法理解上帝的聖約和律法,當然也無法理解耶穌基督的救贖。因為上帝不僅拯救以色列人出埃及,還在西奈山上賜給他們聖約和律法,目的就是讓他們在即將進入的迦南地建立敬畏上帝、守約守法的天國文明。上帝設立的聖約就是天國文明的藍圖,上帝賜下律法就是天國文明的國法,而上帝拯救的人就是天國文明的建造者和享受者。終極而言,上帝的國度就是文明的國度,上帝本身就是文明的上帝!耶穌基督的救贖就是使我們成為天國的子民,重新以上帝的國度為念,首先追求上帝的國度和公義,也就是上帝的文明。沒有這種天國文明的異象,基督教就會墮落為「不管真不真,只講靈不靈」的民間宗教的一種,基督徒就是毫無目標和紀

律的散兵游勇，基督教會在文化的巨變、社會的轉型、文明的衝突中就不能發揮中流砥柱、力挽狂瀾的歷史性功用，上帝的聖名就會因著我們的愚頑和懦弱而受到羞辱，我們本身也會因為喪失了鹽味而成為「無用，不過丟在外面，被人踐踏了」（太5:13）。

當然，聖經中所啟示的上帝既不是亞里士多德（Aristotle）在邏輯上抽象中所推論出來的「不動的推動者」，不是東方《封神榜》中彼此爭競上位的神靈，也不是基督教內部各種錯誤神學中讓人逃離這個世界的上帝，而是自有永有、獨一無二、至高無上的上帝，祂明確地要求我們在這個世界中以愛心遵守祂的誡命，在個人、家庭、教會和國家各個領域中行公義，好憐憫，存謙卑的心與祂同行。這就是主耶穌基督偉大的《示瑪認信》所強調的：「以色列啊，你要聽！耶和華我們上帝是獨一的主。你要盡心、盡性、盡力愛耶和華——你的上帝。我今日所吩咐你的話都要記在心上，也要殷勤教訓你的兒女。無論你坐在家裡，行在路上，躺下，起來，都要談論。也要繫在手上為記號，戴在額上為經文；又要寫在你房屋的門框上，並你的城門上。」（申6:4-9）這節經文不僅強調個人的信仰和家庭的教育，還明確地強調要把上帝的律法寫在「城門上」，也就是在公共和政治領域中高舉上帝的律法！

二、上帝的主權與約法

更具體地說，整個聖經啟示和基督徒生活的兩大關鍵問題就是保羅當初在大馬色路上與上帝相遇所提及的問題：「主啊，你是誰？」；「主啊，我當做什麼？」（徒22:8、10）。這也是十七世紀著名的英國清教徒經典《西敏斯特小教理問答》第三問所

特別強調的：「聖經主要教訓我們什麼？聖經主要教訓我們對於上帝當信什麼，以及上帝吩咐我們當盡什麼責任。」上帝救贖我們，賜給我們特殊啟示，目的就是要我們認識上帝，並且按照上帝的旨意行事，成為上帝的子民。要成為上帝的子民，我們必須遵守上帝的約法，這是聖經特別強調的。如果以色列人不聽從上帝的聖言，遵行上帝的約法，他們就會無法無天，任意妄為，正如《士師記》所見證的那樣：「那時以色列中沒有王，各人任意而行。」（士 17:6）既然以色列人也這樣任意妄為，無法無天，上帝對他們的拯救又有什麼意義呢？今日那些不願意遵守上帝約法的基督徒，不也是如此嗎？

從新約的亮光來看，上帝的旨意就是通過教會這一獨特的聖約群體，而使普世萬民都得蒙祝福。我們在基督裡都承受上帝賜給亞伯拉罕的應許和祝福。上帝在談及亞伯拉罕的時候說：「亞伯拉罕必要成為強大的國；地上的萬國都必因他得福。我眷顧他，為要叫他吩咐他的眾子和他的眷屬遵守我的道，秉公行義，使我所應許亞伯拉罕的話都成就了。」（創 18:18-19）萊特（Christopher J. H. Wright）在談及這節經文的時候強調：「這是上帝的宣教大計，是上帝的普世議程。這同樣也是祂揀選亞伯拉罕的理由。不論在本節的結構或神學上，倫理都是揀選和宣教大計的居中樞紐：上帝的子民獨特的倫理生活品質（『遵守上主的道』與『秉公行義』），一方面是被揀選的目的，另一方面也是推展宣教大計的途徑。」[3] 要真正完成上帝的計劃，我們必須秉公行義，

3　萊特，《基督教舊約倫理學》，黃龍光譯（臺北：校園書房，2011年），頁 77。

遵守上帝的約法，否則我們自己在信仰上不過是自欺欺人、假冒
為善。

　　到底誰是世界歷史與文明的主宰？到底是誰創造了這大千世
界？到底是誰為這個世界設立法則？這些問題都是最基本的問
題，其中所涉及到的核心概念就是權威與標準。到底誰是最高權
威？到底何謂最高標準？這兩大問題直接關涉到我們的信仰與生
活。因此，我們在本書的緒論部分首先確認權威與標準的問題。
對於權威和標準的問題，我們必須始終保持「認知上的自覺性」
（epistemological self-awareness），明確地承認上帝的主權和約法
的權威性，自覺自願地降服在上帝的主權和約法之下，否則我們
就會落在罪人所主張的主權和約法之下，並沒有別的選擇。

　　耶和華上帝是全地的大君王，唯有祂是萬有的創造者和護理
者，是世界歷史的大主宰。只有承認上帝是獨一的上帝，只有
承認上帝至高無上的主權，我們才能談及上帝的國度和聖約。
否則，我們所說的宗教不過是人的感覺、經歷和傳統，與聖經中
記載上帝的啟示沒有任何關係，當然與聖經所顯明的上帝也沒有
任何關係。在本書中，秉承范泰爾（Cornelius Van Til）所強調
的前提論護教學，我們旗幟鮮明地強調：聖經中所啟示的三位一
體上帝乃是我們本體論的前提，我們的思維必須自覺地以上帝為
中心；同時，我們強調上帝所默示的無謬聖經乃是我們認知性的
前提，我們的思維必須自覺地以聖經為標準。我們不僅強調著兩
大命題性的前提，並且強調國度與聖約本身就是上帝在聖經中所
啟示的框架性前提。這也就是說，我們在心意更新中所要改變的
不僅是一兩個命題的問題，而是我們整個思維範式都要改變。因
此，我們在雅和博中強調「範式的轉換」（paradigm shift），[4] 這種

轉換就是整個思維框架與模式的轉換。這一範式就是我們在本書
中所使用的國度與聖約的範式，同時我們也把這一範式擴展爲文
明與轉型的範式。我們強調上帝所啓示的聖約框架乃是我們認識
上帝、自身和世界的解釋性框架，也是行動性框架，我們必須根
據這個框架來分析我們所面對的一切，並且付諸行動。這就是我
們在雅和博經學方法論中所強調的「框架論」，也就是框架思維
法。

三、上帝的國度與聖約

　　高舉上帝的主權，是改革宗神學的特色，當然也是聖經本身
的啓示。在雅和博經學中，我們把上帝的主權具體落實到國度
和聖約兩大框架中，這兩大框架的綜述就是：「我要作你們的上
帝，你們要作我的子民。」（利 26:12）這節經文不僅顯明我們
與上帝之間相屬相愛的聖約關係，同時也揭示了上帝是我們的君
王，我們是上帝的子民，我們順服上帝乃是理所當然的。上帝的
國度乃是聖約的國度，上帝的聖約乃是國度的聖約，國度與聖約
的連接乃是雅和博經學在基督教神學研究上的突出貢獻之一。

　　在雅和博經學中，我們不僅僅強調律法，而是把上帝的律法
視爲聖約的標準；我們不僅僅強調福音，而是把上帝的福音視爲
聖約的應許。更重要的是，聖約本身也不是爲自身而存在的，而
是上帝的國度憲章，是上帝按照祂自己的美意，屈尊俯就與人設
立的。上帝之所以如此與人設立聖約，目的乃是「使他榮耀的恩

4　　See Thomas Kohn, *The Stucture of Scientific Revolution*, second edition
　　(Chicago: The University of Chicago Press, 1970).

典得著稱讚；這恩典是他在愛子裡所賜給我們的。我們藉這愛子的血得蒙救贖，過犯得以赦免，乃是照他豐富的恩典。」（弗1:6-7）在上帝的國度中，上帝的恩典得著榮耀的最重要形式就是上帝的子民大有尊嚴和榮耀。因此，《詩篇》作者感歎說：「人算什麼，你竟顧念他？世人算什麼，你竟眷顧他？你叫他比天使微小一點，並賜給他榮耀尊貴為冠冕。」（詩 8:4-5）這種「榮耀尊貴」就在於上帝把治理全地的文化使命和權柄賜給了人，「你派他管理你手所造的，使萬物，就是一切的牛羊、田野的獸、空中的鳥、海裡的魚，凡經行海道的，都服在他的腳下。」（詩 8:6-8）雖然我們在第一個亞當裡因為犯罪而受到死亡和暴政的轄制，但在耶穌基督的救贖中，我們重新恢復了在世界中「作王」的尊貴。因此，雅和博經學不僅把上帝的聖約與國度聯繫在一起，並且通過文化使命把上帝的國度與個人的尊嚴和基督的救贖聯繫在一起，從而使得我們所說的國度與聖約神學不再是學者發揮思辨之力的課題，而是裝備聖徒積極完成上帝所賜使命的真理，這乃是雅和博經學的靈魂之所在。

　　另外，非常重要的是，我們不僅揭示了國度與聖約的基本公式與概括，並且融會西方教會對國度與聖約最新的研究，亦揭示了國度與聖約的聯合性框架，這一框架包含五大要素：國王與立約者、國民與受約者、國法與約法、國格與賞罰、國運與更新。本書第一章、第二章、第三章、第四章、第五章分別專論這五大要素。最重要的是，我們把國度與聖約的框架和基督教文明的框架聯繫在一起，強調我們所要建構的基督教文明就是這種以「敬畏上帝，信靠基督」為根本的國度文明，當然也是以「愛主愛人，守約守法」為特色的聖約文明。國度框架與聖約框架的聯結

和打通，乃是雅和博經學在基督教神學研究上的獨特貢獻之一。更加重要的是，雅和博經學從國度與聖約框架建構獨特的基督教文明框架，或者說把國度與聖約框架應用到對基督教文明的界定和分析上，從而使得基督教文明論第一次具有了清楚的宏觀性框架，這是雅和博經學對中西基督教神學奠基性、開創性的貢獻。從此以後，不管人們是否喜歡雅和博經學，各種版本和形式的基督教神學都會不同程度地與文明不可分割地聯繫在一起。這一貢獻幫助西方教會重新省察上帝賜給他們的基督教文明傳統，同時也使得那些從來沒有建立過基督教文明的亞洲教會——特別是中國教會——能夠明確掌握基督教文明的基本概念、要素和框架，從而自覺地以聖經中所啓示基督教文明的藍圖來整合目前支離破碎的神學與事奉，逐步建立基督教文明，在中國文化與社會的大轉型過程中充分發揮先知、祭司與君王的職分。

更詳細地來說，我們在第一章「仁教」部分談及聖約與國度的第一大要素就是國王與立約者——我們必須明確地以上帝爲我們的大君王和立約者，這就要求我們敬畏和順服上帝的主權。就此而言，基督教文明首先是神本主義的文明，這就使得我們把基督教文明與各種人本主義的思想和文化徹底分別開來。在此，我們特別反對目前一般福音派神學所強調的「以基督爲中心」來凸顯上帝一個位格的神學與事奉範式，實應明確地以聖經啓示和《使徒信經》所概括的三一上帝爲中心來建構基督教神學和事奉。只有以三一上帝爲中心，我們才能明白聖經啓示、教會傳承的整體體系。

第二章「心學」部分談及聖約與國度的第二大要素就是國民與受約者——我們重生就是重生在上帝的國度中，重新成爲上

帝的國度的子民，領受上帝的聖約，擔任上帝國度的使者。就此而言，我們的使命和責任就是建立基督教文明，因爲唯獨我們是君尊的祭司，聖潔的國度，屬上帝的子民，我們必須自覺地彰顯那召我們出黑暗、入奇妙光明者的美德。建立以敬畏上帝爲根基的基督教文明，乃是我們義不容辭、當仁不讓的責任，我們必須立志從自己做起，從當下做起，開創基督教文明的千秋偉業。在此，我們特別反對一般福音派所強調「信耶穌，升天堂」式的「天堂的福音」，並明確地回到耶穌基督所強調的「天國的福音」，培養「天國的門徒」，建立眞正敬天愛人的天國文明。

第三章「法治」部分談及聖約與國度的第三大要素就是國法與約法──我們必須以上帝所賜的律法爲我們順服上帝的標準，上帝的子民必須順服上帝的律法，這乃是理所當然的。就此而言，基督教文明必然是法治的文明，這種法治之「法」也必然是以上帝所啓示的律法爲至高法。在此，我們特別反對一般福音派教會所特別強調的「以福音爲中心」的模式，因爲眞正合乎上帝全備旨意的傳講必然是首先以講解上帝的律法爲「**訓蒙**」。那些沒有經過上帝的律法訓蒙的人，根本不明白何爲「義」，也不明白何爲「罪」，更不曉得罪的工價就是死，當然他們也不能明白爲什麼上帝差派耶穌基督道成肉身在十字架上捨命！沒有律法的訓蒙，人們必然會把上帝通過耶穌基督拯救罪人的大恩視爲「廉價恩典」！沒有律法的訓蒙，即使那些已經眞正信主的人，也不知道如何行事爲人與蒙召的恩典相稱！只有講解上帝的律法，我們所傳的福音才會是聖經中所啓示的「公義的佳音」（詩 40:9），而不是人云亦云、悖離聖經的「別的福音」（加 1:6）。因此，我們在雅和博經學中再次復興以《海德堡教理問答》爲教義規範的

經典改革宗神學的佈道範式，就是：講律法——使人由律法知罪（Sin），傳福音——使人罪得赦免（Salvation），遵行律法——使人通過遵守上帝的律法而以感恩的生活來事奉上帝（Service）。

第四章「德政」部分談及聖約與國度的第四大要素就是國格與賞罰——上帝是賞善罰惡的上帝，那些藐視上帝的主權，故意違背上帝律法的人，就是藐視上帝的主權和我們的責任，必然受到上帝的懲罰。甘心遵守上帝的律法，必然得蒙上帝的祝福和賞賜，這是上帝所親自應許的。就此而言，基督教文明必然是以公義為根基的，「公義和公平是你寶座的根基；慈愛和誠實行在你前面。」（詩 89:14）這種文明絕不是懦弱、放縱的文化，而是以公義、和平與喜樂為特徵，這種文明是以上帝自己的大能之力和忌邪之心為保障的，正如上帝在其神聖約法中所宣佈的那樣：「不可跪拜那些像，也不可事奉它，因為我耶和華——你的上帝是忌邪的上帝。」（出 20:5；申 5:9）正是因為上帝的賞罰，我們才能夠有信心建立基督教文明。假如我們說上帝賞罰不明，我們就是在褻瀆上帝！上帝是聖潔的，上帝是公義的，就是惡人在受罰的時候也是「**無可推諉**」。即使上帝最終判處那些死不悔改的人永遠在硫磺火湖中受罰，我們也要說：「主上帝——全能者啊，你的判斷義哉！誠哉！」（啟 16:7）。在此，我們特別反對一般福音派中那些不講賞罰的稀里糊塗派，實應明確強調上帝的賞賜和責罰。

第五章「文明」部分談及聖約與國度的第五大要素就是國運與更新——上帝的國度乃是永永遠遠的國度，世界歷史的進程就是越來越多的人得到重生，自覺地得見、進入上帝國度的過程。就此而言，基督教文明不是一步到位的，而是千里之行，始於足

下：前人栽樹，後人乘涼。我們必須以堅韌不拔的耐心和勇氣為建立基督教文明而努力，一代又一代不斷地栽種，後人方可不斷地享用。千萬不可隨意「砍樹」，不珍惜前人的勞動和成果，隨意否定，任意拆毀，自高自大！唯有如此，我們才能夠逐步建立真正意義上的基督教文明。這就是筆者所強調的「十年樹木，百年樹人，千年樹文明」的精義。在此，我們特別反對一般福音派中所盛行的反傳統、反信條的反知主義傾向，強調合乎聖經的大公教會正傳，乃是我們今日基督徒必須以謙卑和感恩之心領受的寶貴傳承，我們只有在繼承歷代大公教會中先聖先賢的寶貴遺產之基礎上才能更上一層樓。

第六章「轉型」部分特別論及生命改變與文明重建，我們強調文明的轉型關鍵是個人品格的轉型，我們要從自私自利的罪人品格轉向愛主愛人的聖徒品格，否則我們的一切改變無非都是鏡花水月，在上帝面前沒有任何價值，也不能給社會和文化帶來積極的影響。在這個部分，我們把前五章中所強調的「仁教」、「心學」、「法治」、「德政」與「文明」的基本原理應用落實到對中國文化的更新上，強調在耶穌基督裡達成天人合一、知行合一的內聖外王之境界。

四、基督教文明神學與轉型神學

因此，我們在本書中提出了「文明神學」（Theology of Civilization）和「轉型神學」（Theology of Transformation）的概念與原理。文明神學強調上帝賜給我們的文化使命，在根本上就是建立基督教文明的使命，並且闡明聖經中所啟示的關於基督教文明的基本理念和原則，也就是我們在本書中所強調的基督教文

明五大要素所闡明的文明五論。

文明論的第一大要素就是主權論，文明首先要解決的第一大問題就是權力的合法性問題，也就是到底是誰擁有至高無上的主權，其他的權力都是由這種主權衍生而來。我們強調唯獨上帝擁有至高無上的主權，個人、家庭、教會、國家所擁有的一切權力都是來自上帝的授權，也都必須降服在上帝的主權之下才具有合法性。雅和博經學對上帝主權論的明確強調從根本上瓦解了世上一切專權和暴政的根基。要解決權力的終極合法性問題，必須上升到形而上的領域，必須承認上帝不僅是自有永有的上帝，也是創造天地萬物的上帝，唯獨他是全地的大君王。

文明論第二大要素就是代表論，文明所要解決的第二大問題就是到底誰是上帝的代表。唯獨上帝的選民才是上帝的代表，他們是君尊的祭司，是聖潔的國度，是屬上帝的子民，上帝通過他們來彰顯祂的美德，實現祂的計劃。我們強調上帝的主權，也必須強調上帝的揀選。我們強調上帝的選民和使命，這就從根本上完結了民間宗教的庸俗和意識形態的狂妄。要識別到底誰是上帝的代表，這種認識論的問題必須由聖靈論來解決，唯獨聖靈的光照和內證才能使人真正認識上帝和自己。

第三大要素就是律法論，文明所要解決的第三大問題就是標準的問題，也就是到底是以什麼標準來衡量人間的善惡。沒有規矩，不成方圓；沒有明確的標準，我們就會陷入混亂之中。我們在標準部分旗幟鮮明地高舉上帝的律法，以上帝所啓示的律法為順服上帝的唯一標準，以上帝所啓示的律法為人間一切律法之上的高級法，這就在非常現實和具體的方面消除了罪人試圖自己立法，並把自己的立法硬加在他人身上的狂妄，同時也為上帝的選

民明白確定了修齊治平的標準和工具。律法論爲我們解決了標準的問題，當然也爲我們解決了制度的問題。上帝的律法不僅爲我們提供了判斷善惡的終極標準，也爲我們的家庭、教會和社會釐定了基本的治理制度。因此，第三大要素涉及到的乃是倫理學的問題。

第四大要素就是賞罰論，賞罰所要解決的就是歷史過程中公義的問題，也就是公義是否會得到伸張，罪人是否會受到上帝的刑罰。雅和博經學明確地回到上帝在聖經中所啓示的歷史觀，強調敬畏上帝、遵守上帝約法的人必然得蒙上帝的獎賞和祝福；藐視上帝、違背上帝約法的人必然受到上帝的審判和咒詛。正是因爲有這種歷史性的賞罰存在，人類社會才得以存續，否則我們的罪惡就會隨時徹底顛覆這個世界。

第五大要素就是更新論。更新所涉及到的就是世界的未來、歷史的延續問題。上帝的旨意絕不會因爲人的墮落就被徹底顛覆，相反地，上帝通過更新繼續使祂對整個世界的定旨，在先見注意中得以實現。這種更新是通過耶穌基督的救贖而進行的，這種救贖落實在聖靈和選民的工作上，就是聖靈在上帝的子民生命中做工，使得他們不斷得到更新，成爲上帝更新這個世界的代表和器皿。

因此，基督教文明五大要素所要解決的就是：（1）世界觀中的本體論——上帝是萬有的根基；（2）認識論——上帝的啓示與光照使得祂的約民能夠眞正認識上帝及其旨意；（3）倫理學——上帝的律法是我們順服上帝、愛主愛人的標準；（4）歷史論——上帝的賞罰在土地的得失中顯明出來；（5）未來論——上帝的子民不斷得蒙上帝的恩典的保守和更新，生養眾多，承受土地，得

享上帝的祝福與同在。這五大要素所強調的都是實體性的要素：上帝、約民、律法、土地和後裔。這就是雅和博經學所提倡的文明論成爲空前實際的理論，徹底擺脫了教會歷史上纏繞不斷的諾斯底異端思想的毒酵。

轉型神學就是聖經中所啓示的轉向基督教文明的五大路徑，這五大路徑來自基督教文明的五大要素。首先，就是在主權上從人本主義轉向神本主義，我們在此強調上帝在本體上的超驗性和歷史上的主權性；其次，在代表上我們要從怨天尤人的受害者轉向當仁不讓、見義勇爲的上帝使者，我們在此強調基督徒作爲歷史主體的使命和責任；第三，在律法上從狂妄自法轉向謙卑地遵守上帝的律法，我們在此強調要以上帝的律法爲終極標準來不斷改變我們的惡習惡俗惡法；第四，在賞罰上從只要權力和恩典轉向面對罪的後果而勇敢地承擔自己的責任，我們在此強調眞正敬畏上帝、遵行上帝約法的人必然得蒙上帝的祝福；第五，在未來和更新上從個人的悲觀絕望轉向信靠上帝的大能和計劃必要成全，我們在此強調世界歷史的結局不是同歸於盡，而是天上地下一切所有的都在基督裡同歸於一，我們的使命與呼召就是參與上帝在基督裡必要達成的計劃與工作。

正是因爲雅和博經學明確地強調文明神學和轉型神學，使得我們所傳承的基督教能夠再次擺脫一切錯誤神學的羈絆和誤導，重新回到建造基督教文明、更新社會與文化的正軌正向上來。基督教神學的終極目的不是無止境的內部的爭議撕咬，而是造就聖徒，爲聖徒指明聖經中所啓示的上帝對我們的旨意，從而使得我們能夠自覺地投入到上帝的旨意和計劃之中。

五、基督教文明之理想的追求和堅持

英國保守主義思想家柴斯特頓（G. K. Chesterton）強調不管生活如何改變，我們要始終堅持我們「不變的理想」（fixed ideals）。只要我們堅持不懈地持守一個單一的目的，不管我們失敗多少次，我們都是更加靠近成功。但是，如果我們的目標改變了，那麼我們一切的失敗就都喪失了意義。[5] 正如劉仲敬所揭示的那樣：「原則是意義的源泉，意義體系是文明的主要力量。」[6] 一旦在我們的意義體系中缺乏明確的基督教文明觀念，我們就會落入各種敵基督文化的洗腦與摧殘之下。我們在本書緒論「真理、永生與神學」部分所特別解釋的就是基督教文明的基本原則和意義。

我們的目標非常明確，就是建立基督教文明，因為我們深信文明是不可避免的，而建立基督教文明乃是上帝賜給我們的歷史性使命。只要我們持之以恆，不管風吹雨打，我們始終是在向成功靠近，因為這是上帝的旨意，上帝的旨意必要成就。不管周圍的世俗和異教文化如何侵蝕我們，不管魔鬼撒但如何在教會內散佈異端邪說的毒酵，我們始終旗幟鮮明地強調我們的「大理想」（the big ideal），就是：這是天父世界，我們要作上帝百般恩賜的

5　See Brad Miner, *The Concise Conservative Encyclopedia: 200 of the Most Important Ideas, Individuals, Incitements, and Institutions That Have Shaped the Movement: A Personal View* (New York: Simon & Schuster, 1996), p. 49.

6　劉仲敬，《經與史：華夏世界的歷史建構》（桂林：廣西師範大學出版社，2015 年），頁 126。

好管家！我們立定心志，要與上帝同心同工，努力使這個世界真正成為「以馬內利」之地。是的，上帝在耶穌基督裡拯救我們的目的，絕不是僅僅讓我們「信耶穌，升天堂」，而是讓我們參與祂的計劃，自覺地在歷史過程中與祂同心同行，建立榮耀上帝、守約守法的文明。

本書把主題集中在文明論上，明確地以聖約為框架，所以稱之為《基督教文明論》。十九世紀英國法律史學家梅因（Henry Sumner Maine）在其名著《古代法》中強調，西方文明的進步就是「從身分到契約」的過程。惟願上帝祝福臺灣，保守香港，憐憫中國大陸，使普世華人都能享受在上帝及其約法面前人人平等的尊嚴！

謝謝主流出版社鄭超睿社長敢於承擔此書，謝謝鄭毓淇、仉政仁姊妹精心編輯。謝謝主僕唐崇榮牧師賜序鼓勵，唐牧師多年強調基督徒的文化使命，這種使命本身就是建立基督教文明的使命。謝謝余杰弟兄之序，他多年心儀以加爾文為傑出代表的改革宗神學和英美保守主義，對於中國幾千年盛行的皇權暴政之醬缸文化深有切膚之痛。他在序言中旗幟鮮明地主張「中國的出路在於以加爾文取代馬克思」，誠為振聾發聵之言！中國大陸著名的《南方人物週刊》特約撰稿人陳又禮是主內姊妹，在非洲坦桑尼亞孤兒院服事，她從自己的事奉經歷和心路歷程入手，以活潑、優雅的文筆談及基督教文明的核心為上帝是我們的「恆久自由的藏身之處」，唯獨基督的救贖、聖靈的大能才能使我們不斷勝過人性的軟弱和幽暗。希望《基督教文明論》這本比較嚴肅、厚重的書籍也能幫助如陳又禮姊妹這樣的年輕人認識基督教的精義。「十年樹木，百年樹人，千年樹文明！」基督教文明不是一代人

之工，我們必須得著年輕一代，願有更多下一代的年輕人悔改信主，並且領受建立基督教文明的異象！

弱僕：**王志勇**牧師
美國改革宗長老會主恩基督教會主任牧師
美國雅和博傳道會會長／中國雅和博聖約書院院長
二〇一七年三月二十七日於美國維吉尼亞雅和博心齋

✝

緒 論

真理、永生與神學

　　離開真理，哲學就是自尋煩惱，宗教就是自欺欺人，道德就是假冒為善，政治就是害人害己，人生就沒有任何意義，文明就沒有任何根基！

　　在目前禮崩樂壞、教義混亂、真理不彰、是非不明的時代，我們更要重視上帝啟示的聖經教義與真理。正如美國西敏斯特神學院創辦教授之一的梅欽（J. Gresham Machen）所強調的那樣：「世上任何東西都不能取代真理的位置。」[1] 對於基督徒而言，「唯一重要的事就是講說真理，講說整全的真理，不講別的，只講真理」（the important thing is that he tells the truth, the whole truth, and nothing but truth）。[2]

　　在此中華民族面對「三千年未有之大變局」的文明轉型時代，史學家唐德剛稱華人社會處於從帝制轉向民治的「歷史三

1　J. Gresham Machen, *Christianity and Liberalism* (Grand Rapids: Eerdmans, [1923] 2002), p. 48.

2　J. Gresham Machen, *Christianity and Liberalism*, p. 53.

峽」的驚濤駭浪之中，[3] 我們更需要旗幟鮮明地以殉道士的心志來明白、遵行、傳講上帝所啟示的全備真理，自覺地從自身做起，抵禦我們心中殘餘的邪情私慾、世界的誘惑和撒但的攻擊，為真理打那美好的仗。

基督徒的呼召就是效法基督，「特為給真理作見證」。亞里士多德強調：「敬虔要求我們敬重真理，勝過敬重我們的朋友。」[4] 美國改革宗長老會在其憲章序言中強調：「敬虔是建立在真理的根基上的。對真理的一個檢驗就是它是否根據我們救主耶穌基督的規則促進人的聖潔，『**憑著他們的果子就可以認出他們來**』（太 7:20）。最危險和最荒謬的主張就是把真理和謬誤置於同等的層面。恰恰相反，信心與實踐、真理和本分之間有著不可分割的聯繫。否則，發現或接受真理就沒有任何意義了。」[5] 真理是敬虔的根基，無知是邪惡的搖籃。屬靈爭戰就是心思意念的爭戰，就是思想的爭戰，是真理和謬誤的爭戰，最終都是世界觀和文明論的爭戰。

撒但有兩大計謀，一是蒙蔽我們，二是威嚇我們。我們若是有膽量，牠就蒙蔽我們，使我們成為「傻大膽」，僅僅憑著熱情行事，不是按著真知識，甚至狂熱到把耶穌基督也釘死在十字架上的地步（羅 10:1-3）。我們若是明白真理，牠就讓我們膽怯，使我們成為「膽小鬼」，不敢為真理作見證。因此，當上帝鼓勵新一代以色列人跨過約旦河、進入迦南地的時候，三次吩咐約書亞

3 　唐德剛，〈自序：告別帝制五千年〉，《晚清七十年：中國社會文化轉型綜論》（臺北：遠流，2002 年），頁 8。

4 　Aristotle, *Nicomachean Ethics*, book I, 6, 1096a16.

5 　*The Book of Church Order of the Presbyterian Church in America*, six edition (Lawrenceville, Georgia, 2009), p. 89.

當「剛強壯膽」！今日中國大陸教會面對無神論政權在政治上的逼迫和打壓，更是需要上帝賜給我們「剛強、仁愛、謹守的心」。耶穌基督向門徒強調：「你們必曉得眞理，眞理必叫你們得以自由。」當我們曉得眞理的時候，就會破除魔鬼對我們的蒙蔽，使我們眞正認識上帝和自身，知道我們在上帝面前享受的尊嚴和當盡的責任。當我們因眞理而得以自由的時候，就擺脫了魔鬼通過懼怕給我們帶來的轄制，使我們勇敢地爲眞理作見證，勇敢地面對自身的敗壞、世界的誘惑和撒但的攻擊，不斷地靠著主的恩典得勝有餘，建立及捍衛以「敬畏上帝，信靠基督；愛主愛人，守約守法」爲特徵的基督教文明。

一、世界觀和文明論

何謂世界觀？何謂文明論？這兩個概念都是比較複雜的概念。簡而言之，世界觀就是我們對於世界的本源、發展和結局的看法，包括本體論、認識論和倫理學三大部分。文明論則是我們對於自己所崇尚的理想社會的看法，至少包括哲學、宗教、道德、政治、經濟五大方面。因此，基督教世界觀就是基督徒當持有的合乎聖經啓示和教會正傳的世界觀，而文明論則是合乎聖經和教會正傳的文明論。對於基督徒而言，不管是世界觀，還是文明論，我們都要歸回聖經啓示和教會正傳，尤其是聖經啓示，乃是我們闡述基督教文明的前提，也是我們所採納用以判斷文明與野蠻的終極標準。當然，世界觀和文明論在歷史過程中也有一個不斷演變的過程，並不是一成不變的，[6] 我們對於眞理的認識

6　See Roger Osborne, *Civilization: A New History of the Western World* (New York: Pegasus Books, 2006), pp. 1-19.

實踐總是存在著一個循序漸進的過程。西方著明歷史學家湯因比（Arnold J. Toynbee）反對把國家作爲歷史研究的基本單位，主張歷史研究的基本單位是文明。[7]哈佛大學亨廷頓（Samuel P. Huntington）發表《文明的衝突》一書，認爲：「在正在來臨的時代，文明的衝突是對世界和平的最大威脅，而建立在多文明基礎上的國際秩序是防止世界大戰的最可靠保障。」[8]在談及「文明」的時候，有時我們特指基督教文明，有時則泛指其他文化，比如「中國文明」、「異教文明」等。

基督教在中國的扎根關鍵也在於我們所傳講的基督教本身所體現的文明力量，尤其是改革宗神學更是以整全的世界觀著稱，我們更要在基督教文明論的引導和激勵下，積極地學習，踏實地建造，使基督教會確實成爲上帝重用的再造文明大軍。不管是在中國大陸，還是在世界上其他華人聚居的地方，面對幾千年來儒道釋所構建的強大異教文化，我們必須用更崇高、更深厚、更強大的文明來與之抗衡。如果我們缺乏這種文明衝突的意識，在眞理和靈命上沒有充分的裝備，就貿然進入異教文明中宣教，則只能被吞噬、同化，正如基督教前後四次來華所遭遇的那樣。不管是唐朝以大秦景教的形式出現，還是元朝以「也里可溫」的形式出現，或是明清以利瑪竇爲代表的天主教來華，以及以馬禮遜、戴德生爲代表的基督教來華，都沒有從根本上反轉中國本土傳

7　參考湯因比，《歷史研究》，陳曉林譯（臺北：桂冠圖書公司，1978年）；郭小凌等譯（上海：世紀出版集團，2010年）；劉遠航編譯，《湯因比歷史哲學》（北京：九州出版社，2010年）。

8　亨廷頓，《文明的衝突》，周琪等譯（北京：新華出版社，2013年），頁297。

統的異教文化。上帝興起信奉馬克思主義「無神論」的中國共產
黨，共產黨秉承法國大革命那種狂飆猛進的暴力革命精神，從根
本上摧毀了中國大陸幾千年傳統文化所形成如龜甲般的厚殼。毛
澤東在共產黨紅色王朝中的殘暴無良、倒行逆施更使得當代華人
對於各種各樣人所封的「大救星」深刻絕望和蔑視，從而為基督
教改革宗神學的廣傳預備了土壤。拉辛格（Joseph Ratzinger）強
調：「基督教（而不是別的什麼）才是自由、良心、人權和民主
的最終根基，是西方文明的基準。」[9] 筆者在本書中強調改革宗神
學是西方基督教的正傳，當然也是西方文明的正傳，也只有改革
宗神學所強調的世界觀和文明論才能在血腥的中國文化中擔負起
轉變文化、重建文明的使命。

筆者結合范泰爾所提倡的前提論護教學，強調最終每個人的
思想和生活都是從不證自明的前提出發，而聖經中所啟示的三一
上帝和上帝所默示的無謬聖經則是基督徒思想和生活的前提。基
督徒的學習和靈修就是要明確地認識這些前提，更多地通過上帝
的憐憫和光照來明白聖經，更多地通過聖經的引導和規範來認識
上帝。同時，我們根據普遍恩典和普遍啟示的教義，強調從人人
都具有的認知心、宗教心、道德心和政治心出發，來構建基本的
世界觀和文明論，從而指明人生的意義和使命。如此，我們就能
夠通過對人性的認識，知道人人都具有認知心、宗教心、道德心
和政治心，我們就能夠在這四大方面與不信者溝通，甚至在這四
大方面向不信者學習，與不信者合作；更重要的是，基督徒本身

9　轉引自劉擎，《紛爭的年代：當代西方思想尋蹤，2003-2012》（桂
　　林：廣西師範大學出版社，2013 年），頁 53。

也需要時時在這四大方面省察自己的信仰和生活，不斷從這四大方面出發，去建構、完善和深化自己的世界觀和文明論，自覺地在這個世界上和時代中拓展上帝的國度。

我們把范泰爾的前提論推展到形上論，從而強調我們必須以聖經中所啟示的三一上帝為中心，建立神本主義的形上論，這是我們在「仁教」部分特別強調的；我們把前提論推展到認識論的領域中，從而強調我們當以上帝所默示的聖經為我們認識上帝、世界和人生的終極指南，建立神本主義的認識論，這是我們在「心學」部分特別強調的；我們把前提論推展到倫理學的領域中，從而強調我們當以上帝所特別啟示的道德律，為我們個人與群體生活的終極標準，建立神本主義的倫理學，這是我們在「法治」部分特別強調的；我們把前提論推展到政治學領域中，從而強調先求上帝的國度和公義，建立神本主義的政治學，這是我們在「德政」部分特別強調的。最重要的是，我們自覺而明確地把前提論推展到世界觀和文明論的層面，從而全方位地以上帝為中心、以聖經為標準來建構基督徒的世界觀和文明論，即是神本主義的世界觀和文明論。當今全球化、信息化的時代，也是各種以宗教為本的文明不斷衝突、融合和重建的時代。假如我們的護教學還沒有上升到文明論的層次，我們就愧對聖經中整全、深刻的啟示和吩咐，當然也愧對基督教已經在歐美各個國家中建構的輝煌文明，更是愧對上帝在這個沸騰的時代賜給我們的天職和使命。如果我們缺乏自覺的文明論意識，我們在實際生活中面對各種文明衝突的時候，尤其是面對中國儒道釋、印度之印度教、阿拉伯世界之伊斯蘭教、西方之人本主義等高級、強勢、世界性的文明之時，我們在文明論上的無知和逃避只能導致我們自身的被

動挨打，並且我們也必會因爲自己的無知和悖逆而受到上帝的責罰和管教。

我們之所以特別強調世界觀和文明論，乃是因爲我們需要世界觀和文明論，並且聖經也向我們啓示了整全的世界觀和文明論，《使徒信經》和《西敏斯特信條》更爲我們進一步地展現了這個世界觀和文明論的基本框架和原則，使得我們確實能夠以聖經爲根本、以信經和信條爲教會正傳，建構完整的基督教世界觀和文明論。《使徒信經》和《西敏斯特信條》是以上帝的創造之工、耶穌基督的救贖之工和聖靈的成全之工這三大事實爲根本的，因此，基督徒的世界觀和文明論不僅僅是由抽象的原則、倫理的命題構成的，而是以上帝及其在歷史中的工作爲根基的，並且上帝仍然是與我們同在且又真又活的上帝，上帝的聖言仍然是大有能力的真理。我們既強調世界觀，也強調文明論，是因爲世界觀是對世界的解釋，而文明論則上升到價值評判和實際建造的層面。殘缺不全的神學缺乏明確的世界觀和文明論，而錯誤神學所提供的錯誤世界觀不僅不能幫助我們建造基督教文明，反倒毀壞已經存在的基督教文明，比如廿世紀盛行的敬虔派、時代論、靈恩派神學等給歐美基督教文明帶來的消極性、毀滅性影響等等。我們明確地強調以《使徒信經》和《西敏斯特信條》爲標記的改革宗神學和基督教文明，因爲這是舉世公認的基督教正傳。假如任何政黨或國家竟敢把這種改革宗神學和基督教文明打成異端邪說，就是冒天下之大不韙，必然自取其辱，不僅會受到來自上帝的可怕的審判和懲罰，就是在現實生活中也會在政治和國際聲譽上付出慘重的代價，落下無知和殘暴的罵名！

以《西敏斯特信條》爲代表的清教徒改革宗神學不僅具有明

確的世界觀和文明論，並且也確實在日內瓦、荷蘭、英國和美國等地建立了強大的基督教文明，信靠上帝，以法治國，民主共和，經濟繁榮，社會寬容，這是有目可睹的。[10] 另外，我們在中國文化中宣教的時候，必須明確地意識到以儒道釋為代表的中國文化不僅有著明確的世界觀和文明論，並且也在漫長的歷史過程中建立了強大的中華文明。正如袁偉時所總結的那樣：「從商代起算至道光年間，三千多年的歲月形成了一個人口高達四億多 —— 世界第一、國土面積居世界第二的共同體，其思想文化的主要支柱是漢族的傳統文化。這個燦爛的文化擁有世界最豐富的典籍，源遠流長的各個思想流派，獨特的文學藝術，在世界歷史上佔有重要一席的科學技術成就，至今仍在發揮重要作用的中醫中藥。這個文化大體上與當時的經濟發展水平相一致，且影響超越國境，澤被東亞。如此等等，都已銘刻在人類史冊上。」[11] 雖然這種文明基本上在本質上是以偶像崇拜和皇權專制為特色的異教文明，但它確實也在歷史上一度達到相當高的程度，取得了舉世矚目的成就，並且仍然在持續不斷地發揮著一定的影響。如果我們在世界觀和文明論上缺乏自覺性和充分的裝備，不能用更完整和強大的世界觀與文明論取代、勝過中國文化現有的世界觀和文明論，我們投入這種強大的文明中宣教就是自投網羅，最終的結局

10　參考凱利，《自由的崛起：16–18 世紀，加爾文主義和五個政府的形成》，王怡、李玉臻譯（南昌：江西人民出版社，2008 年）；甘霖，《基督教與西方文化》，趙中輝譯（臺北：基督教改革宗翻譯社，1994 年）。

11　袁偉時，〈中國傳統文化：輝煌‧歷史危機‧現實危險〉，轉自http://www.aisixiang.com/data/79562.html，2015 年 5 月 5 日查考。

就是全軍覆沒。

二、基督教與真理體系

宗教是不可避免的，關鍵是我們所信奉的宗教是否能夠帶來真正的文明！

我們所認信、實行、傳講並捍衛的不是某一個真理的命題，甚至也不是一部分真理，乃是聖經中所啓示的整個整全、有機、連貫的真理體系。沒有「那純正話語的規模」所代表的真理體系，我們的信心和愛心就沒有所信所愛的對象，我們就無法為之奮鬥。這個真理體系就是上帝所啓示、歷代正統教會以及美國改革宗長老會所特別認信和捍衛的「教義、治理、勸懲、敬拜的體系」（His system of doctrine, government, discipline and worship）。[12]

基督教的真理和文明就像一座恢弘的大廈一樣，我們必須從整體的角度予以理解、遵行和捍衛。失去這種整體性的看見，我們為基督教所做出的闡釋和辯護就會像盲人摸象一般，各執一詞，互相爭執，各不相讓，其實所堅持的不過是自己的一得之見。正如亨廷頓所警告的那樣，「部分性真理或一半的真理，經常比全部錯誤更具有欺騙性」。[13] 部分性真理就是整全性真理的大敵！很多人的錯誤都是因為在認識上以偏概全，執其一端，不及其餘，不知不覺就在思想和行動上走向偏執和錯謬，甚至成為異端邪說。因此，我們必須始終保持謙卑和開放的心態，求主加添

---

12 *The Book of Church Order of the Presbyterian Church in America*, six edition, p. 88.

13 See http://www.brainyquote.com/quotes/quotes/s/samuelphu218282. html，2015 年 5 月 5 日查考。

我們愛心和智慧，使我們自身因著愛主愛人的緣故，在真理的認識上不斷追求，更加整全，更加接近，這樣我們才能在認知上領略真理本身所具有的那種整全性的魅力，我們才能在行動上經歷真理本身所發揮的那種有機性的改變生命、使人自由的大能。

在聖經所啟示的真理中，真正的宗教是建立在上帝所啟示的真理基礎上的，最純真的宗教就是認識獨一的上帝，並且認識祂所差來的獨一救主耶穌基督，這就是永生，這種對上帝的認識和靜觀乃是基督徒人生的至善。真正的道德就是愛上帝，遵守上帝的誡命，最大的誡命就是盡心、盡意、盡力愛主我們的上帝。真正的政治就是「行公義，好憐憫，存謙卑的心，與神同行」，最大的政治就是攻克己身，治服己心，叫身服我，恐怕我們傳福音給別人，自己反被上帝棄絕了。在聖經所啟示的真理體系中，哲學、宗教、道德和政治有著完美的聯結與契合。當然，對於基督徒而言，最需要牢牢把握的就是永生的精義，就是我們在耶穌基督裡所達成與上帝相合相契的愛的關係。正是因為這種聖約性相屬相愛關係的存在，我們才能夠消除心中的困頓、厭倦和冷漠，更加熱情地從事科學和真理的研究，因為這是天父上帝的世界，我們是上帝百般恩賜的好管家；我們能夠更加自覺和甘甜地遵守上帝的聖約和律法，因為這是天父上帝賜給我們治理全地的制度和工具。沒有這種在基督裡與上帝相通相契的內在、深層、密切的愛的關係，我們的一切教義和理論都不過是鏡花水月，我們的一切作為都不過是浮光掠影，我們的一生也不過是「勞苦愁煩，轉眼成空」。

永生就是認識上帝，上帝就是絕對真理本身，就是在耶穌基督裡重新恢復我們與上帝本有的相屬相愛的關係。認識上帝絕不

是窺探上帝本體的奧秘，而是通過理性之光，考察上帝在自然、歷史和人心中的普遍啓示；通過聖靈光照，考察上帝通過先知、使徒、特別是耶穌基督的道成肉身而向我們顯明的祂那「善良、純全、可喜悦的旨意」。這種旨意特指上帝顯明的旨意，也就是上帝的律法：「隱祕的事是屬耶和華——我們上帝的；惟有明顯的事是永遠屬我們和我們子孫的，好叫我們遵行這律法上的一切話」。當然，我們不僅要認識上帝及其真理，還要通過具體內在生命的操練和國度事奉的參與，不斷地以心靈認識上帝，經歷上帝，享受上帝的同在，見證上帝的大愛。

因此，聖經中所說的「永生」首先是指人內在的心靈境界，這種境界不是中國儒家學者所說的「內在超越」，也不是佛教淨土宗所指的「天堂」或「西方極樂世界」，更不是道家崇尚和幻想的無拘無束、隨心所欲的「逍遙遊」，而是通過耶穌基督的救贖而與上帝和好，從而在基督裡得享豐盛的生命（約 10:10），並且踏踏實實地在這個世界上、在平凡的生活中按照上帝的約法而愛主愛人。因此，聖經中所強調「永生」的精義就是在耶穌基督裡所達成的與上帝相合相契的愛的關係。在這種境界中，我們在認知上認識上帝，在情感上愛慕上帝，在意志上則是甘心樂意地遵行上帝的誡命，今生今世就能時刻經歷到上帝的同在和祝福，使我們所在的地方成爲「以馬內利」之地——就是上帝與我們同在。而這種心靈境界和實際享受也就是中國古人所崇尚的「天人合一」、「以德配天」的境界，[14] 中心就是人的美德和品格。對於基督徒而

---

14 此處的「天」是指主宰性、位格性的上帝。對於「天」在中國文化中的用意，馮友蘭先生曾經歸納說：「所謂天有五義：曰物質之天，

言，這種美德和品格首先不是出於我們個人的道德修養，而是出於我們與基督的聯合以及由此而引發我們個人對敬虔生活的渴慕和追求。因信稱義使得我們在法理和地位上與上帝相合，而成聖成德的過程則是基督徒在生命經歷上追求並體驗與上帝合一合德的過程。

我們不僅要明白聖經啟示和教會正傳的真理體系，並且要活在這一體系之中，按照這一體系建立我們的人生，塑造我們的品格。丹麥存在主義哲學家齊克果（Søren Kierkegaard）嘲諷說：「大部分的體系製造者與他們的體系之間的關係，如同建築大廈的建築工人是住在旁邊的工寮裡；他們自己卻不住在他們自己建築的那棟大廈中。」[15] 我們倡導基督教文明論的主旨就在於指導基督徒從個人開始建立合乎聖經、愛主愛人的基督教文明，並用這種更高級的文明取代異教文化中那些低級、甚至野蠻的「庸俗、惡俗、低俗」的成分。因此，我們所提倡的不僅是被動地為聖經啟示、教會正傳的真理體系辯護，更是主張積極地以這種真理的體系為藍圖，為人提供觀察、挑戰和突破社會積習的

即與地相對之天。曰主宰之天，即所謂皇天上帝，有人格的天、帝。曰命運之天，乃指人生中吾人所無可奈何者，如孟子所謂『若夫成功則天也』之天是也。曰自然之天，乃指自然之運行，如《荀子‧天論篇》所說之天是也。曰義理之天，乃宇宙之最高原則，如《中庸》所說『天命之謂性』之天是也。《詩》、《書》、《左傳》、《國語》中所謂之天，除指物質之天外，似皆指主宰之天。《論語》中孔子所說之天，亦皆主宰之天也。」見馮友蘭，《中國哲學史》（上），《馮友蘭全集》第二卷（吉林：長春出版社，2008年），頁33。

15　齊克果，《齊克果的日記》，孟祥森譯（臺北：水牛出版社，1967年），頁126。

新視界，造就基督聖徒愛主愛人、勇猛精進的聖徒品格，從而由個人到社會，由教會到國家，建立榮主益人的「品格的文明」（a civilization of character），也就是以愛主愛人爲特徵的「愛的文明」（a civilization of love）。[16] 這也是奧古斯丁（Aurelius Augustine）在一千多年前於《上帝之城》中就提出來的基督教文明的理想：「由愛上帝之愛厭棄自己，造成了天上之城。」[17]

三、文明論與改革宗正統神學

正統神學就是聖經啓示、教會認信的正確教訓。不承認正統神學的存在，或者是不能分辨眞假的稀里糊塗之人，或者是故意混淆是非的邪惡之輩，二者必居其一。

毫不諱言，只有正統整全的基督教才能夠建立眞正的基督教文明。改革宗正統神學就是這樣的基督教。當然，雅和博經學就是這種以清教徒神學經典《西敏斯特準則》（*The Westminster Standards*, 1643-1649 年）爲代表的歐美歷史性改革宗神學在中國文化中的處境化之作。[18] 我們所主張的不是一家之言，不是宗

16　See Carl Anderson, *A Civilization of Love* (New York: HarperOne, 2008).

17　奧古斯丁，《上帝之城》，14 卷 28 章。

18　「雅和博經學」：「雅和博」出自希伯來文 *ahava* 的音譯，意思就是「愛」，相當於希臘文的 *agape*。我使用「雅和博」一詞乃是爲了強調愛在基督教思想中的重要性。我們對愛有三大強調，一是強調上帝在基督裡向我們顯明的救贖之愛；二是強調耶穌基督所教訓的愛主愛人乃是律法和先知一切教訓的總綱；第三就是強調在耶穌基督裡以感恩之心愛上帝，並且遵守上帝的誡命，不是爲了得救或稱義，乃是爲了以美德和善行來榮耀上帝，見證福音。我們用「經學」一詞乃是強調按照正意解釋聖經的重要性。雅和博經學以《西敏斯特準則》爲教理規範，力爭把清教徒神學、長老制教會和英美保守

派性的學說，甚至也不是抽象意義上的基督教教義，而是上帝在
聖經中所啓示、歷代大公教會所認信的超驗性、普世性的眞理；
同時，我們強調，只有經過聖靈的光照和個人的默想，這種眞理
才能道化人心，深入心靈，改變生命，成爲我們心中的確信和經
歷，成爲我們內在的安慰和力量，然後從我們內心深處發出道化
世界的影響和效果。

　　這種超驗性、普世性的眞理並不是受制於個人和時代局限的
主張，而是上帝所特別啓示的超驗性眞理，是超越個人、民族、
國家、文化和時代局限的，同時又對處於具體的個人、民族、國
家、文化和時代背景中的人都具有普遍的指導意義。只有強調這
種超越性和普世性眞理，我們才能突破人爲的個人與個人、家庭
與家庭、國家與國家、宗教與宗教、民族與民族之間的壁壘，使
中國文化從自高自大的封閉性、地域性的人本主義文化，走向榮
耀上帝的開放性、普世性的神本主義文化，成爲眞正意義上仁愛
的文明，榮耀上帝，愛鄰如己，也就是中國儒家所強調、基督教
所成全之「敬天愛人」的文明。如此一來，基督教在中國文化中
就能夠上本天道，下指人心，立足現實，移風易俗，救治中西文
化中因爲偶像崇拜、皇權專制和暴民統治而出現的各樣病症和弊
端，使得我們中國的「和平崛起」和「中國夢」不再是周邊國家
的威脅和夢魘，而是眞正成爲全世界各國人民的共同祝福。

主義結合在一起，然後會通中國文化，和合通契，推陳出新，傳遞
既首先忠於三一上帝和聖經啓示，同時又具有中國特色的基督教正
統神學，從而更新、補足、成全中國文化，使得中國文化成爲「敬
畏上帝，信靠基督；愛主愛人，守約守法」的基督教文明。這也是
筆者恩師趙天恩牧師所提倡的「文化基督化」的精義。

　　因此，我們雖然強調基督教信仰，但我們強調的絕不僅僅是一般性的宗教信仰，甚至也不是泛泛而論的「基督教信仰」，我們所強調的完全不是那種主張個人經歷、否定大公教會傳統的私人化、情緒化的所謂「基督教信仰」，而是基於聖經啓示、本於耶穌基督、賴乎聖靈光照、源於教會正傳、合乎基本人性、超越時空和種族的對上帝及其眞理的認識，正如在基督教改革宗正統神學中所呈現的那樣。這一正統神學以《西敏斯特準則》爲代表，以三一上帝爲中心，以上帝所啓示的聖約爲基本框架，以上帝所啓示且以十誡爲綜述的道德律爲順服的標準，以耶穌基督的救贖爲獨一的出路。筆者深信，《西敏斯特準則》爲我們提供了一個極其恢弘的眞理體系，特別是其中所呈現的聖約神學，乃是基督教改革宗神學的精華，其目的的崇高、字義的精準、結構的整全、教義的圓融、含義的深刻、法理的貫通、邏輯的嚴謹、平衡的優雅、認可的廣泛，超出此前教會歷史中出現的各大信經和信條。有些人打著基督教旗號宣傳「不要宗，不要派，只要耶穌只要愛」，卻不曉得在任何學科的研究中都有一定的學派和傳承，這是基本的常識！正如歌德（Johann Wolfgang von Goethe）在其名著《浮士德》中所言：「你的祖先所遺贈給你的一切，都當重新贏得，變爲己有。」[19] 不辨眞僞，一味否定歷史上出現的各種宗派和傳承，不過是要蠱惑人心，隱密而詭詐地創立、販賣自己私創的宗派和傳承而已。我們反對那種唯我獨尊的宗派主義，

19　Johann Wolfgang von Goethe, *Faust*, trans. Alice Raphael (Norwalk, Connecticut: The Easton Press, 1980), p. 24. 中文譯文爲筆者根據此英文譯本翻譯。

但我們珍惜、欣賞、學習上帝在歷史中興起、保守並繼續使用的基督教各大正統宗派。

雖然我們對這種絕對真理的認識、應用和解釋直接受到我們所在的時代和文化處境的影響；但是，我們必須承認聖經中所啓示的真理本身的絕對性、超驗性、普世性和經歷性。這就是我們在哲學上所主張的「批判性實在論」（Critical realism）。[20] 這種實在論承認上帝及其真理的實在性，同時強調我們對上帝及其真理的認識始終具有一定的相對性和進步性。因此，我們在哲學上既反對那種認爲唯獨自己徹底掌握真理的沙文主義，也反對那種主張任何真理都是相對的懷疑主義、虛無主義與相對主義。我們既要堅定不移地承認上帝及其所啓示的絕對真理的存在，同時又要以謙卑、開放之心不斷領受來自各個渠道對上帝及其絕對真理的認識的新亮光，從而不斷地增進我們自身對上帝及其真理認識。也只有這樣，我們才能立足現實，承先啓後，繼往開來，海納百川，在認識和實踐上不斷向前，更加接近真理，更加榮主益人。

當然，我們堅持改革宗正統神學，並不意味著我們絕對排斥其他宗派的亮光。本書在德修部分特別參考《天主教要理問答》中所提倡的七德與七罪之說，就是一個突出的例證。[21] 在基督教各大宗派和分支中，唯獨天主教和改革宗爲我們提供了比較整全的神學和世界觀體系。與天主教相比，改革宗更是撥亂反正，返本開新，剔除了天主教體系所混雜的違背聖經、偶像崇拜的成分，

---

20 Paul G. Hiebert, *Missiological Implications of Epistemological Shifts* (Harrisburg, Pennsylvania: Trinity Press International, 1999), p. 89.

21 See *Catechism of the Catholic Church*, second edition (Washington, DC: United States Catholic Conference, 2000), pp. 443-452.

使得基督教神學和思想體系以更加精純有力的方式呈現在人的面前。那些眞心熱愛上帝及其眞理體系的人，必然能夠在改革宗神學和思想體系中得到極大的心靈滿足，也爲家庭、社會與國家的困境尋找到眞正的出路。筆者所竭力呈現並爲之辯護的就是這種整全而平衡的改革宗神學和思想體系，因此我們在眞理的立場上既不會自詡「中立」、「客觀」，也不會否定一切，唯我獨尊，而是努力以開放、謙卑之心闡明自己所認信的基督教眞理。

四、文明論與哲學、宗教、道德和政治信仰

在雅和博經學中，我們直接秉承聖經的啓示，堅持改革宗傳統，尤其是加爾文所強調的人心中的四大種子，就是知識的種子、宗教的種子、道德的種子和政治的種子，[22] 從而強調人性四大方面，也就是作爲認知主體的認知性，作爲宗教主體的宗教性，作爲道德主體的道德性和作爲政治主體的政治性，與此相對應的就是哲學信仰（知識信仰）、宗教信仰、道德信仰和政治信仰。[23] 這四大種子就是人本性中所存在本有的內在傾向，是上帝造人時就賜給人的潛能，可以分別稱之爲認知心、宗教心、道德心和政治心，四者共同組成人人心中都具有的對文明和幸福的嚮往

22　在本書中，我們把道德心與律法心視爲一體，因爲道德的核心就是善惡的問題，而善惡的問題也正是道德律所要解決的問題。因此，道德的種子就是律法的種子，道德體系就是律法體系，道德意識就是律法意識，二者雖然各有強調，但在標準與規範上是可以互換的。

23　傅佩榮先生把信仰分爲三大類型：人生信仰、政治信仰和宗教信仰，參看傅佩榮著《哲學與人生》（臺北：遠見天下文化出版股份有限公司，2003 年），頁 312-313。

之心，我們稱之爲「文明心」。我們把這四大傾向與傳統的教義神學、密契神學、道德神學和德修神學四大神學體系聯繫在一起，[24] 從而構成基督教所主張的獨特而整全的世界觀和文明論，[25] 也就是本書所提倡的基督教文明神學。

我們強調認知心、宗教心、道德心和政治心乃是人性中本有的內在傾向和潛能。這種「本有」既是經驗性的存在，也是先驗性和超驗性的存在。「經驗性的存在」（empirical）是指實然性的存在，就是這四大種子確實存在於人的心中，使人通過感性的直覺而認識認知對象；「先驗性的存在」（a priori）是針對經驗而言的，在邏輯的次序上，這四大種子在經驗之先就已經存在，並且不依賴經驗而存在；「超驗性的存在」（transcendental）則是指這四大種子的最終來源是超驗的上帝，是上帝按照祂的形象創造人時賜給人的，因此它們不僅不依賴歷史的經驗而存在，還是後者之所以成爲可能的條件。在亞當的墮落和人的犯罪中，這些種子並沒有完全消除，而是受到罪的毒化和扭曲。在人重生的時候，這四大種子得到聖靈的更新，重新煥發了活力，並且在上帝持續的恩典澆灌下，通過人自覺的努力而茁壯成長，逐漸成爲參天大

---

24 基督徒比較熟悉教義神學和道德神學，對於密契神學和德修神學接觸較少。關於密契神學與德修神學的異同，請參考 Fr. Reginald Garrigou-Lagrange, *Christian Perfection and Contemplation: According to St. Thomas Aquinas and St. John of the Cross*, tran. M. Timothea Doyle (Charlotte, North Carolina: TAN Books, 2012), pp. 12-47.

25 對「知識的種子」和「美德的種子」的強調一直是希臘文化和西方基督教哲學傳統的一部分，參看 Maryanne Cline Horowitz, *Seed of Virtue and Knowledge* (Princeton, New Jersey: Princeton University Press, 1998).

樹，實現上帝賦予的全部潛能。通過各種方式的靈修操練，我們能夠促使這些種子不斷成長，並且最終在我們所從事的國度事奉中結出各種愛德的果子來，這就是基督徒靠著上帝的恩典而分別爲聖的過程。

這四大種子與雅和博經學所提倡的「仁教心學，法治德政」直接聯繫在一起。「仁教心學」所注重的乃是上帝造人本有的心性本體以及個人在心靈和意識深處當進行的內聖工夫，核心就是格物致知，正心修身，人以弘道，也就是福音使命。福音使命的核心乃是以心靈感化心靈，以生命傳遞生命。「法治德政」所注重的乃是上帝賜給人的律法和使命以及個人在標準和制度方面當進行的外王事工，就是齊家治國平天下，也就是道化天下、以德服人的文化使命。上帝賜給我們律法的原本目的就是讓我們完成治理全地的使命，從中塑造我們完美地效法基督的聖徒品格。法治本是上帝所悅納和使用的治理模式，「耶和華因自己公義的緣故，喜歡使律法爲大，爲尊」。同時，尤其需要強調的就是，唯獨上帝聖潔、公義、良善的律法才能陶冶上帝的兒女們聖潔、公義、良善的品格，使他們在與異教文明的爭戰中不斷得勝。因此，上帝明確地吩咐以色列人在面對各項選擇的時候當自覺地選擇遵守上帝的律例典章。以色列人在選擇律法的時候，既可以選擇埃及人的律法，也可以選擇迦南人的律法，但他們應當明確地選擇上帝的律法，否則他們就是忘恩負義，利令智昏，直接背叛上帝。今日基督徒所面對的挑戰豈不也是如此嗎？其實，即使目的正確，我們也不能不擇手段！我們的人生目的是榮耀上帝，上帝賜給我們實現這一人生目標的崇高工具和手段就是上帝的約法，只有當我們選擇遵守上帝約法的時候，我們才能實現人生的首要目的，否則就是南轅北轍，不管我們怎

樣努力，都不能正確地榮耀上帝，實現人生的目的。我們對律法的
選擇決定我們行為的性質，顯明我們內在的品質，直接影響到我們
人生的素質。上帝的律法是上帝賜給我們訓練聖徒品格的工具，正
如長春張勇弟兄所指明的那樣：「你若見過沒有家教的孩子是什麼
樣，你就知道沒有律法的百姓是什麼樣。西奈曠野中這個為奴四百
年的群體，這標準的烏合之眾，如何才能被塑造成上帝的子民，進
入應許之地？這真是極大的難題。於是上帝賜下了律法，用律法將
這一群看上去毫無希望的人訓練成一族、一國，可以在地上代表上
帝。」[26] 惟願更多的基督徒善用上帝所賜的自由，以感恩之心自覺地
選擇、遵守上帝的約法，歸榮耀給上帝。

「仁教」奠定哲學之本，從認知心出發強調真正的智慧絕不
是獨善其身，自力更生，而是認識上帝的大愛，愛上帝，並且愛
人如己。「心學」奠定宗教之本，從宗教心出發強調個體心靈的
重生和成聖，基督徒當心意更新，治服己心，不斷在心靈深處經
歷上帝的大愛。「法治」奠定道德之本，從道德心出發強調在上
帝及其約法面前人人平等自由，唯獨遵行上帝那全備、使人自由
的律法才能真正蒙福，長治久安。「德政」奠定政治之本，從政
治心出發強調上帝之下個人的自由和自治。「愛心就是聯絡全德
的」（西 3:14），「仁教」強調愛之上帝與上帝之愛，強調我們當
愛主愛人，這種仁教貫穿於「心學」、「法治」與「德政」之內，
為宗教、道德和政治奠定超驗的權威、標準和動力。尤其是其中
在上帝主權下、聖約框架內宗教與道德的貫通、福音與律法的平
衡，乃是解決宗教與文化、宗教與律法之間關係的關鍵。宗教若

26　郭暮雲，《十誡‧十架》，內部資料，2015 年，頁 9。

非落實在道德的層面上，這樣的宗教就是虛幻不結果子的無花果樹；道德若非建立在宗教的基礎上，所謂的道德建設不過是試圖建造沒有根基的空中樓閣。缺乏對上帝的敬畏意識，律法就會成爲當權者玩弄害人的工具；缺乏對律法的尊重意識，宗教就會成爲愚民自欺欺人的鴉片。宗教與政治的貫通，乃是落實宗教與律法的關鍵。宗教用聖道化育人心，律法以規範釐定是非，政治以制度賞善罰惡。這就是雅和博經學所提倡的基督教文明的大框架。雅和博經學所提倡的「仁教心學，法治德政」，以上帝爲中心，以基督爲中保，以聖靈爲助力，以約法爲標準，以教會爲依託，打通和合哲學、宗教、道德與政治四大領域，使得基督徒能夠全方位地深入理解和建造基督教文明。

　　在雅和博經學中，我們打破基督教目前支離破碎、畫地爲牢的困局，把宗教和文明直接聯繫在一起，直接把基督教信仰與基督教文明聯繫在一起。宗教是文明的精髓，是創造文明、維繫文明的根基，是古往今來先聖先賢人生智慧的結晶。雅和博經學直接以文明爲基本單元，把基督教神學上升到世界觀的層面，並且進一步把世界觀上升到文明論的層面，鼓勵基督徒把聖經眞理應用到個人和社會生活的各個領域，踐行上帝所賜給我們治理全地的文化使命。我們既要明白宗教獨特的領域和作用，保持不同領域的功用和疆界，同時也要了解宗教對其他領域的指導作用。作爲基督徒，我們當然要強調聖經在哲學、宗教、道德和政治四大領域中的作用。這就是說，聖經不僅是基督教宗教信仰的經典，更是建立基督教文明的經典，而基督教文明必然包括哲學、宗教、道德和政治四大領域。哲學注重的是理性的思維 —— 理性的醫治；宗教所強調的是情感的委身 —— 情感的醫治；道德所注

重的是行爲的次序——意志的醫治，政治所追求的是社會的公平——社會的醫治；在任何文明體系中，這四大領域都是至關重要、無法迴避的。同時，我們也強調在基督教文明中，這四大領域存在著良性互動、彼此成全的作用，這是整體與系統思維法所特別強調的。基督教是最好的哲學、最好的宗教，基督教也爲人提供最好的道德、最好的政治。在雅和博經學中，爲當今世俗化和多元化所帶來的哲學、宗教、道德與政治領域的分離對立，重新找到了會通和合的前提、根基與框架。在雅和博經學中，我們所注重的是「眞理的體系」，強調眞理本身所具有的那種整全性和有機性，提醒人們不可「一葉障目，不見泰山」！不可盲人摸象，以偏概全！只有強調這種「眞理的體系」的整全性和有機性，基督教才能擺脫那種被邊緣化、私有化甚至巫術化、江湖化的傾向，重新以整全且具有強大生命力的眞理體系之形式走向世界和文化，成爲道化世界、更新文明的強大動力。對於中國基督徒而言，只有強調這種「眞理的體系」，我們才能逐漸勝過中國儒道釋文化所建構強大的文明、極穩定的結構，在宏觀的高度和微觀的精度上補足、轉化、成全中國文化，完成中國文化「三千年未有之大變局」，使中國文化徹底地從偶像崇拜、皇權專制和暴民政治轉向敬天愛人的天國文明。

雅和博經學強調這四大種子在人心中的存在，使得上帝所啓示的聖經眞理能夠直接與中國人的心靈相連。正如北美宣教士外橋（Leonard M. Outerbridge）在總結基督教在中國宣教史的時候所總結的那樣：「本色化的教會要成長，必須立足於上帝在人心中存放的根基。因此，教會必須學會欣賞中國的宗教傳承。」[27]這四大心靈中種子的存在與上帝在自然和歷史過程中的普遍啓示

相連，直接構成了各國各族文化的精萃。對人心中四大種子和世上普遍啓示的強調，使得基督教眞理能夠直接與人心和文化相通，也使得基督教在中國傳播的過程中，能夠充分地尊重、理解中國文化，甚至學習、吸收其中的優秀成分，最終能夠創造性地繼承轉化、成全中國文化，裡應外合，中西互補，剛柔兼濟，會通和合，使得中國文化成爲眞正敬畏上帝、愛人如己的天國文明，這當然也是中國孔子、孟子等古代先哲所追求的文化理想。[28]

哲學、宗教、道德與政治是密切聯繫在一起的。從聖經啓示的角度來看，哲學絕不是漫無邊際的理性思辨，而是始終以上帝所啓示的眞理爲依歸，直接與宗教、道德和政治聯繫在一起。同時，在宗教中，我們有宗教哲學；在道德中，我們有道德哲學；在政治中，我們有政治哲學。哲學同時貫穿於宗教、道德和政治三大領域。宗教、道德和政治也是如此。雅和博經學的突出貢獻就是破除目前教會內外所盛行且人爲的學術壁壘和條塊分割，以聖經啓示貫通哲學、宗教、道德和政治四大領域，從而恢復清教徒的傳統和大公教會的精神，[29] 爲基督徒改變人生和世界提供基於聖經的健全世界觀和文明論。離開了宗教上的敬畏之心，道德上

27　Leonard M. Outerbridge, *The Lost Churches of China* (Philadelphia: The Westminster Press, 1953), p. 29.

28　參考劉述先、梁元生編，《文化傳統的延續與轉化》（香港：中文大學出版社，1999 年）；林毓生，《中國傳統的創造性轉化》（上海：三聯書店，1988 年）；羅志田，《裂變中的傳承：20 世紀前期的中國文化與學術》（臺北：中華書局，2003 年）。

29　參考鍾馬田，《清教徒的腳蹤》，梁素雅、王國顯等譯（北京：華夏出版社，2011 年）；賴肯，《入世的清教徒》，楊征宇譯（北京：群言出版社，2011 年），這兩本書是很好的介紹清教徒神學的作品。

的向善之心，政治上的公義之心，哲學只能在價值上走向虛無主義；同時，如果宗教不能為哲學提供形而上的答案，不能為道德提供倫理上的標準，不能為政治提供現實性的框架和動力，這樣的宗教只能是麻醉人的鴉片。沒有宗教所提供超越的上帝觀，沒有道德所強調的普世性價值，沒有哲學為人提供的批判性思維，政治只能成為政客之間毫無原則的骯髒遊戲，為達目的，不擇手段；沒有宗教所啟示的絕對標準，沒有哲學所強調的深刻反思，沒有政治所關注的社會公義，道德只能淪落為個人假冒為善、自欺欺人的道德表演。知識必然體現在宗教和道德上，而宗教和道德也是政治的支柱。[30] 知識不僅幫助我們認識上帝和自我，也為我們提供基本的個人生存和發展的能力。宗教則把人提升到更崇高的境界，使我們能夠為上帝和真理捨棄自己，殺身成仁，以身殉道。道德和政治都不過是宗教信念的自然外展和體現，同時道德和政治也為人的宗教信念提供見證和保護，幫助人們按照上帝的制度和標準來榮耀上帝、造福他人，避免個人假借宗教之名而任意妄為。

因此，雅和博經學強調這些種子的存在，目的在於鼓勵基督徒努力成長，在認知心的基礎上發展科學，不斷地擴大對上帝、自身和世界的認識，堅定不移地破除各種知識上的蒙蔽，使人活出上帝造人本有的那種理性上的巨大潛能，不斷地參與上帝在歷史中的作為，成為上帝百般恩賜的好管家。因此，雅和博經學首先追求的就是理念上的變革、範式上的轉換和思想上的革命，我

30　See Russell Kirk, *The Conservative Mind: From Burke to Eliot*, seventy revised edition (Washington, D. C.: Regnery Publishing, 2001), pp.8-9.

們深信「觀念是大有力量的」（Idea has consequences）。作爲傳統西方正統改革宗神學在中國文化和社會中的落實，我們繼承的是改革宗神學中整全、精準的教義神學體系，從而確保我們所傳遞的基督教不會落入各種私人或群體所提倡的異端邪說之中。各種倡導異端邪說之人的突出特徵就是人爲地隔斷與歷史傳統的聯繫，使人無法鑑別比較，從而操縱人心，對人洗腦，使人把他們淺陋的一得之見視爲歷史發展與眞理發現的巔峰。廿世紀馬克思主義在蘇聯、中國、柬埔寨等地的傳播就是如此。

五、文明論與教義、密契、道德和德修神學

我們在認知心的基礎上發展哲學與科學，不斷地加強我們對上帝和自身的認識。因此，雅和博經學首先注重的是眞理的傳講和心意的更新。加爾文強調，人生的智慧就在於兩大方面，一是對上帝的認識，二是對自我的認識。[31] 在雅和博經學中，我們強調我們對上帝和自身的認識始終是在世界和歷史過程中的認識，並且我們認識的目的也是爲了使我們更好地在世界歷史過程中愛上帝，愛人如己。因此，雅和博經學所注重的是上帝的啓示和眞理，永生就是以我們對上帝的認識爲根本的。在「仁教」部分，我們特別強調教義神學，強調聖經本身的啓示和大公教會的正傳。只有基於聖經並且得到大公教會認信的眞理才能成爲明確的「教義」（dogma），這些「教義」所組成的體系就是「教義神學」（dogmatic theology）。我們所強調的教義神學並不是目前流行的「系統神學」（systematic theology），因爲很多所謂的「系統神學」

31　加爾文，《基督徒敬虔學》，1 卷 1 章 1 節。

所闡明的不過是自己的系統，並沒有明確地以歷代大公教會所認信的教義體系爲按照正意解經的規範和指南。當然，我們最終對聖經啓示和教會教義的認信都是來自聖靈的光照和個人的選擇，這不是靠任何政治或強迫的手段能夠達成的。雅和博經學強調基於聖經啓示和教會認信的教義眞理體系，並且強調這種教義體系不僅不會約束我們信仰良心和自由，反倒合乎我們的信仰良心和自由，並且爲我們個人的信仰良心和自由的行使提供了明確可靠的框架和規範。在「仁教」部分，我們這種對眞理和自由的強調，幫助人活出上帝造人本有的那種在認知上求眞求聖的**先知意識和尊嚴**。在上帝的旨意中，在基督的恩膏裡，基督徒人人都有先知的職分，人人都當竭力使用自己的理性來認識上帝、世界和自身。

我們在宗教心的基礎上發展宗教，不斷地加強自己對上帝的敬畏和對鄰舍的愛心，感恩戴德，見義勇爲，堅定不移地破除各種宗教上的迷信、狂信、妄信、濫信、僞信。因此，雅和博經學所注重的是心靈的變革、宗教的革命。在這一部分，我們特別強調「密契神學」（mystical theology），[32] 就是靈修神學，強調靈修就是修心，修心就是修德，基督徒的靈修就是充分運用上帝賜給

---

32 狹義上的密契神學特指處理隱藏或神祕之事的神學，尤其是指靈魂與上帝的密切關係，這種密切關係是以心醉魂迷或神遊象外的狂喜爲特徵的（ecstasy）。這種密契基於上帝賜給的超自然恩賜，伴隨有各種異象或私人性啓示。因此，密契神學所面對的就是「超性的靜觀以及靈魂與上帝密切的關係」。參考 Fr. Reginald Garrigou-Lagrange, *Christian Perfection and Contemplation: According to St. Thomas Aquinas and St. John of the Cross*, p. 15。本書在談及密契神學的時候常常泛指強調通過自覺的靈修而使個體靈魂得享上帝之同在的神學。

我們的各種蒙恩之道，加強自身內在生命的操練，使我們在愛主愛人的美德上不斷長進，在基督裡不斷得享上帝的甜蜜同在和安慰。正是因爲這種對靈修神學的強調，使得雅和博經學自覺、明確地擺脫了傾向於僵化、機械、復古、論斷的教條主義影響。雖然我們始終注重純正教義體系的重要性，但我們絕不可把教義體系視爲裁剪、轄制、論斷別人的鐵床鐵尺，更不是把活潑的教義體系僵化爲博物館中供人展覽的標本死屍，而是首先通過靈修來使自己在心靈深處經歷上帝的大愛，不斷被上帝的大愛吸引、醫治和激勵，從而使人自發地以謙卑溫柔之心去幫助別人，己立立人，避免妄自論斷，相咬相吞，一同滅亡。如此一來，我們改革宗信徒就會專注於自己的悔改歸正，我們改革宗教會就會自覺謙卑地作眾教會的僕人，以溫柔的愛心來成全其他宗派的基督徒和教會，而不是唯我獨尊，目空一切。在「心學」部分，我們對心靈與眞理的強調，旨在幫助人活出上帝造人本有的那種在情感上聖潔而慈愛的**祭司意識和尊嚴**。在上帝的旨意中，在基督的恩膏裡，基督徒人人都是祭司，人人都當遵守上帝的約法，傳授上帝的約法，從而使得人與人之間更多了一份眞情眞愛。

我們在道德心的基礎上發展律法，建立家庭、教會和國家等聖約共同體，不斷地從制度的層面抑制人性中敗壞的因素，發揮人性中美好的因素，堅定不移地破除各種道德上的罪惡。這種神學就是「道德神學」（moral theology）。因此，雅和博經學在理念的變革和心靈的變革的基礎上注重制度的變革，明確地反對各種形式的專制與暴政，強調憲政民主制不僅是目前人類發現的最好的制度，在聖經啓示中也有充分的根據，因爲上帝與選民設立的聖約本身就是「權利大憲章」，明確定義了神權和人權。廿

一世紀的今天，制度的重要性空前明確，南韓和北韓、西德和東德、中國大陸和臺灣都是同樣的人群和歷史背景，但在截然不同的制度下個人的幸福和社會的發展卻是截然不同，這是全世界有目共睹的！在雅和博經學中，我們特別強調司法制度的改良，旗幟鮮明地反對各種形式的惡法、酷刑、刑訊逼供等醜陋現象。當然，在教會治理的模式上，我們也旗幟鮮明地反對中國教會中盛行的各種「家長制」、「主教制」模式，強調教會應當明確地設立自己的信仰告白和治理憲章，使得教會本身成為聖經中所啓示的自由、法治、民主、共和的新家庭，為自己確保良心，為他人樹立樣本，為社會培養人才，為文化奠定根基。在雅和博經學中，我們的道德神學就是「律法神學」（forensic theology），就是根據上帝所啓示且以十誡為綜述的道德律為客觀標準來判斷善惡，分別是非，按照上帝明啓的旨意來愛主愛人。因此，我們主張道德與律法的統一性，二者都是以上帝所啓示且以十誡為綜述的道德律為最高標準的。講律法卻不講道德，律法就會淪落為強盜的規矩，不過是為那些竊國大盜對他人的掠奪抹上合法性的色彩；講道德卻不講律法，道德就會蛻變為個人的表演，不過是那些假冒為善的人謀取個人私利的手段而已。道德與律法並重，我們就避免了不講上帝的律法、只注重人的體驗和傳統的假冒為善與任意妄為，也就是反律主義的傾向；另外，我們強調律法神學就是「美德倫理學」（virtue ethics），[33]「法治」是為了「德政」，上帝賜

33　See Alasdair MacIntyre, *After Virtue*, third edition (Notre Dame, Indiana: University of Notre Dame Press, 2007); Joseph J. Kotva, Jr., *The Christian Case for Virtue Ethics* (Washington, D.C.: Georgetown University Press, 1996); Roger Crisp and Michael Slote, eds. *Virtue Ethics* (Oxford, New York: Oxford University Press, 1998).

給我們律法的終極目的是讓我們攻克己身，培養我們愛主愛人的美德和品格，這樣我們也避免了那種不注重內在生命和心靈美德的律法主義傾向。秉承改革宗神學的正傳，我們始終強調得救唯獨依靠上帝的慈愛和恩典，強調基督徒的成聖就是在基督裡靠著上帝的恩典、聖靈的大能而順服上帝的律法，在愛主愛人的美德和善行上不斷長進，這就使得雅和博經學從根本上擺脫了律法主義和反律主義兩大偏頗和泥坑。在「法治」部分，我們對聖約和律法的強調，旨在幫助人活出上帝造人本有的那種在意志上謙卑而剛健的**君王意識和尊嚴**。在上帝的旨意裡，在基督的恩膏中，基督徒人人都是君王，人人都當敢為天下先，見義勇為，當仁不讓。今日中國基督徒特別需要這種剛勇而睿智的精神。

最後，雅和博經學主張在政治心的基礎上發展政治，在個人、家庭、教會和國家各個公共領域中促進個人在人格和美德上的進步，堅定不移地破除各種罪的捆綁和政治上的專制，使人得享在基督裡的大自由。這種神學就是「政治神學」（political theology），特別強調上帝對全人和全世界的旨意。因此，雅和博經學的變革最終就是耶穌基督所提倡的個人「品格的革命」，就是「人類心靈的革命」：「祂的革命不是藉由社會制度和法律（人類生存的外在形式）來進行的，彷彿要將一套美好的生活秩序強加於人。相反地，耶穌的革命是品格的革命，使人藉由與上帝、與他人建立持續的關係，得到由內而外的改變。」[34] 很顯然，「公義的江河不會從腐敗的靈魂中流出來。同時，一個『內在』更新

34　魏樂德、唐・辛普森合著，《品格的革命：重塑屬天的生命》，林秀娟譯（臺北：校園書房，2012 年），頁 10。

的人，不會與不義的大眾同流合污。一個重生的靈魂能堵住不義的河流——即或不然，也會奮戰到最後一刻。」[35]一旦個人的內心深處經歷這樣深刻的變革，他就能夠自覺地在社會上發揮地上的鹽、世上的光、山上的城、燈臺上的燈的功用（太 5:13-16）。另外，雅和博經學強調上帝的聖約和律法，這就為文化的變革和文明的重建提供了來自上帝的強有力的框架和標準，這是教會內外忽略聖約和律法的人所無法比擬的。因此，隨著個人品格的更新，文化的變革和文明的重建乃是理所當然、順水行舟的事。所以，我們所講的政治乃是天國的政治，不是任何個人和黨派所主張的意識形態性質的政治。天國的政治所強調的是上帝的主權和約法，強調我們在基督裡對上帝的熱愛和敬畏，以及由此而生發的對上帝主權和約法的順服，在這種順服中我們強調上帝通過真理和聖靈征服人心的大能。天國政治的根本就是每個人都要在耶穌基督裡認罪悔改，天國政治的目標就是每個人都要效法基督的分別為聖。雅和博經學所強調的天國政治不僅避免了教會內部基要派或保守派對政治的冷淡和懼怕，也避免了自由派或激進派對社會公義和變革的過度強調。如此一來，我們強調通過認知心、宗教心和道德心的發展使人活出先知、祭司與君王的榮美和尊嚴，使人成為真正整全的人，從而在政治心上自覺地成為上帝的使者和管家，勸人在基督裡與上帝和好，完成上帝託付治理全地的文化使命。這樣整全的人，就是活在上帝面前的人，也是活在上帝的真理和約法之下的人，當然也是活在上帝的真光和大愛中愛主愛人的文明人。

35　魏樂德等，《品格的革命：重塑屬天的生命》，頁 10。

不管是哲學、宗教、道德，還是政治，我們都要回到上帝在聖經中的特別啓示爲最高規範，都要回到聖父上帝在永世中的預旨和計劃爲最高追求，都要回到聖子上帝已經完成的救贖之工爲我們個人得救和成聖的獨一根基和保障，都要回到聖靈上帝在我們心中大能的同在爲我們所依靠的最根本的動力，都要回到我們自己在上帝面前當盡的責任和本分。因此，我們絕對不可把聖經啓示和基督教信仰僅僅局限在所謂的宗教領域中。我們的哲學應當是以上帝的啓示爲本的啓示哲學；我們的宗教應當是以上帝的啓示爲本的啓示宗教；我們的道德和律法應當是以上帝的啓示爲本的啓示道德和律法；我們的政治也當是以上帝的啓示爲本的啓示政治。這樣，我們連貫哲學、宗教、道德和政治所建構的基督教文明就是以聖經啓示爲本的啓示文明。在這種文明中，哲學所注重的是方法論的思考——擺正啓示與理性的關係，宗教所強調的是主體性的更新——凸顯個人重生和成聖的重要性，道德所強調的則是主體之間的關係——也就是上帝與人、人與人之間的關聯，而政治所強調的則是秩序的和諧——也就是個人、家庭、教會和國家在這個世界上對上帝所設立的聖約和律法的順服，而真正的文明就是上帝的秩序和公義的實現，人人各就其位，各盡其職，各得其所。這就是聖經中所啓示的國度的文明、仁愛的文明，因爲「神的國不在乎吃喝，只在乎公義、和平，並聖靈中的喜樂」（羅 14:17）。

雅和博經學所提供的就是這種整全的世界觀。只有在這種整全的基督教世界觀的裝備下，基督徒才可以在哲學、宗教、道德和政治這四大領域中長成參天大樹，愛主愛人，成聖成賢，成爲世界文明的締造者，也就是完成上帝從創世之初就賜給人的治理

全地的文化使命，建立以愛主愛人為總綱和導向的基督教仁愛文明（創 1:28；太 22:37-40）。這是我們的盼望和祈禱，願上帝施恩、憐憫、成就！

✝

第 一 章

仁教：道統與學統、哲學與求眞

聖約文明論第一大要素：上帝的主權和聖約的設立
智商、認知心、認知主體與智者品格
認知的種子與知識信仰——知識系統與教義神學

　　我們在仁教部分強調眞正的智慧就是在耶穌基督裡認識上帝、世界和自身。上帝賜給人認知心，每個人都首先是認知性的主體，永生的精義就在於認識上帝和耶穌基督。基督徒當成爲眞正的智者，充分地發揮理性認知的功用，用我們的理性來愛主愛人，治理全地。我們根據認知心而強調對知識的信仰，基督教世界觀與文明論首先建構的就是知識系統和教義神學。

仁教與眞理

　　仁教的最高價值和追求是智慧。仁教闡明基督教文明乃是愛主愛人的文明。仁教的終極是上帝，一切原型性的眞理都在上帝裡面。仁教就是仁道，就是聖經所啓示的關於仁愛的教義（the doctrine of love）。仁教探求天人之際，就是上帝與人在基督裡愛

的聯合與密契。

我們在仁教部分，首先強調的就是上帝在基督裡拯救罪人的大愛。同時，我們強調基督徒當愛主愛人，這是整個聖經教訓的總綱。

仁教就是仁道，仁道就是人道，就是為人的基本道理。保羅在「愛的讚歌」（林前 13:4-8）中充分地強調了愛德的重要性，沒有愛德，我們一切的信心和善行都沒有任何意義。

仁道的本體並不是抽象的理念或命題，也不是無以名狀的神祕存在，而是創造天地並且在歷史過程中不斷向我們顯現的上帝。在聖經中，這一上帝尤其是以愛的形式顯現，聖經甚至強調：「神是愛」。因此，聖經中所啟示的上帝不是亞里士多德思想體系中的第一原理、不動的動者，也不是中國神話故事中高高在上的玉皇大帝，更不是希臘神話中爭風吃醋、放縱私慾的各種神靈，而是創造天地、又真又活的獨一上帝，祂既有公義的法則和審判，又有恩惠和慈愛，甚至親自與我們同在，成為我們最好的朋友。尤其是在耶穌基督道成肉身、十架捨命的過程中，上帝對我們長闊高深的大愛更是顯明出來。上帝可以按照祂的公義毀滅這個罪惡充斥的世界，但上帝卻按照祂的慈愛差派耶穌基督拯救這個世界，這是聖經中最感人的信息。

根據聖經啟示，雅和博經學在形而上的方面直接把上帝視為愛的本體上，這樣就使得我們所說的愛不再是抽象的概念、難以把握的感覺，而是位格性的上帝。我們對愛的追尋，就是對上帝的追尋；只有當我們真正發現、認識、得著上帝的時候，我們對愛的渴慕和追求才會得到終極性的滿足。正如奧古斯丁在《懺悔錄》一開始就陳明的那樣：「祢造我們是為了祢，我們的心如不

安息在祢懷中，便不會安寧。」[1]我們在仁教部分這種從形而上的角度對愛的強調，可以稱之爲「愛的形而上學」（the metaphysics of love）。

仁教是國度的教訓，上帝的國度是眞理與仁愛的國度。沒有眞理，所謂的仁愛就沒有任何內容和標準。因此，聖經中在強調愛的時候總是以眞理爲依歸，愛的精義就是「不喜歡不義，只喜歡眞理。」（林前 13:6）我們在仁教部分，特別強調聖經中啓示眞理的重要性。希臘文中的 logos 有論理、理性、語言、理論的含義，一般指向理性所認識的對象。我們當以上帝所啓示的眞理爲指南，建立整全的基督教思想體系與教義體系。

仁教所闡明的就是上帝在聖經中爲人所啓示的人生首要目的與最高境界。這種目的就是榮耀上帝，以上帝爲樂，這種境界的極致就是單純地爲愛上帝而愛上帝，「雖然無花果樹不發旺，葡萄樹不結果，橄欖樹也不效力，田地不出糧食，圈中絕了羊，棚內也沒有牛；然而我要因耶和華歡欣，因救我的神喜樂。」（哈 3:17）

聖愛之約與哲學之求眞

上帝屈尊俯就，與我們設立聖愛之約（Covenant of Love）。這一聖約是上帝與我們之間相屬相愛的約定。我們所強調的愛是聖約之愛，也就是聖潔之愛，因爲耶和華本身就是「守約，施慈愛」的上帝。

1　奧古斯丁，《懺悔錄》，卷一。

上帝是無限偉大和崇高的上帝，我們即使沒有墮落也不能隨心所欲地認識上帝，更不可能成爲上帝的子民和朋友。上帝如此與我們這樣卑微的人立約，實在是上帝的屈尊俯就，是出於祂對我們的大愛。正如《西敏斯特信條》第七章「論上帝與人所立的聖約」所闡述的：「上帝是人的創造者，人是有理性的受造物。所以，人本當順服上帝。但是，上帝與受造者之間的不同如此巨大，所以，人絕不能享有祂，以此爲自己的福分和賞賜，除非是上帝自願俯就，這俯就乃是祂樂意用立約的方式顯明的。」

至高的上帝竟然與卑微的人立約，並且賜給人治理全地的權柄，這實在是上帝對人的厚愛和抬舉。上帝與人立約，不僅把治理全地的權柄賜給人，也把祂聖潔、公義、良善的誡命賜給人，使人在上帝和律法面前人人平等。這一切都是上帝的恩賜，也都是人所具有來自上帝的尊嚴、榮耀和權利。

哲學就是愛智慧，智慧的終極就是分辨眞假。僞哲學走向虛無主義和神祕主義。虛無主義否定上帝的實在性，從而也從根本上否定了一切存有的實在性，因爲上帝是萬有的創造者。神祕主義強調個人的神祕體驗，用那種「道可道，非常道；名可名，非常名」[2] 的詞彙來表達自身對絕對眞理存在的感悟。因爲缺乏上帝的特殊啓示，他們只能在黑暗中摸索，即使能夠見到遙遠的星光，也不足以溫暖他們孤寂的心靈。

阿奎納（Thomas Aquinas）強調：「知識的對象是眞的事物。」[3]

2　《老子》，第一章。

3　阿奎納，《神學大全》，1 集 16 題。本書之引證參考 2008 年臺南中華道明會、碧岳學社聯合出版的譯本，以下稱臺南譯本，第一冊，253 頁。

我們必須堅定不移地捍衛那種求真的精神，努力不受教會內外各種迷信思想的蒙蔽和禁錮。**哲學所追求的對象是真理和智慧，宗教所追求的是上帝和永生，道德所追求的是美德和善行，而政治所追求的則是公義與和諧。**我們要用哲學上求真的精神不斷破除人所杜撰的宗教、道德和真理領域中的各種迷信和狂信。撒但對人最大的伎倆就是「迷惑」。保羅為教會最迫切的禱告並不是讓教會脫離逼迫和貧窮，而是讓教會「知道」上帝及其旨意。今日教會要復興，關鍵還是要認識上帝，渴慕真理！

宗教、道德和政治都會逐漸形成一些傳統，我們既要適當地尊重這些傳統的價值，卻不要對這些傳統盲目崇拜，不做任何分別地接受。喪失了哲學本身所培養的獨立性分析與批判性的求真精神，宗教就會成為麻醉人心的鴉片，律法就會淪落為用來轄制別人的工具，而道德也就會蛻變成為面目可憎的假冒為善。只有不斷地發揮求真的精神，我們才能更多地破除教會內外所盛行那些不合乎上帝旨意的謬誤和罪惡。教會內部那種反知主義、蒙昧主義的教導，乃是上帝所恨惡的；不願意面對自己和社會的罪惡，以愛與和平為幌子來遮掩真理和真相，也是基督徒離經叛道的核心標記。

認知的種了就是人心中的認知心，認知的核心就是求真的精神。對認知心的強調，使得雅和博經學從根本上擺脫了教會內外各種反知主義思潮的毒害。對認知心的強調，就是對世界觀中認識論的強調，同時我們在基督徒的生活中強調認知性的美德，其核心就是認識人生的至善，就是上帝本身。認知心指向人心中本有的認知傾向和能力，這種傾向和能力也就是理性的傾向和能力，而認知性的美德（intellectual virtue）是指人在後天培養的思

想和品格上的素質，比如明智、熱愛真理等。[4]

認知並不是簡單的事，清晰、一貫、深刻的認知需要明確的範疇、命題和邏輯體系。這就是經院主義的方法，基督教在中國之所以在很多時候容易走向民間宗教，甚至出現各種稀奇古怪的異端邪說，主要原因之一就是基督教在中國的傳播還沒有經歷經院主義的薰陶和結集。沒有系統的方法，就沒有系統的研究；沒有系統的研究，就沒有系統的認識；沒有系統的認識，就沒有系統的傳講；沒有系統的傳講，就沒有系統的建造。基督教在中國之所以缺乏系統的建造，重要原因之一就是因為缺乏經院主義這種系統、嚴謹的研究方法，對於基督教的基本觀念和命題缺乏系統的整理和傳講，因此，長期以來，基督教在中國無法循序漸進，生根建造。史金納（Quentin Skinner）認為，研究政治概念的關鍵之一就是分析經典文本和經典思想家所用的「規範性術語」（the normative vocabulary）。不管是路德宗，還是加爾文宗，它們最終所採用的概念很多是來自羅馬法和「經院主義道德哲學」（scholastic moral philosophy）。[5]

在認知方面，我們既要反對以理性為標準和權威的理性主義——這是理性的僭越，也要反對輕視理性功用和價值的非理性主義——這是對理性的踐踏。理性主義把人的理性高舉到至高的地位，使得理性既是判斷的標準，也是判斷的主體，這本身就是極大的混亂。非理性主義否定理性的重要性，走向神祕主義，

4　See W. Jay Wood, *Epistemology: Becoming Intellectually Virtuous* (Downers Grove, IL: InterVarsity Press, 1998).

5　Quentin Skinner, *The Foundations of Modern Political Thought* (Cambridge: Cambridge University Press, 1978), Vol. I, Preface, IX-XV.

這也從根本上違背聖經的啓示。雅和博經學強調上帝所啓示的律法，強調對律法的研讀、遵行和宣講，這就從根本上杜絕了神祕主義那種玄之又玄的傾向，當然也杜絕了浪漫主義那種注重個人感覺和領受的主觀主義和情緒主義。因此，雅和博經學高舉聖經中所啓示的眞理，使人在思想中得享眞正的自由，就擺脫了各種無知的捆綁。

哲學就是思之思，就是運用人的理性對思維本身——尤其是思維的前提——進行反思，提出挑戰，從而使得人的思維更加嚴密和精準。因此，傅偉勳總結說：「如果我們同意理性本位的哲學思想是西方哲學發展的主潮，則可以說西方哲學史乃是一部對絕對預設修正及變更的歷史。」[6] 雅和博經學自覺地以聖經中所啓示的三一上帝爲本體性的絕對預設，以上帝所默示的無謬聖經爲認知性的絕對預設，這就從根本上改變了哲學在絕對預設上搖擺不定的困局。

哲學離不開範疇和邏輯。沒有範疇，我們就無法對話；沒有邏輯，我們的對話就無法有效地進行。同時，不管是歸納法，還是演繹法，都離不開一定的前提。唯獨在前提、範疇和邏輯清晰的情況下，我們才能夠有效地建立知識系統和教義體系。中國人所缺乏的就是這種嚴謹的知識系統，中國教會所缺乏的就是嚴謹的教義體系。基督教要迎接廿一世紀中國社會大轉型所面對的巨大挑戰，必須具有自己獨特的知識系統和教義體系，這樣才能使已經信主的人得以在眞理上接受全面的裝備，使那些不信主的人也能知道基督教不是粗俗的迷信，而是有著博大精深、切實

6　傅偉勳，《西洋哲學史》（台北：三民書局，2013 年），頁 153。

可行的真理體系。真正的基督教始終是重知重智的宗教，而不是反知主義的。早在主後七世紀的時候，大馬士革的約翰（John of Damascus）就開始構建普世真理的學說大廈，他自覺地向前代大師們學習，不僅向教會的教父們學習，甚至也以異教徒為師。他認為上帝的光照是普世同享的，上帝把光賜給異教徒們，但一切美好的恩賜都是「從眾光之父那裡降下來的」（雅 1:17）。哪怕是邪惡的敵人在異教徒那裡播種了許多野草，大馬士革的約翰仍然願意像蜜蜂一樣採集其中的花蜜，就是接受他們思想中善的部分，拋棄其中惡的部分。他如此論及知識的重要性：「除了知識之外，再沒有更珍貴的東西了。因為知識是理性靈魂之光。它的對立面，即無知，則是黑暗。因為正如光的匱缺就是黑暗一樣，知識的缺乏就是理性的黑暗。無理性的存在者特有的是無知，而理性的存在者特有的是知識。因此，如果知識匱缺，儘管他在本性上是能夠認識和認知的，他也由於自己馬虎又輕率的靈魂而比一個無理性的存在者更壞，雖然他實際上是一個理性的存在者。」[7]

基督教的第一大要素就是作為客觀學說的真理體系。德爾圖良（Tertullian，又譯特土良）強調，個人即使加入了教會，也仍有可能出錯；任何教會的威嚴，即便是為自己的信仰而殉道，都不能禁止失誤。[8] 因此，一個殉道的異教徒仍然是異教徒，我們必須根據他所信仰的真理體系來評價人，而不是根據人來評價信

7　大馬士革的約翰，《辯證法》，1：529-532A。轉引自博訥、吉爾松，《基督教哲學：從其起源到尼古拉》，李秋零譯（香港：漢語基督教文化研究所，2011 年），頁 106。

8　德爾圖良，《論異教徒的偏見》，頁 3,11。

仰。[9] 因此，在雅和博經學中，我們自覺地從上帝的存在和聖經的無謬這兩大絕對預設出發，參考歷代大公教會和先聖先賢的亮光，確立教義體系。這種教義體系並不是來自個人一得之見所形成意識形態式而衍生的教條，而是自覺、謙卑地領受教會已經明確的教義體系。這一教義體系就是《西敏斯特準則》所界定的教義體系。沒有這種對傳統的正統神學的領受，我們就是自高自大，並且自絕於歷世歷代大公教會的正傳，使得我們再次回到毫無傳統憑藉、只有個人想像的蠻荒狀態。今日中國教會必須謙卑下來，自覺地放棄自己「獨立教會」、「超宗派教會」的偽裝和欺騙，明確地領受大公教會的正傳，如此才能不僅避免給自身、他人和社會帶來混亂和困擾，也能夠在聖經啟示和大公教會正傳的根基上生根建造。

理性的種子與哲學品質

　　理性的種子是指上帝造人時賜給人認知的傾向和能力。奧古斯丁強調人生來心中就有「理性的種子」（*rationes seminales*）。[10] 亞里士多德在其《形而上學》一書中第一句就強調：「所有人生來就想知道。」[11] 加爾文在其四卷本《基督徒敬虔學》的一開始第一句話就強調：「真正的智慧主要由兩個部分組成，一是關於上帝的知識（the knowledge of God），二是關於我們自身的知識（the

---

9　博訥、吉爾松，《基督教哲學：從其起源到尼古拉》，頁 110。

10　Augustine, *De Trinitate*, 3.8.13.

11　Aristotle, *Metaphysics*, 980a25.

knowledge of ourselves）。」[12] 他強調：「宗教若不與眞理聯合就是虛妄的。」[13]

理性是上帝賜給人的特別恩賜，是人與其他動物截然不同的主要標記。不發揮理性的功用，沒有眞正的知識，在宗教領域所充斥的就是無知和迷信；在道德領域所充斥的就是敗壞和詭詐；在政治領域所充斥的就是混亂和殘暴。奧古斯丁甚至認爲：「實際上，沒有知識，人們也就不能具備美德了，正是它們使人們過著正直的生活，引導悲哀的此生，並使人們最終可達到永恆的福樂生活。」[14] 這種理性的種子來自上帝的賜與，是人受造所具有的上帝形象中本身所包含的。奧古斯丁強調，認識或者尋求認識，這種追求本身就是一種愛，[15] 這種愛是對眞理和眞相的愛。理性最深刻的認識和看見就是在聖靈的光照下意識到上帝及其臨在，從而認識眞理的本體。因此，人當首先具有的品質就是哲學品質，也就是獨立思維的能力。哲學尋求的是智慧，智慧的終極成就是認識上帝，智慧的開端則是源於反省自身。蘇格拉底（Socrates）強調，沒有反省的人生，就是沒有價值的人生。我們也可以說，沒有反省的信仰，就是沒有價值的信仰。眞正的基督教提倡眞正的哲學，絕不是泯滅理性思考的盲目信仰。

雖然我們強調宗教的價值，但我們所提倡的宗教絕不是盲目的信仰，而是以眞理爲根本智慧的彰顯。庇哩亞的信徒哪怕是

12　加爾文，《基督徒敬虔學》，1 卷 1 章 1 節。

13　加爾文，《基督徒敬虔學》，1 卷 4 章 3 節。

14　奧古斯丁，《論三位一體》，周偉馳譯（上海：上海人民出版社，2005 年），12.4.21，頁 325。

15　奧古斯丁，《論三位一體》，9.12, 18。

親自聽保羅這樣有恩賜和權柄的傳道人講道，他們也不是輕易相信，盲目相信，無條件聽從，而是殷勤查考聖經，反覆進行比較，最後做出自己的判斷。因此，聖經提倡的不是盲目崇拜任何人的權威，而是始終回到聖經進行「查考」，也就是研究。更重要的是，我們不僅要回到聖經，更要不斷地回到我們的心靈深處，尋求來自聖靈的光照，使我們對上帝及其真理有更深刻、全面和親切的認識。因此，雅和博經學強調對於聖經研究性的閱讀，提倡基督徒當充分運用上帝賜給我們的理性做出獨立的判斷，同時也強調持續、深刻的靈修。當然，我們不是以我們自身有限、有罪的理性為最終的標準和裁判，像那些理性主義者所自欺的那樣。但是，我們確實強調在聖經的引領和規範之下，當充分地運用上帝賜給我們的理性認知能力，並且充分地通過信心來尋求上帝的光照。因此，在雅和博經學中，我們所提倡的研究不是世俗地高舉個人理性的學問，而是聖經中所提倡以信求知的敬虔地生命的追求。我們通過信心領受上帝及其啟示的聖經為我們信仰和生活的兩大絕對前提，同時我們又通過理性不斷在信心的鼓勵和守望下，更加深刻地認識上帝及聖經。

哲學生活是一種高貴的生活，哲學的核心是「批判性的思維」（critical thinking），就是基於手中的證據做出最好的判斷。[16] 真正的哲學不僅努力發揮理性在認知方面的功用，更要對於人墮落之後理性本身遭到濫用懷有最高度的自覺。理性本身不僅有認識未知事物的能力，也能對已經認識的事物不斷反思、鑑別。哲學就

16　Royce P. Jones, *Foundations of Critical Thinking* (Orlando, FL: Harcourt College Publishers, 2001), v.

是思維的藝術，核心是培養人獨立性、批判性的思維與分析的能力。沒有經過哲學反思的人生是沒有價值和意義的人生，人生最大的喜樂就是認識上帝，默想上帝的榮美。

基督教復興的標記首先在於對哲學的重視，那種在思想上「被斬首」的基督教已經喪失了真正的基督教精神，必然無法在思想的爭戰和文明的衝突中站立得穩。屬靈爭戰就是思想的爭戰，我們的思想乃是最大的戰場，我們的思維乃是最強大的武器。基督徒放棄對自身思維的培訓和挑戰，就是在屬靈爭戰中拱手投降，未戰先敗。

智商、實存秩序與先知意識

上帝是有秩序的上帝，上帝創造的世界是有秩序的世界，上帝希望我們的人生也當是有秩序的人生。天國就是愛主愛人的秩序，地獄就是無法無天的放縱。奧古斯丁感歎說：「偉大的上帝啊！誰能否定祢是萬有秩序的統治者呢？每樣事物都與其餘的每樣事物聯繫在一起，每個事物都是根據一系列的固定法則發揮其指定的功用。」[17] 西方基督教文明的「三大支柱性概念就是：公義論、秩序論和自由論」。[18]

真正的愛當然是有秩序的愛。愛不是虛無縹緲的感覺，而是實實在在地在現實生活中，按著上帝所設立的秩序盡自己當盡的愛主愛人的本分。現實生活乃是有秩序的，就是說我們生活在上

---

17 St. Augustine, *On Order*, trans. Silvano Borruso (South Bned, Indiana: St. Augustine's Press, 2007), Book 1, 5. 14, p. 19.

18 Russell Kirk, *The American Cause* (Wimington, Delaware Books: ISI, 2002).p. 50.

帝所設立的秩序中，我們稱這一秩序爲「實存秩序」（the order of existence），這一實存秩序也就是上帝所設立的「受造界的秩序」（the creation order）其本源乃是上帝的心意，稱之爲「神聖秩序」（the divine order）。這種神聖秩序本身存在於上帝的理念之中，並在受造界中展現爲自然秩序和道德秩序。自然秩序是指包括人在內的自然萬物都必然遵守的秩序，而道德秩序主要強調的是上帝與人、人與人之間所存在的價值秩序。道德秩序體現在個人的心靈中就是心靈秩序，這是我們在「仁教」部分所特別面對的；體現在人與人之間的關係上則是倫理秩序，這是我們在「法治」部分特別面對的；體現在人的管理活動上則是政治秩序，這是我們在「德政」部分特別面對的；體現在整個文明上，這是經濟秩序，核心是確保個人的「人格、自由和財產（personality, liberty, property）」。[19]

　　因此，我們的愛也應當是有秩序的愛，這種愛的秩序首先是愛上帝，其次是愛鄰如己。更重要的是，我們對上帝的愛和我們對於自身以及其他受造物的愛乃是不同價值的愛，愛本身就是有其秩序的。這種秩序首先體現在愛的對象上，我們只能把無限的愛歸於上帝，給予上帝，因此耶穌基督強調：「你要盡心、盡性、盡意愛主——你的上帝。這是誡命中的第一，且是最大的」。我們愛的對象是自己和他人，「其次也相倣，就是要愛人如己」。我們當首先愛自己，這是自然而然的，然後推己及人，己立立人。

19　Frédéric Bastiat, *The Law* (Auburn, Alabama: Ludwig von Mises Institute, 2007), p. 2.

　　在愛人的時候也有一定的秩序，首先我們要保障和促進人的身體健康，在這個方面我們對衣食住行等基本的生活需要具有適度的愛也是合理的；但更要愛我們的靈魂，使我們的靈魂能夠不斷地從上帝的大愛和真理中得到滋養。第三，在愛的對象上，我們所常常忽視的就是愛這個世界本身。這是天父世界，我們是上帝百般恩賜的好管家。因此，我們必須好好地愛護這個世界。我們不能對這個世界採取消極厭世的心態，像佛教哲學和希臘哲學所提倡的那樣，認為我們的身體就是靈魂的牢籠，整個世界就是人的墳場。這般消極厭世的得救觀使得基督徒從世界和歷史中孤立出來，使得基督教的信息與世界和歷史喪失了相關性。我們必須建立合乎聖經的世界歷史觀，知道這是上帝所創造和掌管的世界，也是上帝賜給我們管理和享用的世界。因此，我們對上帝的愛必須落實在我們對這個世界的責任上，這是上帝當初造人的時候就賜給人的吩咐。因此，我們在愛的秩序上，強調我們對上帝的愛一定要落實在對他人的愛上，對他人的愛一定要落實在對這個世界的愛護上。如果我們為了一時經濟的利益，大規模地污染環境、濫伐森林、侵佔濕地、排放毒氣，使得整個大地變得像是垃圾堆和墳場，我們還能說我們自己愛上帝和鄰舍嗎？

　　在愛的標準上，我們一定要以上帝所啟示的律法為愛的標準。我們不能以愛為標準，自詡「以上帝為標準」、「以耶穌基督為標準」，那不過是出自思維的混亂和意志的悖逆，因為上帝和耶穌基督是標準的設立者，而不是標準本身。上帝也明確吩咐我們「當以訓誨和法度為標準」。既然上帝已經明確地賜給我們律法，並且吩咐我們遵行祂的律法，以祂的律法為標準，我們就當

謙卑、誠實地順服遵行。很多人聲稱自己愛上帝，甚至並聲稱自己與上帝有密切的相交，但卻藐視上帝已經明確給予的啓示和律法，這顯然是對上帝的無知和悖逆。求主救拔我們脫離這樣無知和悖逆之罪！當然，基督徒順服上帝的律法，不是因爲心理上懼怕上帝的刑罰，甚至也不是因爲道德上的責任，而是因爲我們已經在耶穌基督裡得蒙上帝的恩典和大愛，所以我們以感恩之心、甘心樂意地遵守上帝的律法，這是基督徒理所當然的事奉。

總之，上帝在自然界設定的自然律，代表上帝在自然界設立的自然秩序；上帝所啓示的道德律，代表上帝所設立的道德秩序。我們所在的世界是一個有秩序的世界，這種秩序是上帝已經設立的，不是以我們的意志爲參考的。我們的責任和智慧就在於認識上帝的秩序和法則，按照上帝的秩序和法則去行，這就是聖經中所提倡的眞正的愛。

先知意識就是對於上帝及其秩序的意識。人受造有上帝的形象，首先體現在理性的認知上。眞正的先知，必然有眞正的認知；反知主義是教會的大敵。智商代表人的創新力，動物只是憑著本能行事，而人則因爲有理性認知的能力，所以能夠分析判斷，承先啓後，推陳出新。只有積極地運用我們的理性來認識上帝、世界和自身，我們才能發揮先知的職分。既然上帝把治理全地的使命賜給我們，我們就當充分地發揮理性來認識上帝，明白上帝在自然界、道德界和心靈界當中所設立的秩序和法則，成爲上帝忠心、有見識的好管家。對於上帝、世界和法則之存在的承認，乃是一切科學研究的基本前提。基督徒靈命的成熟首先體現在理性的認識上。理性上的成熟乃是基督徒靈命成熟的基本標記。

　　基督徒要發揮先知的職分，必須重視學習、研究和教育。當
然，作為先知，我們不僅要有頭腦的知識，更要有心靈的經歷，
然後明白上帝賜給我們的「天命」，自覺而勇敢地承擔起自己的
使命來。這一使命在總體上即是上帝創世之初就賜給人的治理全
地的文化使命，在具體上則體現為上帝在具體的歷史環境中所呼
召我們一生一世為之奮鬥的「呼召」上，也就是我們的「天職」。
不管我們擔負任何具體的「天職」，我們的使命都是主耶穌基督
所強調的：先求上帝的國度和公義。不管是在教會內部，還是在
社會上，凡是不敬畏上帝國度的主權，不合乎上帝國度公義的事
情，我們都當大聲呼籲、勇於面對和改革，這才是真正的先知
精神。真正的先知不是自高自大、愛出風頭、追名逐利之人，而
是領受上帝的呼召，情不自禁地傳講上帝的約法，指責社會的罪
惡，呼籲人悔改歸正。

智慧、仁教與教育

　　基督徒首先需要追求的就是真正的智慧。真正的智慧須面
對兩個問題，一是何謂幸福，這屬於「理論性智慧」（theoretical
wisdom），而理論性智慧是關於不變之事的知識，所關涉到的乃
是永恆與人生終極意義的問題；二是如何得到這種幸福，這屬於
「實踐性智慧」（practical wisdom）。實踐性智慧所側重的是實際
生活中如何行動的問題，就是以正確的方式做正確的事情（The
Right Way to Do the Right Thing）。[20]
　　聖經中固然反對世俗的智慧，但也強調真正的智慧。在《箴

20　See Aristotle, *Nicomachean Ethics*, book VI, 7.

言》中甚至說：「要得智慧，要得聰明，不可忘記，也不可偏離我口中的言語。不可離棄智慧，智慧就護衛你。」這樣的智慧是來自上帝的智慧，是上帝通過他的啓示賜給我們的敬虔智慧。

對於基督徒而言，智慧的終極就是耶穌基督所強調心靈上的認識和享受（約 17:3）。因此，加爾文在其一五四五年《日內瓦教理問答》中第一問就問及：「何謂人生的首要目的？」回答就是：「認識上帝，人是由上帝創造的。」第二問：「你爲什麼如此說？」回答就是：「因爲祂創造了我們，並且把我們安置在這個世界上，目的就是通過我們來榮耀祂。確實，我們的生命起於上帝，就當一生一世致力於榮耀上帝。」第三問：「人生的至善是什麼？」回答就是：「相同。」第四問則進一步追問：「爲何你認爲這就是人生的至善？」回答則是：「因爲若非如此，我們就禽獸不如。」十七世紀英國清教徒承接加爾文的神學思路，在其《西敏斯特小教理問答》中繼續強調：「人生的首要目的就是榮耀上帝，以祂爲樂，直到永遠。」認識上帝是眞正榮耀上帝的前提，榮耀上帝是眞正認識上帝的結果，基督徒的一生就是在認識上帝和榮耀上帝的過程中以上帝爲樂。因此，基督徒的信仰絕不是盲目的相信，而是以信心尋求理解（Faith looks for understanding）。

基督教成全中國文化中那種自強不息的天道追求。人首先是思想者，帕斯卡（Blaise Pascal）在其《思想錄》中有句名言：「人只不過是大自然中最柔弱的蘆葦，但他是會思想的蘆葦。」蘆葦很容易受到風雨的摧折，人生難免老病衰亡。但是，人能夠「思想」，思想本身使得我們能夠超越自己一生在時空中有限的存在，使我們認識那看不見的上帝，追思先聖先賢的腳蹤，心遊物

外，精鶩八極，在思想的天空中自由翱翔。[21] 沒有獨立的思想，就沒有獨立的人格。基督徒當充分運用自己的理性來愛上帝，發揮先知的精神和職分。基督教的傳播必須經過理性化的過程，就是經過理性的不斷反思和實踐的反覆驗證，運用邏輯與哲學的方式，建立具有整全性和一貫性的教義與思想體系。

仁教的終極乃是「神格」（the Godhood of God），就是上帝的神性，是指上帝的絕對主權，這種絕對主權體現在上帝的創造和護理之工上，更體現在上帝對人的揀選之愛上。賓克（A.W.Pink）曾經著有《上帝的神格》一書，延續清教徒和改革宗神學的傳統，強調上帝的主權。他說：上帝的神格就是「上帝的全能性，也就是上帝的絕對主權。但我們談及上帝的神格時，我們所確認的就是上帝，我們確認上帝絕不是徒有其名的傀儡，也絕不是站得遠遠的旁觀者，對於罪所造成的人間痛苦無能為力。」[22] 因此，「神格」必然意味著「神權」。

對「神權」的挑戰，就是對「神格」的挑戰，也就是對上帝本身的挑戰。藐視上帝的主權，不僅是褻瀆上帝，也從根本上毀壞了「人權」的根基，因為人權的終極根源就是造物主上帝，因此美國《獨立宣言》在前言部分首先表明其宣告的「真理」就是「造物主」賜與每個人的「平等」的「權利」：「我們認為下面這些真理是不言而喻的：造物者創造了平等的個人，並賦予他們若干不可剝奪的權利，其中包括生命權、自由權和追求幸福的權

21　參考傅佩榮，《會思想的蘆葦》（臺北：業強，1992 年）。

22　A. W. Pink, *The Godhood of God*, see http://www.ccel.org/ccel/pink/godhood.html, 2015 年 5 月 7 日查考。

利。為了保障這些權利，人們才在他們之間建立政府，而政府之正當權力，則來自被統治者的同意。任何形式的政府，只要破壞上述目的，人民就有權利改變或廢除它，並建立新政府；新政府賴以奠基的原則，得以組織權力的方式，都要最大可能地增進民眾的安全和幸福。的確，從慎重考慮，不應當由於輕微和短暫的原因而改變成立多年的政府。過去的一切經驗也都說明，任何苦難，只要尚能忍受，人類都寧願容忍，而無意廢除他們久已習慣了的政府來恢復自身的權益。但是，當政府一貫濫用職權、強取豪奪，一成不變地追逐這一目標，足以證明它旨在把人民置於絕對專制統治之下時，那麼，人民就有權利，也有義務推翻這個政府，並為他們未來的安全建立新的保障。」真正重視人權的人，最終必然轉向高舉上帝的主權；那些在理論否定神權的人，最終在實踐中必然踐踏人權。人權絕不是來自國家、政府、黨派或任何個人，而是直接來自上帝。任何國家或政府踐踏上帝賜給人的基本人權，就在上帝和人面前喪失了合法性，人民就有權利隨時予以推翻，並把踐踏人權的暴君酷吏送上法庭，以「反人類罪」[23]之名將他繩之以法、處之以刑。

如果我們連上帝的神格都敢褻瀆，如果我們連至高上帝的主權都不尊重，那麼在我們的生活和文化中就沒有任何神聖不可侵

23　又稱「危害人類罪」（crimes against humanity），舊譯「違反人道罪」。2002 年 7 月 1 日生效的《國際刑事法院羅馬規約》將該罪名定義為「是指那些針對人性尊嚴極其嚴重的侵犯與凌辱的眾多行為構成的事實。這些一般不是孤立或偶發的事件，或是出於政府的政策，或是實施了一系列被政府允許的暴行。如針對民眾實施的謀殺，種族滅絕，人體試驗，酷刑，強姦，政治性的、種族性的或宗教性的迫害，以及其他非人道的行為」。

犯的東西，人的人格與權利就不會得到基本尊重，人本身也就成了野心家手中隨意操縱使用的工具，成為強權者肆意傷害和吞食的對象。這種否定上帝之存在和主權的世俗化，乃是現代教會內外各種混亂、暴政和罪惡的淵藪。正如劉曉波先生所感歎的那樣，「中國文化的悲劇，就是沒有上帝的悲劇！」我們若否認上帝的存在，就為罪人的各種邪惡打開了大門。

　　仁教強調聖經中所啟示的仁愛和教育之道。耶穌基督對整個聖經教訓的總結就是愛主愛人，祂所吩咐的大使命本身就是教育性的使命，其核心就是教導人遵行上帝的誡命。真正的基督教必須注重教育，通過教育的形式來傳遞真理，造就聖徒品格。我們必須充分發揮個人作為認知主體在認知上的自覺性，自覺地認識上帝、自身和世界。沒有對上帝和真理的深刻認識，我們的信仰和生活就難免流於膚淺和混亂，我們就會淪落在各樣自欺欺人的鬧劇中。

　　目前基督教的第一大醜聞就是喪失了深刻的哲學和神學思想。因此，當今美國著名的歷史神學家諾勒（Mark A. Noll，又譯樂馬可）強調說：「福音派思想的醜聞就是根本沒有什麼福音派思想。」[24] 很多弟兄姊妹在教會中認為「不講宗，不講派，只講耶穌只講愛」最好。即使在一向重視邏輯和法理的西方教會中，也有很多人認為「教義造成分裂，基督帶來合一」（Doctrine divides, Christ unites）。這種對宗派的誤解、對教義的敵視、對歷史的輕視，反映出的就是個人不學無術的無知和傲慢。學有學派，教有

24　Mark A. Noll, *The Scandal of the Evangelical Mind* (Grand Rapids: Eerdmans, 1994), p. 3.

教派；無宗無派，千奇百怪！這是基本的常識。在餐飲方面，人們還注重「百年老店」；在教會方面，反對宗派不過是在明處反對別人的宗派，同時在暗地裡高舉自己的宗派而已。

　　仁教基於人的理智，其核心就是追求真正的智慧。我們強調理性是人的本質性特徵，理性的內在傾向就是認識上帝和真理。真智慧的開端和根基就是對上帝的認識和敬畏，這種認識和敬畏都是與愛相連的。因此，我們所主張對上帝和真理的認識，並不是像康德（Immanuel Kant）這種理性主義者所強調的純粹思辨性的推論。要認識上帝，愛是最簡捷的道路！也只有被上帝聖愛膏抹之人，才能真正認識上帝。

　　我們把以仁教為核心的基督教哲學與教義神學聯繫在一起，強調認識獨一的上帝，並且認識祂所差派的耶穌基督，這就是永生（約 17:3）。這種教義神學必須以聖經啟示為根本，經過哲學的錘煉、教會的見證，把基督徒所認信的真理以信經、信條或教理問答、經典名著的方式表現出來。

真、仁與思想文明

　　在雅和博經學中，我們強調真善美聖圓和仁義禮智信。我們在仁教部分首先強調的就是真與仁。在實存本體論上，「真」是指確實存在，並非人幻想出來的；在道德形上學上，「仁」則是終極實體，是指至高上帝本身就是愛。

　　唯獨上帝是自有永有的終極存在，也唯獨上帝是永不改變、永不離棄、永不失敗的仁的終極實體。上帝是又真又活的上帝，他從無中創造出萬有，萬有繼續靠著上帝的護理而存在。同時，上帝是愛，萬有都是在上帝慈愛的覆庇之下，我們都是靠著上帝

的慈愛活著。聖經上特別強調，「神就是愛」。同時，耶穌基督所強調的愛主愛人之仁，也是基督徒最高的道德原則、標準和境界。

阿揚‧賀西‧阿里（Ayaan Hirsi Ali）從伊斯蘭教文化中長大，當她來到基督教背景的西方文化中，就認識到：「上帝是一位愛的上帝，而不是一個時刻降罰的殘暴統治者。」[25] 相對於伊斯蘭教那種道德主義與律法主義的宗教而言，聖經中所啟示的上帝確實更多地是向我們彰顯了祂在基督耶穌裡所賜給我們的赦罪之愛。即使上帝賜給我們律法，也是彰顯上帝的大愛；上帝賜給我們福音，同樣彰顯上帝的大愛。我們要體會上帝的愛，享受上帝的愛，見證上帝的愛。不管是上帝賜給我們的律法，還是上帝賜給我們的福音，都是上帝賜給我們的真理，我們都當遵行領受，因為律法和福音都同樣彰顯上帝對我們的大愛。

雅和博經學與一般福音派神學的不同之處就是強調律法和福音在聖約框架內的平衡，而上帝與我們所立的聖約則是上帝屈尊俯就向我們顯明祂大愛的聖約，是聖愛之約。基督徒的人生也是真理和仁愛平衡的人生，我們要始終在基督裡從愛心出發來講說真理；同時，愛心的精義絕不是毫無原則的遷就，而是始終旗幟鮮明地「不喜歡不義，只喜歡真理」。災難深重的中國最需要的就是上帝的真理和大愛！

耶穌基督強調，永生的本質就是對上帝和耶穌基督的認識。理性思考的能力，是人與其他動物的根本不同之處。壓制、戕害

25　Ayaan Hirsi Ali, *The Caged Virgin: An Emancipation Proclamation for Women and Islam* (New York: Free Presss, 2006), x.

人的思想自由，就是凌辱人的基本尊嚴，就是把人變成不能思考的動物。一味地鼓勵生產力的發展，強調經濟的增長，卻野蠻地剝奪人民的思想自由和言論自由，就是把人異化爲物質生產的工具，甚至是把人當作待宰殺的豬來養，這正是各種形式的極權主義其可憎之處。因此，思想的自由和發展關涉到人的終極幸福。追求上帝，追求眞理，這種思想與精神的追求能夠爲我們帶來的愉悅遠遠超過物質感官的享受。因此，沒有思想的文明，就沒有任何文明！思想的文明首先是思維方式的文明；其次就是對思想自由（學術自由、言論自由）的尊重。在思維方式上，沒有一定的語理分析、邏輯方法、科學方法和謬誤剖析，我們就無法有效地進行獨立性、分析性和批判性的思考，當然也就無法保證思考的清晰和推論的正確。[26] 沒有對思想自由的尊重，就沒有對人最基本的尊重。極權和威權統治的標記就是執政者試圖控制人的思想和言論，他們深信納粹德國宣傳部長所說的「謊言重複一千遍就是眞理」，試圖通過不斷的灌輸來奴役人的心靈和思想。當然，任何嚴密的控制、殘暴的懲罰，都不能完全控制大多數人內在的思想和私下的言論，執政者比較容易做到的就是禁止出版自由，包括新聞自由。清教徒彌爾頓（John Milton）在一六四四年的時候就出版《論出版自由》一書，抨擊當時的出版許可制度。[27] 在廿一世紀的中國，我們仍然不能享受最基本的出版自由，不管官方控制的媒體怎樣大力鼓吹「中國崛起」和「中國夢」，我們離

26　參考梁光耀，《思考學堂》（香港：中華書局，2013 年）。

27　參考約翰・彌爾頓，《論出版自由》，吳之春譯（北京：商務印書館，1958 年）。

真正的文明仍然非常遙遠，我們的國家仍然沒有擺脫「打江山，坐江山」的強盜邏輯與皇權專制文化，仍然沒有成為以憲政、法治、民主為基本特徵的文明國家。在全球化、信息化空前發達的廿一世紀，中國大陸仍然有將近十四億的人口不能享受基本的思想自由和言論自由，這乃是中國文化和中國人民的奇恥大辱！身在臺灣、香港、北美及世界各地自由國家和地區的華人基督徒當切切地為中國大陸禱告，求上帝憐憫中國，破除專制制度的鐵軛、鐵門、鐵栓！

思想自由必然意味著教育自由，就是父母有權利根據自己的宗教信仰來教育自己的孩子，這是上帝賦予父母的最基本人權。現代極權主義最陰險、殘暴、野蠻的詭計就是剝奪父母教育孩子的自由，通過公立學校、統一教材、統一教法去強迫灌輸來自有限、有罪之人的意識形態。梅欽在將近一個世紀之前就已經在美國看到撒但這種詭計的橫行。他稱國家這種在教育上的壟斷為「人類有史以來推動暴政最完全的工具」。[28] 他深刻地分析說：「這樣的暴政，在邪惡技術的支持下被用於摧毀人的靈魂，其危險性遠遠超過歷史上曾經出現的各種暴政。歷史上各種暴政儘管用烈火刀劍來摧殘人身，但至少容許人的思想保持自由。」[29] 非常清楚，我們的孩子不是國家的財產，也不是暴政的工具，上帝把子女教育的神聖權柄賜給了父母，由父母來決定到底如何教育孩子。當然，父母教育子女的權利有其一定的限制，但這種限制絕

---

28 J. Gresham Machen, *Christianity and Liberalism* (Grand Rapid: Eerdmans, [1923] 2002), p. 14.

29 J. Gresham Machen, *Christianity and Liberalism*, p. 14.

不是來自國家，而是來自上帝的聖言和律法。極權國家試圖通過掌控教育來灌輸他們的邪惡信條，改造人心人性，他們不過是在扮演彌賽亞救贖主的角色。[30]

知識信仰與前提性實在論

我們首先要肯定對知識的信仰。假若我們不信仰知識的存在和價值，我們就會成爲不可知論者。不可知論者認爲我們無法眞正認識上帝、靈魂、來世、客觀世界等等，因爲這些東西最終涉及到的都是形而上的東西。上帝的啓示在根本上就是賜給我們知識，使我們能夠認識上帝及其旨意。

基督教絕不是反知主義的宗教，而是重知主義的信仰。保羅固然說「知識是叫人自高自大」，但此處所指的知識不是在基督裡讓人敬畏上帝、愛主愛人的眞知識，而是偏離上帝的僞知識。實際上，眞信心的兩大要素就是眞知識和眞信靠。沒有眞知識，我們就不知道信靠什麼；沒有眞信靠，任何知識對我們來說都沒有價值。我們對眞知識的強調從根本上使得基督徒擺脫了各種蒙昧主義的影響，也使得基督教從根本上脫離各種迷信、狂信、妄信的攪擾。我們不僅承認上帝通過特殊啓示賜給我們知識的重要性，也承認上帝通過普遍啓示賜給我們知識的重要性。不僅我們的救贖需要有對上帝和自身的眞知識，而且我們的日常生活也需要眞知識，當然，我們要完成上帝賜給我們治理全地的管家使命，更需要對上帝旨意以及這個世界的知識。

---

30 參看 Rousas John Rushdoony, *The Messianic Character of American Education* (Vallecito, CA.: Ross House Books, 1963).

但我們承認，基督教內部始終有反知主義的傾向，這在德爾圖良身上尤其明顯。他說：「雅典與耶路撒冷有什麼相干？學園與教會有什麼相干？異教徒與基督徒有什麼相干？我們的學說源自所羅門的聖殿；所羅門自己教導說，我們必須在自己心靈的單純中尋找主。但在我看來，如果他們願意，他們是要傳播一種斯多亞主義、柏拉圖主義、辯證法的基督教！然而，自基督耶穌以來，我們不再需要研究，自報了福音以來，也不再需要探索。如果我們信仰，則我們在信仰之外不再期望任何東西。因為這是我們的第一信仰：我們在信仰之外不再有任何東西還要信仰。」[31] 這種反知主義的傾向在教會中一直綿延不絕。我們必須撥亂反正，使學習和研究重新成為基督徒信仰的一部分。

在哲學與科學上，我們主張前提性實在論（Presuppositional Realism）。前提性實在論是前提論與實在論的結合。實在論強調上帝以及世界的存在性，同時強調我們對上帝和世界的認識也是實在的。雖然我們在主觀上達到的認識與實存的上帝和世界之間總有一定的距離和誤差，但這種認識仍然是寶貴的，仍然有可能是真實的。我們能夠在這種認識的基礎上繼續增進、改進我們的認識，使得我們的認識與上帝和世界本身更加接近。正如希伯（Paul G. Hiebert）所指出的那樣：「我們的知識始終是部分性的，經常是有瑕疵的，但是通過仔細地調查和研究『現實』，不斷省察我們自己的預設和理論，我們確實能夠更好地瞭解真理。」[32] 前

31　德爾圖良，《論異教徒的偏見》，轉引自博訥、吉爾松，《基督教哲學：從其起源到尼古拉》，頁 115。

32　Paul G. Hiebert, *Missiological Implications of Epistemological Shifts*, p. 92.

提論強調我們的認識總是從一定的前提或預設出發。終極而言，不存在絕對客觀或中立的知識，任何知識都是人的知識，而人則是始終有自己的前提或前見（pre-understanding），[33] 而關鍵是我們要不斷擴大自己的視域，突破我們自身各種成見的局限，這也是伽達默爾（Hans-Georg Gadamer）在解釋學上突破性的發現。[34]

科學精神與形上追求

英文中「科學」（Science）一詞來自拉丁文 *scientia*，意思就是「知識」。基督教追求眞正的知識，當然具有眞正的科學精神。智慧是運用知識獲取人生幸福的藝術，科學乃是追求眞正的知識。哈里斯（Samuel Harris）指出：「在自然界中，上帝並沒有啓示自然科學；但是，祂創造了世界，讓我們竭盡全力來觀察和解釋祂的工作。在救贖中，上帝也沒有啓示神學體系、信經和教理問答，但祂確實完成救贖之工，讓我們考察祂的作爲，解釋救贖所表明的眞理。」[35]

因此，眞正的基督教是愛智慧、愛知識的。當然，基督徒對智慧和知識的追求必須自覺地降服在聖經啓示的規模之下，自覺地以上帝爲自己的上帝，以耶穌基督爲獨一的救主，以上帝所啓示的律法爲生活的原則和標準。我們在研究和探索的過程中，个

33　See Greg L. Bahnsen, *Presuppositional Apologetics*, ed. Joel McDurmon (Powder Springs, Georgia: American Vision Press, 2008).

34　See Hans-Georg Gadamer, *Truth and Method* (New York: Crossroad, 1986).

35　Samuel Harris, *The Kingdom of Christ on Earth: Twelve Lectures Delivered Before the Students of the Theological Seminary, Andover* (Andover, Mass.: Warren F. Draper, 1874), p. 129.

能單純地為智慧而智慧，為知識而知識，要確實明白終極性的智慧和知識就是上帝本身，並且上帝的啓示已經為我們釐定了智慧和知識的疆界，我們不能隨意逾越，也不能沒有任何倫理的界限，做出把人的腦袋安在馬脖子上這樣的事來！我們要有科學精神，但我們絕不能崇拜科學！「賽」先生本身也是有限的，並且經常受到人罪惡的污染、扭曲和濫用。我們需要上帝賜給我們慎思明辨的「老先生」（Law），這樣才能把我們的科學研究置於基本道德規範的約束下。第一次和第二次世界大戰給全世界帶來的毀滅，充分說明科學是雙刃的利劍，既可以給人類帶來巨大的便利和祝福，也可以給人類帶來巨大的危害和毀滅。雖然科學被人濫用，但我們絕不能因此就否定科學，而是更加珍惜科學的發展和正用，按照上帝的旨意來積極從事科學研究。

真正的基督教具有「朝聞道，夕死可矣」的形上追求。[36] 形上追求是指對終極問題的追問，比如上帝的有無、世界的本源、人自由意志的存在等。對於這些問題，我們既要明白聖經中的啓示，也要知道文化或哲學中的解釋，更要通過考據和分析來判斷異同，明辨真僞。當然，最重要的則是通過禱告默想，把上帝的真道轉化為自己心中的確信和安慰。柯林烏（R. G. Collingwood，又譯柯靈烏、柯林伍德）在研究形上學的本質時提出兩大命題，「形上學是關於純粹存有的科學，並且它所研究的是各種前提。」[37] 終極性的純粹存有就是上帝，上帝的存在本身就是基督

---

36 《論語·里仁》。

37 R. G. Collingwood, *An Essay on Metaphysics* (Mansfield Centre, CT: Martino Publishing, 2014), p. 20.

教哲學和神學的絕對前提。[38] 中國文化的問題之一就是缺乏形而上的思考，中國基督徒的問題也在於缺乏深刻的形而上的追問。方漢文在批判中國文化的辯證邏輯時，如此分析說：中國的天人辯證學說是一種「感性化而非學術化」的東西，「最根本的原因在於，沒有邏輯體系就沒有形而上學思維，沒有形而上學，思維就淪爲一種低級的世俗化的辯證理性，理性爲感性所征服，失去思維的能力，成爲一種中庸的應時之學，一種折衷主義。」[39] 二程強調「聖人之常，以其情順萬事而無情。故君子之學，莫若廓然而大公，物來而順應。」[40] 這種「順應」最後往往導致的就是毫無原則的遷就妥協、同流合污。

　　這種形上追求並不排除人對上帝及其公義的疑惑和掙扎。相反地，只有在這種直接面對各種疑惑和掙扎的過程中，眞正的信心才能得到淨化和提升。聖經中《約伯記》和《傳道書》所記錄的就是這樣的疑惑和掙扎。早期基督教在上帝三位一體和耶穌基督神人二性這兩大問題上，幾乎花費了五百年的時間和精力，對於存在、本質、本體、位格進行了深刻、細緻、全面的研究和探討，從根本上解決了希臘哲學中一直沒有解決的一與多、超驗性與臨在性、神性與人性的關係問題，爲日後基督教的發展打下了深厚的哲學根基。可惜的是，基督教在中國的傳播過程中，我們一直對形而上的問題缺乏充分的關注和投入，甚至可以說我們中

38　傅偉勳，《西洋哲學史》，頁 153。

39　方漢文，《比較文明學》（北京：中華書局，2014 年），第五冊，頁 374。

40　程顥、程頤，《二程集》（北京：中華書局，1981 年），頁 1263。

國基督徒從來沒有深刻地瞭解這類問題，因此，一旦如「基督中心論」類似的問題出現，則缺乏基本的分辨力，只會盲目地跟風、效法，不曉得這種論述不知不覺已經有偏向神格一位論的異端傾向。正如米格勞瑞（Daniel L. Migliore）所強調的那樣：對三一上帝論的「第二種扭曲是以『救贖主神格一位論』的形式出現的，就是強調三一上帝的第二個位格。這種敬虔唯獨關注的就是耶穌。不管是把耶穌視為一位英雄式的人物，還是把耶穌視為宗教崇拜的中心式人物，這種神格一位論的耶穌與耶穌本人在福音書中所聲稱的一切沒有什麼關係。一旦把忠於『耶穌我的救主』與聖經中所宣告的上帝對自然和歷史的主權分開，救恩就被人按照自己和小群體的利益來界定了。」[41] 正如筆者恩師瑞慕勒教授（Richard A. Muller）所考察的那樣，目前教會中有許多人所高舉的「以基督為中心」，不過是以巴特（Karl Barth）為代表的新正統派神學的強調！但不管是加爾文的神學思想，還是後期改革宗的思想，都不是所謂「以基督為中心」的體系。[42] 無論如何，正統基督教是以三一上帝為中心的宗教，我們不能擅自以上帝的任何一個位格為中心來構建神學體系，這是基督教正統神學家基本的共識。

從認知的角度而言，我們要學習上帝所啟示的真理；從倫理的角度而言，我們要學習上帝所啟示的律法。如果我們熱愛上帝

41　Daniel L. Migliore, *Faith Seeking Understanding: An Introduction to Christian Theology*, second edition (Grand Rapids: Eerdmans, 2004), p. 73

42　See Richard A. Muller, *Calvin and the Reformed Tradition: On the Work of Christ and the Order of Salvation* (Grand Rapids: Baker, 2012), pp. 62-64,

所啓示的眞理，也必熱愛上帝所啓示的律法；而若我們熱愛上帝所啓示的律法，就能夠在宗教上愛主愛人，在道德上利己利人，在政治上以德服人。研究聖經及學習眞理，這是基督徒的頭等大事。猶太教《米示拿》指出：「誰是有智慧的人？向所有人學習的，就有智慧。」[43]「你的家要讓學者用作聚會的地方，你要坐在他們腳前的塵土裡，要如饑似渴地喝下他們的言語。」[44] 紐斯納（Jacob Neusner）強調：「在其他傳統裡，熟悉傳統典籍的人就成爲宗教大師；然而很少傳統像猶太的信仰文化一樣，堅持人人都必須成爲這樣的大師。」[45] 麥蒙尼德（Moses Maimonides，又譯邁蒙尼德）指出：「以色列每個男人都有責任研究妥拉，不管他身體健壯，還是體弱多病，不管他年少還是年老。就算是窮得要依靠賙濟，行乞度日，甚至還要養活妻兒，也必須在日間和晚上預留時間研究妥拉，因爲經上說『你要晝夜思想』妥拉。」[46] 這種對上帝所啓示眞理和律法的研究精神，乃是今日許多基督徒所特別缺乏的。

嚴格來說，沒有這種熱愛眞理的研究精神，就不是基督的門徒！在今日教會中，我們必須強調門徒的概念，門徒就是學徒，就是自覺而謙卑地跟隨老師學習的人。亞里士多德從十七歲起就跟隨其師柏拉圖（Plato）學習，時間長達二十年之久，直到柏拉

43　〈先賢集〉，4 章 1 節。

44　〈先賢集〉，1 章 4 節。

45　Jacob Neusner, *The Way of Torah: An Introduction to Judaism* (Encino, CA.: Dickenson Publishing Co., 1974), p. 44.

46　Quoted from Theodore Friedmann, "Study," in *Encyclopedia Judaica* (Jerusalem: Keter Publishing House Ltd., 1971), vol. 15, p. 456.

圖死去，柏拉圖成爲他眞正的「良師益友」。今日教會中還有像柏拉圖的大師嗎？今日教會中還有如亞里士多德般好學尊師的人嗎？那些不願意跟隨基督學習、研究聖經的人，無非是追求「吃餅得飽」，他們眞正尋求的既不是耶穌基督，也不是眞理，而是滿足自己的私慾。更可怕的是，許多基督徒到教會中，僅僅是爲了滿足自己的宗教感覺，甚至到教會中來指點江山，點評牧師的講道，很少有人自覺地拜師學習。因此，今日教會中，這種「師道之不傳」的現象也已經到了很可怕的地步，惟願上帝憐憫歸正！

侯活士（Stanley Hauerwas）在分析今日教會困境的時候強調，「今日教會似乎陷入一種無法解決的困境之中。爲了能夠保持我們在現代社會中的存在，我們把教會變成了關懷性的社群，牧師的主要職責成了關懷他人。在這樣的處境中，要想讓教會成爲接受規範、重視門訓的社群，似乎與現在的關懷性社群是直接對立的。當然，教會確實爲人提供了一定的關懷，這種關懷也常常令人感動；但是，我們無力建造一個眞正能夠抗衡我們所面對的各種勢力的群體。」[47] 今日教會確實缺乏深度的門徒培訓，甚至大多數教會本身誤解、悖離耶穌基督的教導，把以門徒培訓爲核心的大使命變成了隨便傳福音讓人決志信主的「大忽悠」！效法基督、順服上帝的誡命，成了空谷足音！[48] 人爲操縱的「復興」、

---

47 Stanley Hauerwas, *After Christendom? How the Church Is to Behave If Freedom, Justice, and a Christian Nation Are Bad Ideas* (Nashville, TN: Abingdon Press, 1991), p. 93.

48 See Dallas Willard, *The Great Omission: Reclaiming Jesus's Essential Teachings on Discipleship* (New York: HarperCollins, 2006); *The*

「奮興」，取代了眞正聖靈引領的悔改！[49]

　　在這種風氣影響下，那些伶牙俐齒、能言善辯、能夠「勾引」人快快做出決志禱告的人，就成了四處佈道的教會名嘴！即使座堂的牧師也無法安靜專心地以祈禱傳道爲念，在華人教會中更是盛行「傳道傳道，隨傳隨到」的觀念，傳道人不再是上帝聖言的僕人，而是成爲某些會眾二十四小時隨時可以傳喚、使用、打雜的雇工！我們確實有必要重新回到聖經，重新回到耶穌基督的教訓，眞正重視門徒培訓，加強對眞理的學習和繼承。

知性主體與真理情結

　　人首先是認知者，是認知性的主體，人生來就具有追求眞理的「眞理情結」。人心中的眞理情結所注重的是求眞，「砍頭不要緊，只要主義眞」，這句詩所強調的就是這種義無反顧的求眞精神。[50]

　　在本質上，哲學是一種求眞的追問。沃格林（Eric Voegelin）認爲，「在古典意義上，哲學並不是稱自己爲『哲學家』的人所論述的關於神聖根基的一系列『觀念』或『意見』，而是人的回應性的追求，這種追求就是人對神聖本源永不止息的追問，而這種追問本身就是由這一神聖本源激發的。」[51] 當然，根據聖經的啓

Divine Conspiracy: Rediscovering Our Hidden Life in God (New York: HarperCollins, 1998).

49　參考伊恩·默里，《真正的復興》，張宇棟譯（北京：團結出版社，2012 年）。

50　夏明翰（1900-1928 年）之就義詩，全詩歌為：「砍頭不要緊，只要主義真。殺了夏明翰，還有後來人！」

51　Eric Voegelin, *Anamnesis*, translated and edited by Gerhart Niemeyer (Columbia and London: University of Missouri Press, 1978), p. 96.

示，這種「神聖根基」和「神聖本源」的終極就是上帝。人具有這種知性的追求是理所當然的，上帝賜給我們眞理，在教會中設立教導的職分，目的就是滿足我們這種知性的追求。不僅如此，在上帝的計劃中，袘也是通過眞理來改變我們的生命。

繼承基督教中世紀哲學的傳統，我們強調人是「一個具有理性的個別實體」。動植物都是在本能和環境的影響下而處於「被動」狀態，只有人能夠自己「行動」。但這種自由既然不是動物的自由，其本質就在於人的理性。「人秉賦理性，能夠理解多種對象，能夠選擇其他存在所沒有的可能性。」[52] 人的理性是人自由的根本要素。人之所以是一個位格，就是因爲他有自由；人之所以有自由，就是因爲他有理性，這是上帝造人的根本特徵。阿奎納強調：「人之所以超越動物，是就他有理智和理性而言。」[53] 對理性的戕害乃是違背人性的，我們必須尊重人認知的自由，使人能夠在上帝所啓示的疆界內充分發揮理性的認知作用，因爲「位格」本身就是「具有理性本質的個別實體」。[54]

當然，我們強調理性的重要性，絕不是盲目效法西方啓蒙運動以來理性主義高舉理性的精神。實際上，我們始終把理性界定在人理解、認識和判斷的能力上。作爲這種能力的「理性」，既不是理性主義者所說的判斷萬有的標準，更不是判斷萬有的判斷者，充其量只不過是個人靈魂所具有的一種能力或功用而已。這

52　吉爾松，《中世紀哲學精神》（臺北：臺灣商務印書館，2001 年），頁 188。

53　阿奎納，《神學大全》，1 集 3 題 1 節。

54　岡察雷斯，《基督教思想史》，陳澤民等譯（北京：譯林出版社，2010 年），第二卷，頁 66。

種能力有其崇高之處，使人確實成為具有獨立分析和判斷的人，但這種能力始終是有限且有罪之人的能力，因此必須自覺謙卑地降服在上帝及其啟示之下。

我們強調人的理性不僅要明確地降服在上帝及其啟示之下，還要自覺地借鑑歷代先聖先賢在歷史傳統中為我們所留下的智慧。真正的智慧不是高舉個人理性一時所臆測的東西，而是始終謙卑地領受歷世歷代人類所共同積累的智慧寶庫。正如伯克（Edmund Burke）所言，那種單純高舉個人理性的時代不過是無知與狂妄的時代而已。[55] 在這個方面，我們自覺地反對那種受啟蒙運動影響而以新為美、以奇為美的所謂「現代性」（modernity）。[56] 上帝及其真理不需要所謂的「現代化」和「自由化」，我們不能根據人的理性和欲求對真理進行任意的調整和修改。

不管我們怎樣強調理性的重要，我們都要明白墮落之後的理性已經受到了罪的毒害，需要得到來自上帝的大光醫治。罪蒙蔽了我們心靈的眼睛，使得我們不能正確地認識上帝和自身。追本溯源，我們各種各樣的幻想和上癮往往是來自我們在理性上錯誤的認識。卡耐斯（Patrick Carnes）在分析性癮的時候指出：「上癮是如何開始的？這種逐漸形成的迷亂是如何產生的？性癮始於虛幻的思想，而這虛幻的思想則扎根於上癮者的信念體

55 Russell Kirk, *The Conservative Mind: From Burke to Eliot*, p. 30.
56 See Gary Dorrien, *The Neoconservative Mind: Politics, Culture and the War of Ideology* (Philadelphia: Temple University Press, 1993), xi.

系。」[57]「要打破上癮者的循環，上癮者必須認識到他或她的行為模式。」[58] 因此，正如聖經所記，心意更新乃是生命改變的關鍵。

這種理性所需要的醫治包括兩個方面，一是內在的醫治，就是聖靈開我們的心竅，關照我們的理性，使我們真正明白聖經、認識上帝、認識自己。二是外在的醫治，這種外在的醫治主要是通過讀經、禱告、聽道等更新自己的心思意念，特別是我們的思維方式。理性的內在醫治唯獨聖靈能夠達成，而理性的外在醫治則是通過我們自身的心意更新而達成。外在醫治就像把水缸打滿水，而內在醫治則是聖靈把水變成酒，使人在心靈深處品嘗到真理的甘甜和迷醉。只有這種聖靈進行的內在醫治和轉化，基督徒的思想才能為自己與他人帶來巨大的醫治和喜樂。

仁教、愛主愛人與治理的使命

仁教是指整個聖經教訓的精義就是教導我們愛主愛人，耶穌基督強調「這兩條誡命是律法和先知一切道理的總綱」（太22:40）。我們把愛主愛人視為耶穌基督賜給門徒解釋整個聖經的總綱，也是指導門徒思想和行動的總綱。

當然，這種愛不是盲目的衝動和迷信，而是建立在真知識——也就是真理——的基礎上。對真理的強調，使得雅和博經學從根本上超越一切宗教的迷信、道德的盲從、政治的專橫，使得每個人都可以自由、直接地面對上帝和真理，並且也只有上帝

57　Patrick Carnes, *Out of the Shadow: Understanding Sexual Addiction* (Center City, Minnesota: Hazelden, [1983] 2001), p. 17.

58　Patrick Carnes, *Out of the Shadow: Understanding Sexual Addiction*, p. 37.

和真理才是最重要的。因此，我們把真理和真愛結合在一起，把謹守上帝的誡命和愛主愛人結合在一起，從根本上破除教會內外盛行的把真理和愛心對立起來、把遵守誡命和愛主愛人對立起來的錯誤傾向。

認知的傾向是人心靈的傾向，認知的能力是上帝賜給我們的，而這種認知能力是使我們與禽獸不同的標記性能力。聖經中所強調的信心是建立在真知識基礎上的知識型信心，聖經中所強調的敬虔是以真知識為根基的智慧型敬虔。伯納德（Bernard of Clairvaux）強調：「你問什麼是敬虔嗎？敬虔乃是留下時間來思考。」[59] 唯獨冷靜的深刻的思考，才能使人培養明智、正直、勇敢和節制四大美德。基督徒需要的是冷靜頭腦和火熱的心腸，絕非相反。因此，我們把「仁」與「教」聯繫在一起，一是強調愛主愛人在聖經啟示中的重要性，同時也是強調教導與教育的重要性。聖經中所啟示的基督教是注重教育的宗教。離開對教育的注重，基督教就很容易變成各種形式的宗教表演，甚至與民間宗教混合，走向巫術化和神祕化的路線。

杜伊維爾（Herman Dooyeweerd）強調愛主愛人這一誡命是「中心性的愛的吩咐」，實際上，這一誡命也是「所有方面的根本，而這些方面就是要在現實世界中展現上帝的這一神聖律法。」[60] 愛主愛人也是「整個宇宙秩序中所有方面的意義的綜

---

59 伯納德，《勸思考書》，第一部，第七章，引自《中世紀靈修文學選集》（北京：宗教文化出版社，2011 年），頁 35。

60 Dooyeweerd, *A New Critique of Theoretical Thought*, Vol. I, p. 60.

合」。[61] 我們人生的整個意義就在於愛主愛人，上帝如此創造、拯救我們，目的也在於此。愛主愛人也是杜伊維爾所強調的基督教哲學和神學的「阿基米德支點」（Archimedean Point），這一支點強調耶穌基督就是世界的根基，上帝的子民從耶穌基督得享重生的新生命，而這一新生命的精義就是順服上帝所啟示愛主愛人的律法。[62] 鍾馬田（Martyn Lloyd-Jones）在解釋這段經文時強調，上帝吩咐我們盡心、盡性、盡意、盡力愛上帝，並且愛人如己，關鍵不是我們行爲的細節，關鍵是我們在心靈深處是否對上帝和鄰舍有愛的心態。[63]

在仁教部分，我們強調個人首先是知性主體，人人都當追求眞正的智慧，人人都當成爲眞正的智者。我們在仁教部分探索內聖的本體，這種本體首先在於人受造有上帝的形象，這一形象首先集中在人認知的傾向和能力上，目的就在於使我們能夠自覺地完成上帝賜給我們治理全地的使命。上帝造人時宣佈：「我們要照著我們的形象造人」。此處的「形象」指的是「特定的形式，即理智的把握能力，而不是形態和外表的意思。」[64] 麥蒙尼德甚至強調：「人身上擁有一種品行，它非常特別，在月球以下存在的任何別的東西中都不具備，這就是人的理智能力。它的活動無需感官，無需身體的任何部分，也用不著四肢。由於上帝的理解

61　Dooyeweerd, *A New Critique of Theoretical Thought*, Vol. I, p. 101.

62　Dooyeweerd, *A New Critique of Theoretical Thought*, Vol. I, p. 507.

63　Martyn Lloyd-Jones, *Studies in the Sermon on the Mount* (Grand Rapids: Eerdmans, 1970), vol. 1, p. 207.

64　麥蒙尼德，《迷途指津》，傅有德、郭鵬、張志平譯（濟南：山東大學出版社，1998 年），頁 24。

力也無需任何工具，所以人們往往把人的理智能力與上帝的理解力相聯繫。儘管前者與後者只是初看起來貌似，而實際上並不相似。」[65] 麥氏把「他必見我的形象」解釋爲「他將把握到上帝的眞理」；[66]「親近神是與我有益」，此處的「親近」是指「一種精神上的親密和接近，即達到某種認識，而不是空間上的靠近」；「能靠近上帝的人就是那些獲得其知識的人，而那些對祂一無所知的人就離祂而去了。」[67] 對認知心的強調，使得基督教始終注重眞知識，不僅把自己的信仰建立在聖經中所啓示的眞知識基礎上，並且通過不斷地研究聖經，研究自身和世界而加深自己對上帝、世界和自身的認識。

　　既然上帝把治理全地的使命賜給我們，首先我們必須認識上帝的旨意，認識上帝所賜給我們的世界，認識我們自身，這樣我們才能在這個世界上作上帝百般恩賜的好管家。同時，我們必須承認，我們的認知始終是有限的。我們必須滿足自己有限的認知。在仁教部分，我們強調理性和教義的重要性，旗幟鮮明地反對教會內外盛行的各種反知主義。我們要勇敢地運用我們的理性來研讀聖經，認識上帝、世界和自身。人的成熟首先體現在能夠運用自己的理性進行獨立、批判性的思考，絕不是人云亦云。尋求上帝首先是要用理性來尋求認識上帝，而基督徒靈命成熟的重要標記就是在理性上能夠分辨是非。

65　麥蒙尼德，《迷途指津》，頁 24。

66　麥蒙尼德，《迷途指津》，頁 29。

67　麥蒙尼德，《迷途指津》，頁 47。

當然，上帝賜給我們認知的能力，並不是讓我們濫用自己的理性，爲認知而認知，爲學術而學術，而是讓我們能夠完成上帝賜給我們治理全地的文化使命。清教徒神學的一個偉大之處就是把上帝的形象與治理的使命聯繫在一起，從而徹底擺脫中世紀所盛行的那種對世界和社會消極逃避的心態，使得基督教從此成爲在世界歷史中奮發有爲、積極得勝的宗教。

重建基督教的道統和學統

我們在仁教部分強調基督徒的道統和學統。道統是指基督徒在內容上必須持守的基本眞道的系統；而學統則是指基督徒傳遞基本眞道的方式上必須持守的系統。

道統的標記就是《使徒信經》：聖父上帝與創造的教義——世界的創造與揀選之愛；聖子與救贖的教義——世界的護理與救贖之愛；聖靈與成聖的教義——世界的成全與成聖之愛。我們以神本主義對抗各種人本主義學說。雅和博經學所強調的以《使徒信經》爲綜述的道統，不僅包括三一上帝論，也包括最基本的世界論和人論。《使徒信經》是以上帝的創造之工和耶穌基督的救贖之工這兩大歷史事實爲根本的，尤其詳述的就是耶穌基督的道成肉身和死裡復活，這是基督教的核心信息，這一信息的根基不是個人的經驗和教訓，而是歷史的事實，就是耶穌基督已經成就的救贖之工。

學統的標記就是「師徒傳承」，也就是我們常說的「大使命」。大使命的核心不僅僅是傳福音、讓人決志信主而已，而是門徒訓練，傳福音是招生入學，門徒訓練則是開堂授課，使人眞正成爲耶穌基督的門徒。因此，我們把這段經文重新總結爲師徒

傳承。在這一師徒傳承中，耶穌基督是我們共同的救主和師尊，我們都是基督的門徒，在聖經的解釋上，以耶穌基督的教訓為最高的權威；在行為的模式上，以耶穌基督為我們效法的最高榜樣。傳福音就是招生入學；施洗就是註冊入學；教訓就是開課教學；對於上帝的誠命「學而時習之」，達到自覺遵行的程度就是合格畢業；耶穌的同在就是我們完成門訓使命的保障。猶太與基督教文明的三大支柱就是：審慎判斷，廣樹門徒，捍衛約法。[68] 師徒傳承不僅強調傳福音，也包括講律法；不僅強調福音使命，也強調文化使命；不僅注重傳道與事工，更重視師徒之間亦師亦友、彼此相愛的關係。

我們強調道統和學統。沒有道統，我們就無道可行，無道可傳，無道可辯。而沒有學統，則無人傳道，我們就無處學道，無師可求。正是因為對道統和學統的忽略，很多人既無師承傳遞，也不獨立研究，只憑個人頭腦發熱，到處狂奔亂行，運用各種媒體手段，欺矇忽悠那些不明白真道的人，致使教會之中各種異端邪說滋生盛行。因此，我們衛教護道的首要責任就是要闡明我們所信奉的道統和學統。然而，首先我們自己在真理上要具有高度的自覺性，免得我們自以為是在替天護道，實際上已經是離經叛道。

「道統」（apostolic succession）所強調的是基督教真理的體系。在天主教中，中國這種「道統」就是「使徒統緒」，認為教會在職分和教導上的權柄是通過使徒按手禮而代代傳遞。因此，主教就是使徒們的繼承人，「復活的基督，藉由將聖靈賜給眾使

68　*Pirkei Avot*, 1.1.

徒，就把祂那使人成聖的權能託付給了他們：他們成爲基督聖禮性的標記。透過同一位聖靈的大能，他們把這種權能託付給了他們的繼承者。這種『使徒統緒』界定了整個教會聖禮生活，其本身也是聖禮性的，透過教會的授職聖禮而傳遞。」[69] 基督徒不承認天主教所強調的這種人與人之間的聖傳，而是注重藉由聖經和聖靈而帶出的眞理的傳遞，同時重視以教會的選舉爲印證。因此，《比利時信條》強調區別眞假教會的標記：「是否在這教會中有純正的福音眞道；基督所設立的聖禮是否在這教會中得到純正的施行；是否按教會法規懲處罪惡。」[70] 所以，我們仍然可以使用「道統」這一概念，但我們認爲天主教的「道統」觀並不合乎聖經。我們所說的「道統」就是以聖經啓示爲根基、以教會正傳爲參照的眞理體系。

我們之所以強調道統，就是因爲目前在反宗派、反信條、反神學這三種思潮的影響下，大多數基督徒和教會已經喪失了基本的道統，剩下的都是個人性支離破碎的東西，許多傳道人所傳講的不過是個人的經驗，許多基督徒所追求的也僅是個人性的經歷。我們不否定個人性的經歷或經驗的實在性和重要性，但我們不能高舉此類的經驗和經歷，最終還是需要回到聖經中所啓示的上帝以及上帝所啓示的眞理。廿世紀中國教會經歷的是無神論政黨借助國家暴力對教會和宗派的拆毀，廿一世紀中國教會的復興也必然看到教會和宗派的重建。雖然歷史上存在的任何宗派、信

69　*Catechism of the Catholic Church*, second edition, pp. 282-283.

70　《比利時信條》，王志勇譯注（香港：雅和博聖約書院，2013 年），頁 58。

條和神學都不是完全的，但沒有歸屬任何宗派、信條和神學肯定更是不完全的，前人形成的宗派、信條和神學畢竟還是有可供我們借鑑的東西，這是基本的常識。忘記歷史，就是背叛！雅和博經學明確地繼承初代教會所認信的《使徒信經》、《尼西亞信經》、《迦克墩信經》和《亞他納修信經》，這就使得雅和博經學在三一論和耶穌基督神人二性這兩大教義上直接繼承了初代教會的正傳；雅和博經學接受《西敏斯特準則》，這就使得雅和博經學直接繼承了中世紀和宗教改革時期所強調的賴恩得救、因信稱義、分別為聖的正傳。同時，我們也在清教徒所闡明的聖約神學的基礎上，強調合乎聖經的世界觀和文明論，這種對基督教世界觀和文明論的強調，乃是雅和博經學的獨特之處。這一道統的正傳既強調以師徒關係為代表的聖徒之間教義精義的傳遞——口傳；也強調以信經和信條為標記的教義體系的傳遞——文傳；更強調聖靈本身在聖徒心靈中內在的開啟和印證——心傳。若沒有聖靈在個人心中的開啟和印證，口傳和文傳這兩種方式最終都沒有根本性的效力。

「學統」強調的則是基督教真理體系的傳遞。在反知識、反律法、反傳統這三種思潮的影響下，大多數教會和基督徒已經喪失了基本的學統。每一種學問發展到一定程度都會形成一定的方法和體系，這是自然而然的。學統所強調的就是學問的傳遞方式，這種傳遞既包括老師以身作則的「樣本」，也包括歷代先聖先賢嘔心瀝血所留下的經典「文本」。可惜的是，教會內外盛行的反知識使得基督徒不再注重知識，不再注重深刻的研究和學習，當然也不再尊師重道，更不再閱讀歷史上的經典和現今具有一定難度的好書。海舍爾（Abraham J. Heschel）強調：「學習就

是人生，是活著的至高經驗，是人生存在的高峰。」[71] 我們不能把研究和學習當成人生某個階段為了獲得生存技巧或學位而從事的活動，而是要一生一世都作基督的門徒、上帝聖言的學生。只可惜，反律法使得基督徒不再研究上帝的律法，當然也不再講解上帝的律法，更不用說根據上帝的律法進行判斷，把上帝的律法應用到公共領域中了！反傳統使得基督徒不再注重研究歷史，從歷史中吸取教訓，謙卑地研究、領受歷代教會所認信的信經信條。這三大傾向混雜在一起，使得大部分基督徒和教會喪失了大公教會在真理體系上的傳承。

我們把基督徒通常所說的「大使命」界定為「師徒傳承」，這種傳承所強調的不僅是由師父到門徒的人與人形式上的傳遞，也包括律法和福音在內的「那純正話語的規模」，即內容上的傳遞。上帝當然可以親自傳遞真理，祂也可以透過天使傳遞，但是，耶穌基督所選擇和強調的就是這種由師父到門徒之間的傳遞。我們必須謙卑地領受上帝所定的方式。許多人直接挑戰、違背耶穌基督所設定和賜福的傳遞真道方式，想要透過和耶穌基督「單線聯繫」或「直線聯繫」的方式從耶穌基督直接領受教訓，不顧任何人的傳統和教訓，乃是極其驕傲和狂妄的。

雅和博經學的一大負擔就是重建基督教的學統，一是強調基督徒教育、學習和研究的重要性，二是恢復教會內部師父到門徒之間的傳承。這種師父到門徒之間的傳承首先在於父親在家庭中教育子女的地位和功用，二是在於聖經學者對待學徒那種愛護有

71　Abraham J. Heschel, *The Insecurity of Freedom* (New York: Schocken Books, 1972), p. 42.

加的父子關係。如此在家庭和教會中復興教導的傳統，使得基督教擺脫民間宗教所侵染的偏重神蹟奇事的巫術色彩，重新成為以教育和智慧著稱的宗教，使得基督徒重新成為熱愛聖經、研究聖經的學者型信徒，這是中國基督教轉型必須走的方向。

學統所注重的就是教育，這種教育是以教導上帝的誡命為中心的。我們越是相信自己的未來，越是要重視自身和兒女的教育，因為教育是通向未來的保障，知識是開啓未來的鑰匙，研究是洞悉未來的不二法門。大使命本身就是教育性的使命，那些注重以神蹟奇事傳福音的人，不知不覺地就把基督教變成了巫術性的宗教。因此，學習、研究、教育乃是基督徒的神聖使命，基督教首先是學習型、研究型和教育型的宗教。

道統與學統的方法論

雅和博經學雖然注重道統和學統，但絕對不是復古主義，也不是提倡門徒對師傅頂禮膜拜。相反地，我們強調任何對道統和學統的認可與繼承，都要建立在個人獨立思考的基礎上，都要以保障個人的人格尊嚴和成全個人的幸福為目的。因此，在仁教部分，我們在方法論上強調五大方面：

1. **認知性**：認知是人的本性，是人不同於動物的主要特徵。這種在理性上認知的功用乃是人心靈功用的重要部分。在雅和博經學中，信心不僅包括理性的認知和情感的愛慕，也包括意志的抉擇。從邏輯次序上，理性的認識決定情感的愛憎，而情感的愛憎決定意志的抉擇。因此，在雅和博經學中，理性與信心不僅不是矛盾或對立的，理性的認知甚至成為信心的根基；當然眞正的信心也必然尋求更深刻、更整全地認識上帝和耶穌基督。因此，

作爲基督徒，我們必須從認知方面對於基督徒的道統和學統具有基本的理解和認識。

2. **前提性**：人的認知都具有一定的前提，不可能從空白或中立的地方出發。這種前提或者是以上帝及其啓示的眞理爲前提，這就是「神法論」的精義，即是自覺地以上帝所啓示的眞理和法度爲先驗的標準；或者是以個人及其認識爲前提，這就是「自法論」的精義，即是試圖在上帝之外獨立設定判斷眞理的標準，甚至試圖成爲判斷一切的判斷者。雅和博經學明確地以上帝所默示的聖經爲基督徒信仰與生活的最高標準，並且明確地從聖經出發建構基督徒世界觀。

3. **繼承性**：人要繼承吸收自己所接觸的一切眞知識。我們不可能徹底廢棄歷史或傳統，實際上我們始終是在繼承前人的傳統，關鍵是要有意識地對自己所繼承的傳統進行分析和鑑別，然後去僞存菁，承先啓後。否則，我們就會陷入「打著傳統反傳統」的無知和狂妄之中。雅和博經學強調師徒傳承，及對歷史經驗的創造性繼承，這就使得基督徒能夠自覺而謙卑地領受上帝在歷代教會和聖徒生命中所賜下的寶貴亮光。我們要自覺並明確地拒絕對歷史的遺忘。摩西特別寫成《申命記》一書提醒以色列人牢記上帝的救贖之恩，從而愛上帝，遵行上帝的誡命，過感恩的生活。沃格林著有《回憶》一書，強調「歷史就是現實過程的永恆臨在，人以其自覺的存在參與其中。」[72] 只有當我們自覺地繼承歷史的時候，我們才能夠自覺地創造歷史。

72　Eric Voegelin, *Anamnesis*, trans. and ed. Gerhart Niemeyer (Columbia and London: University of Missouri Press, 1990), ix.

4. **批判性**：任何人的知識都受到個人和時代的局限，既不能盲目崇拜，更不能不加鑑別地一概吸收。雅和博經學強調上帝所默示的聖經是絕對的，但我們對聖經的解釋和應用永遠不是絕對的，我們需要繼續不斷地尋求聖靈在時代中的光照和引領，不僅學習、吸收自己傳統內部的真理，也當自覺而謙卑地吸收在自己傳統或宗派之外——甚至基督教之外——一切美善的知識和方法。因此，我們對傳統的繼承始終是批判性的繼承，不是機械性地復古、盲目性地法古師古，而是以史為鑑，承先啟後，走向未來。

5. **獨立性**：我們要根據自己的良知做出獨立認知上的判斷，任何人都不能代替我們做出價值上的抉擇。我們強調上帝所啟示的聖經和律法是不變的，但我們所處的時代和文化環境卻是不斷地改變，所以我們必須以不變應萬變。面對具體處境和問題，我們如何做出具體的抉擇？需要由每個人根據上帝的標準、自己的處境和自己的良心這三大要素為依據。這就是雅和博經學所強調的「致良知」，目的在於培養獨立的人格。當然，我們所強調的「致良知」與王陽明的「致良知」有著根本性的區別，王陽明所謂的「良知」往往成為自有永有的獨立性存在，我們所說的良知始則終是有限之人的有限良知，這種良知必須自覺地俯伏在上帝及其約法之下。

基督教道統六要點

我們在道統部分強調六大要點，這六大要點乃是全世界正統基督教一致認可的基本教義。這六大教義直接關乎到我們正確認識聖經、上帝和世界的大原則，偏離這六大教義，就偏離了大公

教會的正傳。

1. **聖經的無謬論**：首先我們強調聖經是上帝無謬的啓示，基督徒信仰與生活的最高標準就是舊、新約聖經。「聖經都是神所默示的，於教訓、督責、使人歸正、教導人學義都是有益的，叫屬神的人得以完全，預備行各樣的善事」（提後 3:16-17）。關於聖經的無謬性和權威性，《西敏斯特信條》第一章做出了經典的界定。沒有對聖經之無謬性和權威性的強調，我們就無法建立眞正的道統。

2. **傳統的必要性**：要按照正意解經，傳統是不可避免的。我們甚至可以說，「傳統是構成人性不可或缺的元素。」[73] 當然，不是傳統決定人之是其所是，最終決定和塑造一切的乃是上帝。任何深思熟慮、光明磊落之人都會認同：雖然我們承認聖經的無謬性和權威性，但這只是確定了基督徒信仰和生活上的最高標準，接下來最重要的問題就是如何解釋和應用聖經。使徒保羅強調：「我們知道律法原是好的，只要人用得合宜」。在「用得合宜」之前必須「按著正意分解」。何謂「正意」？當然就是教會的正傳，也就是教會的傳統。因此，保羅對提摩太強調：「你從我聽的那純正話語的規模，要用在基督耶穌裡的信心和愛心，常常守著」。忘記傳統，教會就會患上「失憶症」（amnesia），不僅忘記自己的親人和朋友，也會忘記自己是誰。離開教會的正傳，教會中的解經便很容易陷入出於個人私意的強解之中。因此，威廉姆斯（D. H. Williams）強調：「僅憑聖經或聖靈所賜與個人的能力，

---

73 趙崇明，〈構建文化神學的方法與進路〉，見其主編《三一・創造・文化：根頓神學的詮釋》（香港：基道出版社，2006 年），頁 56。

不管它們如何重要，都無法保證信仰的正統性（它們從來沒有做到過！），因為離開了它們在教會中被接受和發展的歷史，聖經和聖靈就無法發揮作用。」[74] 教會歷史學家沙夫（Philip Schaff）強調，無歷史主義和聖靈主觀主義，乃是「附著在新教心臟上的惡疾」。[75] 雅和博經學對教會傳統的強調，乃是醫治目前中國教會中許多人妄解、強解聖經的良藥。沒有對教會傳統的強調，我們的道統就缺乏正意的解釋。

　　3. **上帝的三一論**：《使徒信經》、《尼西亞信經》、《迦克墩信經》和《亞他納修信經》所奠定的三大教義就是上帝的三一論、世界歷史的三世論與基督的二性論。上帝是獨一的上帝，同時上帝又有三個位格。這三個位格之間是同質、同榮、同權的關係。因此，三個位格不是三位獨立的實體或本質，也不是各占三分之一的本體，乃是「三而一、一而三」的存在。聖父是上帝，聖子是上帝，聖靈也是上帝。三個位格，一個本體。同時，聖父、聖子和聖靈各有自己的特徵。聖父不是聖子，聖子也不是聖靈。聖父永遠是父，聖子和聖靈也是如此。按本性而言，聖父、聖子與聖靈是完全平等的，但在其關係上則是聖父的名稱列為第一，聖子的名稱列於第二，聖靈的名稱列於第三。這種次序的排列，也體現在上帝於歷史過程中的工作上。因此，聖父、聖子與聖靈雖然在本性和權榮上是平等的，但在各自的角色和對外的工作上卻

74　D. H. 威廉姆斯，《重拾教父傳統》，王麗譯（北京：中國社會科學出版社，2011 年），頁 5。

75　Philip Schaff, *The Principle of Protestantism*, trans. John W. Nevin (Chambersburg, P. A.: Publication Office of the German Reformed Church, 1845), p. 107.

有先後和高低之分。[76] 上帝的工作乃是三位一體共同的工作，不能也不應做出絕對的劃分和區別。但在聖經中顯然有將某一些工作特別歸諸於三位中的某一位格，例如創造特別歸諸於聖父的工作，救贖特別歸諸於聖子的工作，成聖特別歸諸於聖靈的工作。不但如此，聖子道成肉身，是由聖父差遣而來，聖子也成就聖父的旨意。聖靈在五旬節的降臨，乃是由聖父和聖子差遣而來，並且是為聖子作見證。[77] 雅和博經學是傳統的三一神學，明確地反對根據自己的喜好而片面高舉上帝三個位格中的任一位格。

4. **基督的二性論**：關於耶穌基督的神人二性，主後四五一年召開的第四次大公教會會議所通過的《迦克墩信經》為我們提供了最權威和簡潔的界定：「我們跟隨聖教父，同心合意教人宣認同一位子，我們的主耶穌基督，是神性完全且人性完全者；祂真是上帝；也真是人，具有理性的靈魂，也具有身體；按神性說，祂與父同體，按人性說，祂與我們同體，在凡事上與我們一樣，只是沒有罪；按神性說，在萬世之先，為父所生，按人性說，在晚近時日，為求拯救我們，由上帝之母童，女馬利亞所生；是同一基督，是子，是主，是獨生的，具有二性。不相混亂，不相交換，不能分開，不能離散；二性的區別不因聯合而消失，各性的特點反得以保存，會合於一個位格、一個實質之內，而並非分離成兩個位格，卻是同一位子、獨生的、道上帝、主耶穌基督。眾先知論到他所宣講的，主耶穌基督自己也是如此教訓我們的，

---

76 See John M. Frame, *The Doctrine of God* (Phillipsburg, New Jersey: P&R, 2002), pp. 719-722.

77 參考任以撒，《系統神學》（臺北：改革宗出版有限公司，1974年），頁 55-56。

諸聖教父的信經也是如此傳給我們的。」《迦克墩信經》並未解釋基督神人二性的奇特性，但是它制定了一正統的模範，並顯出救恩之所以可能，正是因爲基督是上帝也是人；因此，這一信經成爲決定正統與否的準則。《迦克墩信經》奠定了耶穌基督的神人二性，使耶穌基督作爲上帝與人之間唯一中保的教義得以完全確定。任何人類組織，不管是國家、教會、學校、家庭，還是政黨、教派等等，都不能妄自尊大，僭取救世主的地位。只有基督是完全的上帝，也是完全的人，是天地之間唯一的中保。人類的一切權力，不管是個人的還是集體的，都是派生的，必須降服於上帝的主權下，才具有最終的合法性。在歷史上，《迦克墩信經》成爲西方社會自由的根基。因著聖經中的這一宣告，任何人類組織的權力都受到了根本性的限制。[78] 在人類歷史上，無數的暴君渴求無限的權力，正如阿倫特（Hannah Arendt，又譯鄂蘭）所指出的那樣：「要求無限權力正是極權政體的本質。」[79] 耶穌基督神人二性論從根本上界定了到底耶穌基督是誰這樣的重要問題，爲基督教的正傳奠定了根基，也爲基督教從內在鞏固到社會影響鋪平了道路。沒有對耶穌基督神人二性的正統認信，教會就會一直在內部糾纏於到底耶穌基督是誰這一基本的問題，不能向世界做出勇敢的宣告。

5. 世界歷史的三世論：三世論特指聖經中啓示、《使徒信經》

78 See R. J. Rushdoony, *The Foundation of Social Order: Studies in the Creeds and Councils of the Early Church* (Vallecito, CA.: Ross House Books, 1998), pp. 53-67.

79 阿倫特，《極權主義的起源》，林驤華譯（北京：三聯書店，2008年），頁 569。

所概括的世界的創造、救贖與成全這一直線型的歷史過程。在《海德堡教理問答》二十四問明確強調《使徒信經》分為三個部分：「第一部分論聖父上帝與我們的受造；第二部分論聖子上帝與我們的救贖；第三部分論聖靈上帝與我們的成聖。」在第一部分論及上帝對世界的創造和護理，第二部分論及耶穌基督的救贖以及我們「與祂一同作王，掌管萬物，直到永遠」。第五十四問論到「聖而公之教會」，回答則是：「我相信這教會就是上帝的兒子，從全人類當中，自世界之始至世界之末，藉著祂的聖靈和聖言，為自己聚集、護衛並保守的一群選民。目的是叫他們得享永生，並且使他們在真道上同歸於一；並且我是，也永遠是這團體裡活潑的一員。」我們由此而強調世界的創造、救贖與成全。世界的創造所奠定的是自然界、道德界與心靈界的秩序；世界的救贖則是集中於墮落犯罪之人道德秩序和心靈秩序的救贖上，就是上帝透過耶穌基督赦免祂選民的一切過犯，同時透過聖靈把律法刻在人的心中，改變人的心靈，使人發自內心地愛主愛人；而世界的成全是指賴恩得救之人在個人之人格上不斷完善，同時完成上帝所賜與治理全地的文化使命的過程，其巔峰則是隨著萬物的更新和復興，上帝差派耶穌基督審判世界，「使天上、地上、一切所有的都在基督裡面同歸於一」。正是因為我們強調的世界歷史三世論，使得我們從根本上擺脫了一直困擾教會如諾斯底異端那般排斥世界的傾向，為世界歷史指明了發展的方向和進程。

6. **普遍恩典論**：我們把特殊恩典與普遍恩典之論上升到道統的範圍內，因為若沒有這樣的界定，我們就無法打通目前所形成的教會與社會的隔絕性壁壘，也無法裝備基督徒在這個世界上與不信者展開積極的對話和合作。特殊恩典是來自上帝且與罪人

的得救有關的救贖性恩典，獲得的對象只有上帝的選民；普遍恩典則是來自上帝的，且與罪人的得救無關的護理性恩典，獲得的對象包括一切受造物。當我們談及特殊恩典和普遍恩典的時候，我們首先要理解上帝之愛的三個層面，首先是上帝對所有受造物的普遍之愛，上帝通過這種愛創造、護理、統管萬有。其次就是普通之愛，這是上帝特別賜給人類的愛，這種愛不是針對某個人的，而是賜給各種各樣的人，不管是選民還是棄民，不管是種族如何，上帝都有賜福。第三就是上帝對選民的特別之愛。與此相應，美國改革宗教會（Christian Reformed Church，簡稱CRC）在一九二四年的總會中採納了「普遍恩典三大要義」為正式教義。首先，上帝對於全人類（不僅是選民）有普遍性的恩典；其次，上帝透過普遍恩典來抑制個人和社會生活中的罪；第三，未重生的人也能因著上帝的普遍恩典而有社會性公義之行。凱波爾（Rienk Bouke Kuiper）強調，正是因為上帝透過普遍恩典對個人和社會之罪的抑制，人類的繼續存在才成為可能；正是因為上帝透過普遍恩典使未重生之人也有一定的善行，人類的文明才得以持續發展。[80] 我們承認上帝普遍恩典的存在，才能深信人類的延續和文化的發展。因此，趙天恩牧師強調，普遍恩典論幫助基督徒形成「合乎聖經的歷史哲學」，[81] 這是非常富有洞見的。

---

80 See Cornelius Van Til, *Common Grace and the Gospel* (Nutley, New Jersey: Presbyterian and Reformed Publishing Co., 1977), pp. 14-22. 中文譯本參考王志勇譯《普遍恩典與福音》（臺北：改革宗出版有限公司，2012 年）。

81 趙天恩，《普遍恩典簡論》，王志勇譯（臺北：改革宗出版有限公司，2012 年），頁 107。

基督教學統六要點

我們在學統部分重新解讀耶穌基督所強調的「大使命」。在目前教會中,幾乎所有的教會都在宣講大使命;可惜,大多數教會對於大使命的解讀是錯誤的解讀。耶穌基督的「大使命」已經變成了「大忽悠」,甚至是「大騙局」!大使命所強調的不是「傳福音」,而是「門徒培訓」![82] 在門徒培訓過程中,最重要的就是講解上帝的誡命,培養人獨立的品格,使人學會根據上帝的誡命、具體的環境和個人的良心做出獨立的判斷,因為耶穌基督所提倡的革命在本質上就是「品格的革命」。[83]

1. **獨一師尊:**耶穌基督在大使命中首先宣告:「天上地下所有的權柄都賜給我了」。作為完全的上帝,耶穌基督的權柄既不增加,也不刪減;作為完全的人,耶穌基督因著祂的順服為我們贏回了亞當當初犯罪所喪失的權柄。同時,「神的奧祕,就是基督;所積蓄的一切智慧知識,都在祂裡面藏著」。耶穌基督既是我們的救主,也是我們的師尊。大學之大,不在於有大樓,而在於有大師,耶穌基督是人類歷史上空前絕後的大師。基督教在歷史上一直強調耶穌基督是獨一的救主,但對於耶穌基督師尊的地位卻沒有給予足夠的強調,因此在歷代的諸多教會中,眾多基督徒有道統卻無學統,他們相信耶穌基督的拯救,卻不

---

82 參考 Dallas Willard, *The Great Omission: Reclaiming Jesus's Essential Teaching on Discipleship* (New York: HarperCollins, 2006).

83 See Dallas Willard with Don Simpson, *Revolution of Character: Discovering Christ's Pattern for Spiritual Transformation* (Colorado Springs, CO.: NavPress, 2005).

願意按照耶穌基督的傳承來學習聖經，明白上帝的旨意。王明道在「批林（彪）批孔（子）」的政治運動中，對勞改隊的幹部說：「孔子批不得，批孔子的人自取其辱。耶穌是我的救主，孔子是我的恩師，我不能批評他。」[84] 耶穌不僅是我們的救主，當然也是我們的恩師！魏樂德（Dallas Willard）強調：「作耶穌基督的門徒，這恰恰就是福音的精義。對於人類而言，眞正的好消息就是耶穌現在正在招生，使人掌握生活的藝術。永生是以確信耶穌開始的，永生就是現在即生活在耶穌的國度中，這樣的永生就在地上，人人都可以得到。因此，關於耶穌的福音就是特別關乎我們現在生活的福音，絕不僅僅是爲人將要死的時候預備的。這個福音讓我們現在就作爲他的門徒過國度的生活，絕不是僅僅消費他的所行的一切。」[85] 對於基督徒而言，永生有來生的導向，我們在基督裡的生命絕不僅僅局限於今生今世。但我們不能完全把基督徒的永生完全局限於來生來世，而是應當更多地從神人關係的角度來界定永生的內涵，這種神人關係是由耶穌基督的救贖開啓的。我們因著耶穌基督的救贖得以今生今世就進入永生，今生今世就從效法基督開始去經歷、活出永生的內涵及樣式。

　　2. 外出招生：耶穌強調了祂的崇高地位，使我們明白我們有這樣一位偉大的師尊，「所以，你們要去，使萬民作我的門徒」。全世界都在尋找這樣一位師尊，能夠活出生命之道、講明生命之

84　參考王長新，《又四十年》（加拿大福音出版社，1996年）。

85　Dallas Willard, *The Divine Conspiracy: Rediscovering Our Hidden Life in God* (New York: HarperCollins, 1998), xvii.

道，且傳遞生命之道。有什麼樣的師尊能夠和耶穌基督相比呢？祂既是完全的上帝，也是完全的人，並且唯獨祂是上帝和人之間唯一的中保。倘若我們能夠明白耶穌基督的尊貴，我們巴不得全世界所有的人都能成為耶穌基督的門徒！如果我們既不知道耶穌基督的偉大位格，也不知道耶穌基督的偉大教訓，我們怎能發自內心地勸人作耶穌基督的門徒呢？一個真正認識上帝和耶穌基督的人，卻沒有傳福音的火熱，這是不可能的！今日眾多基督徒所強調的是信耶穌基督所帶來的好處，但他們自己也不明白耶穌基督到底是誰，甚至也不關心耶穌基督到底是誰，只是聲嘶力竭地傳講個人的奇特經歷，添油加醋地，引人入教！他們所謂的傳福音和教會事奉只能是瞎子領瞎子了！

3. 註冊入學：既然已經招生，怎樣才算是正式入學？就是接受洗禮，所以耶穌基督強調：「奉父、子、聖靈的名給他們施洗」。長期以來，教會反覆爭論洗禮的形式和性質。在洗禮的形式上，有的主張浸水禮，有的主張點水禮。在洗禮的性質上，很多人認為只有真正重生得救的人才能接受洗禮。但問題在於沒有任何人能夠完全斷定受洗者是否真正是重生得救之人。為了破解這個難題，改革宗神學把洗禮這一聖禮解釋為「恩典之約的標記和印證」，從而破除那種把洗禮和得救必然聯繫在一起的迷信。最簡單的解釋就是：我們受洗就是表明我們願意成為耶穌基督的門徒，加入耶穌基督的學校，也就是教會，和眾聖徒一同學習耶穌基督的教訓。當然，這種受洗也表明我們與耶穌基督立約，歸屬到耶穌基督的名下。這樣我們就不再把重點放在重生與否上，而是強調一同學習耶穌基督的教訓，因為重生完全是上帝的工作，我們只要盡我們自己的本分即可。

4. 開課教學：如果我們只是外出招生，並且使人註冊入學，卻不讓人學到當學的學問，那麼我們的學校就是「野雞大學」！我們很容易把基督的聖殿和學堂變成滿足個人私慾的「賊窩」，這樣的事情在教會歷史上屢次發生，甚至也多次記錄在聖經之中。聖經中記載耶穌基督主要的工作就是教訓自己的門徒，祂呼召他們成為祂的追隨者，並且應許要使他們最終成為師傅：「來跟從我，我要叫你們得人如得魚一樣」。這節經文的意思非常明確：「來吧！現在你們作我的門徒，我要把你們培養成能夠教導別人的師傅。」耶穌透過言傳身教帶領他們三年，復活之後也特別與他們同在，教導他們明白聖經。在祂最終升天之前，祂宣告他們已經能夠作師傅，就是為人師表，所以他們要「去」，使人成為耶穌基督的門徒，為人「施洗」，並且最重要的就是：「凡我所吩咐你們的，都教訓他們遵守」。此處包括兩大方面，一是耶穌基督設立教導的職分，大使命的核心就是一個教育或教導的使命；二是教導的主要內容就是上帝的誡命，這在耶穌基督登山寶訓的教導中已經非常清楚：「無論何人遵行這誡命，又教訓人遵行，他在天國要稱為大的。」目前大多數教會不注重教導的職分，注重教導職分的教會又很少教導上帝的誡命，所以上帝的子民不明白上帝的律法。仔細研究整個聖經內容就會發現，聖經中所注重的教導主要就是傳授上帝的律法，正如韋爾森（Marvin R. Wilson）所考察的那樣：「由上帝自己、家中父親或群體的宗教領袖傳授。猶太人老師的目標主要不是培訓某些思維能力或實用技能，而是解釋聖經，叫學生服從上帝在其中的信息，服從這信息的權柄。這牽涉到有一個猶太人的整個存在；受教導，就是要服從自己以外那位更高的、真實的上帝，徹底服從

祂。」[86]

5. **畢業出徒**：門徒的首要責任就是做好門徒，也就是做好學生。對於老師的教訓不僅能夠高興歡喜地領受，並且能夠謙卑地依教奉行。如今能夠真正帶門徒的大師非常難尋，能夠謙遜地跟隨大師學習的門徒更是非常難尋，很多基督徒甚至乾脆否認基督教大師的存在。教會內外所盛行的都是保羅所說的好為人師的人：「想要作教法師，卻不明白自己所講說的所論定的。」耶穌基督在成千上萬跟隨祂的人中，重點栽培了十二位門徒，其中祂特別中意和密切的門徒又有彼得、約翰和雅各三位。耶穌基督的事奉中心就是重點栽培這些門徒，使他們能夠成為傳遞祂使命的人。耶穌基督深信祂的門徒能夠做「更大的事」，這是今日基督徒所忽視的。今日基督徒固然對耶穌基督頂禮膜拜，但卻並不願意按照耶穌基督教訓和示範的去行，這也無非是假冒為善、自欺欺人而已！當然，我們也強調大使命的核心就是效法耶穌基督，建立師徒之間亦師亦友的關係來反映三一上帝位格之間愛的關係。從這種堅定不移且崇高的愛的關係出發，我們就能夠用愛來征服世界。不僅是我們要有彼此相愛的心，「你們若有彼此相愛的心，眾人因此就認出你們是我的門徒了」；更重要的是我們要仰望上帝在耶穌基督裡的大愛。

6. **應許賜福**：耶穌在此特別強調「我就常與你們同在，直到世界的末了。」這就是耶穌基督對於真正遵從祂吩咐的人所給的應許和賜福。但是，我們必須明白，此處的應許和賜福是以我們

86　韋爾森，《亞伯拉罕：基督教的猶太根源》，林梓鳳譯（上海：中西書局，2013 年），頁 367。

眞正遵行耶穌基督的吩咐爲條件的。要經歷、享受上帝的同在，我們不僅要有道德性對於上帝誡命的順服，更要通過內在生命的操練來深刻地認識主。耶穌基督在其事奉的開始，及其被釘死在十字架上之前，都是以個人深刻的禱告開始和結束的。這種內在生命的操練，也是今日大多數教會，包括改革宗教會所缺乏的。荷蘭改革宗宣教士慕安德烈（Andrew Murray）強調：「基督的教會裡有許多人的靈性生活患著屬害的病根——忽視與神之間隱密的交通。正因基督徒缺少隱密處的祈禱，故抵擋世俗的生命顯得很微弱；也因基督徒忽略隱密處的生活——『**在祂裡面生根**』、『**愛心有根有基**』，所以無法結出豐碩的果子。唯一能改變信徒這光景的方法是恢復內室的生活。當基督徒學會把個人與神有隱密之交通當作第一要務時，眞實的敬虔便會在生命中發榮滋長。」[87] 唯獨通過這種內在生命的操練，基督教文明才會在主體上有內在品格的根基。

仁教、改革宗與中國文化的會通

改革宗的信仰絕不是一套冷冰冰的字句性教義或規章，而是來自聖靈、發自內心愛主愛人的熱情。沒有這種愛主愛人的熱情，我們不僅不能確保在改革宗信仰方面的正統性，甚至我們是否已經眞正重生得救也是可疑的。改革宗信仰強調的就是上帝在耶穌基督裡向我們這樣的罪人所顯明的大愛。加爾文在講解《申命記》十一章的時候強調：「如果我們要很好地遵行上帝的律

---

87 慕安德烈，《內在生活》，劉秀慧譯（臺中：錫安堂出版社，1983年），序。

法，首先必須做到的就是愛上帝勝過愛一切。」[88] 因此，改革宗信仰的精粹不僅在於整全的神學體系，更在於愛主愛人的精神。沒有愛主愛人的精神和風範，我們得到的只能是一套僵死又冷冰冰的教義體系。

從這種愛心和真理出發，對於中國文化，我們既不能一味貶抑，也不能一味高舉，而是要根據聖經啟示的真理予以鑑別，去僞存真，繼往開來。一味貶抑中國文化，不僅是藐視上帝在中國文化中的憐憫和亮光，並且也直接傷害受中國文化薰陶和滋養的人。當然，一味高舉中國文化，認為中國文化一切具足，不需要向聖經真理和西方文化學習，這也是閉關自守，自高自大。因此，對於中國傳統文化，我們不能拘泥於字句章法，導致東施效顰，而要直接把握其骨脈精粹，才能推陳出新。中國傳統文化的精粹就是孔子所強調的「仁者愛人」的思想。[89] 清末儒者譚嗣同撰述《仁學》一書闡明孔子的仁教理想，他甚至向人倡導讀基督教的《新約》，主張「仁而學，學而仁」。[90] 當然，譚嗣同在其《仁學》中把「仁」置於形而上終極本源的地位，這是如今儒家的通病，他認為「仁為天地萬物之源」，「不生不滅，仁之體」，「仁一而已；凡對待之詞，皆當破之」。[91]

雅和博經學首先尊重儒家對仁的強調，然後根據聖經啟示，提出更加深刻、整全的仁學。同時，雅和博經學對學術和教育的

88　John Calvin, *Sermons on Deuteronomy* (Edinburgh: The Banner of Truth Trust, 1987), p. 455.

89　《論語・顏淵》。

90　譚嗣同，《仁學・自敘》。

91　譚嗣同，《仁學・仁學界說》。

強調也與儒家相合，我們必須謙卑學習的心志、殷切傳道的熱情。《論語》首先從「學而時習之，不亦說乎！」開始，開創中國文化重視學術和教育的傳統，也開創了中國文化學而習之的悅樂精神。王陽明更是強調：「今夫天下之不治，由於士風之衰薄；而士風之衰薄，由於學術之不明；學術之不明，由於無豪傑之士者爲之倡焉耳。」[92] 他曾寫了題爲〈睡起偶成〉的詩來表明自己的想法：「起向高樓撞曉鐘，尙多昏睡正懵懵。縱令日暮醒猶得，不信人間耳盡聾。」王陽明深信自己傳揚眞道，必有聆聽之人。我們對於上帝的聖道當有更大的信心，上帝的子民必然會聆聽上帝的聲音。

　　儒家哲學是心靈哲學，也是生命哲學，注重的是生命的體驗和價值。但是，在認知方面卻存在著致命的缺陷。蒙培元指出：「中國哲學也有缺陷，主要是整體論的絕對主義和內向性的封閉主義。……中國哲學的缺點在於知性主體的萎縮。」[93] 勞思光認爲，儒學本身的內在問題就是「『道德心』對『認知心』之壓縮問題。倘就文化生活一層面說，則是智性活動化爲德性意識之附屬品因而失去其獨立性之問題。至其具體表現則爲知識技術發展遲滯，政治制度不能進展，人類在客觀世界中控制力日漸衰退。」[94] 牟宗三先生的高足蔡仁厚先生也承認：「我們憑心考察中國文化的形態，發現中國文化心靈中的知性主體，爲德性主體所

92　王陽明，《送別省吾林都憲序》，見《王陽明全書》，卷二十二。

93　蒙培元，《心靈超越與境界》，（北京：人民出版社，1998 年），頁15。

94　勞思光，《新編中國哲學史》（臺北：三民書局，2003 年，2007年），第三冊上，頁 7-8。

籠罩，未曾充分凸顯出來而獨立作用，因此一直沒有發展出知識之學的傳統。」[95]

　　如何解決儒學在認知上的困境？牟宗三和蔡仁厚所提出的解決辦法就是「良知的坎陷」：「要想成就知識，良知就必須由無限心轉爲有限心、由德性主體轉而爲知性主體、由道德心轉而爲認知心。而後才有可能。」[96] 這種說法本身來自儒家在本體論上的混亂，首先是在無限的造物主和有限的受造物之間的混亂，有限的受造物身上所具有的一切都是有限的，包括人的良知在內。因此，良知在任何意義上都不具有「無限心」；其次就是這種說法對「良知」的認識有著本體上的錯誤，人的良知主要是人根據道德律和具體的處境做出道德判斷的能力，也就是「道德心」；這種「道德心」不需要轉化爲「認知心」，因爲這種「道德心」與「認知心」本來就不是截然二分的。毫無疑問，「道德心」的判斷始終是以「認知心」的存在爲前提的。

　　因此，要解決儒學體系內在的困境，既不是把道德心無限擴大，也不是把認識心無限擴大，而是承認人既有道德心，也有認識心。更重要的是，儒家要擺脫那種根深蒂固的把個人主體絕對化、無限化的傾向，承認自己不過是人，承認自己既不是終極的立法者，也不是終極的判斷者，更不是自我的超越者或拯救者。這才是真正心靈的開放和謙卑！

95　蔡仁厚，《儒家心性之學論要》，（臺北：文津出版社，1990 年），頁 11。

96　蔡仁厚，《儒家心性之學論要》，頁 13。

基督教文明論與教義體系

　　何謂教義？根據梅欽所言，教義就是「基督教所賴以存在的根本事實及其意義。」[97] 我們要旗幟鮮明地捍衛上帝所啓示的眞理，反對各種形式的反知主義和相對主義。談及護教，我們首先要明白上帝讓我們捍衛的不是一個命題或眞理，乃是來自聖經啓示和教會正傳的「整個眞理體系」。這個眞理體系的核心就是上帝的大愛，就是在基督耶穌裡拯救我們的大愛，尤其體現在聖約之愛上，因爲上帝本身就是「守約施慈愛」的上帝。

　　嚴格說來，沒有信經信條，就沒有眞正意義上的教義學。因爲信經信條乃是教會一致認可的重要教義，是教會解釋聖經的結晶和指南，也是教會見證眞理、抵擋異端教訓的利器。沒有信經信條，我們就沒有任何可以捍衛的教義立場，剩下的只會是個人對聖經的不同解讀，只有個人的「私意」解釋，沒有教會的「正意」解經，如此則我們是爲了什麼而辯護呢？另外，教會也只有在信經信條的基礎上才能把眞理代代相傳，從而逐步建立基督教文明；否則，教會在基要教義上變來變去，自身都不能穩定發展，那麼在外人看來這種變來變去、朝三暮四的宗教信仰更是笑話，對於學者而言更是沒有深入研究的價值。

　　在教義體系方面，我們必須以《使徒信經》所概括的基本要義爲我們捍衛的「眞理的體系」。我們容易攻其一點，不計其餘；一葉障目，不見泰山，從而走向極端或異端。同時，在謙卑方面，罪人最大的驕傲和狂妄就是不願意接受已經成型的「眞理體

97　J. Gresham Machen, *Christianity and Liberalism*, p. 23.

系」，他們總是想根據自己的願望、利益和經歷對上帝所啟示的真理隨意裁減，從而合乎他們自身的心境和環境，創造出自己的「特色」來。然而，對於已經信主的聖徒而言，我們必須從「真理體系」來接受和應用真理，唯有如此真理才會作為一個有機的整體發揮其本有的強大力量。否則，若我們已經對真理本身進行了切割和裁減，使得真理殘缺不全、支離破碎，這樣被搞成殘廢的真理當然沒有多大的力量。改革宗信徒必須自覺地接受聖經啟示和教會認信的「真理體系」。改革宗的特徵和力量也在於這種「真理體系」。唯獨這種「真理體系」能夠滿足人的心靈對真理的深層渴慕，也唯獨這種真理的體系能夠使人全方位地認識和改造世界。

在教義體系上，我們當捍衛以下基要教義。這些基要教義不是個人私意決定的，而是聖經啟示、歷代大公教會決定的。今日很多獨立教會在名義上高舉聖經，卻不尊重上帝賜給教會的教導職分，當然也不會尊重歷代教會的正傳，更不會有教義體系和基要教義，只有自己支離破碎、零零散散的亮光。這些基本教義及其所界定的多關乎到啟示、上帝與人的基本處境。

1. **啟示**：啟示有普遍啟示和特殊啟示之分。普遍啟示是上帝透過自然、歷史和人心而賜給人的亮光。特殊啟示則是指上帝藉著先知使徒，尤其是耶穌基督的道成肉身，向人所顯明赦罪拯救的啟示。聖經乃為至要，因為上帝從前向祂百姓啟示旨意的那些方法，如今已經止息了。[98] 我們首先強調特殊啟示的重要性，若沒有上帝的特殊啟示，我們就無法對「普遍啟示」的啟示性做出判

98　王志勇，《清教徒之約》（上海：三聯書店，2012 年），頁 66。

斷，更不能在得救的深度上認識上帝和耶穌基督。當然，我們也不可忽略普遍啓示的重要性，正是因爲普遍啓示的存在，信主的人和不信主的人都能在自然科學和社會科學上做出一定的發現和進步，二者在這些領域中當然也能展開一定程度的合作。我們需要來自上帝的明確啓示，否則我們對於上帝的存在、靈魂的有無和世界末日的審判永遠沒有定論，因爲這些都超越了我們理性思辨和科學實驗的疆界。

2. **聖約**：唯獨聖經啓示和改革宗神學強調上帝與人之間是聖約性的關係。這個聖約性的關係其核心就是：上帝要作我們的上帝，我們要作上帝的子民。正如《西敏斯特信條》所界定的那樣：「上帝是人的創造者，人是有理性的受造物。所以，人本當順服上帝。但是，上帝與受造者之間的不同如此巨大，所以，人絕不能享有祂，以此爲自己的福分和賞賜，除非是上帝自願俯就，這俯就乃是祂樂意用立約的方式顯明的。」[99] 我們必須從聖約的角度來思考我們整個信仰，這樣我們就能避免各種把基督教巫術化或民間宗教化的傾向和危險。從聖約的角度來看，上帝是立約守約的上帝，並不是個人可以按照自己的私意任意控制的上帝；聖經是上帝與我們立約的約書，我們作爲上帝的子民，必須遵守上帝的聖約和律法；耶穌基督就是我們聖約的中保（絕不是很多人隨意而言的「中心」）。基督徒在個人、家庭、教會和國家各個方面都當成爲守約者，而不是違約者。我們必須根據上帝的啓示，建立守約誠信的文明。

3. **上帝的獨一性**：上帝是獨一的上帝，也是自足的上帝。聖

99　王志勇，《清教徒之約》，頁 77。

經中所啓示的上帝絕不是個人欲望的投影，而是自有永有、大而可畏的上帝。我們對上帝的敬拜、事奉和順服，都是基於我們對上帝的認識。

4. **上帝的三一性**：上帝在本質或本體上是獨一的上帝，同時在上帝的統一性中又有三個位格。教會關於上帝之三一性的宣告從根本解決了哲學上所無法解決的一與多的問題，也從根本解決了政治上統一性與多元性的關係問題。上帝既是終極性的一，也是終極性的多，一與多在上帝身上有著完美的共融；上帝在其本質上具有統一性，在位格上又具有多元性，統一性與多元性在上帝身上有著完美的共融。

5. **上帝的預定和計劃**：上帝的預定和計劃在聖經中特別突出，在改革宗神學中也得到了特別的強調。上帝的預定和計劃凸顯了上帝的智慧和榮耀，也使得眞心信靠上帝的人大得安慰和力量。正是因爲相信上帝的預定和計劃，並且相信上帝的預定和計劃必要實現，所以我們對於歷史和未來充滿信心。當今一般教會的福音派信徒不相信上帝的預定和計劃，所以他們盯著眼前的環境，很容易發出「人心不古，世風日下」的悲歎。深刻地明白和相信上帝的預定和計劃，並自覺地參與上帝的預定和計劃在歷史過程中的成全，乃是基督徒人生的關鍵。

6. **上帝的創造與護理之工**：上帝透過創造與護理之工施行祂的預旨和計劃。上帝主要是藉由立約並獎懲的方式來護理人的。《海德堡教理問答》廿八問特別指出了我們知道上帝創造萬有，並一直藉著護理之工維繫萬物，由此可以得到的益處：「回答：我們可以在患難中忍耐之心，在順境中感恩之心；對於將來臨到我們的一切，能夠堅定地信靠信實的天父上帝，任何受造物都不

能使我們與他的愛隔絕。因爲萬物都在祂的手中，祂若不許，它們動也不能動。」傳統教會一直強調上帝的創造和護理之工，這是今日教會所普遍忽略的，華人教會更是把注意力主要集中在救贖之工上，使得基督教不知不覺成了以個人得救爲中心的民間宗教。

7. **耶穌基督的神人二性**：正是因爲耶穌基督的神人二性，使祂能夠擔任上帝與人之間獨一的中保。正是因爲耶穌基督既是完全的上帝，也是完全的人，所以唯獨祂能夠擔任上帝與罪人之間中保的職分，世上其他任何個人和組織都不能扮演救世主的角色。正是因爲耶穌基督的神人二性，祂才能夠成爲上帝與人之間獨一的中保。福音信息首先是關於耶穌基督位格的信息。

8. **耶穌基督的兩大狀態**：耶穌基督擔任中保的職分，透過降卑和升高兩大狀態爲我們完成救贖之工。我們既要強調耶穌基督的降卑，也要強調耶穌基督的升高，這一歷史事實本身乃是基督教的核心信息。根據聖經的啓示，我們更要強調以復活爲標記的耶穌基督的升高，因爲「若基督沒有復活，我們所傳的便是枉然，你們所信的也是枉然」。中國教會更多注重的是耶穌基督的受苦和降卑，改革宗教會更多強調的則是耶穌基督的復活和得榮，我們與基督徒一同受苦，目的是要與他一同得榮。當然，目前教會中很多人的講道主要是傳講個人的經歷，根本不強調聖經中所強調的耶穌基督及其救贖之工，這也是本末倒置的。耶穌基督的降卑與升高乃是福音信息的核心。

9. **世界與歷史三大階段**：聖經啓示把世界歷史劃分爲三大階段：創造、救贖與成全。如果我們不講世界的創造，就會忽略世界的秩序和上帝吩咐我們治理全地的使命。如果我們不講世

界的成全，那麼我們的生命在世界歷史中就喪失了具體的方向和目的。正是因為強調世界歷史中這種創造、救贖與成全的直線型發展與進程，基督徒才能自覺而積極地參與上帝在世界和歷史中的計劃和作為，也只有如此，基督教才能成為積極入世的宗教。《使徒信經》不僅為我們界定了上帝三位一體這樣偉大的教義，也向我們顯明了「世界歷史」的基本框架和進程，把「世界」與「歷史」聯繫在一起，我們的信仰就不再是空泛的現象，而是在這個世界中、在具體的歷史進程中參與上帝的計劃和作為。

10. **個人與自由四大狀態**：人性有四大狀態：無罪狀態、墮落狀態、重生狀態和得榮狀態。因此，我們不能離開人的歷史處境去抽象地談論人的意志和自由，只有在具體的歷史處境中，才能界定人的意志和自由到底是什麼。

11. **造物主與受造物的界限**：唯獨造物主上帝是自有永有的存在，所有受造物都是上帝從無中創造並且持續依賴上帝護理的依賴性存有。我們不能混淆造物主與受造物之間這種本體性的界限。其次就是認識論和倫理學上的界限。在認識論上，唯獨上帝是無所不知的，人的知識都是有限的。在倫理學上，唯獨上帝是終極的立法者和審判者，我們必須按照上帝的律法行事為人，最終上帝也必然按照祂自己的律法來審判我們。教會內外最常見的界限混淆是發生在倫理學領域中，人的墮落即是體現在倫理方面，耶穌基督的救贖也集中體現在倫理方面。清教徒所注重的不是詳盡地探討上帝與人之間本體性的界限，而是以上帝所明確啟示的律法為疆界，強調個人當在這疆界之內盡自己當盡的本分。不明白上帝的約法，我們就隨時有可能僭越造物主與受造物之間的界限。

門徒培訓、思維訓練與智者品格

人首先具有認知心，是認知性的主體。理性思維的培養，乃是門徒培訓的重要內容。理想的人格首先是清楚地認識上帝和自我的人，這就是眞正的智者品格。

思維訓練就是基督徒在理性方面的靈修。若要醫治哲學與文明的疾病，我們必須尋求來自上帝那更高的哲學和文明，並且藉由門徒培訓把這種天國的哲學和文明傳遞出去。在門徒培訓的教導中，關鍵不是授人以魚，而是授人以漁，要培養門徒獨立性、批判性、分析性的思維習慣，也就是培養人的「理智品格」，[100] 使基督的門徒成爲眞正敬畏上帝的智者。

哲學的目的是尋求智慧；要尋求智慧，我們的思維必須受到訓練。希瑞（James W. Sire）特別著述《思維的習慣：基督徒的呼召與思維生活》，認爲思想是上帝對基督徒呼召的內在部分，上帝呼召每個人充分地運用我們的理性進行思考。[101] 如何思上帝之所思，按照上帝的心意思考，充分地運用我們的理性來榮耀上帝，這當然是基督徒呼召的精義。根據聖經的啓示，基督徒成熟的標誌首先體現在思想上，也就是我們的判斷力上。

在思維訓練中，要注重「思維性美德」的培養，這種美德又被稱爲「智性美德」或「理性美德」。既然人與其他動物的根本性不同就在於人具有理性，則正確地運用理性的功能便更顯得極

100 Ron Ritchhart, *Intellectual Character: What It Is, Why It Matters, and How to Get It* (San Francisco, CA.: Jossey–Bass, 2002).

101 見 James W. Sire, *Habits of the Mind: Intellectual Life as a Christian Calling* (Downers Grove, Illinois: InterVarsity Press, 2000).

其重要。這種美德是指充分運用上帝賜給我們的理性功能來認識上帝、自身和世界的能力。理性美德有六大方面：（1）首先在於我們「理性的正直」，是指我們在理性上對他人的尊重，己所不欲，勿施於人；（2）其次就是「理性的獨立」，是指我們在真理的立場上保持自己的獨立性，不盲目輕信、跟隨任何人；（3）「理性的堅毅」，是指我們在理性的認識上堅持不懈，認識我們理性能夠認識的東西；（4）「理性的同理」，是指我們在理性上努力理解別人的思路；（5）「理性的謙卑」，是指我們在理性上承認自己的無知和有限；（6）「理性的勇敢」，是指我們在理性上勇於探索未知的領域。[102]

理性美德的最高境界就是唯獨為了認識上帝而認識上帝，不帶有任何功利性的目的，單純地以上帝為樂，這是只有透過深刻的靜觀才能達到的境界。亞里士多德在《政治學》中強調：「如果誰想要靠自己活得快樂，除了哲學，恐怕很難找到，因為所有其他的欲望都需要別人。」[103] 在《尼各馬可倫理學》中，亞里士多德強調：「所謂的自足也許主要呈現在靜觀生活中。固然，智慧人、公正的人以及其他人都需要生活必需的東西，但這些東西得到充分的供應之後，公正的人還需要其公正行為的承受者和一起行為的人，節制的人和勇敢的人以及其他每個人同樣如此。但智慧人靠自己活著就能靜觀，而且越這樣也許就越智慧。當然，若

---

102 參考 Jason Baehr, *The Inquiring Mind: On Intellectual Virtues and Virtue Epistemology* (Oxford University Press, 2012); Michael DePaul and Linda Zagzebski, *Intellectual Virtue: Perspectives from Ethics and Epistemology* (Oxford University Press, 2007).

103 Aristotle, *Politics*, 1267a10-13.

有同類人一起固然更好，但同樣最爲自足。」[104] 這種對上帝深刻而精純的靜觀性的認識，就是耶穌基督所強調的永生的精義（約17:3）。能夠進入這種沉思與靜觀生活的人，乃是最有智慧的人，當然也是最幸福的人。現代人忙於用物質的消費來滿足心中無止境的欲望，用各式各樣的活動來驅除心中難以排解的孤寂，基督徒也時常陷入這兩種經常出現的罪惡之中，我們確實需要安靜下來，需要透過對上帝的沉思和靜觀而更深刻地認識上帝，以上帝爲樂。

　　牧師的最主要職分就是傳講上帝的眞理，透過教導、講道和探訪來「建立基督徒的品格和學問」。[105] 只可惜，在種種世俗化的影響下，牧師的職分已從來自上帝的呼召更多地轉變爲一種普通的職業，很多教會更加看重的不再是牧師本身的基督徒品格和神學素養，而是注重牧師管理教會和處理人際關係的能力。因此，那些能言善道、長袖善舞的人，儘管缺乏高尙的基督徒品格與深刻的神學素養，仍然在教會圈子中快速高升，成爲四處表演的「教會名嘴」，但卻很少委身於地方教會的教導和牧養。人們來到教會中想得到的是牧師所提供輕鬆的娛樂性笑話、安撫性的「心靈雞湯」，很少有人願意長期接受牧師的教訓和栽培，眞正成爲耶穌基督的門徒。

　　當然，更加可憐可悲的是，在今日反智主義盛行的教會中，牧師很少在學術和思維訓練上能夠指導別人。目前大多數牧師或

104　Aristotle, *The Nicomachean Ethics*, 1177a28.

105　David F. Wells, *No Place for Truth or Whatever Happened to Evangelical Theology?* (Grand Rapids: Eerdmans, 1993), p. 232.

者是用神蹟奇事來勾引人信主，變成了各式各樣的巫婆神漢；或者是在理性思維上陷入怠惰、麻木、平庸之中，自己沒有修養和長進，當然也很難造就人；或者是透過關懷來照顧人、感動人、挽留人，以此滿足個人在物質和情感上的需要，但卻無法在真理和靈命上栽培門徒。而更為突出的現象就是，很多教會沒有按照上帝的旨意來供養傳道人，為他們個人和家庭在物質生活上提供足夠的保障，使傳道人可以專心地以祈禱和傳道為念。惟願上帝憐憫，使教會和牧師都歸回本位，真正為基督徒提供合乎聖經的門徒培訓和思維訓練。

仁教、哲學與文明宣教

我們提倡文明宣教，這種文明宣教有三大強調。一是強調上帝賜給我們治理全地的使命本身就是建立文明的使命，二是強調我們自身必須建立強大的文明，三是強調在我們宣教的時候必須用文明的以理服人、以德服人的勸化方式，不可使用各種以力服人的野蠻方式。

要做到文明宣教，我們必須有自己明確合乎聖經的哲學體系。哲學是不可避免的，關鍵是我們要有好的哲學。哲學幫助我們自省，使得我們對於自身的信仰提出嚴肅的追問和挑戰，從而將我們由傳統和他人所領受的信仰明確地轉化為自身心靈的確信，並且把殘缺不全的信仰提升為整全的世界觀和文明論體系。在基督教各大宗派內，只有天主教和改革宗有明確的哲學體系，因此也只有天主教和改革宗具有明確又相對一貫的思想體系。天主教神學家吉爾松（Etienne Gilson）對基督教哲學做出了這樣的界定：「每一種由信念堅定的基督徒所創造的、把知識的序列與

信仰的序列區分開來的、用自然的證據證明其原理的、但儘管如此又把基督教的啓示看作是對理性的一種珍貴襄助、在一定程度上甚至看作是一種道德上必要的襄助的哲學，我們都可以稱之爲基督教的。」[106] 天主教傾向於把上帝的特殊啓示視爲一般啓示「珍貴」甚至「必要」的「襄助」。在改革宗哲學中，我們明確地把聖經正典中所顯明之上帝的特殊啓示視爲基督徒信仰與生活的最高標準，由此而構建基督徒的認識論。[107]

最深刻的基督教改革宗哲學家乃是杜伊維爾，可惜他的大部分著作都是以荷蘭文寫成，翻譯成英文的有限，也比較難懂。他的代表作即是四卷本的巨著《理論思維新批判》，比較好的介紹性著作則是特羅斯特（Andree Troost）所著的《何謂宗教改革的哲學：杜伊維爾宇宙律哲學簡介》。[108] 杜伊維爾的發現就是任何思想都是源自人的「心靈」這一「人之存在的宗教性之根」。因此，從根本上而言，所謂的中立性理論思維並不存在。杜伊維爾旗幟鮮明地反對理論思維的「自法性」，認爲上帝已經在各個領域中

106 博訥、吉爾松，《基督教哲學：從其起源到尼古拉》，頁 4。

107 參考 Cornelius Van Til, *A Chrisitian Theory of Knowledge* (Phillipsburg, New Jersey: Presbyterian and Reformed Publishing Co., 1969); John M. Frame, *The Doctrine of the Knowledge of God* (Phillipsburg, New Jersey: P&R, 1987). 中文譯本《神學認識論》，陳德中、孫爲鯤譯（美國加州：中華展望，2011 年），可惜譯者把「聖約」（covenant）翻譯爲「契約」，從根本上混淆了改革宗聖約神學所強調的「聖約」與「契約」的不同，前者是指上帝屈尊俯就與人設立的約，後者則是人間平等主體之間所立的約。另外參考荷蘭改革宗神學家巴文克所著的《啓示的哲學》，趙剛譯（成都：四川人民出版社，2014 年）。

108 Andree Troost, *What Is Reformational Philosophy: An Introduction to the Cosmonomic Philosophy of Herman Dooyeweerd*, trans. Anthony Runia (Paideia Press, Grand Rapids MI, 2012).

設立了一定的法則。上帝的律法就是上帝所設立「處於上帝和受造界之間的疆界」。[109] 那些不尊重上帝所設立的律法的人，其實就是不尊重上帝所設立的疆界。因此，理論思維的任務就是去發現上帝已經在各個領域中設立的法則，而不是狂妄地聲稱自己有立法權。當初亞當墮落的原因就是置上帝所吩咐的律法於不顧，完全按照自己的喜好來判斷善惡，採取行動；但是，上帝仍然按照祂自己的律法來審判亞當和夏娃。故此，不管罪人如何藐視、違背、忘記、抵擋上帝的律法，上帝的律法仍然「安定在天，直到永遠」，人仍然居於上帝的律法之下。

因此，杜伊維爾從上帝的主權出發，不僅在倫理的領域中強調當以上帝的律法為標準，並且把上帝的律法提升到整個哲學和世界觀的層面，明確地反對罪人「在哲學思維上僭稱的自法論」。[110] 雅和博經學在世界觀和文明論的層面強調「神法論」，明確地反對來自罪人各種形式的「自法論」。雅和博經學的一大負擔就是把這種法理性的思維引進中國教會和文化之中，使我們從思維方法上擺脫那種「無法無天」的愚頑和狂妄。加爾文在談及罪人稱義的時候強調說：「值得慶幸的是，不是那些替上帝設立律法的人在作決定！」[111] 感謝上帝，沒有人能夠代替上帝設立律法，也沒有人能夠代替上帝做出最終的判斷，最終還是上帝按照

109 See L. Kalsbeek, *Contours of a Christian Philosophy: An Introduction to Herman Dooyeweerd's Thought* (Toronto: Wedge Publishing Foundation, 1975), pp. 72-75.

110 See Herman Dooyeweerd, *In the Twilight of Western Thought* (Nutley, New Jersey: The Craig Press, 1968).

111 加爾文，《基督徒敬虔學》，3 卷 11 章 10 節。

祂自己的律法來判斷我們。

上帝這樣愛我們，使我們在基督裡罪得赦免，不致滅亡，反得永生。我們一定要把這大好的信息傳遞給我們的家人朋友，使他們和我們一同得享美好的救恩；傳遞給我們的仇敵，使他們在基督裡與我們化敵爲友，一同成爲上帝的兒女。當然，我們向異教徒宣教，必須瞭解異教徒的思維方式，就是必須明白他們的哲學。如果我們向印度教徒宣教，我們需要明白《奧義書》和吠檀多哲學，也必須明白商羯羅、羅摩拉哲等大師的思維；如果我們向藏傳佛教徒宣教，我們就當認識如宗葛巴這樣的密宗大師的哲學；如果我們向伊斯蘭教傳道，我們就當明白阿維森納的哲學；如果我們向猶太教徒傳道，我們一定要讀麥蒙尼德的作品；如果我們希望天主教徒歸向基督教，我們就要明白阿奎納的作品；我們向馬克思主義者宣教，最起碼要理解馬克思、恩格斯和列寧等人的基本思想；我們向儒教人士宣教，最起碼要明白孔子、孟子、朱熹、程顥、王陽明等人的思想。

對外宣教是最激烈的屬靈爭戰，這種屬靈爭戰的核心是思想觀念的爭戰，我們必須在思想上做好準備。我們不能輕看對手，把對方當成傻瓜，更不能爲著募款和宣傳的緣故，號稱自己要「把福音傳回耶路撒冷」、「向阿拉伯人傳福音」等等，對於對方的宗教和文化卻是一無所知，自己也根本沒有語言和思想上的裝備！這樣的「吹牛」和醜聞在中國現代教會中屢見不鮮，求主憐憫我們，使我們中國教會擺脫此類上帝憎惡、令人作嘔的愚妄和詭詐！今日的高科技，不等於高幸福；目前的現代化，不等於人道化。恰恰相反的是，我們在生態和心態上都面對著空前未有的危機和挑戰。相對論的出現、核物理的發展，固然爲我們提供了

新的能源，但核武器毀滅地球的危險，也使人類面臨到比當初挪亞大洪水時期更可怕的災難；高度的工業化和城市化，不僅使得空氣、植被、水源等自然資源受到大規模的污染，人與人之間的關係也變得越來越疏離、虛擬，人心越來越浮躁、焦慮、陰鬱。我們正面對前所未有的生態與心態的危機，我們必須深刻、全面地反思人類當下的真實處境，向上帝謙卑地求問真正的出路。

　　哲學是思維的藝術，所強調的是個人對智慧的熱愛；文明是智慧的結晶，所強調的是群體對真理的遵行。從哲學角度來看，基督徒在文明方面容易罹患的疾病主要是反知主義和理性主義。反知主義反對理性的探索和知識的積累，而理性主義則是片面地高舉個人理性的功用。一般福音派基督徒容易感染反知主義的疾病，而改革宗人士則容易沾染理性主義的疾病。若要醫治反知主義的疾病，我們必須強調基督徒就是基督的門徒，大使命就是教育性的使命；而若要醫治理性主義的疾病，我們需要重新強調上帝的大而可畏以及人與理性的渺小和罪惡。我們要盡量充分地運用我們的理性來認識上帝、自身和世界，同時不能放縱自己的求知欲和好奇心，求主賜給我們謙卑、敬畏之心，使我們的學習和研究能夠榮耀上帝，造福他人。托馬斯·肯培（Thomas Kempis）提醒說：「若不敬畏上帝，知識於你又有什麼益處呢？其實，一個謙卑服事上帝的農夫，遠勝於一個驕傲自大、不修自身而執意研究『天道』的哲學家。」[112] 因此，基督徒不是為研究而研究，為學問而學問，乃是始終謙卑在上帝面前，為榮耀上帝、造就聖徒

---

112 引自《心靈花園》，健新編（拉薩：西藏人民出版社，2009 年），頁
　　2。

而從事眞理的探索與實踐。

我們要把教會內外種種反知主義與理性主義的傾向提升到反文明罪的程度。更具體地說，肆意限制人在理性方面的發展，打壓人的思想自由和言論自由，在本質上所犯的就是反人類、反文明的罪惡。我們要重視科學，但絕不可迷信科學，因爲我們的認知始終受到我們在本體上、歷史上的有限性所影響，更受到我們在宗教和倫理上的有罪性所局限。認爲科學能夠解決一切問題，這本身也是源自罪人的無知和狂妄。基督徒不能迷信所謂的科學和進步，當然也不能迷信目前所謂的「現代化」和「城市化」，而是應當保持冷靜，不斷歸回聖經，尋求上帝的光照。黎鳴曾經感歎，西方理性主義的狂妄所帶給全人類的物質消費主義、享樂主義和個人主義，使得人完全偏斜於「金錢理性選擇」，爲了發財致富，不惜一切手段！長此以往，這種文化「最終不僅滅絕地球上的一切生物物種，並兼最終毀滅全人類。」[113]

仁教座右銘：愛主愛人

根據耶穌基督的教導，愛主愛人乃是貫穿整本聖經一切道理的總綱。這是耶穌基督作爲我們的師尊對整本聖經的總結，也是指導我們解釋整本聖經的指南。

1. **聖經的總綱**：整本聖經對我們的教訓的總綱就是愛主愛人。聖經中所吩咐的是聖潔之愛，這種聖潔之愛以上帝爲終極的愛的對象，以上帝的誡命爲終極的愛的標準。耶穌基督的這一教訓向我們深刻地啓示了道德與律法的眞正精神。如果沒有發自內

---

113 黎鳴，《人性與命運》（北京：中國檔案出版社，2006 年），頁 369。

心真正的聖潔之愛，我們的道德和律法就沒有任何價值。如果我們不愛上帝，我們就不能愛人；如果我們不能愛自己，我們也無法愛鄰舍。不管我們怎樣強調上帝的律法，都不能與上帝的大愛分開。

2. **聖愛的落實**：這種愛以愛鄰舍為我們愛上帝在現實生活中的落實。上帝並沒有要求我們愛一切的人，我們也沒有能力愛一切的人，只有上帝的愛能夠覆蓋萬有，我們不可在愛上僭越上帝獨有的權位。而我們的鄰舍首先就是那些在生活中對我們有恩的人，所以我們要感恩報恩。其次就是上帝擺在我們周圍、我們能夠幫助的人（路 10:36-37）。

3. **感恩的人生**：在雅和博經學中，我們把感恩提升到基本教義的層面，首先因為這是聖經啟示和改革宗神學的強調，亞當的墮落就是因為忘恩負義，然而耶穌基督的救贖向我們顯明了上帝之愛的有情有義，上帝對我們的要求就是愛主愛人；其次就是針對在當前教會和社會現實生活中忘恩負義、無法無天這一現象的氾濫，我們當強調上帝及其所啟示的聖約與誡命，而上帝的聖約與誡命的要求則是仁愛與感恩，這是我們承受上帝的恩典而自然當有的感恩圖報。沒有這樣的報恩意識，即往往說明我們根本沒有蒙恩，只不過是在自欺欺人、利用上帝而已。

✝

第 二 章

心學：靈統與傳統、宗教與密契

聖約文明論第二大要素：上帝的國民與聖約的主體
情商、宗教心、宗教主體與仁者品格
宗教的種子與宗教信仰：宗教系統與密契神學

　　上帝賜給人宗教之心，每個人都是宗教主體，都有自己的宗教信仰。不加分別地把宗教視爲迷信，本身就是出於對自我的迷信。聖經中所啓示的眞宗教不僅強調我們對上帝和自身的認識，並且教導我們愛主愛人，而這種心靈之愛乃是眞敬虔的核心標記。此種認識乃是來自上帝超性的光照；此種聖愛乃是來自上帝超性的澆灌。我們根據人的宗教心而建構宗教系統和密契神學，核心就是我們在耶穌基督裡與上帝之間彼此相屬、相愛、相契的關係。

心學與福音

　　心學凸顯基督教文明乃是心靈的文明。心學的最高價值和追求是自由，就是在基督裡上帝賜給我們那榮耀的自由。

　　上帝所賜下的福音，是愛的福音。這福音的精義就是耶穌基

督的道成肉身和死裡復活。心學就是仁學，就是心靈的學問。心學追求天人合一，就是上帝與人在基督裡的相合相愛。

我們在心學部分，從愛主愛人的客觀教義轉向心靈經歷。基督教的關鍵不是宗教的學說、律法的規定和道德的勸誡，而是個人心靈的改變。

心學就是仁學，仁學就是人學，即學習如何愛人如己。然而，雅和博經學所提倡的心學與王陽明之心學在本質上截然不同，我們所崇尚的並不是個人的良知和體驗，而是上帝的特別啟示和救贖。但在上帝的特別啟示和救贖中，我們強調個人心靈的重要性。個人心靈的本體來自上帝的創造，本身是好的，但在亞當犯罪墮落之後，人心裡「終日所思想的盡都是惡」。因此，不管怎樣打坐修行，人的良心都不可靠，常常是麻木不仁，習慣了自欺欺人。所以，我們所需要的不是王陽明所提倡的注重個人修行的「致良知」工夫，而是上帝直接改變我們的心靈。我們所需要的不是王陽明所提倡的修身養性的「心學」，而是來自上帝的心靈重生和心意更新，這完全是聖經中所啟示的「心學」。心靈的重生完全是上帝在我們心中的工作，而心意更新雖然也有我們主體自覺的參與和努力，但最終仍是依靠上帝的恩典，我們才能不斷勝過自身殘餘的罪惡。

在雅和博經學中，我們把哲學上的認識論和基督徒的靈修學結合在一起，從而強調一種以愛德為起點的「美德認識論」。[1] 這種

1　美德認識論強調認識論是一種「規範性的學科」（a normative discipline），認知的價值與評估主要來自認知的主體和群體。美德認識論強調理性或認知的美德（intellectual virtue），這種美德與人在認知方面的責任有關。這樣，就把倫理學與認識論聯繫在一起。參考

美德認識論在奧古斯丁的《論三位一體》中已經明確出現，他開始把愛上帝與認識上帝結合在一起。在談及認識上帝的時候，一大困境就是：有限的受造物怎能理解無限的造物主？奧古斯丁強調說：「除非我們現在就愛上帝，否則我們永遠不會認識上帝。」[2]很簡單地來說，也就是如果我們根本不愛對方，我們就沒有興趣深刻、全面地認識對方；哪怕我們表面上看來要認識對方，也不過是出於利用、操縱、毀壞之心。但是，問題在於我們能不能愛自己並不認識的對象呢？儘管我們還不認識上帝，但我們確實能夠藉由信心而愛上帝，透過愛上帝而更多地認識上帝，因著認識上帝而更多地信上帝。這種美德認識論可以稱之為「信德認識論」，就是由信而知，當然也可以稱之為「愛德認識論」。

上帝的福音是國度的福音，上帝的國度是心靈與仁愛的國度。福音的精義就是：上帝因著基督的救贖赦免罪人的過犯，開他們心靈的眼睛，使他們脫離撒但黑暗、罪惡的國度，認識並進入上帝光明、公義的國度。我們這些在亞當裡墮落、成為撒但奴僕的人，在耶穌基督裡重新成為上帝的兒女，成為上帝國度的子民。既然我們已經成為上帝國度的子民，那麼我們效忠的對象首先就是國度的大君王──上帝；首先要順服的就是上帝所設立的聖約和律法；首先要追求的就是上帝的國度和公義。我們在心學部分，特別強調個人心靈對上帝的經歷和追求。希臘文中 *kardia* 是指「感情中心」、「欲求與決定中心」，通常指向人內在的主體

"Virtue Epistemology" in *Standford Encyclopedia of Philosophy*, http://plato.stanford.edu/entries/epistemology-virtue/, 2015 年 5 月 8 日查考。

2　St. Augustine, *The Trinity*, b. 8, ch.3. 作者參考 Edmund Hill 之英譯，second edition（Hyde Park, New York: New City Press, 2015）。

性。我們強調基督教是心靈的宗教，只有上帝能夠滿足我們心靈的渴求。心學所闡明的就是在聖靈的光照下，人的心靈對於上帝以及上帝為人設定的目的與境界的內在把握。

心學所闡明的是聖經所啟示上帝對付人心的方式，這種對付不是讓我們透過修心養性的方式來實現人生的首要目的和 到最高境界，而是完全仰賴上帝的大愛和大能。唯獨上帝能夠改變心靈，其餘的一切聲稱都不過是自欺欺人、假冒為善。因此，在宗教心上，我們所高舉的並不是自己的看見和修行，而是基督的救贖和聖靈的落實。

心靈之約與宗教之密契

上帝透過耶穌基督與我們立心靈之約，把祂的律法刻在我們的心上，使我們能夠甘心樂意、無怨無悔地事奉祂。

上帝使我們的身體成為聖靈的殿堂，所以我們的心靈就是至聖所，其中有上帝的約櫃和法版。這是聖經啟示的巔峰，就是上帝透過聖靈的大能把祂的律法刻在我們的心上。根據清教徒的解釋，就是聖靈施恩賜給我們遵守上帝律法的能力：「你們有著成聖的恩典來改變你們的心靈，使得你們能夠生發各樣的善言善行，這樣你們就以上帝的律法為樂。」[3]

宗教和道德最大的困局就是人性的問題，真正的宗教家和道德家都會深刻地認識到人性的扭曲、幽暗和敗壞，同時又感到對

---

3 John Preston, quoted from Ernest F. Kevan, *The Grace of Law: A Study in Puritan Theology* (Morgan, PA: Soli Deo Gloria Publications, 1999), p. 240.

自己無能為力，並對他人愛莫能助。而突破這一困局的關鍵就是聖靈的大能。沒有聖靈改變人心的大能，基督教就和世上的其他宗教一樣只是勸人行善，最終收穫的卻不過是假冒為善。

　　宗教就是與上帝聯結，宗教的終極就是如何歸向上帝，如何得蒙上帝的悅納。偽宗教走向巫術和功利主義。巫術試圖離開上帝的啟示和律法，而以人為的方式來操縱上帝，實質上卻常常是自己被邪靈操縱；功利主義利用宗教之名來滿足個人或群體的私慾。反之，真宗教的精神，就是主耶穌基督所強調的：「認識你獨一的真神，並且認識你所差來的耶穌基督，這就是永生」。這種認識首先是聖約性的認識，因為上帝是按照立約的形式向人顯明祂自己及其旨意，而聖經就是上帝與人立約的紀錄。其次，這種認識也是位格性的認識，是透過耶穌基督而達成與上帝位格之間的密契，正如約翰所強調的那樣（約壹 1:1-4）。此處使徒約翰強調自己與聖父上帝和聖子上帝的相通相契，接著強調聖徒之間的相通相契。這種關係性位格之間的密契給人帶來極大的喜樂和安慰，實在超出人的言語所能描述。一旦離開這種與上帝相交的密契，宗教便會只剩下皮毛骨架，喪失了真正的精神和生命。因此，宗教的核心就是個人與至高者上帝之間的關係，就是用人的心靈去認識上帝、愛慕上帝、經歷上帝的同在和帶領。正如韋柏（Robert E. Webber）所概括的那樣：「藉著耶穌、透過聖靈，我們與上帝達成神祕的聯合：這就是合乎聖經、年代久遠的基督教靈性的核心。」[4]

4　羅伯特・韋柏，《神聖的擁抱：重尋兩千年靈修傳統與實踐》（蘭州：甘肅人民出版社，2013 年），頁 5。

宗教包含三大要素：首先是敬拜的對象，我們或者是敬拜獨一創造天地的上帝，或者是敬拜上帝所造的物，並沒有別的選擇；第二大要素就是上帝的啓示，沒有上帝的啓示，我們就無從認識上帝，也不知道何謂上帝所悅納的善；第三大要素就是人如何接近上帝及其啓示。密契體系就是在承認前兩大要素的前提下，解決如何接近上帝及其啓示的問題。由此可知，密契體系即是靈修體系，正是考察如何親近上帝的問題。

當然，在密契神學中，可知聖經強調這種密契關係的被動性。首先，這種密契關係的建立和起點就是個人心靈的重生，而這種重生本身就是被動的，是聖靈在人心中動工，使人「與基督一同活過來」。其次，這種密契關係的過程和極致都在於上帝主權的作爲，沒有任何人能夠操縱和攔阻，正如聖靈所賜使人成聖的恩賜完全是憑聖靈主權的旨意賜給各人的。我們不僅不能主導這種密契關係，甚至也無法用自己的語言清楚地講述這種神祕的經歷，正如保羅對自己被提到三重天的經歷所講說的那樣。因此，密契體系更多是描述性的，同時這種描述本身也是有限的，並不能完全講清楚聖靈在我們生命中的作爲，因爲這些作爲本身具有神祕性。

目前在中國傳講改革宗神學，我們不僅要講純正的教義和合乎聖經的治理模式，還要講靈修和德修，否則我們所講的改革宗神學和長老會治理就缺乏內在的生命力，很容易蛻變爲假冒爲善、自欺欺人，甚至成爲到處論斷和拆毀他人的「殺人宗」！靈修使得我們更加愛上帝，並且經歷上帝的大愛；德修使得我們更加愛鄰舍，並且成爲眾人的祝福。靈修和德修是改革宗神學的骨脈精粹，也是每一位基督徒的生命之所在。

　　宗教的核心是人與上帝的關係。首先，這種關係是約法性的關係，上帝總是藉由聖約和律法來界定我們與祂的關係。上帝的聖約界定了我們在上帝面前的身分和地位，上帝是我們的上帝，我們是上帝的子民。上帝的律法則界定了我們的使命和責任，我們必須按照上帝的律法來完成治理全地的使命，並且在治理全地的過程中愛主愛人。其次，這種關係是又真又活的關係。上帝是又真又活的上帝，我們也是又真又活且具有上帝形象的人，因此我們能夠在日常生活中經歷上帝的同在。第三，我們與上帝的關係具有神祕性，所以我們必須透過自覺的靈修來經歷上帝。在心學部分，我們主要強調的就是這種心靈的經歷和操練。

　　對宗教心的強調，使得雅和博經學從根本上擺脫了教會內外各種無神論和世俗化的毒害與欺騙，因為沒有真正的無神論，也沒有真正的世俗化，個人都是在追求自己的神。此外，對宗教心的強調，就是對世界觀當中本體論的強調，因為宗教心就在人的本性之中。同時，我們在基督徒的生活中強調宗教性的美德，就是信德、望德和愛德。

　　在宗教方面，我們既要反對各種形式的混合主義，強調唯獨以三一上帝為中心，以舊新約聖經為標準；同時，我們也反對以各種形式表達唯我獨尊的狂信和妄信所導致的盲目排外主義，因此積極地吸收上帝在各大宗教和各個宗派中真理的亮光。對於中國基督徒而言，我們更要謙卑、開放地吸收古老的中國文化中一切真理的亮光。若不加分辨地將中國文化貼上「異教」的標籤，並且完全予以排斥，這種做法乃是極其愚頑和粗暴的，如此不僅會傷害中國人的思古之心、愛國之情，更不合乎上帝的旨意，因為即使「異教」文化中也有來自上帝普遍恩典的亮光。

宗教的種子與基督徒的宗教品質

加爾文強調：「人心中生來在本能上就知道上帝的存在。」[5]「經驗顯明，上帝把宗教的種子播撒在所有人的心中。」[6] 因此，宗教是不可避免的，每個人都具有自己的宗教信仰，關鍵是我們的宗教信仰本身是否是可信的，是否建立在上帝所啟示的真知識的基礎上。

在宗教信仰上，我們強調認識獨一的上帝，認識獨一的救主耶穌基督，這就是永生（申 6:4-9；約 17:3）。這種宗教的種子乃是上帝造人的時候就放置在人心中的。托克維爾（Alexis de Tocqueville）分析說：「在所有的生物中，只有人總是希望人生無可限量，對本身的生存有一種天生的不滿足感。人既害怕死亡，又輕視生命。這些不同的情感促使人的靈魂凝視來世；而正是宗教把人引向來世的。所以，宗教只是希望的一種特殊表現形式，而正如希望本身的自然合乎人心一樣，宗教的自然也合乎人心。」[7] 宗教是人生來就有的傾向。托克維爾進一步分析說：「人們愛好永生和喜歡不死，並非後天生成的。這些崇高的本能絕不是人的意志能夠隨意產生的。它不依人的努力而存在，而是將基礎深深地植根於人性中。人們可以阻止它們的發展，改變它們的形式，但是卻無法消滅它們。」[8] 因此，世上沒有絕對的無神論者。

5　加爾文，《基督徒敬虔學》，1 卷 3 章 1 節。

6　加爾文，《基督徒敬虔學》，1 卷 5 章 1 節。

7　托克維爾，《論美國的民主》，張楊譯（長沙：湖南文藝出版社，2011 年），頁 208。

8　托克維爾，《論美國的民主》，頁 408。

　　所謂的無神論和世俗化不過是自欺欺人而已。強迫別人接受無神論信仰，剝奪人民在宗教信仰能夠得到的安慰和力量，更是世界上最大的殘暴和無知。托克維爾分析說：「雖然信仰改變了目標，但它並沒有死亡。這時，舊的宗教不是遭到人們的痛恨，便是激起人們的熱愛。有些人以一種新的虔誠皈依了它，而另一些人則怒氣衝衝地脫離了它。這就是說，不是沒有宗教信仰了，而僅僅是信仰的目標不同了。」[9] 因此，在宗教信仰的問題上，並沒有任何中立可言，關鍵不是信不信的問題，而是到底信的是什麼的問題。

　　宗教品質是指人在宗教方面的素養。基督徒在宗教品質上應當達到卓越的程度。這一素養至少包括三大方面。首先，就是我們要認識自己的信仰，知道自己到底信的是什麼，並且儘量按照自己的信仰去生活。其次，我們也要在一定程度上瞭解並尊重他人的宗教信仰。然而，一個聲稱「什麼都不信」的人，乃是沒有任何宗教品質之人，他本身也沒有任何信任度可言；一個聲稱「什麼都信」的人，也是沒有任何宗教品質的人，因為他在宗教問題上並沒有自己的分析和判斷力。因此，一個試圖消滅宗教的政黨和國家，乃是人類歷史上最愚蠢和殘暴的，因為他們摧殘的不僅是社會道德與文化的根基，並且是人心靈中最高貴的傾向。第三，最重要的宗教品質就是活出自己的信仰，就是在善行上能夠成為眾人的祝福。沒有內在的美德，我們的善行就無法持續；沒有外在的善行，我們所謂內在的美德就是自欺欺人；沒有重生的生命，我們所謂內在的美德和外在的善行就都是緣木求魚、假

9　托克維爾，《論美國的民主》，頁 210。

冒爲善。重生的生命，核心就是心靈的更新；心靈的更新，必然
落實在各樣屬靈的美德上；心靈的更新和屬靈的美德，最終都將
落實在愛主愛人的行動上。只有當我們堅持不懈地按照上帝的誡
命行事爲人的時候，我們才能夠常常感受到上帝的愛。宗教品質
的根本在於對上帝的敬畏，體現則在於對個人的尊重。

情商、心靈秩序與祭司意識

　　基督教是愛的宗教，當然也是心靈的宗教。上帝在自然界設
立了自然秩序，在心靈界也設立了心靈秩序。犯罪不僅是違背上
帝的律法，更是濫用我們心靈的自由，挑戰上帝的主權，踐踏上
帝的慈愛，從而破壞了心靈秩序，使得我們從愛主愛人轉向自私
自利。

　　眞正的愛必須發自心靈，眞正的宗教也必然是發自心靈之
愛。這種心靈之愛始終是以上帝的誡命爲標準的。以色列人當初
所犯的最大錯誤就是把人的誡命當作教訓教導人，可惜今天大部
分教會仍在犯同樣的錯誤！今日教會最大的歸正就是重新在基督
裡教導上帝的誡命，也就是按照耶穌基督的教訓和成全教導人以
愛主愛人之心遵行上帝的律法。因此，德揚（Kevin De Young）
強調：「聖潔的標準就是上帝的律法，特別是十條誡命。……從
歷史的角度而言，教會始終是把十誡視爲教導上帝子民的中心內
容，尤其是對於孩子和剛歸信的人而言，教導上帝的誡命更是中
心。」[10]

10　Kevin DeYoung, *The Hole in Our Holiness* (Wheaton, Illinois: Crossway, 2012), p. 45.

　　人受造有上帝的形象，這一形象也體現在人的感情上。情商代表人的判斷力，我們的愛憎直接顯明我們心靈的判斷和取捨。實際上，真正的宗教集中在人的感情上。因此，耶穌基督教導我們說，愛主愛人就是整個聖經教訓的總綱（太 22:37-40），我們要根據這一總綱來解釋上帝的律法和啓示。基督徒人人都是愛的祭司，人人都當精通愛的藝術，就是上帝的律法。愛德華茲（Jonathan Edwards）強調：「聖潔情感不僅從屬於真宗教，且構成了真宗教的很大部分。並且真宗教是實踐性的，而上帝造人時又使人的情感成爲實踐行爲的泉源，這也說明真宗教必然很大部分在於情感。」[11] 當然，情感不是空洞、抽象的，「真正有感情的人所鍾愛的是善，善是他感情經歷的源泉和根基。」[12] 真正的感情始終是建立在對真理認識的基礎上。

　　祭司最重要的職分就是教導上帝的律法。清教徒解經家馬太·亨利（Matthew Henry）在注釋《腓立比書》「愛心相同」的時候強調，「基督徒在愛心上應當相同，不管他們在領悟上如何。」[13] 只有積極傳講上帝的律法，我們愛的情感才有標準、導向和內涵。

　　目前教會明顯缺乏的就是自覺地分別爲聖、忠心地教導上帝律法的祭司。祭司首先需要的是聖潔的生活和敬虔的學問，特別是要研究上帝的律法；其次，祭司要大有膽量，這樣才能夠秉公

11　愛德華茲，《宗教情感》，楊基譯（北京：三聯書店，2013 年），頁 8。

12　Dietrich von Hildebrand, *The Heart: An Analysis of Human and Divine Affectivity* (South Bend, Indiana: St. Augustine's Press, 2007), p. 47.

13　Matthew Henry, *Matthew Henry's Commentary on Philippians 2:2.*

審判，既不偏袒窮人，也不偏袒富人。身為至高上帝的祭司，既要面對氣勢洶洶的暴民流氓，也要面對仗勢欺人的暴君酷吏。這種祭司精神和意識乃是今日中國教會和社會所特別需要的。

聖愛、心學與靈修

愛是認識上帝最好的道路。真正的愛慕必渴望真正的認識，真正的認識必加深真正的愛慕。真正的基督徒智者絕不是那種「寵辱不驚，看庭前花開花落；去留無意，望天上雲卷雲舒」的超脫者、無情者，而是真正具有悲天憫人情懷的仁者，效法基督，道成肉身，在這充滿罪惡和苦難的世界中，盡性、盡性、盡意、盡力愛上帝，並且愛人如己。

把愛與知識分離，是現代流行文化中的一大邪惡。這種分離使得所謂的「愛」淪落為毫無原則和標準的情慾之愛，而知識則成為沒有感情又乾巴巴的癟三。這種傾向甚至影響到神學的研究和寫作，我們看到在加爾文的《基督徒敬虔學》中充滿了對上帝的敬畏之心和對靈魂的關愛之心，而在伯克富（Louis Berkhof）的名著《系統神學》中充滿的則是邏輯的推理、法理的界定、神學的思辨，[14] 但卻似乎沒有發自心靈的溫情，讀起來使人覺得乾巴巴的，幾乎無法長時間閱讀，更不要說從頭到尾完全讀完了，只能當作參考資料來查一查。范泰爾的護教學之作也是如此。也許我們需要這樣難嚥的「乾糧」，解決我們在知識上的軟骨病問題。

上帝賜給我們的最偉大、重要的誡命就是「你要盡心、盡

14　Louis Berkhof, *Systematic Theology* (Grand Rapids: Eerdmans, 1940). 此書為荷蘭裔的改革宗系統神學名著。

性、盡力愛耶和華——你的上帝」。其中的「盡心」在英王欽定
本中翻譯為「with all thy mind」，就是「用你一切的理性」來愛
上帝，筆者恩師陳宗清牧師曾經在一次講道中感歎：「我們華人
基督徒用理性來愛上帝太少、太少了！」沒有愛，我們就缺乏認
知的內在動力；缺乏對真理的認識，我們的愛就會走向狂熱或淡
漠。美國柏奧拉大學哲學教授莫裡藍（J. P. Moreland，又譯莫蘭
德）特別著書《用你所有的理性來愛你的上帝》，特別闡述理性
在基督徒信仰生活和靈命成長過程中的重要作用。他認為歐美社
會之所以逐漸偏離猶太與基督教世界觀，主要原因之一就是教會
中盛行的反知主義，導致基督教喪失鹽味，在社會中邊緣化，致
使世俗文化空前猖狂。[15] 因此，解決之道就是我們要重新歸回聖
經，重新煥發對上帝和真理的熱愛，願意踏踏實實地學習、研究
聖經和基本真道。

　　「心學」強調個人的「人格」，是指上帝所創造的人的本性，
這種本性就是上帝的形象，這種形象尤其集中體現在「愛」這
一種心靈的傾向上。愛是上帝對人最大的吩咐，愛是人心深處
最大的渴慕，愛是通向上帝最簡捷的道路，愛是人與人之間最好
的聯結。「人格」的終極本源就是「神格」，因為人是上帝按照祂
自己的形象造的。因此，人格的根基和尊嚴來自上帝本身。人格
包括人的靈魂，當然也包括人的身體。人的靈魂具有認知心、宗
教心、道德心和政治心。因此，對於思想、言論和教育自由之侵
犯，就是對人之人格的侵犯；對於人的宗教信仰和敬拜自由之壓

15　J. P. Moreland, *Love Your God with All Your Mind: The Role of Reason in the Life of the Soul,* revised edition (NavPress, 2012), p. 15.

制，就是對人之人格的壓制；對於道德和價值原則的攻擊，就是對於人的人格的攻擊；對於結社、選舉等政治自由的打壓，也是對於人的人格的打壓。專制制度的本質就是把掌權者上升到上帝的地位，讓人頂禮膜拜，不可有任何反對意見；把被統治者視為豚犬，豬狗不如，任意屠殺凌辱。對「人格」的侮辱，就是對「神格」的褻瀆；同樣，對「神格」的褻瀆，必然造成對「人格」的輕慢。廿世紀第一次世界大戰、第二次世界大戰以及冷戰期間所發生的大規模殺戮，都是因為人本主義者極端地高舉「人格」、「人權」，褻瀆「神格」、「神權」，最終使得人格和人權喪失了神聖性和超驗性的根基，成為暴君獨夫任意玩弄的東西。

「心學」強調聖經中所啟示的心靈與靈修之道。真正的基督教必須注重靈修，通過靈修來加強每個人與上帝的生命關係。我們必須自覺地發揮人作為宗教主體的宗教功用，盡心、盡性、盡意愛上帝，並且愛人如己。目前基督教會的第二大醜聞就是沒有系統又深刻的靈修神學，正因為我們缺乏長期的、系統的、深刻的靈修，我們的靈命始終處於膚淺、乾燥，甚至狂亂的狀態。宗教的核心就是個人心靈與上帝的關係，這種關係的密契乃是宗教的精義。上帝是個靈，人亦有靈，宗教的核心就是人以自己的心靈按照真理來敬拜上帝。我們把以心學為核心的宗教與密契神學聯繫在一起，強調基督徒或生或死的安慰就是在基督裡與上帝相合，享受與三一上帝和其他聖徒之間的甜蜜關係，參與上帝位格中的密契與歷史中的計劃。聖經中仁愛的教訓必須首先透過聖靈的內住和心靈的修證化為基督徒個人生命內在的實際。若缺乏這樣心靈與位格的密契，我們的宗教信仰就會變成死板的教條和儀式，便會喪失深刻、活潑的生命力。

善、義與宗教文明

上帝是良善和公義的上帝。上帝所創造的一切都是美好的，萬物各從其類，各就各位，一起彰顯上帝的榮美。同時，上帝又根據祂自己的性情爲人設立了道德律。人的行動合乎上帝的律法，就是合乎上帝的公義；違背上帝的律法就是違背上帝的公義。

上帝是最高的立法者，也是最高的審判者。否定上帝的存在，我們就喪失了終極超驗的權威；否定上帝的律法，我們就喪失了終極超驗的標準。因此，若則不承認上帝的存在，不以上帝所啓示的律法爲判斷善惡的標準，則一切關於善惡的討論就都不過是各抒己見而已，最終並不能夠達成任何有建設意義的共識。道德上的善與惡必須由律法上的義與罪來衡量。對於人而言，凡是合乎上帝律法的義，就是道德上的善；凡是違背上帝律法的罪，就是道德上的惡。正是因爲大多數基督徒否定、廢棄上帝的律法，因而喪失了上帝所賜判斷善與惡、義與罪的標準，使得整個社會逐漸走向「禮崩樂壞」的泥沼和陷阱。

在善與義的問題上，我們一定要自覺地根據上帝的主權和律法，明辨善惡，分辨是非，爲眞理樹立旌旗，抵擋世界上所盛行相對主義與懷疑主義的惡風。尤其是我們基督徒，更要明白上帝的善與義，因爲這恰恰是福音所強調的。我們因信稱義，並不是因爲我們自身完全遵守了上帝的律法，而是因爲耶穌基督擔任我們的中保，祂代表並代替我們完全遵守了上帝的律法，使得我們在上帝的面前被算爲義。因此，義不僅是上帝的屬性，更是上帝對罪人的恩賜。但我們在領受上帝的義之前，必須先謙卑下來承

認自己的不義。唯有如此承認我們自己的不義，完全接受、信靠上帝在基督裡賜給我們的義，我們的良心才能得到平安。[16]

當然，在因信稱義的問題上，很多基督徒的偏頗就是只強調個人的信心，卻不注意自己的行為。當然，個人的信心固然重要，但我們一定要明白，我們的「信心」不一定是真實的信心。真正的信心絕不會與善行分裂隔離，而是如同一枚銅幣的兩面。我們唯獨因為信心稱義，但真正使我們稱義的信心必有善行相伴，否則我們所謂的信心就是罪人的自信，不過是自欺欺人而已。[17]

宗教的文明是指人在宗教上的開明與寬容。在宗教的內容上，我們不能把宗教變為滿足個人私慾的工具，從而褻瀆宗教；在宗教的傳播上，我們更不能藉由經濟誘惑、政治打壓、警察干預和軍事征服等方式來粗暴地對待宗教問題。沒有宗教或信仰自由的國家，就沒有真正的宗教文明；沒有宗教文明，即根本沒有文明！因為宗教所涉及到的是個人心靈的信仰和歸宿。

雅和博經學雖然明確地主張神權制和神法論，但我們絕不贊同以暴力手段打壓他人的宗教信仰。我們深信，真正的神權制和神法論乃是透過聖靈在人心中作工而自願達成的。因此，我們以神權制和神法論為我們在理想上的追求，同時我們深知在一個多

---

16 詹姆斯·基特爾森，《改教家路德》，李瑞萍、鄭小梅譯（北京：中國社會科學出版社，2009 年），頁 50-56。

17 參考 K. Scott Oliphint, *Justified in Christ: God's Plan for Us in Justification* (Christian Focus Publications, 2007); James Buchanan, *The Doctrine of Justification* (Solid Ground Christian Books, 2006); J. V. Fesko, *Justification: Understanding the Classical Reformed Doctrine* (Phillipsburg, New Jersey: P&R, 2008).

元社會和文化中，沒有任何人有權利通過武力的方式消滅宗教上的異端邪說，因為上帝的旨意本來就是讓麥子和稗子一起長大，直等到最後收割的日子。正如筆者恩師瑞慕勒教授所強調的那樣，基督徒生活的關鍵不是消滅異端分子，乃是比那些異端分子活得更有見證和力量。因此，只有上帝知道誰是祂的人，我們不能打著「替天行道」的旗號進行任何形式的宗教逼迫，我們的責任就是自己在美德和善行上要好好地成長。

宗教信仰與三一上帝中心論

宗教信仰是不可避免的，因為宗教信仰是上帝放置在人心中的傾向，內在於人的心中，屬於人的本性。我們信上帝，並不是一種抽象的信心，而是始終在一定系統內的相信，這種系統包括經典與解釋、教會與神職人員、信徒的加入與成長等等。我們信仰的終極對象是獨一創造天地的上帝，但我們在具體的信仰生活中卻會參與不同的宗派或教會。

因此，問題的關鍵不是要不要宗教信仰，而是我們到底應當有怎樣的宗教信仰。即使對於基督教信仰，我們也應當慎之又慎，因為有真正的基督教，就會有魔鬼製造的虛假「山寨版」基督教；然而，即使是真正的基督教，「真正」的成分也各不相同，正如真金的含金量也大不相同一樣。這就是基督教內部存在著許多宗派的自然原因，但上帝允許各個宗派存在，一是讓我們謙卑，不要認為我們是「獨此一家，別無分店」；二是讓我們警醒，不僅要分辨真假，還要對於真教會的純度有所分辨。其實，即使在一個宗派之內，不同的牧者和教會也各有側重。上帝之所以任憑這種現象存在，就是要使我們培養獨立分辨的能力，不為

外在的名堂迷惑，因此，每個人都當透過靈修去親自尋求上帝的光照和帶領。

在宗教信仰的問題上，不可能有機械式一刀切的標準，也不可能有一勞永逸的方案，我們每個人都需要赤裸裸地走向十字架，拷問自己的靈魂，獨自面對我們的上帝。因此，在宗教問題上，國家的蠻力不能解決宗教問題，教會的信條和個人的勸說也無法解決宗教問題，我們只能把宗教問題留給個人的良心。改革宗所強調的這般宗教信仰，迫使每個人都回到自己的孤獨中，並且在此孤獨中尋求上帝，從而奠定本真的個人心靈與上帝的關係。唯獨那些高貴、不怕孤獨的靈魂才能領略改革宗神學那種「高處不勝寒」[18]的境界，也唯獨他們才能享受「不畏浮雲遮望眼，只緣身在最高層」[19]的心靈愉悅。老鷹總是孤獨的，唯獨麻雀才會結隊飛翔。追求洞悉真理的人，要習慣孤獨的思考；只有那些逃避孤獨的人，才會時常跑到人群之中。改革宗信仰所要造就的即是精神貴族，這樣的精神貴族能夠為著理想而義無反顧地投入人群的洪流之中，也能夠在孤獨之地獨自冷靜地舔著自己的傷口，尋求等待唯獨來自上天的幫助和醫治。

三一上帝中心論不僅強調以上帝為中心，並且強調我們所信仰的上帝是三位一體的上帝，因此我們不可以上帝的任一位格為中心。此處我們所強調的是基督教兩大核心教義，一是神本主義，二是三一論。神本主義強調上帝是獨一的上帝，萬有都是本於祂，倚靠祂，歸於祂。世界上各大有神論宗教在本質上都是神

18　蘇軾，〈水調歌頭〉。

19　王安石，《登飛來峰》。

本主義的宗教。三一論乃是基督教與各大有神論宗教的根本性不同之處。三一論所強調的是在本體上獨一的上帝，同時又有三個位格，這三個位格之間乃是同質、同榮、同權的關係。基督徒的靈命就在於聖父上帝的揀選和保守，聖子上帝的救贖和同在，聖靈上帝的內住和更新，這三者是缺一不可的。

　　三一上帝的模式也為我們人與人之間的關係提供了不同但相愛、平等且順服的理想原型。聖父、聖子與聖靈是不同的位格，但他們之間彼此相愛；聖父、聖子與聖靈在本質、權柄和榮耀上都是完全平等的，但卻在世界的創造、救贖和成全中有分工和服從。由此說來，上帝在本體上的統一性並沒有抹煞上帝在位格上的多元性；上帝在位格上的多元性也沒有混亂上帝在本體上的統一性。因此，范泰爾強調：「在上帝身上，統一性和多元性都同樣是終極性的。」[20] 這種三一論對於整個基督教神學、哲學、社會論和聖約論都有著奠基性和規範性的功用。[21]

宗教精神與宗教情懷

　　真正的基督教追求真正的敬虔，而具有真正的宗教精神，就是敬虔。阿奎納強調上帝所啟示的神聖真道在基督徒生活中的作用，因而特別撰述《神學大全》；加爾文則直接撰寫《基督徒敬

20　Cornelius Van Til, *An Introduction to Systematic Theology* (Phillipsburg, New Jersey: Presbyterian and Reformed Publishing Co., 1978), p. 220.

21　See Leonardo Boff, *Trinity and Society* , trans. Paul Burns (Eugene, Oregon: Wipf & Stock Publishers, 1988); R. J. Rushdoony, *The One and the Many: Studies in the Philosophy of Order and Ultimacy* (Vallecito, CA.: Chalcedon/Ross House Books, 1971.

虔學》，他表明所要呈現的不是一個「神學體系，而是關乎敬虔的神學」。[22]

敬虔就是出於對上帝的敬畏和愛戴而甘心樂意地遵守上帝的約法。上帝的約法不僅注重個人心靈與上帝的關係，更是讓我們建立公平的社會和制度。因此，聖經中明確強調：「惟願公平如大水滾滾，使公義如江河滔滔。」這種宗教精神就是先知精神，若喪失了這種先知精神，基督教就會成為被權貴閹割般趨炎附勢、維護既得利益的宗教鷹犬，甚至在上帝眼中成為可憎之物。當然，我們在本書中不僅強調先知精神，也強調祭司精神。祭司的精神就是奉獻的精神，而這種奉獻的精神首先就是將自己奉獻出去以研究和教導上帝的律法。

今日教會強調「人人皆祭司」，這固然是合乎聖經的教訓，但卻很少有人真正研究、傳講上帝的律法，致使教會中無法無天的現象日益盛行。這是我們真正熱愛上帝和真理的人應當深自省察並悔改的部分！作為上帝的子民，基督徒應當積極地投身到上帝所賜的呼召中，以愛主愛人的宗教精神來完成自己在世上的工作。尤其，真正的基督教具有韓愈〈師說〉中所強調的那種「傳道、授業、解惑」的宗教情懷，故此，建制性教會最重要的使命與職責就是傳道，傳道人主要的責任亦是傳道。

傳道人既要傳講上帝公義的律法，也要傳講上帝恩惠的福音。若不傳講上帝的律法，人們就不明白何謂上帝的公義以及人的罪，當然就不會認罪悔改；若不傳講上帝的福音，罪人就沒有

22　Richard A. Muller, *The Unaccommodated Calvin* (New York: Oxford Press, 2000), p. 3.

任何得救的盼望，只能在假冒爲善的宗教修行和道德修養中暫時藏身。「授業」的核心就是門徒訓練，使人確實成爲耶穌基督的門徒，不僅能聽道、行道，也能傳道、護道。「解惑」則當然是通過解釋聖經，爲人們的個人和社會問題提供答案。因此，雅和博經學特別強調「經學」，就是按照正意來解釋聖經。對於傳道人而言，傳道本身就是最偉大的聖工。如果得蒙上帝的呼召傳道，就要自覺地與具體的政治和社會活動保持一定的距離，這樣才能更加超然地傳講上帝的眞道，而不是貿然加入世上的某個黨派，爲一時性的政治和社會訴求所左右。

當然，傳道人和其他基督徒一樣，如果有來自上帝的明確呼召，也可以直接成爲政治家，像大衛一樣成爲國家和人民的牧者，這也是好的。荷蘭改革宗牧師凱柏（Abraham Kuyper）就曾經直接參政，當選爲荷蘭的首相。[23] 但須特別注意在參政的時候，牧者應當辭去教會的牧職，從而確保教會與國家在功用和組織方面的分立。

宗教主體與宗教情結

人人都是宗教人，都是宗教性的主體，所以生來都具有追求宗教的「宗教情結」（religion complex）。由人總是在精神上尋求安身立命之處看來，我們尋求上帝乃是上帝放置在我們心中的傾向。

當然，極端的物質匱乏和身體上的饑餓會使人像動物一樣忙

23　See James E. McGoldrick, *God's Renaissance Man: The Life and Work of Abraham Kuyper* (Darlington, England: Evangelical Press, 2000).

於優先滿足生存的需求。但在基本的生存需要滿足之後，人總是想活得更有意義和尊嚴。即使在物質極其匱乏的時候，甚至面對生死危險的時候，人也有自己的尊嚴和選擇。

宗教情結所注重的即是永生，而永生是每個人都發自內心切慕和追求的。當然，真正的永生絕不是民間宗教所宣傳和崇尚的死後升天堂，而是側重在我們與上帝之間的關係。這就是主耶穌基督所強調的：「認識祢——獨一的真上帝，並且認識祢所差來的耶穌基督，這就是永生。」此處耶穌基督所強調的「永生」顯然不是死後才去的某個地方，而是與上帝在關係上的和好，當然這種和好也體現在與弟兄姊妹彼此相愛的共同生活上。

我們強調情感的作用，尤其是宗教情感的神聖性。情感是人心靈對認知對象的感受，基督徒應當自覺地把個人的情感置於上帝所啓示的真理的規範和約束之下。美國清教徒愛德華茲特別強調真正的敬虔在於愛主愛人的感情，因而特別著述《論基督徒敬虔的情感》。路德宗神學家尼格林（Anders Nygren）著有《兩種愛》（*Agape and Eros*）一書，特別考察基督教關於愛的主張以及這一概念在教會歷史中的發展。天主教神學家希爾德蘭（Dietrich von Hildebrand）亦著有《愛的性質》一書闡明愛的內涵。[24] 我們強調情感的重要性，同時避免不切實際的浪漫主義，強調我們把自己的情感置於上帝的真理和律法之下，從而使情感分別爲聖。因爲情感從來都不是靠獨立運作，始終是和理性的認知與意志的抉擇聯繫在一起。柯林烏即指出：「情感總是和心靈的其他官能活

24　Dietrich von Hildebrand, *The Nature of Love*, trans. John F. Crosby with John Henry Crosby (South Bend, Indiana: St. Augustine's Press, 2009).

動混合在一起。毫無疑問地，宗教是一種情感，或者說更多地涉及到情感；但這種情感不是與其他活動截然分開的。比如說，宗教涉及到我們對上帝的愛。但是，愛上帝必然意味著一方面我們要認識上帝，另一方面則是我們當遵行上帝的旨意。」[25] 因此，我們不能僅僅沉溺在情感或感覺之中，成為在羅曼蒂克和歇斯底里之間反覆發作的「多愁善感之人」。我們當更多地以我們的理性來認識上帝，以我們的意志來歸向上帝，這樣也必然更多地得蒙上帝的賜福，領受祂所賜給我們的喜樂。

對於愛這一主題，亞里士多德沒有說過幾句話。中國儒家所提倡的仁愛注重的則多是人的道德責任，鮮少注重個人心靈的感受。宗教改革時期，因為教會面對內外激烈的、甚至是你死我活的爭戰，愛這一主題也沒有充分地開發出來。但是，在初代教會和中世紀基督教神學中，愛則是一個充分展開的主題。奧古斯丁對愛有精湛的論述，指出只有上帝是我們愛的終極對象，一切受造物都僅是我們用於享受上帝的器皿。[26] 阿奎納在其龐大的體系中更是把愛置於十分顯赫的地位：「每一種對於美德的傾向都是源自於合乎次序的愛，同樣，每一種犯罪的傾向都是源自於次序紊亂的愛。」[27] 阿奎納認為：「所謂趨前接近上帝，不是用身體的腳

25 R. G. Collingwood, *Religion and Philosophy* (London: Macmillan and Co., Limited, 1916), p. 10.

26 See Hannah Arendt, *Love and Saint Augustine*, edited and with an interpretive essay by Joanna Vecchiarelli Scott and Judith Chelius Stark (Chicago & London: The University of Chicago Press, 1996).

27 Thomas Aquinas, *On Evil*, trans. Richard Regan (Oxford: Oxford University Press, 2003), p. 363.

步，因為上帝處處都在，而是用心靈的情感；關於遠離上帝，也是如此。」[28] 伯納德更是把基督徒的生活視為是被上帝的愛引領來愛上帝。[29] 薩勒斯（Francis de Sales，又譯沙雷氏）則用《論上帝的愛》一書來介紹基督徒的生活和靈修。[30]

基督徒當以聖潔、豐富的情感來愛主愛人，否則我們必然陷入個人的邪情私慾中不能自拔。愛是不可遏制的，但關鍵是我們愛什麼。我們的情感會受到罪的污染和扭曲，同時也會受到各種來自人的傷害，所以特別需要得到來自上帝的醫治。而人在情感上最大的兩個問題就是孤獨和懼怕。當初上帝造人的時候便說：「那人獨居不好」。顯然，即使當時亞當還沒有墮落，仍然需要他人的陪伴。可惜，亞當和夏娃的關係因著犯罪而受到了破壞和傷害，於是他們從彼此相愛轉向互相指責。亞當和夏娃所生的前兩個兒子則是更甚一步，該隱因為嫉妒而動手殺死了自己的兄弟亞伯，並且毫無悔改之心（創 4:8-16）。那些殘暴和陰險的暴君更是分而治之，使人人自危，彼此猜疑，無法聯合起來推翻他們的統治。阿倫特分析說：「我們有成千上萬人，都生活在一種絕對孤寂中，這就是無論發生什麼，我們都會屈從的原因。」[31] 大多數人對專制制度的消極服從有其深層的心理原因，主要就是情感上的孤獨。在上帝差派耶穌基督所做的工作中，首要的就是醫治我們

---

28 阿奎納，《神學大全》，1 集 3 題 1 節。

29 See Bernard of Clairvaux: *A Lover Teaching the Way of Love* (Hyde Park, NY.: New City Press, 1997).

30 St. Francis de Sales, *Treatise on the Love of God*, trans. Dom Henry Benedict Mackey (Rockford, Illinois: Tan Books and Publishers, 1997).

31 阿倫特，《極權主義的起源》，頁 564。

受傷的心靈，然後才能宣告我們身體和社會性的自由。

　　當然，上帝不僅拯救我們個人，更使我們進入教會這一聖約的群體，讓我們的感情在與上帝和聖徒的相通相契中得到真正的安慰和歸宿。因此，《使徒信經》告白說：「我信聖靈；我信聖而公之教會；我信聖徒相通。」唯獨聖靈能夠醫治我們個人心靈的創傷，並且聯結我們成為「聖而公之教會」，使我們享有「聖徒相通」，從而幫助我們克服孤寂和懼怕。當然，我們不應幻想我們在這個世界上始終有好心情，關鍵是我們在情緒低谷的時候還要仰望上帝。

心學、治服己心與內聖的工夫

　　心學強調基督徒在靈修生活中治服己心的工夫，這種工夫不是那種一蹴而就的膚淺神祕主義，而是建立在長期不斷的靈修操練基礎上的深刻密契。

　　心學主要面對人的心靈，心靈的主要體現就是心情。因此，心學所要對付和面對的就是人心靈的激情，即是要把心靈中對於那種追求真善美聖的激情，以正確的方式用於正確的對象。在心靈的對象上，我們首先要以上帝為我們人生的首善，否則我們就陷入各種各樣的偶像崇拜之中；其次，在表達的方式上，我們要完全以上帝所啟示的約法為最根本的範式和標準，不可隨意用人的規條、習慣和喜好來取代上帝的約法。因此，心學的核心就是用上帝所啟示的約法來治服己心。我們當以聖潔的生活為衣裳，進入上帝的殿堂，得享上帝的同在，正如大祭司每年進入至聖所朝見上帝一般。

　　這種深刻的神祕主義首先強調的是聖靈在人心靈深處所行的

重生之工，其次強調藉由聖靈澆灌在人心中的恩典而達成的成聖之工。然而，不管是重生之工，還是成聖之工，標準和標記都是上帝的律法，最終的動力都是來自上帝的恩典，這恩典皆是上帝在耶穌基督裡藉由聖靈賜下的，這就使得雅和博經學所提倡的神祕主義，從根本上擺脫了歷代神祕主義中經常出現誇大個人神祕經歷的自欺傾向。雅和博經學對宗教和心靈的強調，使人不再是希臘哲學家亞里士多德所強調的政治性動物，也不再是中國哲人孔孟所強調的道德性動物，當然更不是馬克思所強調的物質性高級動物，而是上帝所創造，具有上帝的形象、獨特的人性和尊嚴的主體之人。

心學不是像儒家那般要把人心上升到絕對、至高主體的地位，而是始終把人視為有限且有罪的人。心學的重點是「以基督耶穌的心為心」，即是在基督裡明白上帝的旨意，在理性上用上帝的旨意來更新自己的心思意念，在意志上使自己的意志更加完全地降服在上帝的旨意之下。如耶穌基督在服事之前於曠野中受魔鬼的試探，及被釘死在十字架前於客西馬尼園中殷切地禱告，甚至汗珠如大血點，祂所勝過的都是心中的軟弱和掙扎，亦即「心腹之寇」。傅格森博士（Sinclair B. Ferguson）談及基督徒對罪的治死時強調：「在基督徒生命中，仍然有一些可以讓撒但運作的基地，即我們有內在的仇敵，我們的心是一個通敵的『內奸』。」[32] 因此，治服己心始終是基督徒分別為聖過程中最大的挑戰。

32　辛克萊・傅格森，《磐石之上：掌握救恩要義，穩健屬靈生命》，
　　Virginia Yip 譯（臺北：改革宗出版有限公司，2008 年），頁 220。

　　我們要在這個彎曲悖謬的時代事奉上帝，傳揚真理，必須經過艱苦卓絕的心靈操練，天天殺賊滅寇，向罪而死，向義而活；在面對人生的重大挑戰和抉擇的時候，我們也必須透過靈修，在心靈中尋求上帝的印證和恩典，首先勝過自己心中的疑惑和懼怕之賊，然後勇敢地走向世界，成就一番聖徒與英雄的偉業。

　　上帝形象的核心標記是聖潔，而基督徒內聖工夫的核心則是追求聖潔。因此，心學強調個人是宗教主體，當對上帝及其聖約忠誠不二，且人人都當成為真正的信者。心學首先強調的是盡心、盡性、盡意、盡力愛上帝；其次就是愛人如己。基督徒的核心並不是在理性上相信一整套教義，而是在心靈中真正經歷上帝的同在和大愛；沒有心靈的經歷，頭腦的知識只能使我們自高自大、自取滅亡。因此，我們在心學部分，特別強調如何透過靈修來經歷上帝，攻克己身並治服己心。在心學部分，我們強調信心和靈修的重要性，旗幟鮮明地反對教會內外盛行的各種理性主義傾向。我們繼承安瑟倫（Anselm of Canterbury）所強調的「信心尋求理解」這種以信求知的傳統，強調信心與理性都是人心靈中內在的傾向和功能，二者並不矛盾，因為真正的信心尋求認識信心的對象和內容，真正的認識也必然堅固我們的信心。

　　同時，我們強調透過默想和靜觀來更深刻地進入、經歷在基督裡與上帝的聯合。「默想」強調的是個人在理性上對上帝的尋求；「靜觀」強調的則是阿奎納所闡明的「對真理的凝視」。[33] 這種

33　Thomas Aquinas, *Summa Theologica*, trans. *Fathers of the English Dominican Province* (Westminster, Maryland: Christian Classics, 1948, IIa IIae, p. 180.

對眞理的凝視乃是爲眞理而眞理、爲上帝而上帝。按照斯卡拉美利（Giovanni Battista Scaramelli）所言，這種靜觀就是在個人心靈深處對於同在的上帝的經歷性認識。[34] 因此，靜觀的核心就是對上帝存有與同在的經歷性認識。靜觀的精義就是：「在上帝恩典的幫助和光照之下，以殷勤、關愛之心仰望理性已知、已解的神聖眞理。」[35] 這種靜觀並不排除理性的思考，且同時又高於理性的思考。

重建基督教的靈統與傳統

靈統的綜合性標記就是耶穌基督在登山寶訓中所教導的「蒙恩標記」。這一標記強調聖靈在人心中做工的首要標記就是心靈的美德，這也是耶穌基督的門徒必須具有的內在生命資質。但是，眞正基督徒的標記和生活絕不是停留在我們個人內在生命的體驗中，而是裝備我們積極地走向世界和未來。因此，外在的善行也是基督徒的重要標記，這些善行是基督徒進入上帝愛子光明的國度必有的事奉和功用。當然，密契神學最容易讓人走火入魔的就是轉向個人的感覺和體驗，以致於陷在自我感覺良好中不能自拔。所以，耶穌基督明確指出，不管是內在的美德，還是外在的善行，最終判斷的標準皆是上帝所啓示律法。對於上帝所啓示律法的強調，使雅和博經學在靈修與密契上擺脫了主觀主義的膚淺和神祕主義的空玄。

雅和博經學所強調的傳統標記就是「天國鑰匙」。天國的鑰

34　See Jordan Aumann, *Christian Spirituality in the Catholic Tradition*, p. 247.

35　See *Catholic Encyclopedia*, http://www.newadvent.org/cathen/04329a.htm.

匙就是知識的鑰匙，就是按照正意解釋聖經並做出判斷的權柄。我們把傳統與天國的鑰匙聯繫起來，目的就在於突出正意解經的重要性。按照正意解經絕不是根據個人的研究和揣摩來解釋聖經，而是明確地以教會所通過的信經信條為正意解經的規範，在聖經文本和時代處境之間架設橋樑，透過聖靈的引領和光照，能夠得到「以不變應萬變」的智慧。我們在靈統方面所強調的是基督徒生命的改變，在傳統方面強調的是真理的歷史性傳遞，特別是在解經的體系上。我們在心學部分既強調靈統，就是聖靈在人心靈深處的工作，及由此而生發的生命傳遞；也強調傳統，就是人與人之間真理和生命的傳遞，這種傳遞也是在聖靈的光照和保守之下進行的。靈統和傳統匯合在一起，就形成我們所說的「靈傳」，生命和真理的傳遞最終是聖靈在人心靈中的工作，如此便將聖靈的工作從外在的神蹟奇事轉向內在生命的轉變和更新。

「靈統」所強調的是聖靈做工的真正標記。當教會在教義神學和治理體系上走向認信和整全的時候，我們更要重視基督教的靈統，否則我們便會僅僅停留在表面的規條和制度上，但卻喪失了對靈命的強調，也不再強調基督徒本質上就是耶穌基督的門徒，如此，則我們的改革宗神學就只不過是徒具形式。所以我們不僅要尊耶穌基督為我們的救主，也要以耶穌基督為我們的師尊，因為我們喪失了來自聖靈的內在工作。正如潘霍華（Dietrich Bonhoeffer）所強調的那樣：「沒有永生的基督的基督教必然會成為沒有作門徒的基督教，而沒有作門徒的基督教必然是沒有基督的基督教。」[36]

36　迪特里希・朋霍費爾，《作門徒的代價》，安希孟譯（成都：四川人民出版社，2000年），頁48。

　　當然，我們也要注意純粹「屬靈」的危險性，千萬不要把基督徒的生活變得玄之又玄，不切實際，無法把握。在此方面，我們必須回到耶穌基督登山寶訓的內在順序，祂首先強調的就是基督徒內在的美德。這些內在美德既是聖靈在人心中做工的標記，也是耶穌基督門徒的真正資質，同時更是基督門徒內在生命操練的指南。這八福上接並成全上帝當初賜給亞伯拉罕的福分，使這些福分與上帝的國度聯繫在一起，恰恰回應了上帝放在人心中對幸福的渴慕和追求。八福教導我們，上帝呼召我們的終極目的就是讓我們承受上帝的國度，享受永遠的生命，並與上帝的性情有分，成為上帝的兒女，在上帝的大愛中得到安息。[37] 接著，耶穌談及真正的基督徒必然在社會上發揮的功用，即是「地上的鹽」、「世上的光」、「山上的城」和「燈檯上的燈」的功用。最後耶穌基督強調，不管是衡量美德，還是評價善行，基督徒都當以上帝律法為終極標準。對內在美德、外在善行和上帝律法的強調，使得基督教成為真正合乎上帝心意的屬靈宗教。因此，雅和博經學所強調的靈統不僅注重聖靈在個人心中內在的工作，也注重真正重生之人所要參與的國度性事工，而把這種內在生命和國度事工聯結在一起，並且不斷傳遞下去的紐帶就是：遵行上帝的諸般誡命，並且教導他人遵行。因著對美德、善行和律法的強調，基督教成為心靈性、道德性、行動性、法理性與實證性相結合的高級宗教。

　　「傳統」是指基督教真理在傳遞過程中所樹立的標記性文件，也就是基督教真理在歷史過程中透過文本進行的傳承。我們

37　See *Catechism of the Catholic Church*, pp. 424-430.

以耶穌基督所強調的「天國鑰匙」這段經文為基督徒傳統的標記。在這段經文中，人們對於耶穌基督是誰眾說紛紜，但是彼得強調「你是基督，是永生神的兒子。」於是耶穌基督把「天國的鑰匙」賜給了彼得，當然耶穌基督也把這種捆綁與釋放的權柄賜給了其他門徒。加爾文強調這一鑰匙的關鍵就是「唯獨指向話語的事奉」。[38]《海德堡教理問答》八十三問對「天國的鑰匙」是如此界定的：「就是聖潔福音的宣講和教會的懲戒（即逐出基督教會）；藉此二者，天國向信者開放，向不信者關閉。」此處「天國的鑰匙」所指的就是按照正意解釋聖經並且做出判斷的權柄，特別是指解釋上帝的律法，並且根據上帝的律法對於具體的人和事做出判斷。[39]這種歷史性的傳統要求我們不斷歸回聖經，同時訪問古道，考察歷代大公教會先聖先賢在解經方面的亮光。

　　假若拋開歷史傳統，我們就是得了歷史失憶症，即忘記自身和信仰的來龍去脈。因此，我們在心學部分所強調的密契既注重心靈內在的美德，也注重歷史性的傳承，這就使得我們從根本上擺脫了那種使得基督教走向玄之又玄的神祕主義的錯誤傾向，也擺脫了那種枉顧歷史和正傳、極端高舉個人主張的個人主義傾向。托克維爾分析說，不管是一個社會，還是單獨一人，「都不能缺失教條性信仰。如果每個人都要去親自證明他們每天利用到的真理，那麼他們的求證工作將永遠沒有盡頭，或者因為要求證先遇到的真理而累得筋疲力盡，導致無法繼續求證後面遇到的真

38　加爾文，《敬虔生活原理》，王志勇譯（北京：三聯書店，2012 年），頁 193。

39　參考王志勇，《中國改革與清教徒精神》（臺北：基文社，2012年），頁 283-289。

理。人生非常短暫，一個人不僅沒有時間那麼做，而且由於智力有限，也根本沒有能力那麼做。所以，他還是不得不相信很多他沒有時間和能力去親自考察和驗證，但是早就已經被高明人士發現或者被大眾普遍認可的事實和眞理。他只能在這個初始的基礎上，去建造自己的思想大廈。」[40] 托克維爾對歷史和信條的重視，不過是一種常識，可惜錯誤神學已經使得今日許多基督徒喪失了這樣的常識！在雅和博經學中，我們強調「天國的鑰匙」。這種「天國的鑰匙」具有歷史性和客觀性，這就是說我們在解釋聖經的時候不能按照自己的私意解釋，必須以教會所認可的正統教義爲規範。因爲這些正統教義集中體現在成文的信經信條之中，是不受任何個人的意志和感覺而轉移的，所以具有客觀性。因此，不尊重和不領受教會的正傳，我們不僅在認知上犯了極其可怕的幼稚病和自大症，而且在後果上還會因爲我們個人的私意解經而給自己和他人帶來巨大的混亂和傷害。

在雅和博經學中，我們對靈統的強調，使得我們把基督徒生命的根基直接歸回到聖靈和心靈，這種聖靈內住與光照所帶來的神祕，以及心靈直觀和默想所帶來的領悟，爲基督徒思想和生命的發展提供了無限的空間。我們對傳統的強調，使我們把基督徒生命的實現直接歸回到教會的權威和正傳，這種教會的權威對個人解經的約束，以及教會的正傳對個人發揮的引領，爲基督徒思想和生命的發展提供了明確的保障。最爲直觀和神祕的靈通，與最爲客觀和具體的傳統，就這樣在雅和博經學中奇妙地組合在一起。

---

40 托克維爾，《論美國的民主》，頁 315。

　　我們在靈統部分強調內在生命更新，在傳統方面則強調正意解經的傳承。內在生命的更新的關鍵在於聖靈的感動和開啓，所以我們需要發自內心地認信「我信聖靈」；正意解經的傳承根本則在於教會與聖徒的傳遞，所以我們需要發自內心地認信「我信聖而公之教會，我信聖徒相通」。對靈統和傳統的強調使得基督徒的生命既有內在的根基，也有歷史性的印證和保障。由此我們就能得到兩方面的發展：一是向心靈深處的發展，就是不斷從內住的聖靈領受光照，到那活水的江河中得到更新，使基督徒在心靈的美德上不斷成長；二是在歷史基礎上的發展，就是領受先聖先賢的教訓，承先啓後，使得基督教不斷反省過去，立足現實，走向未來。談及這種對傳統的領受，托克維爾的分析非常現實，亦非常簡潔，他說：「世界上的任何一位偉大的哲學家都是通過認可別人的論斷而認識許多事物，並且接受不是他本人發現的大量真理的。這不僅是必然的，而且也是他所期望的。任何事都只倚靠自己去認識的人，用於每件事上的時間和精力都必然是有限的。這樣的方式會使他的精神處於一種永無休止的忙亂狀態，導致他不能夠深入研究任何一項真理和堅定不移地認可任何一項確定的事實。雖然他的智力活動完全獨立了，但卻是軟弱無力的。因此，首先要做的就是對人們議論的各種事務進行一次篩選，並不加論證地接受早已存在的大多數信仰，然後再擇優選擇有必要留待考察的少數問題進行深入研究。」[41] 劉軍寧博士在談及傳統的時候強調：「沒有自由的傳統，就沒有英國的保守主義；不保守

41　托克維爾，《論美國的民主》，頁 315-316。

『自由』，保守就不能成爲一種主義。」[42] 對於基督教正統神學而言也是如此，我們固然以聖經爲我們基督徒信仰和生活的最高標準，但在聖經的解釋上我們要確實尊重教會的傳統。傳統絕不是可有可無，而是不可避免的。我們若不接受教會中明確可靠的傳統，就會暗地裡樹立自己私下的傳統。

只有強調這種靈統，強調聖靈在人心中的工作，我們才能正確分辨到底自己是否眞正得救，並幫助別人分辨是否有眞正蒙恩得救的標記。只有強調傳統，我們才能不僅避免重蹈覆轍，並且可以「前人栽樹，後人乘涼」般地繼續前進。沒有活潑的靈統，傳統就會墮落爲面目可憎的死傳統；沒有正確的傳統，靈統就會蛻變爲玄之又玄、甚至成爲佛教禪宗式的「不立文字，教外別傳」的神祕主義。

靈統與傳統的方法論

雅和博經學注重靈統和傳統，就是強調聖靈在個人心中的引領，同時也強調聖靈對於歷代教會和聖徒的引領。前者爲人提供內在的印證，後者爲人提供外在的規範。沒有聖靈內在的工作，任何人都不能眞正認識上帝，明白聖經和自身。沒有傳統的約束和規範，我們對於聖經就沒有合乎正意的解釋，對於聖靈的工作我們也無法判斷。因此，在心學部分，我們在方法論上強調五大方面：

1. **心靈論：**首先我們強調心靈的重要性。心靈就是人內在

---

42 劉軍寧，《保守主義》，（北京：東方出版社，2014 年）第三版，頁8。

的主體性，人的心靈是位格之間交通和團契的主體，具有認知、愛憎與抉擇的功用。根據聖經啟示和改革宗神學正傳，當我們談及人的心靈時，必須從歷史和實存的角度談及人的心靈所處的狀態。當初亞當和夏娃還沒有墮落的時候，人的心靈處於「純正狀態」，這時候人的意志既可以選擇遵行上帝的律法為善，也可以選擇違背上帝的律法行惡。在亞當和夏娃墮落之後，人的心靈則處於「墮落狀態」，在這種狀態中，人雖在理性上知道上帝的存在及其律法的刑罰，但人的意志仍然故意違背上帝的律法。第三種狀態就是「重生狀態」，在這種狀態下，人的意志已經得到聖靈的更新，但仍有殘餘的敗壞影響，因此人的意志既可以為善，也可以為惡。第四種狀態就是「得榮狀態」，在這種狀態下，人的心靈就像那些得蒙保守的天使一樣，甘心樂意地為善，永遠不會墮落。這種心靈狀態論使得我們不再抽象地看待人性，而是把人性放在具體的歷史處境中，並且從個人心靈的實際狀況來理解人。

2. **聖靈論**：聖靈在基督徒的重生和成聖過程中發揮至關重要的作用。可惜目前教會內因為各種極端靈恩派的攪擾，很多人反倒不敢講聖靈了！我們在心學部分特別強調聖靈的工作，因為唯獨透過聖靈在我們心中的工作，聖父上帝的揀選和聖子上帝的救贖才能落實到我們身上。我們尤其能辨別聖靈的重生和成聖之工。首先是生命的恩賜，聖靈最重要的恩賜就是賜給我們新生命，使我們這些死在過犯罪惡中的人能夠出死入生。這種生命的恩賜集中體現於「悔改的心和赦罪的恩給以色列人」。其次就是美德的恩賜，既包括信、望、愛三德，也包括其他方面的美德。這些美德乃是聖靈在人心中做工的標記，當然也是人得到悔改和

赦罪之恩的標記。沒有這樣的標記，我們的信仰就是自欺欺人。再其次就是職分的恩賜和能力的恩賜。然而，有職分和能力的恩賜，不一定就是重生得救的人，並且上帝賜給每個人都有一定的職分和恩賜。此外，非常重要的是，任何人都千萬不要妄稱自己有來自聖靈的行神蹟恩賜，比如醫病、趕鬼等。因為這些恩賜都是聖靈按自己的意思分給各人的，「這一切都是這位聖靈所運行、隨己意分給各人的」；同時，聖靈也完全按照自己的恩賜隨時收回，任何人都無權「霸佔」真正來自聖靈的恩賜。因此，我們在心學部分強調聖靈在人心中的工作。

3. **內證論：**對於真正重生的人而言，必有聖靈住在我們的心中。我們的身體是聖靈的殿堂，而我們的心靈則是至聖所。加爾文指出：「那些想用理性的辯論說服人確信聖經的人是本末倒置的。」「因為唯有上帝才能合宜地見證祂的話語。同樣，除非聖靈的內證在人心裡引證，否則人的心中就不會接受上帝的聖言。」[43]「我們必須牢記：那些內心得蒙聖靈教導的人都會真誠地倚靠聖經，而聖經確實是自證的，因此把聖經置於證明和推理之下是錯誤的。我們應當確信聖經的教導，而這確信是通過聖靈的見證而得到的。因為即使我們因為聖經自身的威嚴而敬畏它，也只有等我們的心靈得蒙聖靈的印證的時候，聖經才能真正影響到我們。因此，在聖靈的大能的光照下，我們相信聖經來自上帝並不是因為我們自己的判斷，也不是因為他人的判斷，而是高於一切人的判斷，我們確信（正如我們矚目上帝的威嚴那樣）聖經是從上帝的口通過人的事工而流傳給我們的。我們不尋求證明，也

43　加爾文，《基督徒敬虔學》，1 卷 7 章 4 節。

不尋求任何真實性的印記，好讓我們的判斷有所憑依；而是把我們的判斷和聰明降服在聖經之下，聖經是遠遠超過任何人的測度的！」[44] 可見。加爾文在護教學上並不贊同理性證明的方式，他所傾向的是聖靈的光照和見證。

4. **相通論**：宗教改革所注重的就是教義，但卻忽略了聖徒的相通相愛，帶來的弊病之一就是在教義上爭執不休，甚至大動干戈，互相屠殺，使歐洲各地普遍陷入宗教戰爭的烈火之中，從根本上動搖了基督教在社會上的影響，使得高舉人類理性的啟蒙運動開始大行其道。毫無疑問地，沒有以身作則的聖徒，不管教義如何純正，也不過是僵死的教條；並且我們之所以注重純正的教義，絕不是為教義而教義，而是盼望透過上帝所啟示的真理來塑造人的品格，使其確實成為地上的鹽和世上的光。故此，雅和博經學撥亂反正，再次歸回大公教會的正傳，強調「我信聖徒相通」！真正在耶穌基督裡成聖的聖徒不僅是上帝賜給這個世界的最大福分，也是基督徒所當寶貴和珍惜的。我們之所以把聖徒相通提升到至關重要的地位，一是因為這是聖經中的強調；二是因為這是大公教會的傳承；第三，我們是為了針對中國社會中特別盛行的魔鬼「分而治之」的伎倆，而更加強調基督徒之間合一的重要性。因此，雖然我們強調改革宗信仰和長老制治理是最合乎聖經的神學體系和治理模式，但我們對於其他基督教宗派的神學體系和治理模式也給予充分的理解、認可和尊重，因為我們沒有任何一個人和宗派能夠在解釋和應用上窮盡聖經真理。如此，我們改革宗教會在上帝的眾教會中所扮演的便不是論斷、裁判的

44　加爾文，《基督徒敬虔學》，1 卷 7 章 5 節。

角色，而是自覺謙卑地成為衆教會的僕人。否則，若我們自詡正統，四處論斷，就會成為神人共憤的「殺人宗」，這無疑中了魔鬼的詭計！因此，我們越是明白眞理，就越要有謙卑之心，不可自高自大；越是明白眞理，就越要有愛主愛人之心，不可到處拆毀。我們強調聖徒相通，這樣教會才能發揮「弟兄相愛撼山河」的效應。面對紛亂的世界，面對中國文化中強大的敵對因素，我們必須精誠團結，彼此相愛。

5. **光照論**：奧古斯丁在《論教師》中強調：「語言符號不能教我們什麼，我們所以知道某物是因為神聖光照。」這種光照是指心靈對認識對象的直接把握。世界上沒有光明，就沒有光明與黑暗之分，也就沒有晝夜之分，那麼這個世界就仍然處於一開始那種「地是空虛混沌，淵面黑暗」的狀態。同樣，沒有上帝的光照，我們也不能認識上帝和世界。因此，奧古斯丁強調：「我之所以認識我自己，是因為祢光照我。」[45] 在上帝的光照方面，我們首先承認上帝的聖言就是上帝賜給我們的外在之光；其次就是來自上帝的內在光照，聖經上稱之為「開心竅」：「於是耶穌開他們的心竅，使他們能明白聖經」。另外，呂底亞的信仰經歷也是因為得蒙上帝的特別光照：「她聽見了，主就開導她的心，叫她留心聽保羅所講的話。」由此可知，在光照的程度上，不僅我們所得到的知識內容來自上帝的光照，對這種知識的確定性也是來自上帝的光照。[46] 如今，光照歷代聖徒的上帝仍然在光照我

---

45 奧古斯丁，《懺悔錄》，10 卷 5 章。

46 參考周偉馳，《記憶與光照：奧古斯丁神哲學研究》（北京：社會科學文獻出版社，2001 年）。

們，因此，我們既要遵照歷代聖徒從上帝的光照所得到的智慧，同時也要殷勤地針對我們自己的具體處境不斷地尋求上帝新的光照。

基督教靈統五要點

我們在靈統部分首先從蒙恩標記談起，注重聖靈在人心靈中所從事使我們悔改並且得蒙赦罪的工作；然後談及對上帝所設立各種賜恩之道的使用，強調我們在日常生活中當分別爲聖；中間我們將談及約法福音，使人始終在聖約的框架內理解律法與福音的和諧；最後則是落實到內聖外王和靈修三路的強調。

1. **蒙恩標記**：蒙恩標記的核心就是聖潔，聖潔是聖靈在人心中做工的核心標記。改革宗神學強調罪人得救完全且唯獨是靠上帝的恩典，這恩典是在耶穌基督裡透過聖靈而賜下的。但是，人最大的問題就是自欺。因此，耶穌基督在「登山寶訓」中最後發出這樣的警戒。蒙恩標記是幫人省察自己信仰的工具，從而使人確知自己已經悔改得救。雅和博經學把蒙恩標記與「得救的確信」這一教義聯繫，[47] 強調得救之人所具有的信德在本質上是一樣的，並且所有得救之人都是完全賴恩得救、因信稱義。如此，便對那些在自己是否已經得救這一問題上有省察並且有確信的人大有安慰。蒙恩標記體現在很多方面，在聖經啓示中，最簡潔的蒙恩標記就是「惟喜愛耶和華的律法，晝夜思想，這人便爲有福」；其次就是「愛我、守我誡命的，我必向他們發慈愛，直到千代」；

47　See Joel R. Beeke, *The Quest for Full Assurance: The Legacy of Calvin and His Successors* (Edinburgh: The Banner of Truth Trust, 1999).

第三就是《加拉太書》所描述的聖靈所結的果子；第四就是《馬太福音》中的「蒙恩標記」，這段經文既強調個人內在的美德，也強調個人外在的善行，最後更是強調衡量美德與善行的唯一標準就是上帝的誡命；第五就是整卷《約翰一書》，這卷書從多個方面談及基督徒如何知道自己確實已經蒙恩得救，重點仍然是《申命記》中所強調的「愛我、守我誡命」的模式。因此，蒙恩標記的核心就是把愛慕上帝和遵守上帝的誡命結合在一起。而愛慕上帝是我們最根本的內在的蒙恩標記，遵守上帝的誡命則是外在的蒙恩標記。我們在蒙恩標記上，不僅強調個人內在的美德，也強調個人外在的善行，這就使得我們個人的主體敬仰與上帝的客觀標準完美地結合在一起。

2. **賜恩之道**：賜恩之道就是上帝所設立藉以將救恩賜給我們的各種工具和途徑。清教徒最起碼強調十七個方面的敬虔之道：（1）講道——鼓勵牧者致力於以上帝的聖言為焦點的教義性、經歷性和救靈性的講道；（2）讀經——人人都當閱讀、考察聖經；（3）默想——默想聖經真理和我們的本分；（4）禱告——常常祈禱，懇切祈求；（5）聖徒相通——與聖徒交流特別是透過家庭聚會和靈命團契；（6）悔改——要持續不斷地悔改；（7）每日靈修——透過每日靈修、善用賜恩之道來培養內在的敬虔；（8）唱頌——唱頌《詩篇》；（9）聖禮——善用聖餐；（10）律法——出於感恩之心順服上帝的十誡；（11）教會——強調不可見的教會勝於可見的教會；（12）家庭——保持家庭敬拜；（13）教理問答——用教理問答的方式培訓平信徒；（14）出版——出版牧師講章和其他造就聖徒的作品；（15）神學教育——強調對教牧人員的神學教育；（16）安息日——守安息日，把整天都奉獻給

上帝：（17）日記——寫日記，記錄自己的靈命歷程。[48] 雅和博經學對賜恩之道的強調使得基督徒能夠明確地知道在個人和群體層面當怎樣行才能分別為聖，這就從根本上為基督徒的成聖指明了標準和出路。

3. 約法福音：雅和博經學的一大特色就是在聖約框架內強調律法和福音的平衡。聖約是為國度服務的，聖約本身就是國度的憲章。加爾文指出：「上帝和祂的僕人們常立的約乃是：『**我要作你們的上帝，你們要作我的子民**』。按照先知普遍性的解釋，上面的話語包含生命、拯救與完全的幸福。」[49] 縱觀整個聖經，上帝與選民所立的不變之約就是：「我要作你們的神，你們要作我的子民」。「我要作你們的神」，這是福音的精義，透過耶穌基督的救贖，使上帝成為我們的上帝；「你們要作我的子民」，這是律法的精義，在基督裡的人當甘心樂意地遵行上帝的律法。這一貫穿整本聖經的聖約模式，所界定的就是上帝與選民、君王與子民之間的關係。在這一聖約框架之內，福音和律法的關係得到了完美的平衡。當然，在罪人稱義的問題上，我們要牢牢地把握住：罪人稱義絕不是因為自己遵行上帝的律法，因為沒有任何罪人能夠完全遵守上帝的律法；罪人稱義乃是唯獨因著聖父揀選的恩典，唯獨因著耶穌基督救贖的人工，且唯獨因著聖靈成全的大能。在稱義方面，我們要無限地高舉福音，旗幟鮮明地排除律法——即個人無法藉由遵行上帝的律法而稱義；在稱義之外，我

---

48 Joel R. Beeke & Mark Jones, *A Puritan Theology: Doctrine for Life*, p. 849.

49 加爾文，《基督教要義》，1 卷 10 章 8 節。

們要無限地高舉律法，毫不含糊地強調律法——即個人當以感恩之心遵行上帝的律法。這是馬丁・路德（Martin Luther）和約翰・加爾文共同強調的教訓。[50] 因此，真正認識上帝，認識耶穌基督，認識上帝的國度和公義，關鍵是要由聖靈來開我們的心竅。從形式來看，要認識上帝的國度，我們首先必須從聖約的角度來觀察，正如認識一個國家，首先必須考察這個國家的憲法一樣。雅和博經學對約法福音的強調，使得基督徒在一個綜合性的框架中既注重對聖潔的追求，同時又避免了律法主義和反律主義兩大異端的傾向。

4. **內聖外王**：內聖外王是中國儒家的道德理想。可惜，罪人靠自己的修行，既不能內聖，也不能外王。「內聖外王」之說最早出現在莊子的作品中：「是故內聖外王之道，暗而不明，鬱而不發，天下之人各為其所欲焉，以自為方。」[51] 這種主張也被儒家所繼承，「內聖」主要是指個人修養，強調聖人之德；「外王」則是政治主張，強調王者之政。可惜，這種崇高的道德理想因為缺乏上帝的救贖和制度的保障，在中國幾千年歷史中始終沒有得到實現，經常出現的局面總是「內聖不外王，外王不內聖」！然而，對於基督徒而言，上帝的救贖已經在本質或地位上使我們內聖外王，就是歸上帝為聖，並且重新奪回治理全地的權柄和使命。但是，我們仍然需要在生活中分別為聖，不斷治死老我，活出新我，如此我們才能夠在內在的美德上不斷長進，同時在外在的善

---

50 See Edward Fisher, *The Marrow of Modern Divinity*, with notes by Thomas Boston (Edinburgh, 1726), p. 166.

51 《莊子・天下第三十三》。

行上勇猛精進。內聖所代表的是基督徒內在生命修養的深度，外王所代表的則是基督徒在社會上當透過善行而發揮的功用。雅和博經學對內聖外王的強調從根本上打通了西方基督教正傳與優秀中國傳統文化的壁壘，從而使得基督徒的成聖能夠在具體的文化中展開，同時也爲儒家眞正成就內聖外王的理想指明了方向。

　　5. **靈修三路**：在靈修模式上，我們強調基督教靈修傳統所強調的靈修三路：（1）煉路——強調對欲望的淨化，煉淨自己，避免犯罪，這一階段主要是對付自己的邪情私慾，特別是基督教傳統中所說的七大死罪；（2）明路——強調理性得蒙上帝的光照，明白上帝的旨意和事理，並且在生活中躬行遵守，積極行善；這一階段強調研讀聖經，聽受先聖先賢的教訓，效法他們的腳蹤，在美德上不斷長進，特別是基督教傳統所強調的七大美德（三大聖德：信德、望德、愛德；四樞德：明智、公正、勇敢、節制）；（3）合路——強調與上帝的圓融合一，捨棄自己，愛主愛人，時時以上帝爲樂，又完全以上帝爲樂。[52] 只有經過煉路和明路兩大階段的預備，基督徒才能夠進入直接與上帝相交合一的密契階段。狹義上的密契神學通常只是處理合路階段，而把煉路和明路兩大階段歸到德修神學的範圍。實際上，這三個階段或三種境界是交叉進行的。只有經過堅持不懈的努力，不斷地學習奮鬥，祈求上帝的恩典，深切地盼望與上帝合一，才能逐漸地煉淨罪惡，培養美德，明白上帝的道路，逐漸走向與上帝合一的境地，

52　參考葛羅謝爾，《煉淨、光明、合一：靈性成長的心理學》，張令嘉、沈映志譯（臺北：光啓文化事業，2006 年）。

越來越自覺地否定自己，並背起自己的十字架來跟隨主。[53] 雅和博經學在方法論上把靈統最終落實在靈修上，並且在靈修中把個人的心靈境界與日常生活結合在一起，強調基督徒當在平凡的生活中享受上帝的同在和密契，從而使得基督教從生命之道變成眞正的生活之道。

基督教傳統五要點

雅和博經學的傳統強調大公教會解經的正傳，這種正傳以信經和信條爲標記。這些信經和信條主要界定的就是上帝、世界與個人三大要素在歷史中的結合，而把這三大要素貫穿在一起的就是上帝的聖約和律法。

1. **上帝論：**上帝永遠是上帝，唯獨他是萬有的創造者，與受造物之間有著本體上不可逾越的距離。罪人最大的狂妄就是自己要在本體和認知上變得和上帝一樣，或者把至高無上的上帝變得和自己與其他受造物一樣。我們強調效法上帝，就是效法耶穌基督，也就是遵行上帝的律法。我們亦強調唯獨耶穌基督是上帝與罪人之間獨一的中保，強調唯獨那些在基督裡甘心樂意遵守上帝律法的人，才是眞正被聖靈更新的人。故此，我們對上帝的認識是來自聖靈在心靈中的光照。當然，我們所說的上帝論必然包括三一論和耶穌基督的神人二性論。雅和博經學始終是以聖經啓示、《使徒信經》所概括的三一上帝爲首要的考量。

53　See Reginald Garrigou-Lagrange, *The Three Ages of the Interior Life*, trans. M. Timothea Doyle (Rockford, Illinois: Tan Books and Publishers, 1989), 2 vols.

2.**世界論**：這個世界是上帝所創造的世界，本身是好的。上帝創造這個世界是要彰顯他的榮耀。這個世界仍然處於上帝大能、智慧、聖潔的護理之下，祂根據人對其聖約和律法的順服而用大自然來回應人。當我們來到這個世界上，世界及其法則已經存在，所以我們的使命就是認識這個世界和其中的法則。只有這樣，我們才能夠有效地發揮上帝賜給我們先知、祭司與君王的職分，在這個世界擔任上帝百般恩賜的好管家。並且，我們對世界的責任來自我們心靈在上帝面前的承擔。因此，在解經上，雅和博經學旗幟鮮明地反對各種否定、逃避世界與歷史的傾向，強調這是天父世界，我們是上帝所託付管理這個世界的管家。我們不應當擔心將來到哪裡去，因為耶穌基督已經在天上為我們預備地方。我們反而應當恐懼戰兢地在這個世界順服上帝的誡命，完成上帝的使命，活出豐盛的生命。

3.**聖約論**：上帝創造人之後就與人立約，吩咐人完全按照他的旨意來治理全地。聖約乃是上帝所啟示界定祂與人之間關係的基本框架。聖約論為我們提供了貫通上帝、個人與世界的基本框架和標準。聖約是上帝國度的章程，律法是上帝與我們立約的標準。我們先求上帝的國度和公義，就是我們順服上帝；而順服上帝，就是順服上帝的聖約；順服上帝的聖約，就是順服上帝的律法。上帝的聖約為我們認識上帝、治理全地提供了基本上客觀的框架和藍圖。上帝與我們設立聖約的極致就是聖靈的內住，使得我們的身體成為聖靈的殿堂，我們的心靈成為至聖所，其中主要擺放的就是上帝的約櫃，約櫃中所放置的就是上帝的律法，但這律法不再是刻在石版上，而是刻在我們的心版上。在解經上，雅和博經學始終自覺地以聖經啟示、《西敏斯特信條》所概括的聖

約神學為基本框架，且自覺地從聖約的角度思考個人、家庭、教會和國家的制度與興衰。

4. **律法論**：上帝是全世界的立法者，祂在自然界中設定自然法則，在人類社會中設立道德法則，在人的心靈中設立精神法則，這精神法則就是上帝刻在我們心中的道德法則。所有受造物都處於上帝的律法之下，但人在是否遵守上帝的道德法則上具有一定的自由性。因此，人的本質在於上帝所賜給人意志的自由，這種自由體現在人生意義的抉擇上，我們可以選擇榮耀上帝，順服上帝及上帝的約法，以此為我們人生的目的和意義；也可以選擇以自我為中心，順從我們個人的私慾，最終成為魔鬼的工具和僕人。如果我們所選擇的人生意義就是榮耀上帝，以祂為樂，我們就當自覺自願地遵行上帝的律法，因為上帝的律法就是上帝賜給我們榮耀祂、以祂為樂的蒙恩之道。律法的極致就是聖靈把上帝的律法刻在我們的心中，使得我們甘心樂意、無怨無悔地謹守遵行。在解經上，雅和博經學始終高舉上帝的律法，以上帝所啟示的律法為判斷善惡的基本標準。

5. **個體論**：人具有上帝的形象，上帝已經把祂的律法刻在我們的心版上，我們愛上帝，遵守上帝的誡命，乃是合乎人性、理所當然的。人的墮落是因為濫用自己的自由意志，而人的得救完全是因著上帝的恩典。我們要知道在這個世界認識上帝，認識上帝所差來的耶穌基督，並且忠心地完成上帝所賜治理全地的使命，在現實生活中以上帝為樂，這乃是人生的使命。雅和博經學強調透過聖靈的內住和工作，基督徒將明確地達成中國傳統儒家所模模糊糊地嚮往並追求的「天道性命通而為一」的圓滿境界。[54] 在解經上，雅和博經學始終關注個人的尊嚴和幸福，強調

家庭、教會和國家的發展都當以成全個人爲目的。阿拉維（Ali A. Allawi）在分析伊斯蘭教文明危機的時候也指出，「所有文明都要在個人和群體、今世和來世之間保持平衡。東方專制主義是建立在使個體性的統治者得榮耀的基礎上，他們被人神化，提升到超越凡人之上的地步。」[55] 在東方專制制度中，並非不講個人的權利和尊嚴，而是只講統治者個人和寡頭群體的權利和尊嚴，則其他個人的權利和尊嚴必然無法得到保障。在雅和博經學中，我們所提倡的個人主義絕不是那種「猖獗的犯罪性的個人主義」，[56] 而是在上帝及其約法之下人人平等、自由的個體主義。

心學、改革宗與中國文化的契合

心學就是靈修神學，靈修神學乃是改革宗神學的精粹。正是因爲我們忽略改革宗靈修神學，才使得我們走向乾巴巴、冷冰冰的教義，認爲「教義在手，走遍天下」！這種自以爲是的教義派不僅容易叫人自高自大，而且使人容易論斷、傷害別人，因爲不愛上帝，當然也不會愛他人。

改革宗神學強調心靈在神學建構和信仰實踐中的地位和作用。加爾文的座右銘就是：「主啊，我把我的心快快地、眞誠地獻給祢！」華腓德（B. B. Warfield）在評論「神學家加爾文」的時候強調：「加爾文性情裡最基本的特徵乃是『宗教』，這不僅是

54　顏炳罡，《整合與重鑄：當代大儒牟宗三先生思想研究》（臺北：學生書局，1995 年），頁 157。

55　Ali A. Allawi, *The Crisis of Islamic Civilization* (New Haven and London: Yale University Press, 2009), p. 2.

56　Ali A. Allawi, *The Crisis of Islamic Civilization*, p. 3.

指他所有的思想都富有深刻的宗教情感；乃是說他所有思想的本質都取決於宗教的動機。因此，他的神學顯然是眞心的神學（如果有眞心神學的話），在他內心的格言是：『靠著心才能模塑一位神學家！』這也許是最有力的說明了。」[57] 改革宗神學把個人的心靈從各種屬人之權威的轄制和肆虐下解放出來，強調得救唯獨依靠上帝白白的恩典，這恩典是來自聖父上帝永世的揀選、聖子上帝歷史的救贖和聖靈上帝隨時的工作。要明白聖經，關鍵是要有聖靈來光照我們。正如華腓德所言，加爾文和改革宗神學的一大根本特徵就是：「特別以聖靈來取代了教會的地位。從前大家認爲教會是人認識上帝的唯一根據，是得救贖的唯一機構；過去人們認識上帝的可靠知識與一切接近上帝恩典的媒介都得仰望教會。但根據加爾文的教訓，此兩項功能並未托給教會，乃爲聖靈所保留，聖靈將認識上帝的指示和蒙上帝恩惠的方法隨己意賜給人。」[58] 同時，改革宗神學所強調的唯獨上帝的榮耀，爲人的心靈提供了無比高尚的目標和中心。正如華腓德所分析的那樣：「加爾文主義對救恩是熱誠的，但它最高的熱誠乃在上帝的榮耀，因此激發了它的情感，更新了它的活力。加爾文主義以上帝的榮耀爲起始，爲中心，爲最後的目的；在一切事物以先，在人生活行事的一切範圍內，將主權歸給上帝。」[59]

---

57 華腓德，《論加爾文及加爾文主義》，引自改革宗出版社編訂《改教家加爾文：加爾文 500 週年紀念（1509-2009）》（臺北：改革宗出版社，2008 年），頁 242。

58 華腓德，《論加爾文及加爾文主義》，轉引自改革宗出版社編訂《改教家加爾文：加爾文 500 週年紀念（1509-2009）》，頁 246。

59 華腓德，《論加爾文及加爾文主義》，引自改革宗出版社編訂《改教家加爾文：加爾文 500 週年紀念（1509-2009）》，頁 252。

　　當然，在改革宗神學中，最傑出的成就乃是良心論。《西敏斯特信條》廿章專章論及「基督徒的自由與良心的自由」，強調「唯有上帝是良心的主宰，並使良心在信仰或崇拜上，不受那些違背聖經或在聖經之外屬人的各種主義與命令的束縛。所以，人若本乎良心相信此類主義，或遵守此類命令，乃是背叛良心的眞自由；若要求人毫無自覺地相信，絕對地、盲目地服從，這乃是毀滅人良心和理性的自由。」這一規定從根本上奠定了英美保守主義中自由的眞正精神。首先，這種自由是良心的自由；其次，良心的獨一主宰就是上帝；第三，唯獨聖經對人的良心具有最高權威；第四，不管是什麼主義或命令，凡是違背聖經的，基督徒都可以不予遵守。

　　中國文化發展的集大成者乃是明清儒學，特別是明朝王陽明所提倡的心學。儒家的心學就是心性之學，非常複雜精微，但也非常混亂，因爲儒學各大派別既缺乏如基督教聖經這般終極性標準，也缺乏由教會統一制定的信經信條，因此各個流派內部及彼此之間在天、心、性、理、情、氣等核心名詞上都有不同的界定，此處無法一一闡明。

　　從人生的態度來看，儒學肯定人生和世界，是一種積極入世的宗教。湯因比認爲，「儒家哲學家爲自己設立了一個成爲孝子和賢臣的傳統日常道德標準。」[60] 唐君毅認爲，「我們可說儒家之教，是一信天人合德之人道教、人格教或人文教。」[61] 但嚴格講

60　阿諾德・湯因比，《一個歷史學家的宗教觀》，晏可佳、張龍華譯（成都：四川人民出版社，1990 年），頁 81。

61　唐君毅，《青年與學問》（臺北：三民書局，2008 年），頁 92。

來，儒家所主張的不過是一種道德理想與社會理想，雖然不乏宗教性的情懷和關注，但並不是一種嚴格系統的宗教學說，尤其缺乏來自上帝的特殊啓示，更使它淪爲一種人本主義、衆說紛紜的道德說教，既沒有改變人心的超自然力量，也沒有直面暴政的殉道士精神。當然，從更深刻的考察來看，以王陽明和牟宗三爲代表的所謂第二期與第三期儒學，已經從根本上違背了原始儒學那種對「人格性」上帝的承認和敬畏；孔子的「『天』或『天命』卻明顯是承《詩》、《書》的用法而有人格神的意義。」[62] 然而，原始儒學中具有「位格性」特色的「天」，已經逐漸蛻變成既不能照著自己的意願行事，也不能眷顧他人的「普世原則」。[63] 所以，在中國歷史上，儒家學說逐漸喪失了對上帝的認識和敬畏，成爲替統治者的暴政塗脂抹粉的工具，儒生亦大多數都成爲暴君暴政的鷹犬。

我們必須注意的是，儒家雖然強調心的地位和功用，但同時也不知不覺地有一種把人心誇大、神化的傾向。孟子強調：「仁，人心也。」[64] 王陽明另強調：「聖人之學，心學也。」[65] 對於這般高舉個人的良知，余英時先生指出：「這樣的『良知』即相當於創造宇宙萬物的 God（上帝）了。」[66] 這是我們面對儒家心學的

62 馮耀明，〈本質主義與儒家傳統〉，劉述先、梁元生編：《文化傳統的延續與轉化》（香港：中文大學出版社，1999 年），頁 43。
63 陳宗清，《宇宙本體探究：基督教與新儒家的比較》（臺北：校園書房，2005 年），頁 19。
64 《孟子·告子上求放心章》。
65 王陽明，《陸象山先生全集·序》。
66 陳致，《余英時訪談錄》（北京：中華書局，2012 年），頁 109。

時候必須注意的，不管我們如何重視人良知的功用，良知始終都
是個人的良知，始終都是有限的，並且始終都受到了罪的污染，
不是完全可靠的。所以，儒家心學如此推崇個人的良知，甚至把
良知置於至高無上的玄妙地位，實在已經陷入自大和混亂之中。

　　基督教要在中國落地生根，我們必須對儒家心性之學予以更
多的研究和結合。雅和博經學在心學部分結合中國文化中的心性
之學，這是雅和博經學將西方基督教改革宗神學在中國處境化方
面努力的重要一環。中國文化中的心學更多的是注重心靈的內在
超越，不管是儒教主張的成聖、佛教強調的成佛、道教提倡的成
仙，儒道釋三家皆一致強調個人的心靈境界和內在超越。基督教
在中國不僅像儒道釋人士那樣強調個人心靈的內在超越，更強調
這種內在超越不是個人的自我安慰、自我暗示、自我神化，而是
以超驗的上帝為根本。這一超驗的上帝不僅是自有永有的上帝，
又是與我們立約的上帝，更是通過耶穌基督的救贖和聖靈的內住
與我們同在的上帝。

基督教文明論與密契體系

　　密契體系所注重的是我們在基督裡與上帝密切相契的愛的關
係。我們與基督的關係完全是因為上帝的恩典，這恩典都是上帝
在基督裡賜給我們的。因此，我們應當旗幟鮮明地捍衛上帝的福
音，反對各種形式的律法主義和道德主義。

　　基督徒的護教所闡明的不僅僅是一套命題性的真理，更包括
個體生命的經歷和彼此之間深層次的相屬相愛。這一經歷既包
括開始時的重生，也包括成聖過程中的心意更新，更包括那種
在基督裡以上帝為樂的密契以及聖徒彼此之間的相交。多特總會

（Synod of Dort）所捍衛的救恩神學，乃是今日基督徒仍應捍衛的基本眞道。這一基本眞道不僅是我們必須捍衛的，更是我們必須經歷的。沒有在基督裡生命的經歷，既不能明白賴恩得救的教義，當然也不能爲之辯護。

宗教的核心雖然關涉到上帝的榮耀，但對於我們而言最重要的則是得救的問題，救恩論的核心也是我們當把自身得救的榮耀歸給上帝，因爲得救完完全全是上帝的恩典，而不是因爲我們自己的行爲或抉擇。因此，我們不應是泛泛地爲基督教辯護，而是要明確地傳講改革宗神學。這當然不是因爲我們要高舉改革宗神學本身，而是因爲改革宗神學確實更精準、更整全地向我們概括了聖經啓示和教會認信的基本要道，尤其是在救恩論上，改革宗神學的精準和整全可以說是無法比擬的。可惜，長期以來，我們許多改革宗人士對於救恩神學五大要義缺乏生命的經歷和反思，因此在概念和邏輯上爭論不休，卻不能體會這五大要義眞正的精義爲何，這是非常令人感到遺憾的。

這五大要義就是：（1）罪人在整體上的敗壞——罪人在理性的判斷、情感的愛憎和意志的抉擇上都受到了罪的污染和扭曲，因此他們在本質上不能行上帝所悅納的事，更不能靠自己遵行上帝的律法而在上帝面前稱義；（2）上帝無條件的揀選——上帝的揀選完全是出於上帝自己的旨意和計劃，不受上帝之外的任何條件性因素而影響；（3）基督救贖的特定性——上帝差遣耶穌基督爲祂的選民捨命，耶穌基督甘心樂意地爲羊捨命；（4）上帝不可抵擋的恩典——上帝的恩典並不是沒有位格，或是可要可不要的禮物，而是耶穌基督和聖靈本身；（5）聖徒的持守——聖父在永世中所揀選、聖子在歷史中所救贖、聖靈在心靈中所

更新的人，必然最終完全得蒙上帝的救贖。這五大要義在改革
宗神學的整個體系中確實處於核心地位，尤其是在改革宗的救
恩論中更是無比重要。甚至可以說，否定了這五大要義，改革宗
神學或加爾文主義就喪失了自己的特色和生命力；不傳講這
五大要義，改革宗神學就成了空殼。此外，錯誤地傳講這五大要
義，當然也會將改革宗神學搞得面目全非。並且，不僅是在改革
宗神學中，在一切基督教宗派中，基督教信仰的純正性亦在於是
否堅持這一得救完全是因爲上帝主權之恩典的教義。正是因爲我
們強調罪人得救完全倚靠上帝的恩典，因此在我們的靈修生活
中，攻克己身所倚靠的並不是儒道釋等外邦宗教所強調的個人修
行，而是上帝的恩典夠我們用；靠著那加添我們力量的，我們
凡事都能行。這樣我們在靈修神學上就從根本消除了個人的自
義，同時也消除了個人的焦慮。當然，上帝的恩典並不排除我們
個人的責任，但當知道我們個人責任的完成也完全是靠上帝的
恩典。

　　這些基要教義主要與個人的得救有關。雖然基督教信仰並不
是個人主義的信仰，但個人確實具有不可替代的重要性，個人的
得救當然在上帝的計劃中也具有不可替代的重要性。改革宗神學
最有爭議、也能給接受的人帶來最大安慰的即是救恩論這一部分
的論述。

　　1. **揀選**：在得救的問題上，聖經的啓示非常清楚：「不是你
們揀選了我，是我揀選了你們」。這一教義所凸顯的就是上帝的
主權。《多特信條》對揀選的界定最簡潔整全：「揀選是上帝不
變的旨意，在創世之前就已立定，祂出於白白的恩典，按照自己
至高無上的意旨所喜悅的，從已經通過自身的錯謬而從原初正直

狀態墮落到罪惡和毀滅狀態的全人類中，選擇了特定數目的人，使他們在基督裡得救贖。上帝從永世中指定基督為選民獨一的中保和元首，是救恩的獨一的根基。這些選民，在本性上並不比其他人更美善，也不比其他人更配得，而是和其他人一樣處於同樣的愁苦之中。上帝預定把他們賜給基督，使他們藉著基督得蒙拯救。上帝也預定藉著祂的聖言和聖靈有效地呼召並吸引他們與祂聯合，賜給他們真正的信心、稱義和成聖。上帝也預定用祂自己的大能保守他們與祂兒子的相交，並最終使他們得榮耀，目的就在於顯明祂的慈愛，好使祂榮耀的恩典的豐盛得著稱讚。」[67] 上帝的揀選使我們感到謙卑，因為我們身上沒有任何功德使我們配得上帝的揀選；上帝的揀選使我們感到甜蜜，因為上帝唯獨因著祂的愛而揀選了我們，並且祂的大愛永不改變，永不離棄，永不失敗。上帝的揀選乃是基督徒密契生活的先驗根本，是上帝在永世中按照祂自己的美意所決定的，不受任何時空的局限。

2. **呼召**：上帝向一切聽到福音的人發出呼召，這呼召是真實的呼召，但罪人靠自己卻不能做出正確的回應，只有那些上帝在其心中作工的人，才能真心轉向上帝的呼召，這是真理的呼召，是生命的呼召，亦是心靈的呼召。這種呼召使我們出死入生，在耶穌基督裡得享豐盛的生命，這一呼召的關鍵就是聖靈在人心中做工。上帝的呼召乃是基督徒開始在時空中享受與上帝密契關係的開端。

3. **重生**：上帝在罪人心中所行最大的神蹟奇事就是重生。重

---

67 《多特信條》，王志勇譯（香港：雅和博聖約書院，2013 年），第一項教義，第七條，頁 21-22。

生是從上帝而生，即是上帝在耶穌基督裡賜給我們新生命，開我們的心竅，使我們真正認識上帝和上帝的國度。重生使得基督徒從存在的角度真正進入上帝的國度，得見上帝的榮美。

4. **信心**：基督教強調信心，強調因信稱義的重要性。但是，對於「信心」到底是什麼，以及信心如何使人稱義，則存在著很多混亂。《西敏斯特大教理問答》七十二問的界定最為詳盡：「使人稱義的信心是：（1）使人稱義的信心是一種救贖性美德，由聖靈和聖言在罪人的心中做成，使他確知自己的罪和愁苦，自己和其他任何受造者都不能救他脫離失喪之境；（2）使人稱義的信心不僅贊同福音應許的真實性，而且接受並信靠福音所應許的基督和祂的義，從此罪得赦免，在上帝的眼中，得蒙悅納，被算為義，以致得救。」[68] 同時，《西敏斯特大教理問答》對於信心如何使罪人稱義又做出了進一步的澄清和界定：「在上帝的眼中，信心使罪人稱義，絕不是因為隨之而來的其他美德，或信心所結的善行的果子，也不是說信心這一美德、或信心的行為可算為他的義；只是因為信心是器皿，罪人由此接受基督和祂的義，並運用在自己的身上。」[69] 感謝上帝賜給我們信心，使我們可以勝過世界。信心是上帝賜給我們的鑰匙，使得我們能夠打開天國的大門。

5. **悔改**：悔改是心思上的認罪和行為上的改變。全世界最偉大的事就是罪人認罪悔改！耶穌基督所傳講的天國的信息，其核心就是：「天國近了，你們應當悔改！」但是，我們必須明白，

68　王志勇，《清教徒之約》，頁 141。

69　王志勇，《清教徒之約》，頁 141。

這種悔改雖然是由罪人做出的，但悔改的能力卻是上帝賜與的。罪人有悔改的責任，但卻喪失了悔改的能力。於是上帝賜給我們悔改的能力，使我們能夠履行悔改的責任，這就是上帝的恩典。

6. **稱義**：我們在歷史過程中所犯的罪仍然是罪，仍然需要由我們自己來悔改，並且為我們的罪做出一定的補償或承擔一定的刑罰。我們應適當區分上帝最終審判時對我們的稱義與我們在現實生活中的悔改，前者是上帝最終審判一切世人時，根據基督的救贖對我們所做出的宣告；後者則是我們現實生活中對自己罪惡的隨時對付。

7. **收納**：我們被上帝收納，也就是在基督裡重新成為上帝的兒女。上帝不僅在基督裡稱我們為義，並且收納我們為祂寶貴的兒女，這是何等寶貴的恩典啊！但在今日教會中，我們忽略聖父這一位格，因此我們也忽略成為上帝的兒女這一真理和事實。但要注意我們在基督裡重新成為上帝的兒女，並非如中國皇帝所聲稱的那樣：「真龍天子只有一個！」我們都是上帝的兒女，在基督裡一同作王！

8. **成聖**：上帝拯救我們的目的就是讓我們成為聖潔，成為聖潔的關鍵是上帝把美德的種子播撒在我們的心中。今日大多數基督徒所缺乏的就是聖潔和美德，我們必須重新回到聖經所啟示的成聖的教義。

9. **保守**：聖徒永遠得蒙保守，「一旦得救，永遠得救」，這是給聖徒帶來極大安慰的真理。既然這一真理極其寶貴，也必然受到撒但的攻擊和混亂。其實，《多特信條》的界定非常清楚。聖徒之所以永遠得蒙保守，首先是上帝的保守，其次是聖徒也有持守到底的責任，但最終而言，聖徒之所以不會從蒙恩得救的地位

墮落，乃是因為上帝的應許和信實，不是因為聖徒自己保守了自己，乃是因為信徒始終處於上帝的保守之下。「因此，他們之所以沒有完全從信心與恩典中墮落，也沒有繼續退後，終至滅亡，並不在於他們自己的功德或力量，而是在於上帝白白的憐憫。就他們自己而言，他們不僅有滅亡的可能性，甚至有滅亡的必然性；但是，就上帝而言，這是完全不可能的，因為上帝的計劃不會改變，祂的應許也不會落空，祂根據自己的旨意發出的呼召也不會撤銷，基督的功德、代求與保守更不會歸於無效，而聖靈的印記既不會作廢，也不會磨滅。論到上帝對選民這種最終得救的保守，以及他們自己在信心上的持守，真信徒可以並且必然根據他們自己的信心的程度得到確據，由此他們確信他們現在是，也永遠是教會中真實而活潑的肢體；也確信他們已經得著赦罪，並且最終必承受永生。」[70] 因此，我們不僅得蒙上帝恩典的拯救，也得蒙上帝恩典的保守。

10. **與基督合一**：與基督合一是指我們與基督的關係。《西敏斯特大教理問答》中明確地承認這種合一有其神祕性，這是弗格森博士（Darid Fergusson）所代表的今日眾多新改革宗神學家所忽略的。因此，雅和博經學所繼承和傳遞的改革宗神學並不是一般意義上人云亦云的改革宗神學，而是古典、正統、認信的改革宗神學。

11. **得救的確信**：得救的確信是基督教信仰的精華，也是改革宗救恩論的精華。因為改革宗在救恩論上特別強調得救完全在於上帝主權的恩典，並且上帝保守聖徒直到永遠，因此我們心中

---

70 《多特信條》，第五項教義，第八至九條，頁 70-71。

才能生發得救的確信，從而使得我們能夠由這種確信出發，充滿感恩和喜樂地從事各樣的善工。其他宗派的人士在救恩論上更多地強調個人自由意志的抉擇，這樣就把救恩置於人變幻莫測之意志的掌控之下，當然便不可能有得救的確信。在這種救恩論的影響下，信徒生活在救恩隨時都會喪失的惶恐之中，於是無法把注意力集中在美德的修養與善工的拓展上。

12. **基督徒的死亡**：我們基督徒要活得好，也要死得好！當我們面對死亡的時候，不要貪戀今世的生命，要知道人終有一死，上帝對於每個人的壽數都有疆界，我們應該為自己的死亡做好準備，優雅地面對死亡，千萬不可貪生怕死，更不可非要指望上帝施行神蹟奇事來存留我們的生命。況且我們死後就脫離了今生的勞苦愁煩，完全與主同在了，保羅講那是「好得無比的」（腓1:23）。倘若主要存留我們的生命，在主沒有難成的事，我們就繼續為主而活。

13. **基督徒的復活**：今日我們許多基督徒雖然仍然在背誦《使徒信經》的時候重複「我信身體復活」。但我們對於「身體復活」這一教義的具體含義已經非常模糊。對於基督徒而言，我們所要盼望的不是今生今世長生不老，肉體升天，而是將來在基督裡得著那榮耀復活的生命。我們要因將來那復活的生命和榮耀，而輕看今生今世的一切苦難。從這個角度而言，我們不是為受苦而受苦，乃是為了「將來要顯於我們的榮耀」，就更有信心地面對眼前的挑戰。

14. **最後的審判**：最後的審判涉及到惡人和義人最後的結局。雅和博經學既強調上帝在永世中的揀選，也強調上帝在世界歷史末了最終的審判，這樣就使得我們既把榮耀歸給上帝，同時

亦重視我們自己在上帝面前的責任。

門徒培訓、情感訓練與仁者品格

人人都有認知心，都是情感性的主體。所以上帝吩咐愛主愛人，並不是爲了讓我們爲守誡命而守誡命，甚至也不是爲了讓我們履行道德或論理上的責任，而是透過我們持續不斷地遵行上帝的誡命，從而在感情上培養我們具有愛主愛人的仁者品格。

情感訓練就是情感修，即基督徒在情感方面的靈修。門徒培訓不僅包括思維的訓練，也包括情感的訓練，我們可以稱之爲情感修。在情感修方面，我們主要的敵人就是自戀，這種自戀來自萬惡之根，就是驕傲。斯庫波利（Lorenzo Scupoli）指出：「要不止息地、勇敢地與一切情慾爭戰，而特別且首要的就是對付自戀，或對自己愚昧的戀慕，它會以自我放縱和自憐爲外在表現。」[71] 門徒培訓要使基督徒成爲眞正的仁者，就是靠著上帝的恩典，走出自戀自殘的牢籠，能夠眞正愛主愛人。

情感修的核心是認識我們自身的愛。伯納德把人的愛分爲四個等級，第一等級的愛就是爲自己而愛自己，這是純粹自私自利的愛，完全將自己擺在首位；第二個等級的愛就是爲自己而愛上帝，這是人在生活的苦難和挫折中轉向上帝，開始爲自己的出路而尋求上帝；第三個等級的愛就是爲上帝而愛上帝，是指得蒙上帝施恩拯救之人，內心不斷得蒙上帝大愛的澆灌，於是心意不斷

71　Lorenzo Scupoli, *Unseen Warfare: The Spiritual Combat and Path to Paradise of Lorenzo Scupoli*, ed. Nicodemus of the Holy Mountain and revised by Theophan the Recluse, trans. E. Kadloubovsky and G. E. H. Palmer (Crestwood, NY: St. Vladimir's Seminary Press, 1995), p. 110.

得到上帝真理的更新，越來越認識上帝的榮美和慈愛，就被上帝的愛吸引，並且樂意遵守上帝的誡命，能夠愛人如己；第四個等級的愛就是為上帝而愛自己，在這種境界中我們心意與上帝的心意合而為一，我們的意志與上帝的意志完全一致，這種境界很少有人能夠在今生完全達到。[72] 在這種境界裡，人不僅甘心捨棄自己，而且能完全認同基督的作為。

基督徒這種愛的修證是一個動態、不止息的生命歷程，從中我們的情感會得到淨化和提升，我們的喜樂也會不斷增加。情感修的核心是培養我們的信德、望德和愛德三大聖德（theological virtues），從而造就我們愛主愛人的「宗教品格」（religious character），成為合乎上帝心意的仁者。這種宗教品格必須經過長期與上帝的同在才能培養出來。倘若沒有這種宗教品格，我們就容易在宗教上自欺欺人、假冒為善。

心學、宗教與文明宣教

基督教信仰是最純正的宗教信仰。在真理的標準上，基督教信仰有純正、簡樸的聖經，這聖經的成典橫跨三千年左右的時間，其教訓卻是系統且連貫的，關涉到個人與社會生活的各個方面。

在上帝論上，聖經不僅啟示了崇高的一神論，並且向我們顯明上帝是三位一體的上帝，這樣奧妙的真理唯獨上帝自己才能向我們顯明。在人類論上，唯獨聖經向我們啟示了——上帝按

---

72 參考劉錦昌，《基督信仰的靈修觀：人物與思想》（新竹：臺灣基督長老教會聖經書院，2012 年），增訂版，上冊，頁 197-202。

照祂的形象造人，並且把治理全地的權柄和使命賜給人——這一偉大的真理，也唯獨聖經向我們啟示了人在墮落之後全然敗壞的狀態。關於救世主，唯獨聖經向我們記載了耶穌基督是完全的上帝，也是完全的人，且是上帝和罪人之間獨一的中保。在拯救論上，唯獨聖經向我們啟示了賴恩得救、因信稱義的基本要道，並且強調唯獨聖靈能夠改變人的心靈，所以在信仰的問題上不可使用任何強迫的方法。在教會論上，唯獨聖經向我們啟示了上帝的教會是一個聖靈感召、自願立約的聖約群體和組織。在末世論上，唯獨聖經向我們啟示了將來天上地下的一切都將在基督裡面同歸於一這般光明的未來。

最終，只有基督教信仰為我們提供了恢弘的世界觀，並且建立了卓越的文明。雖然我們也承認並尊重其他宗教在這個世界上的合法性，但我們毫不隱諱地強調世界歷史的走向即是越來越多的人認識並歸向真正的上帝。

我們向外宣教必須出於在耶穌基督裡愛主愛人的至誠之心，正如清教徒改革宗神學院院長周必克牧師（Joel R. Beeke）所強調的那樣：「發自自己心靈，面向別人心靈，為造就心靈，用心靈傳講」。基督徒宣教士必須在心學上有深厚的造詣，必須透過與上帝深刻的密契，而從上帝得著智慧，得享滿足，如此我們才能像耶穌基督所說的那樣：「我差你們去，如同羊進入狼群；所以你們要靈巧像蛇，馴良像鴿子。」這樣我們才能審時度勢，明白上帝的引領。

沒有深刻的靈修密契，哪怕基督教本身是純正的宗教，在我們身上也成為假冒為善，不僅沒有任何力量和見證，甚至會成為眾人的笑柄。基督徒的修身就是修道——要明白上帝的真道，

便要殷切地尋求聖靈的光照；而修道的關鍵在於修心——要加強我們心中的確信，使我們朦朧的信念變成大有力量的確信。只有經過強大的心靈操練，基督徒才能煥發出強大的心靈和精神的力量，才能夠以內在的力量、精神的魅力、人格的光輝不戰而勝，征服人心，征服文化。在廿一世紀的今天，雖然高科技的突破發展所帶來的信息交流空前地發達，但人心卻亦覺得空前地寂寞、疏離和鬱悶，使得抑鬱症和精神病等各種與心靈相關的疾病空前地暴增。人類雖然登上了月球，飛出了銀河系，但自身心靈與精神的危機不僅沒有迎來根本性的轉機，反倒面對更大的挑戰和衝擊。在這信息膨脹的年代，以及交通發達的世界，我們忽然面對著無數的宗教和思想，難以分辨到底孰是孰非？到底何去何從？當今歐美各國正在爭議「後基督教時代」或者「後現代」的問題，筆者對於這些時評性質的東西缺乏深入研究，但不管如何，這些爭議和探討確實顯示出基督教和現代社會正受到巨大的衝擊，因此我們必須重新理解並界定基督教的處境、地位和功用，確知基督教和基督教文明所沾染的疾病，以應對精神和心靈的危機。

總而言之，宗教所注重的是個人與上帝的關係，文明所強調的則是宗教對社會進步的促進。從宗教角度而言，基督徒在文明方面容易沾染的就是「民間宗教」和「公民宗教」這兩大疾病。民間宗教不注重對信仰對象本身的認識與敬畏，也不強調自身生命的改變和進步，只是利用上帝和宗教信仰來解決自己當下所面對的問題，以及滿足醫治、發財、平安等各種私慾。公民宗教在形式上比民間宗教更高級，這種宗教已經進入社會與公共領域，成為大眾文化的一部分，比如美國人過聖誕節，或重大宣誓的時候要說「願上帝幫助我」等等。

　　基督教注重人性的基本需求，但絕不是民間宗教；基督教應當進入公共領域，但不能停留在公共宗教的層面，而是要真正成為每個人心中的安慰，正如《海德堡教理問答》第一問所強調的那樣。要醫治基督教走向民間宗教的這種疾病，我們需要教導上帝的律法；而要醫治基督教走向公民宗教的這樣的疾病，我們則必須大力傳講悔改與赦罪的福音。在宗教方面，不管是強迫人們歸信某種宗教，還是強迫性地推行所謂的無神論，所觸犯的都是反人類、反文明的罪。

　　我們不能迷信任何宗教，迷信任何個人或宗派的傳統，總要殷勤考察聖經、訪問古道來尋求客觀的憑據和歷史的佐證，亦要內觀自心來尋求聖靈的光照和印證。若要面對宗教和文明的疾病，或要應對心靈和精神的危機，目前大多數教會中所流行膚淺、混亂的基督教並不能夠挑起這樣的擔子。因此，我們在本書中努力呈現的就是一種具深度且整全的基督教，這種基督教既注重教義體系和理性的靈修，從而幫助人心意更新，找尋到生命的目的和意義；注重密契體系和情感的靈修，從而幫助人親近上帝，親自在上帝的同在和大愛中得到依託和安慰；注重道德體系和意志的靈修，從而幫助人根據上帝的約法來攻克己身；亦注重德修體系和全人的成長，從而幫助人全方位地發展自己，充分實現上帝賜給每個人的恩賜和潛能。

心學座右銘：生命相交

　　對於基督徒而言，關鍵是我們心靈深處與上帝的關係，這種關係是在耶穌基督裡達成的，並且體現在人與人之間彼此相愛的關係中。因此，心學強調的是生命的聯結。

1. **與耶穌基督的相交**：這是指我們與耶穌基督的關係。作為耶穌基督的門徒，我們必須深刻地認識耶穌基督，並且能夠隨時經歷耶穌基督的同在和親密。我們與耶穌基督這種相屬相知相愛的契合乃是基督教的精義。加爾文強調說：「我們期待救恩從耶穌基督而來，不是因為祂遠遠地向我們顯現，而是因為祂使我們接入祂的身體，我們不僅分享祂為我們帶來的諸般恩惠，更是分享祂的存在。」[73] 這種「分享祂的存在」是指我們與祂的聯合。這種聯合當然有其神祕性。但傅格森博士質疑這種神祕性，「這種聯合有時被人稱為『神祕的聯合』，但這不是聖經的話，而且這樣形容太過含糊，不足以表明『在基督裡』是什麼意思，況且『神祕的』這個形容詞，常常帶有『人神之間合併融匯的味道』，好像說一個人與上帝融為一體了。」[74] 傅格森博士在此處的說法本身就「太過含糊」！「三位一體」這樣的詞也不是聖經上的話，大公教會不也是照樣採用嗎？至於「神祕的聯合」這個詞本身，改教領袖加爾文就這樣用過：「除非基督成為我們的，我們就不能得著這一無與倫比的禮物。因此，元首與肢體之間的聯合，就是基督住在我們的心裡。我們認為，這一神祕的聯合，乃是極其重要的，基督一旦成為我們的，祂就使得我們享有祂所得到的恩惠。因此，我們不是從遠處觀看基督，沒有我們自身的投入，而是我們披戴祂，被祂接入祂的身體，祂就使得我們與祂成為一體，這樣我們就誇口與基督一同享有義。」[75] 加爾文還把這種聯合

---

73 加爾文，《基督徒敬虔學》，3 卷 2 章 24 節。

74 辛克萊·傅格森，《磐石之上：掌握救恩要義，穩健屬靈生命》，頁 154。

75 加爾文，《基督徒敬虔學》，3 卷 11 章 10 節。

比喻爲基督與信徒之間屬靈的婚姻。[76] 改革宗浸信會神學家史特朗
（Augustus H. Strong）在其名著《系統神學》中把這種聯合總結
爲五大方面：（1）有機的聯合——信徒一同成爲基督的肢體，共
同倚靠基督而得生命，而基督則透過他們而彰顯出來；（2）生命
的聯合——基督作爲信徒的生命而在他們的心中運行，成爲他們
生命中主導性的法則；（3）屬靈的聯合——這一聯合是由聖靈在
他們心靈中生發和維繫的；（4）不會解體的聯合——因著基督那
永恆、神聖和永不敗壞的大能與恩典，這一聯合永遠不會解體；
（5）不可思議的聯合——這是一個神聖且神祕的聯合，其親密和
價值超出人的理性所能測度的。[77]

　　2. **與聖父上帝的相交**：現在因爲受到那種時髦而錯誤的「基
督中心論」的影響，很少基督徒談及與聖父上帝的相契；同時，
因爲現代婚姻家庭的支離破碎，特別是父親的缺席，使我們不知
不覺開始染上了弗洛伊德（Sigmund Freud）所說的「弑父情結」。
我們不再願意像主耶穌基督所強調的那樣，稱上帝爲「我們在天
上的父」。（太 6:9；路 11:2）耶穌基督是聖父之子，並將父向我們
顯明出來。他的教導、事奉、甚至他的生活方式都指向父。父就
是耶穌一生的中心，同時耶穌也是我們通向父的唯一道路。耶穌
就是人與父相會的地方，他把看不見的父向我們顯明出來。「永
生」即是信徒與復活基督的生命有分，永生就在於我們參與到父
與子之間愛的關係之中，因爲父與子原爲一。父、子與信徒所享有

76　加爾文，《基督徒敬虔學》，2 卷 8 章 18 節。

77　Augustus H. Strong, *Systematic Theology* (Westwood, New Jersey:
　　Fleming H. Revell Company, 1962), pp. 800-801.

的這種深層的相契當然也包括聖靈，因為聖靈就是父與子之間愛的聯結，並且把信徒也帶入這種真真實實、卻無法言喻的愛的奧祕之中。聖靈是保惠師，祂住在基督門徒的心中，使得門徒享有三一上帝的同在。世界歷史就是人類和萬有最終都歸於父的歷程。

3. **上帝與聖徒之間的相交**：《使徒信經》告白：「我信聖徒相通」。可惜，在目前教會中，基督徒之間最不容易相通，也最不容易找到肝膽相照、生死相託的朋友！這是因為目前大多數教會中已經喪失了「聖徒相通」的教義。目前教會中所盛行的那種「信耶穌，升天堂」的膚淺教訓，認為只要能夠傳福音就可以一好遮百醜，使得基督徒之間的關係亦變得非常地膚淺！《詩篇》中發自內心地發出感歎和讚美：「看哪，弟兄和睦同居是何等地善，何等地美！……因為在那裡有耶和華所命定的福，就是永遠的生命。」如今基督徒之間很少能夠經歷這種深層次彼此相愛的關係了。德國神學家潘霍華在納粹政權的打壓下繼續堅持真理，寫成《團契生活》一書，他的盼望就是在教會艱難的時刻，有一小群同心同德的人透過彼此勸誡、悔改，共享和分擔以上帝為中心的生活，結合成有力的宣教團體。他提醒我們說：「人們容易忘記，與信徒弟兄過團契的生活，是上帝的恩賜，是我們每天都可能失去的恩典，以致孤寂的時刻，轉瞬即將降臨。因此，凡到今天仍然得以和其他信徒過團契生活的人，就該從心靈的深處讚美上帝的恩典，願他跪下來感謝上帝說：我們今天仍然得以活在信徒弟兄的團契中，實在是恩典，純然的恩典。」[78] 當然，聖徒之

---

78 潘霍華，《團契生活：潘霍華作品選》，鄧肇明等譯（北京：宗教文化出版社，2011 年），頁 12。

間這種相契只有在基督裡才能達成，「只有在耶穌基督裡我們才能合而爲一，只有透過他，我們才能彼此相連。他永遠是唯一的中保。」[79] 潘霍華認爲這種活在上帝話語中的共同生活，「若要健康，就不能使組織成爲一個運動、修會、聯會或敬虔社團，乃必須明白自己是聖大公教會的一部分，既主動亦被動地分享整個教會一切的苦難、奮鬥和應許。」[80] 在這個方面，潘霍華仍然沒有擺脫當時各自爲政的敬虔主義的影響。共同生活必須具有一定的形式和規矩，這是不可避免的。其中的關鍵就是每個基督徒都要捨己，不可高舉自己的想法和益處，並要在明確的異象和使命的帶領下成爲一個「弟兄相愛撼山河」的聖約群體，一同完成上帝所賜的異象和使命。

79　潘霍華，《團契生活：潘霍華作品選》，頁 15。

80　潘霍華，《團契生活：潘霍華作品選》，頁 15。

✝

第 三 章

法治：國統與法統、律法與秩序

聖約文明論第三大要素：上帝的律法與聖約的標準

德商、道德心、道德主體與賢者品格

律法的種子與道德信仰：道德系統與道德神學

　　上帝賜給人道德之心，每個人都是道德主體，都當敬畏上帝，謹守上帝的誡命，這是人當盡的本分。上帝賜給我們律法的目的是讓我們得福，就是透過我們內在生命的操練和國度事工的參與而塑造我們的品格。因此，以感恩之心遵行上帝的律法乃是蒙恩的標記、智慧的體現。我們根據人的道德心而建構道德信仰，強調道德系統與道德神學乃是基督教世界觀和文明論中不可或缺的部分。

法治與律法

　　法治的最高價值和追求是秩序。基督教文明必然是法治的文明。上帝所啓示的律法，就是愛的律法。律法的終極乃是上帝的性情和旨意，所以我們不可把上帝的律法僅僅視爲外在的規條。

當知道上帝賜下律法來教導我們認識祂及其性情和旨意，這乃是律法的首要功用。法治就是仁治，就是以愛心治理全地的教義。法治凸顯天人相應，就是藉由順服上帝的約法而見證上帝的大愛。

我們在法治部分，不僅強調聖約律法，更強調上帝的主權和國度。正是因為上帝是全地的大君王，我們是上帝的子民，因此，我們順服上帝國度的約法乃是理所當然的。上帝的律法清清楚楚、明明白白，尤其是十誡，不僅刻在石版上，也刻在人的心版上，所以毫無疑問，我們應當謹守遵行。兩千多年來，基督教會最大的問題就是我們在聖經中沒有明確啟示的教義上爭論不休，大動干戈，互相除教，甚至兵戎相見，卻對聖經中上帝明確啟示、吩咐我們遵守的律法卻不聞不問，甚至廢除取代！教會實在應當深深為之反思、悔改！

法治就是仁治，仁治就是人治，即由人來按照上帝的律法施行治理。因此，治理的問題絕不是「法治」或「人治」的問題，而是到底該用什麼樣的律法來治理，以及到底人應當承擔什麼樣的責任。孔子主張「克己復禮」，並主張人人都可以做到。我們知道孔子的核心思想就是仁，而顏淵是孔子最好的學生，故此處他們所討論的就是行仁這一核心問題。以孔子為代表的儒家學說所強調就是這種極端的人本主義，正如張灝的分析所言：「極端的人本主義，既然強調人的神性，自然看不見人心中的魔性與陰暗面，既然強調人的無限性，自然看不見人的有限性。而人的有限性與陰暗面畢竟是無法超越的。無法超越而拼命要超越，拼命要在有限的人裡面，弄出一個無限大來，終於闖下滔天大禍。這就是革命傳統的悲劇，至文革而臻於頂峰。」[1]

　　在聖經啟示中，雖然始終強調律法的規範性和重要性，但也始終強調在亞當犯罪之後人性的罪惡和陰暗，只有上帝的救贖才能使人分別為聖。雖然我們提倡法治，但我們始終要知道墮落之後人心的問題，以及唯獨依靠上帝的恩典和拯救，我們的人性才能得到更新。

　　法治是國度的治理，上帝所啟示的治理方式始終是法治的方式，連上帝自己在治理全地的時候，也是完全按照法治的模式。甚至人在伊甸園中還沒有墮落之前，上帝就已經以特殊啟示的方式明確地賜給人當遵守的法度。另外，上帝賜給以色列人最大的恩賜也是祂的約法。當然，上帝賜給我們約法，絕不是讓我們為遵守約法而遵守約法，而是要我們透過遵守約法來塑造品格，使我們成為上帝的子民、君尊的祭司。上帝的約法是以仁愛為本的，所以上帝的國度即是法治與仁愛的國度。法治強調基督徒應當達到賢者的境界，精通律法，立己立人。我們在法治部分強調人有律法之心，並且在律法之心的基礎上，強調基督徒君王的職分。真正的基督教必然是法治型、道德型的基督教。在法治部分，我們強調律法和治理，旗幟鮮明地反對教會內外各種形式的反律主義。反律主義假借信心、恩典之名而貶抑、廢棄上帝的律法，是教會歷史上最盛行和常見的異端。

　　上帝賜給我們治理全地的文化使命，也賜給了我們完成這一使命的工具，就是上帝的律法。因此，我們毫不猶豫地在個人、家庭、教會和國家等各領域中強調以上帝的律法為標準的法治。這樣的法治才是真正的法治，否則我們就會落在罪人按照自己的

1　張灝，《時代的探索》（臺北：聯經，2004 年），頁 29。

私慾制定各種法律的轄制之下，那即是各種形式的「人治」和「專制」。英國著名的保守主義思想家伯克強調，上帝把律法賜給人，且只有遵守上帝的律法，才有權利可言。故，上帝和上帝的律法，就是伯克一切道德和律法主張的前提。[2]可惜，許多基督教神學家和牧師已經喪失了這樣最基本的看見，他們一味地否定上帝的律法在公共生活中的權威性和指導性，於是在道德、政治、律法等社會公共問題上已然成為領路的瞎子和不能發聲的「啞巴狗」。

在法治方面，我們既要反對以律法改變人心的各式律法主義，強調唯獨透過上帝大能的重生之工，罪人才能成為上帝的兒女；也要反對藐視上帝律法的反律主義，堅定不移地尊崇上帝所啟示的律法，以上帝所啟示的律法為基督徒生活的標準、治理的工具。雅和博經學高舉上帝的律法，使人在律法上得享真正的自由，就是擺脫來自人的各種惡法惡規的自由。

律法之約與善惡的標準

清教徒神學的精神就是把聖約與律法視為一體。對於上帝的子民而言，上帝所賜的律法絕不是孤立的外在規條，更不是時刻定罪量刑的工具，而是上帝賜給我們的蒙恩之道，使我們能夠不斷地恩上加恩，力上加力。「愛你律法的人有大平安，什麼都不能使他們絆腳。」

上帝與我們設立的聖約始終是律法之約。我們甚至可以說，若沒有一定的律法，任何約定都沒有意義，因為唯獨律法才能顯

2　See Russell Kirk, *The Conservative Mind*, p. 49.

明立約者的意圖和要求。因此，聖約就是十誡，十誡就是聖約，律法與聖約是不可分離的，摩西在談及上帝的子民當遵守之約的時候，直接說這約就是十誡：「他將所吩咐你們當守的約指示你們，就是十條誡，並將這誡寫在兩塊石版上。」我們在雅和博經學中通常將上帝的聖約和律法合稱為「約法」，另將常說的「十誡」稱之為「約法十章」。

任何律法都在反映和維護一定的秩序。上帝的律法所反映和維護的就是上帝所設立的秩序。因此，上帝的律法絕不僅僅是機械式的規條，更不是無關痛癢的字句，而是反映上帝自己的屬性和旨意，也是上帝為整個受造界設立的秩序界限。有秩序，才有公義，公義就是合乎秩序；有公義才有自由，自由就是行公義，好憐憫，存謙卑的心與上帝同行。但若不遵守上帝所設立的律法，不僅會為人與人之間的關係帶來極大的傷害和混亂，甚至也會直接影響到我們自己心靈的秩序和健康。這是因為不承認上帝的存在，當然也不會承認上帝在世界中所設定的秩序，接下來必然的結論就是不承認上帝律法。反之亦然，我們不承認上帝的律法的權威性，其實就是不承認上帝在世界中所設立秩序的存在，最終我們也就必然否定設立秩序的上帝之存在。反律主義在本質上就是無神論者，不管他們自己聲稱如何信靠上帝，因為我們對上帝的信靠從來不是抽象的，而是體現在我們對上帝的秩序和律法的信任上。

現代法學的荒謬悖逆之處就是對上帝及其秩序和法則的否定，如此，現代人的律法就成了那些掌握權力之人可以隨意制定的工具。英國實證主義法學派鼻祖奧斯丁（John L. Austin）甚至直接如此給律法下定義：「律法就是國家中掌握主權之人的命

令。」[3] 這樣一來，奧斯丁一派的實證主義法學家就把法學與倫理一刀兩斷，完全廢除了實證法與理想的律法或公義的律法之間的關係。[4] 泰勒（E. L. Hebden Taylor）分析說，此類人本主義的法學家從根本上廢除了上帝在聖經中所啓示的律法和公義，最終所導致的就是：「毫不奇怪，在拿破崙所統治的法國、希特勒的德國、史達林的俄國，在這些異教國家中，這些統治者認爲他們對於他們的臣民具有絕對的主權，不受任何比他們更高的權威所限制，他們認爲自己的這種想法是非常合理的。」[5] 在這樣的法學思想的藉口下，這些現代化的暴君把律法變成了自己手中隨心所欲使用的工具，利用他們所制定的邪惡律法來改變、破壞上帝在世界中所設立的秩序，瘋狂地踐踏個人的尊嚴和權利，無數的人成爲他們的「法治」的實驗品和犧牲品！這是我們應當深以爲戒的。

中國幾千年來糾纏於「人治」與「法治」的問題，在道德和律法的問題上無法走出困境。聖經中所啓示的則是「神治」與「神法」，就是高舉上帝的主權和律法，且人的權利和法度都必須自覺地降服在上帝的主權和法度之下。在世界歷史上，最大的兩個事實就是：首先，上帝是治理全地的大君王，萬有都在祂的掌管之下；其次，上帝的聖約和律法乃是上帝選定向人啓示祂自己

3　參看 Lord Lochee's article on Austin's theory of law, *Encyclopaedia Britannica*, 11th edition (New York, 1911), Vol. I, pp. 571-573.

4　參看 Edgar Bodenheimer, *Jurisprudence: The Philosophy and Method of the Law* (Cambridge, Massachusetts: Harvard University Press, 1962), pp. 93-98.

5　E. L. Hebden Taylor, *The Christian Philosophy of Law, Politics and the State* (Nutley, New Jersey: The Craig Press, 1969), p. 337.

及其旨意的方式，遵行上帝之約法的人必然得蒙上帝的賜福，違背上帝約法的人必然招致上帝的咒詛和責罰。這就是我們中國人所常說的「順天者昌，逆天者亡」！因此，基督徒所要建立的不是一般的律法系統和治理體系，而是要按照上帝所啟示的律法，在家庭、教會和國家中建立愛主愛人的律法系統和治理體系。

對律法心的強調，使得雅和博經學從根本上擺脫了教會內外盛行的各種反律主義的毒害。對道德心的強調，就是對世界觀中倫理學的強調，同時我們強調基督徒個人性的美德，就是公義、智慧、勇敢和節制。

律法的種子與道德品質

加爾文強調律法的種子：「任何人都知道各種人類組織都必須接受律法的規範，並且也都明白這些律法的基本原則。因此，各個國家和個人都能就這些律法達成共識。因為即使沒有教師和立法者，這些律法的種子已經播在所有人的心中。」[6] 加爾文又稱這些種子為「公義的種子」。[7] 在律法信仰上，我們強調敬畏上帝，遵行上帝的誡命，這是人所當盡的本分。

范泰爾在談及改革宗神學中關於人的教義的時候強調：「作為上帝的受造物，人必須按上帝的法度而生活，也就是說，必須按上帝在其創造的世界中所設立的誡命而生活。上帝的法度大部分並沒有以口頭言語的形式傳遞給人，而是造在人的本性之中。是故，只有當人遵行上帝的法度的時候，他才是按自己的本性而

6　加爾文，《基督徒敬虔學》，2 卷 2 章 13 節。

7　John Calvin, *Commentary on Romans*, 2:15.

行動，反之亦然。如果人要按自己的本性生活，就得遵行上帝的法度。當然，上帝在人的本性之外，明確地賜下了特別的誡命，讓人不可吃分別善惡樹上的果子。但是，我們一定要曉得，這只不過是爲顯出人是否按上帝的法度而生活，所設立的最終檢驗標準。上帝的法度是無所不在的，既顯明在人的心中，也同樣顯明在人所在的世界中。」[8] 因此，上帝的律法人無法逃避。不管我們是否承認，我們都生活在上帝的律法之下，我們最終都要接受上帝按照祂的律法所施行的審判。罪人都想「自法」，[9] 就是想自己爲自己制定標準，但這只不過是罪人的幻想和狂妄而已。

人的品質最明確的體現就是道德品格，而道德品格的集中體現就是守約守法。如果我們在言行上不遵守上帝所啓示的聖約和律法，不管我們心中感覺如何，或我們如何奮力地傳講宗教理論、神學教義，在上帝面前都是無法無天的「不法之徒」！我們不僅得不到上帝的賜福，反倒使自己陷在上帝的審判和懲罰之下。

上帝爲我們啓示的聖約和律法的核心目的就是塑造我們的道德品格。同時，我們的道德品格也是遵守上帝聖約和律法的保障。此處人本主義者所面對的困境就是：邪惡的制度固然使人更加邪惡，但是，即使美好的制度也會因爲人在道德品格上的低劣而成爲一紙空文。因此，制度的問題最終還是人心的問題，而人心的問題最終仍然體現在道德品格的問題上。基督教爲人所提

8　Cornelius Van Til, *The Defense of Faith* (Philipsburg: Presbyterian and Reformed Publishing Co., 1955), p. 12.

9　John M. Frame, *The Doctrine of Christian Life* (Phillipsburg, New Jersey: P&R, 2002), p. 46.

供的突破就是上帝親自改變人心，透過聖靈的大能改變我們心靈的傾向，並且親自把屬靈的美德——也就是聖靈的果子——賜給人，使我們成為「新造的人」。同時，我們也強調人當自覺、積極地遵守上帝的律法，不斷培養良好的習慣，養成知行合一的品格。

道德主義者鞭策人要脫胎換骨，重新做人，但罪人無法做到，於是他們或者是自暴自棄，或者是假冒為善，或者是自欺欺人。另外，律法主義者讓人死守規條，有法必依、執法必嚴、違法必究，最終導致的則是陽奉陰違、避重就輕，或者是法不責眾，不了了之。因此，沒有上帝的恩典，則沒有聖靈的大能，則道德主義和律法主義的社會必然陷入極權專制與無政府狀態交替的惡性循環之中。

德商、道德秩序與君王意識

真正的愛乃是有秩序的愛，這種秩序就是上帝所設立的道德秩序，也是上帝刻在人心深處的心靈秩序。

現代人所強調的愛多是個人的感覺和滿足，而聖經中所強調的愛則是首先使我們回歸上帝的秩序，所以，上帝在其誡命中反覆強調「愛我、守我誡命的」。因此，真正的愛絕不是隨心所欲、無法無天，而是按照上帝的旨意去愛。更加重要的是，這種按照上帝的旨意去愛的表達，不是一次性的行動，而是以堅定的立志長期地遵行，從而形成良好的習慣，養成聖潔的品格。如此，我們對於上帝律法的遵守才不是出於勉強，而是甘心樂意；不是出於不知不覺，而是自覺自願；不是為了物質得益，而是無怨無悔。現代教會和社會中之所以在愛的問題上出現諸多的荒謬，就

是因爲不明白上帝的律法，不遵守上帝所設定的秩序，最後造成許多富有宗教感覺、卻沒有道德品格的假冒爲善的不法之徒。在這樣的文化中，性放縱成了「性革命」，同性戀之類的罪惡卻成了不可侵犯的「公民權利」！當初的所多瑪和蛾摩拉就是因爲這樣的罪惡而被上帝降下天火毀滅的。

人受造有上帝的形象，貴在人有一定的意志自由，所以人能夠承擔使命和責任。德商代表人的執行力。作爲君王，基督徒應當治服己心，攻克己身。上帝賜給我們律法，並且讓我們自己選擇遵守誰的律法，就是爲了培養我們自治的能力。這種自治的能力乃是最重要的德商標記。此外，上帝賜給我們律法，最終是爲了塑造我們的美德和品格。因此，我們一定要在上帝面前謙卑自己，知道上帝賜給我們律法是爲了讓我們「得福」！那些妄圖廢棄上帝律法的人，最終必然墮落成爲無法無天的愚頑、狂妄之輩。中國古人說「不做虧心事，不怕鬼敲門」，或者「作賊心虛」，因爲只有當我們遵守上帝律法的時候，我們才能剛強壯膽，這是上帝藉著摩西所特別強調的。那些經常犯罪的人，即喪失了道德的勇氣；一旦喪失了道德的勇氣，就只能同流合污，隨波逐流，一同滅亡。

當然，最大的勇敢和堅強就是內在的勇敢和堅強，這種內在的勇敢和堅強則集中體現在遵守上帝的律法上。此處便爲我們指出了上帝的兒女所當有的良性循環：我們越是剛強壯膽，就越謹守遵行上帝的律法；我們越是謹守遵行上帝的律法，就越是得蒙上帝的賜福而亨通順利；我們越是得蒙上帝的賜福而亨通順利，就越剛強壯膽不懼怕，因爲我們深刻地經歷到上帝的同在。目前基督徒和教會怯懦的主要原因就是因爲缺乏明辨、正直和勇敢的

美德。缺乏明辨是因爲根本不明白上帝的律法，缺乏正直是因爲在上帝的律法之外沒有眞正的正直可言，缺乏勇敢是因爲不明白上帝的律法，當然也不明白上帝的應許和賜福，不怕那當怕的上帝，自然就怕那不可怕的受造之物。如此一來，我們所傳講的信息不過是沒有任何公義和硬度可言的「心靈雞湯」，我們的信仰也始終停留在宗教口號和道德作秀的層面上，根本無法深入到人的心靈深處，當然也不能面對社會的深層問題。因此，崇高的德商必然使我們大有膽量，不斷得勝，並且活出君王的榮美。

其實很簡單，那些始終生活在罪惡中的人，他們的心靈亦必然始終被恐懼、憂慮和抑鬱所籠罩，這樣的人本身在心理上已經處於扭曲和殘疾的狀態，這也是上帝在其約法中明確警告的。即使是上帝的選民以色列人，因爲他們不聽從上帝的律法，同樣落在上帝可怕的審判和懲罰之下。最明確的懲罰是「人數就稀少」！目前歐美基督徒出生率急劇下降，人口出現負增長，這豈不是上帝的審判嗎？當我們離開上帝律法的時候，實際上就是「選擇新神」，我們就落在偶像崇拜的網羅之下！而最後的結局就是淪爲異教徒的奴隸，廿世紀的德國基督徒、俄羅斯基督徒、中國基督徒、北朝鮮基督徒、古巴基督徒都是如此，他們成爲希特勒、史達林、毛澤東、金日成、卡斯楚等梟雄的奴隸。我一邊思考這些經文，一邊思考上帝在歷史中的作爲，心裡實在戰戰兢兢！上帝是大而可畏的，上帝是輕慢不得的！惟願我們能夠眞正認罪悔改，透過耶穌基督的救贖和聖靈的更新，重新回到上帝所悅納分別爲聖的生活。惟願在上帝的子民身上看到來自上帝的君王的榮美！

自由、法治與成全

基督徒愛主的標記就是順服上帝的律法。真正的自由絕不是無法無天、隨心所欲，而是按照律法而行。真正的智者認識上帝和自己，真正的仁者愛主愛人。真正的賢者深知上帝的大而可畏，深知人心的敗壞和罪惡，因而提倡法治。

當初以色列人出埃及之後，上帝立即在西奈山上賜給他們律法，好使他們按照上帝的旨意來發揮他們已經得到的自由。如美國費城獨立鐘上雕刻的經文就是「在遍地給一切的居民宣告自由」。真正的獨立絕不是獨立於律法之外，真正的自由也絕不是自由於律法之外。恰恰相反，只有在上帝的律法之下，我們才能保障每個人真正的獨立和自由。今日我們在耶穌基督裡得的自由，絕不是讓我們放縱情慾、為所欲為的自由，而是讓我們自由地順服上帝的律法，不是因為懼怕刑罰，甚至也不是因為道德上的責任，而是因為被上帝的大愛感動和激勵，所以發自內心地順服上帝的律法，即便為義受逼迫也無怨無悔，這才是聖徒的品格，正如《啟示錄》所反覆強調的：「聖徒……是守神誡命和耶穌真道的。」

基督教應成全中國文化中克己復禮的法治精神。儒家文化強調「克己復禮」，但卻幾乎從來沒有深刻地反省為什麼一定要遵守《周禮》呢？孔子個人崇尚周代的政制：「周監於二代，郁郁乎文哉！吾從周。」[10] 對於這一內容，連傅佩榮也認為「這些內容涉及很多古代禮儀，離現代實在太遠了，對現實生活沒什麼啟

---

10 《論語・八佾》。

發」，所以他就避而不談。[11] 其實，《周禮》所構築的就是一個理想化的社會，這個「理想國」是以君王作為中心的，全書分〈天官〉、〈地官〉、〈春官〉、〈夏官〉、〈秋官〉、〈冬官〉六篇，幾乎每篇都是以「惟王建國，辨方正位，體國經野，設官分職，以為民極」數語開始。在《秋官・司寇》部分則赤裸裸地規定：「司刑，掌五刑之法，以麗萬民之罪，墨罪五百，劓罪五百，宮罪五百，刖罪五百，殺罪五百。」此處就是中國律法在世上臭名昭彰的五刑之來歷：墨刑就是用刀刻罪犯顏面，再用墨染，這樣的刑罰罪名有五百條；劓刑就是割掉罪犯的鼻子，這種刑罰的罪名也是五百條；宮刑就是毀壞罪犯的生殖器，這樣的刑罰罪名有五百條；刖刑就是截去罪犯的雙足，這樣的刑罰罪名也有五百條；除以死刑的罪名亦有五百條。對於這樣的嚴刑峻法，至今讀起來還令人毛骨悚然！孔子卻說「郁郁乎文哉！」實在令人匪夷所思！為什麼儒家推崇這樣的刑罰制度？今日主張儒家思想的人，迴避《周禮》中君主專制、嚴刑峻法的事實，豈不是假冒為善嗎？

　　基督教的傳播必須經過制度化的過程，就是提供明確的制度和規範，使信仰者在現實生活中面對具體的問題時能夠有所傍依。正是因為有上帝的律法，基督徒才能有根有據地宣告上帝的旨意；正是因為有上帝的律法，我們才能從根本上解決教會內外無法無天的亂相。在今日中國教會和社會轉型的過程中，若要渡過約旦河，進入迦南地，我們需要像約書亞一樣再次聽到上帝的聲音：「這律法書不可離開你的口，總要晝夜思想，好使你謹守遵行這書上所寫的一切話。如此，你的道路就可以亨通，凡事順利。」

11　傅佩榮，《論語三百講》（臺北：聯經，2011 年），上篇，頁 126。

「法治」強調上帝的約法反映上帝的「性格」，即上帝的屬性。很顯然，上帝的律法所規定的就是上帝子民的生活方式，而這些規定直接反映了上帝是怎樣的上帝。因此，上帝在啓示具體的誡命之後便強調說：「你們要守我的律例典章；人若遵行，就必因此活著。我是耶和華。」此外，《奇異恩典》（Amazing Grace）的作者約翰‧牛頓（John Newton）在談及律法的正用的時候強調說：「如果我們把律法用作得見上帝榮耀的鏡子，這就是正確地應用律法。上帝的榮耀確實突出地在基督身上顯明出來；但是，這種顯明大多數時候特別關乎上帝的律法，否則我們就無法分辨。我們在基督的生平中得見律法的完全和榮美。耶穌作爲人通過祂的順服而榮耀了上帝。祂所展現的是何等完全的品格啊！但是，這種品格不是別的，就是上帝律法的抄本。假如亞當和他的族類都合一地遵守上帝的律法，他們的品格本來也該如此。」[12] 由此可知，人在自己的「性格」上效法上帝，就是按照上帝所啓示的約法行事爲人，這樣就能夠使我們內在的潛質變成眞正實現的品格。上帝是完全的，上帝也要求我們成爲完全，而完全的樣式和標準就是上帝的約法，耶穌基督道成肉身向我們完美地展現了上帝的性格，也爲我們完美地遵行了上帝的約法。

「神格」必然體現在「神權」上，「神權」必然體現在「神法」上，對上帝律法的否定和褻瀆本身就是對神權、神格的否定和褻瀆。英文中「主權」（sovereignty）一詞出自拉丁文 *super*，意思是指「上面的」，因此「主權者」就是指處於萬有之上者。

12　John Newton, "On the Right Use of the Law," see *The Works of the Rev. John Newton* (Edinburg, 1836), p. 103.

主權者必然處於萬有之上，不受任何他者的局限，是完全獨立的，不需要任何他者的授權，這樣的主權者只能是聖經中所啟示的上帝。但聖經中談及上帝為「主」的時候，不管是希伯來文中的 *adonai*，還是希臘文中的 *kyrios*，都是指向這樣的主權者。終極而言，唯獨這樣的主權者才能為人立法，一七七一年《大英百科全書》就是如此界定律法的，律法就是「主權者的吩咐，內容就是臣民生活中共同遵守的法則。」[13]

　　「法治」強調聖經中所啟示的約法與成全之道。真正的基督教必須注重法治，透過法治來攻克己身，確保最大程度的公義。同時，我們必須自覺地發揮人作為道德主體的道德功用，自覺地承擔起齊家治國平天下的使命。當知上帝賜給我們聖約和律法就是要成全我們，使我們能夠明白上帝的旨意，自由地愛主愛人，完成上帝的使命，實現人生的幸福。目前基督教的第三大醜聞就是缺乏真正的道德神學，我們已經在根本上廢棄、悖離了上帝的律法！而一旦我們廢棄、悖離上帝的律法，我們就會落在罪人所制定的惡法、惡俗、惡規之下。沒有規矩，不成方圓！人的生活總是離不開一定的律法和規矩，這是基本的常識。律法的核心是釐定善惡，而釐定善惡的關鍵是上帝顯明的旨意。唯獨上帝是至高的權威，是至高的立法者。否定上帝的主權和律法，即否定了道德、律法與秩序的根本，我們的信仰也就變成了假冒為善、自欺欺人。

13　See R. J. Rushdoony, *Sovereignty* (Vallecito, CA.: Chalcedon/Ross House Books, 2007), pp. 1-2.

道德生活就是人的日常生活，核心就是盡人當盡的本分。如此將道德與律法直接聯繫在一起，所以無法無天之人，當然就是忘恩負義的缺德之人，反之亦然。人的品質最終是體現在道德品質上，這種道德品質就是人的德商。基督教復興的標記之一就是對道德和律法的重視，也就是基督徒在聖潔和敬虔生活上的長進。

我們把以法治為核心的律法與道德神學聯繫在一起，強調基督徒的順服和美德都當以上帝所啓示的律法為至高的標準。律法的根基就是道德，道德的標準就是律法，道德與律法的合一就是道德律。仁教所強調的是上帝的主權和慈愛，心學所強調的是我們對上帝和鄰舍的愛，法治所強調的則是上帝的聖約和律法。

美、禮與制度文明

美的精義就是和諧，即與上帝在受造界中設立的秩序和法則相符，從而反映上帝的榮美。

「禮」就是法則，尤其是指規範人與上帝及他人之間關係的法則。在中國傳統文化中，禮法最重要的就是促進人與人之間的和諧，古聖先賢最寶貴的就是這種由禮法所規範的和諧生活。禮法為人提供行事為人的標準。即使我們知道應當追求和諧，但卻沒有禮法為標準來節制，在實際生活中仍舊無法實行。可惜，正如我們前面已經分析的那般，儒家所提倡的《周禮》不過是暴君酷吏壓制人民的嚴刑峻法而已，並不能夠在社會中建立自由、和諧的關係。

從聖經啓示的角度來看，上帝是終極之美，同時上帝在受造界中設立了美的法則，因為聖經中稱上帝為「賜律者」。我們

只能發現、遵守這樣的法則，而不是狂妄地廢除上帝已經設立的法則，甚至聲稱自己對於這個世界和其中的關係具有立法權。即如不管是繪畫，還是奏樂，都要遵循一定的法則，否則就是亂塗鴉、亂彈琴，難以在人心中激發美感。在人與上帝和他人的關係中，也是如此。魯斯德尼（Rousas John Rushdoony）即強調，人本來應當忠於上帝，順服上帝的律法，但是，隨著人本主義的橫行，「人從忠於上帝轉向忠於自己，這種轉向其實是把一種人所無法承受的重擔硬加在個人的身上：既然人生意義的本源、判斷是非的觀念不再是上帝的責任，那麼每個人便都要由自己來做出可怕的決定。事實上，到最後人或者是把這種決定權委託給他人，或者是由自己來扮演上帝的角色。」[14] 如此，大地就在人面前裂為深淵，人便在存在和認知上，面對著來自自身和他人之軟弱與邪惡所造成的可怕虛無和恐懼。現代人的一切問題都是源於這種失喪，就是上帝作為終極權威的失喪。隨著這種終極權威的失喪，我們在人生的意義和實現上也就喪失了絕對的標準。現代文明隨時面對著淪落到「物競天擇，適者生存」這般叢林法則之下的危險。

　　制度是指上帝在其律法中所啟示關於家庭、教會和國家等聖約組織治理的模式。這一模式必然是法治的模式，就是一切個人和個人所組成的組織都當降服在上帝的律法之下，任何個人和群體都不能享有法外的特權。法治就是法治，不是堅持某個政黨的領導，不是堅持任何個人的特權，而是所有的個人和群體都當降

14　Rousas John Rushdoony, *The Messianic Character of American Education*, xii.

服在律法之下。上帝的律法不僅是我們判斷是非善惡的標準，也向我們顯明了上帝心意中家庭、教會與國家制度的基本原則和框架。非常重要的是，上帝的律法不僅是上帝賜給我們判斷善惡的標準，也是我們完成治理全地之文化使命的工具，更是我們攻克己身、效法基督、愛主愛人的標竿。制度的核心就是規則，「沒有規矩，不成方圓」，這是基本的常識。制度文明乃是目前華人教會所特別忽略的。幾千年來，我們所期盼的就是賢君名相來內聖外王，建立制度的建設。直到廿一世紀的今天，中國社會仍然生活在威權政治的陰影之下，最高權力的和平過渡問題仍然沒有解決，這是值得我們慚愧、驚醒和深思的。主要原因之一就是因為中國基督教會缺乏制度的建設，中國教會長期不能在建制上發揮榜樣的作用，所以我們無法在社會制度的轉型上為社會指明方向，樹立榜樣，培養人才，這當然也是教會應當深刻地認罪悔改的部分。

改革宗長老制教會高舉上帝和耶穌基督的主權，就為個人、家庭、教會和國家的權力劃定了疆界；制定信仰告白和治理章程，這就是憲政和法治在教會中的實踐；牧師、長老和執事皆透過教會會眾選舉產生，這就培養了眾人的民主素質；牧師和治理長老組成長老團共同平等地治理教會，這就樹立了代議制和共和制的典範。中國基督徒必須深刻地認識到，教會在治理方面的制度文明，也是基督徒聖潔生活的群體性和制度性見證，這種見證的力量遠遠大於個人散兵游勇式的見證。每個基督徒都當委身於一個地方教會，每個基督徒亦當竭力促使自己所參加的教會在管理上歸回聖經，這也是基督徒理所當然的事奉。求主憐憫賜福，使目前中國大陸教會內興起的改革宗神學和長老會教會在憲政、

法治、民主和自由的建設與保障上成爲中國社會和平轉型的器皿和平台。

上帝所命定的三大聖約性組織就是家庭、教會和國家。我們強調國統，就是強調天國的制度，首先就是天國的秩序，其次就是天國的組織，第三就是天國的律法。天國就是上帝的國度。在雅和博經學中，我們不僅強調上帝國度的客觀性存在，並且強調個人對於上帝國度的主體性認同。只有當上帝開我們心靈的眼睛的時候，我們才能眞正認識上帝的國度。因此，我們拓展上帝的國度，關鍵不是文化與軍事的征服，而是心靈在愛中的打通與和合。上帝的國度固然要求人人都降服在上帝的主權之下，人人都當遵行上帝的吩咐，但是，這一切都是透過教育與感化的方式進行。教會的主要工作就是傳講上帝國度的眞理，聖靈按照己意在人心中做工，使人認罪悔改，甘心樂意地歸向上帝。

現代中國所面臨的轉型當然包括制度的轉型，就是從帝制轉向民治。這種轉型既不應拘泥於中國的傳統，也不應完全師法中國之外的做法，關鍵乃是要明白上帝的旨意，效法天國的制度，培養基督徒的品格，建立愛主愛人的文明。這是上帝所啓示治理家庭、教會與國家的原則和精義。沒有高貴的品格，民主就會淪爲暴民的統治、大多數人的暴政，這甚至比一個人或少數人的暴政還要可怕。當初美國的建國之父們，他們認識到每個人在上帝面前都有同樣的權利和尊嚴，但他們也深深地知道民主制的危險性，所以他們設計的憲法框架不僅是要防範和杜絕一個人和少數人的暴政，也同樣防範和杜絕多數人的暴政。因此，美國制度的首要特色不是民主制，而是共和制，這種共和制沒有廢除民主，而是確保民主在合理的框架內運行，因此可以稱之爲「憲政民主

制」。[15] 這是值得我們在轉型期的中國人所特別深思的。

在制度方面，任何社會都有一定的制度和法治。因此，關鍵性的爭論並不是人治與法治的問題，而是到底該採用誰的制度和律法的問題。或者是「自法制」——根據人所制定的律法建立制度，或者是「神法制」——根據上帝所啓示的律法建立制度，此外沒有別的選擇。現代社會中最大的一個迷思和誤導就是「世俗化理論」，事實證明，這個世界不僅沒有世俗化，反倒更加宗教化了。因此，波士頓大學柏格教授（Peter L. Berger）在其研究中指出：「今日的世界，正如以前一樣，是高度宗教化的世界，在某些地方甚至比從前更強烈。」[16] 所以如果我們不是自覺地歸向基督教及其文明，我們就會落入其他宗教及其文明的影響之下。

律法信仰與聖約律法論

律法只有被人信仰，才能得到人自覺的遵行。伯爾曼（Harold J. Berman）強調：「沒有宗教，律法就會蛻變成機械性的律法主義。沒有律法，宗教就會喪失其在社會上的影響。」[17] 這就是今日西方教會和社會所面對的危機。「法律必須被信仰，否則

15 參考 Alison L. LaCroix, *The Ideological Origins of American Federalism* (Cambridge: Harvard University Press, 2010); Walter F. Murphy, *Constitutional Democracy: Creating and Maintaining a Just Political Order* (Baltimore: The John Hopkins University Press, 2007); James Bryce, *The American Commonwealth* (New York: The Classics of Liberty Library, 1993).

16 Peter L. Berger, ed., *The Desecularization of the World: Resurgent Religion and World Politics*(Grand Rapids: Eerdmans, 1999), p. 2.

17 Harold J. Berman, *The Interaction of Law and Religion* (Nashville, New York: Abingdon Press, 1974), p. 11.

它將形同虛設」，伯爾曼的這種說法已經在今日中國成爲法律學者和學生們筆下及口中的流行語。[18]

人所制定不合乎公義、試圖以國家暴力爲後盾來強制執行的律法，皆受到大多數人的憎惡和抵制，即使能夠得到一定程度的執行，在執行的過程中也會付出巨大的成本。唯獨上帝所啓示的律法配得人的尊重和信仰，因唯獨上帝的律法是聖潔、公義、良善的，不摻雜任何個人、群體和政黨的偏見與私慾。我們離開上帝明確啓示給我們且寫在聖經中的律法，去尋求諸如「自然法」、「實證法」、「理想法」，乃是極大的無知和公開的叛逆。離開上帝所啓示不變的律法爲標準，我們在這個世界上就沒有任何絕對、普遍、超越的規範來統一、協調我們的行動和關係。

律法只有被人信仰，才能得到普遍自覺的遵行；否則，執法的成本只會無限上升，最終仍然法不責眾，無法執行，社會便只能陷入混亂之中。當然，問題在於怎樣的律法才能得到人的信仰呢？那些竊國大盜所制定的進一步掠奪、欺壓民眾的律法能夠得到民眾的信仰嗎？當然不能！不管他人如何對暴政趨炎附勢，對惡法如何亦步亦趨，對暴君如何阿諛奉承，基督徒一定要旗幟鮮明地持守上帝的律法，像大衛那樣發自內心地說：「耶和華的律法全備，能甦醒人心；耶和華的法度確定，能使愚人有智慧。耶和華的訓詞正直，能快活人的心。……守著這些便有大賞。」

「聖約神法論」以上帝的主權爲基點，強調上帝的聖約和律法本身即具有內在的關聯性，把遵守上帝的聖約與遵守上帝的律

18　梁治平，《法律何爲：梁治平自選集》（南寧：廣西師範大學出版社，2013 年），頁 443。

法直接聯繫在一起。[19] 聖約神法論首先強調的是上帝的美善和主權，其次就是人對上帝當有的信靠和順服。人之所以不願意順服上帝的聖約和律法，就是因爲對於上帝美善和主權的不信不服。另外，上帝屈尊自己，俯就我們，與我們立約，這本來就是上帝莫大的恩典，祂完全可以不與我們立約，也不把律法賜給我們，讓我們在渾渾噩噩中生活，但祂卻因著祂對我們的大愛，爲我們立約賜律。因此，我們當以感恩之心順服上帝的聖約。律法則是上帝在其聖約中賜給我們順服的標準、治理的工具、生活的藝術、蒙福的道路。

嚴格來講，上帝的聖約和律法早已設立，不管我們是否樂意遵行，上帝都會按照他的聖約和律法來對待人，這是既定的事實。法治是上帝所啓示的治理方式，上帝用祂的律法來治理這個世界，順之者昌，逆之者亡。在上帝和律法面前人人平等，這是聖經中基本的概念。而眞正的道德就是本著感恩之心遵行上帝的聖約和律法。

正是因爲雅和博經學強調遵行上帝的律法，便爲個人的困境和社會的混亂提供了上帝所賜福的出路，但這並不是雅和博經學的獨創，我們不過是歸回聖經而已。

道德責任與道德情懷

眞正的基督教注重上帝設立的秩序，強調個人的道德責任。

---

19   參看 Kenneth L. Gentry, Jr., *Covenantal Theonomy: A Response to T. David Gordon and Klinean Covenantalism* (Nacogdoches, TX: Covenant Media Press, 2005).

沒有規矩，不成方圓，這是基本的常識。我們生下來就處於上帝所設立的兩大秩序之中，包括自然秩序——指自然領域中的秩序，以及道德秩序——指道德領域中的秩序。此外，心靈秩序則是指道德秩序在個人心靈領域中所設立的秩序。在道德秩序中，我們強調人的主體責任，這種責任首先是基於上帝的聖約和誡命；其次是基於人的自由和尊嚴；第三是最重要的，就是我們既然蒙召得救，行事爲人當與上帝的恩典相稱。因此，我們在道德責任的實踐上，不是爲責任而責任，爲律法而律法，而是出於感恩的緣故。基督徒的道德修養絕不是爲了凸顯自己的修行，讓別人頂禮膜拜，而是爲了效法基督，榮耀上帝，見證福音，造福他人。

真正的基督教當然有「克己復禮」、「天下歸仁」的道德精神。道德追求的根本動機當出於仁愛。凡不是出於仁愛的任何行爲，都不具有道德價值。其次，真正的道德必然合乎公義的律法，否則就是按照自己的私慾而行，不過是任意妄爲而已。中國人強調「仁義道德」，泛指儒家的一整套道德規範。「仁」就是仁愛，強調動機的層面；「義」就是公義，強調律法的層面。「道」就是終極的天道，強調形上的真理，「德」就是個人的生活，強調道德的工夫。

對於基督徒而言，仁義道德就是我們當從愛主愛人的動機出發，效法耶穌基督道成肉身的典範，遵守上帝賜給我們愛主愛人的律法，並以我們的美德和善行來榮耀上帝，造就他人。因此，基督徒的道德情懷就是效法基督，分別爲聖。沒有這樣的道德情懷，我們的宗教信仰就是空的。

道德主體與道德情結

人是道德性的存在，是道德性的主體，所以人生來就具有追求道德的「道德情結」。人心靈中的道德情結所注重的是求善，而「粉身碎骨渾不怕，要留清白在人間」所表達的就是這種情懷。[20]

但值得注意的是，如果我們的道德情結沒有促使我們認識上帝，接受上帝在基督裡為我們所預備的義，我們就會因為自己的道德修養而自以為義，從而自高自大。事實上，越是高舉個人的道德，就越容易假冒為善；越是強調道德的國家，越是以「仁義道德」的面具來掩飾自己吃人的嘴臉！因此，我們不僅要謙卑地承認自己的有限性，更要時常警醒自己的有罪性，如此我們才能仰望上帝的恩典和耶穌基督的救贖，一同在基督裡追求真正的道德。我們強調意志的自由，當然這種自由絕不是抽象的自由，更不是絕對的自由，而是人在具體歷史處境中的自由。在基督教傳統中，把這種自由界定為四種狀態：純真狀態、墮落狀態、重生狀態和得榮狀態。[21] 而謝文郁教授所強調的「生存分析法」，就是從個人所在的具體歷史處境中分析人的自由，且這種自由從來都不是自主性的自由，而是接受性的自由。[22]

20　于謙，《石灰吟》：「千錘萬鑿出深山，烈火焚燒若等閒。粉身碎骨渾不怕，要留清白在人間。」

21　Thomas Boston, *Human Nature in Its Fourfold State* (Philadelphia: Presbyterian Board of Publication, 1841).

22　謝文郁，《自由與生存：西方思想史上的自由觀追蹤》，張秀華、王天民譯（上海：上海人民出版社，2007 年），頁 1。

　　只有當我們接受上帝及其約法的時候，我們才能享受充分的自由；然而，一旦我們偏離上帝和上帝的約法，就會陷落在罪惡和死亡的綑綁之下。對於重生得救的人而言，我們的意志確實非常重要，我們必須立定心志追求聖潔，立定心志降服在上帝的約法之下。唯有如此，我們才能夠不斷地攻克己身，從得勝走向得勝，從榮耀走向榮耀，而不是始終生活在罪惡和軟弱的惡性循環之中。重要的是，儘管這種自由是接受性的自由，是有限的自由，並且即使脫離了罪的綑綁，仍然在某種程度上受到罪的影響，仍然有可能選擇不合乎上帝律法的事。但這種自由始終是真實的自由，因為這是上帝所賜給人的自由。

　　意志是人心中自由抉擇的能力。在人的犯罪墮落中，我們的意志也變得剛硬愚頑，不願意降服在上帝的主權和律法之下。但當我們信主的時候，上帝已經從根本上扭轉我們的意志，使我們從自我中心、自愛自戀轉向甘心樂意地愛主愛人。罪人重生後便進入了恩典狀態。在重生過程中，上帝將我們從與生俱來的罪的綑綁中釋放出來。因此，重生之人已不再是罪和撒但的俘虜或奴僕。這也就是說，現在罪人有能力不再犯罪了。同時，上帝也使我們能夠自由地立志並行屬靈的善事。然而，值得注意的是，得蒙重生者今生身上仍有殘餘的敗壞，而不是完全地根除。因此，我們的意志仍然常有放蕩不羈的時候，正如保羅所見證的那樣：「我也知道在我裡頭，就是我肉體之中，沒有良善。因為，立志為善由得我，只是行出來由不得我。」對此我們必須保持警醒。正因為這種殘餘的敗壞，重生者不只行善，也會犯罪。即使他定意行善，也有罪惡混在其中。「因為情慾和聖靈相爭，聖靈和情慾相爭，這兩個是彼此相敵，使你們不能做所願意做的。」蒙恩

之人心中所經歷的這種爭戰是始終存在的，所以基督徒的靈修就是裝備自己在這爭戰的過程中能夠不斷效法基督，得勝有餘。

清教徒在品格上的卓越，就是因爲他們透過靈修自覺地使自己的意志降服在上帝的旨意之下。清教徒愛德華茲在其七十條「決心書」（Resolutions）中一開始就明確地說：「我深知沒有上帝的扶助，凡事都不能做，所以我虛心懇求上帝施恩，使我們對以下所立凡與祂的旨意相符志願，都能保守貫徹，奉基督的名。我務須每禮拜一次，誦讀下面所立的志願。一、立定志願，凡我心中認爲最能榮耀上帝，且與我自身有益的，我必終生力行，不拘是在現在，或是在無窮的將來。我決心力行我所認定的天職，爲全人類謀幸福。無論遭遇任何困難，即使挫折繁多而艱鉅，我亦決心如此行。二、立定志願，不斷努力，以求獲得新方法，新計劃，來推進上面所立的志願。」[23] 這些「決心」反映愛德華茲立志要勝過自己的老我，「是在磨礪一種鋼鐵般的品格，他的目標亦是要使他自然之自我變得順服，以便他能夠順從上帝的律法與意旨的要求。」[24] 上帝的律法對我們的品格提出挑戰，我們若非在品格上操練自己，就無法順服上帝的律法。我們之所以否定、迴避上帝的律法，豈不是因爲我們缺德嗎？今日，我們中國基督徒多麼需要這樣的立志和操練啊！

23　參考 http://tieba.baidu.com/p/1764681295，2014 年 12 月 6 日查考。

24　喬治・M・馬斯登，《復興神學家愛德華茲》，董江陽譯（北京：中國社會科學出版社，2012 年），上冊，頁 62。

法統、追求公義與秩序的設立

　　我們在法統部分強調基督教追求公義的精神，強調上帝對我們最大的要求就是追求公義，「你要追求至公至義」。

　　上帝吩咐以色列人到了迦南地之後首先要做的就是設立公平的審判制度，最大程度地實現公義。上帝藉著先知不斷向以色列人強調公義的重要性。值得注意的是，我們太容易用宗教的儀式來取代對公義的關注。長期以來基督徒所追求的是宗教上因信稱義的感覺，對於何謂上帝所悅納的公義缺乏充分的關注和思考，因此教會不斷被邊緣化。現代大學甚至開始更多地扮演教會的角色，大學教授成了現代公共生活中的祭司。在西方社會中，當人談及公義的時候，沒有人再引證任何一個神學家或牧師的見解，而是完全參照名牌大學教授們的意見，如美國哈佛大學羅爾斯（John Rawls）的《公義論》。[25] 羅爾斯以洛克（John Locke）、盧梭（Jean-Jacques Rousseau）和康德（Immanuel Kant）的社會契約論為基礎，反對功利主義，認為公義是社會制度的主要美德，不公義的法律和制度，不論如何有效，都當加以改造和清除。法律是對理性的人所制定的公共規則，目的在於調整人們的行為，提供社會合作的基本框架。因此，我們不能將法律看作是爭權奪利的工具，反而應當把法律視為實現公義原則的最好途徑，因法律本身即具有道德的功能。羅爾斯的公義論所談及的不過是聖經律法的基本常識，可惜大多數基督徒已經喪失了這樣的常識，我們只

25　See John Rawls, *A Theory of Justice* (Cambridge, Massachusetts: The Belknap Press of Harvard University Press, 2005).

好像逃跑流亡中的大衛一樣，只能用歌利亞的大刀來自衛！

法治的精髓就是所有人都平等地接受上帝律法的統治。當然，任何社會與國家都有自己的「法治」，就是強盜也有強盜的規矩。在法統部分，我們強調基督教法治的精神，強調基督教所提供的是來自上帝啓示愛主愛人的法治體系。在這一個法治體系中，我們不僅強調上帝律法的權威性和規範性，也強調對上帝的敬畏和愛戴之心。眞正的法治首先就是「律法的統治」，即所有人都當降服在上帝的律法面前，接受上帝律法的裁判。其次，法治是指以律法爲行爲標準和工具來施行治理，這種治理首先不是基於外部的壓力和國家的暴力，而是主要透過教育的自願方式進行。當初上帝賜給摩西律法的時候就強調律法的教導作用。

幾千年來，中國教會和社會始終沒有解決法治的問題，我們甚至仍不明白法治的精義。眞正的法治必須回到上帝的主權和律法，若不承認上帝的主權，就沒有任何終極性的權威可言；若不承認上帝的律法，人與人之間就沒有普遍接受的標準。正是因爲我們強調上帝的主權和律法，使得所有個人和組織都不得不降服在上帝的主權和律法之下。世上一切權利和法度的合法性都在於是否承認上帝的主權，是否合乎上帝的律法。這是英國清教徒革命和聖約神學所特別解決的問題，即明確宣告君王的權力不僅是從上帝而來，也要接受人民的認可；君王一旦違背上帝的律法，就成爲犯罪分子，不僅本身喪失合法性，並且應當按照上帝的律法接受審判和刑罰，甚至被處死。[26] 一六四九年一月三十日，英國

---

26 參考 Samuel Rutherford, *Lex, Rex,* or *the Law and the Prince* (London, 1644)；撒姆爾‧盧瑟福《法律與君王：論君王與人民之正當權力》，李勇譯（上海：復旦大學出版社，2013 年）。

最高法庭判決「作為暴君、叛徒、殺人犯及國家的敵人，應該被斬首」，查理一世（Charles I）被當眾處決。隨後，議會又先後通過取消上院和廢除君主制的決議。此外，清教徒革命就是「聖徒的革命」，從此以後那種無法無天的暴君統治在全世界開始走向崩潰，君主立憲制和憲政民主成為全世界的大趨勢。[27]

雅和博經學所倡導的就是這種「聖徒的革命」，也就是「品格的革命」。雅和博經學對人道德性和律法性的強調，使人重新在上帝及其真理的亮光下省察自己在這個世界上的責任，積極地擔負其治理全地的責任與使命，從而徹底消除各種道德和律法虛無主義的毒害。

重建基督徒的國統與法統

國統的綜述就是耶穌基督教導門徒祈禱的主禱文。上帝的國度並不是虛無縹緲、超脫塵世的桃花源、烏托邦式的人間仙境，上帝的國度乃在人的心間，當然也在世間。我們進入上帝的國度，就是在具體的歷史過程中承認上帝的主權，遵行上帝的約法，信靠上帝所賜的救主耶穌基督。因此，基督徒的禱告並不是懇求上帝讓我們離開這個世界，也不是讓我們沉浸在自我的感受之中，而是懇求上帝繼續賜給我們力量，好使我們能夠在這個世界不斷得勝，榮耀上帝，見證福音。

法統的綜述就是上帝特別啟示的十誡，教導我們如何愛主愛

27　參考 Michael Walzer, *The Revolution of the Saints: A Study in the Origins of Radical Politics* (Cambridge, Massachusetts: Harvard University Press, 1982).

人。但是，我們必須明白，十誡僅僅是上帝賜給我們的道德律的綜述和綱要。綜述和綱要是爲了幫助我們理解和應用具體的誡命。但假如我們僅僅停留在綜述和綱要部分，無疑是本末倒置，我們需要像耶穌基督所教導的那樣去研究上帝所啓示律法的「一點一畫」（太 5:18；路 16:17），然後自己遵行，也教導別人遵行，如此我們才能在上帝的國度中成爲上帝重用的器皿。目前大多數基督教會所犯的錯誤就是忽略、廢棄上帝的誡命，並且偷樑換柱，用各種各樣罪人的誡命來代替上帝所啓示聖潔、公義、良善的誡命來教導人，從而偷偷地把人置於最高立法者的地位，所以耶穌基督用先知以賽亞的話來責備這樣「**假冒爲善的人**」。

我們在法治部分強調國統和法統，國統所凸顯的是上帝的主權和統治，尤其是在耶穌基督裡，上帝恩典的國度臨到世間和人心；法統所強調的是上帝的標準和獎懲，尤其是在耶穌基督的傳講和遵行中，上帝的律法得到了最大程度的成全和尊大。很多人之所以輕看上帝的律法，就是因爲輕看上帝的主權和統治。國統和法統匯合在一起，即是我們所說的「國法」。雅和博經學的一大負擔就是重新使基督教回到上帝所啓示的「國法」，徹底擺脫無法無天的亂象。雅和博經學的一大突破就是把基督徒的國統和法統聯繫在一切，直接講授上帝的「國法」，也就是上帝國度的律法！

「國統」就是我們對上帝國度的認識。上帝的國度在人間，所以重建基督徒的國統就是重新承認上帝在人間的主權；而上帝的國度就是上帝的統治，耶和華是全地的大君王。但華人教會不明白上帝的國度，已經爲時過久了！我們把上帝僅僅局限在人的心中，或要等到耶穌基督審判這個世界之後，或將上帝的國度僅

僅局限在天上，卻不曉得耶和華是全地的大君王，萬有都在上帝的掌管之下。我們現在就是上帝國度的子民，這個世界是上帝掌管的世界，不是魔鬼掌管的世界，我們則是上帝百般恩賜的好管家。我們不願意承認上帝在這個世界中的國度和主權，一是我們中了撒但的詭計，被這個世界的神弄瞎了心眼；二是我們不想承擔自己的責任和使命，我們仍然在逃避上帝的呼召。惟願上帝恩待更多的基督徒，開他們的眼睛，使他們真正得見上帝的國度在人間！

「法統」就是律法的體系。不管是法德為主的大陸法系，還是英美為主的普通法系，本來皆是在聖經律法的基礎上建立起來的基督教法系。[28] 正是這種基督教法系維繫了西方社會的基督教文明。可惜，在教會內反知與反律主義的影響下，社會上開始興起「歷史法學派」、「實證法學派」等等，他們一致的主張就是反對上帝的律法，極力要把上帝的律法排除在公共空間之外。在這些法律家的影響下，西方法律體系逐漸擺脫了基督教的規範，尤其是以廢除死刑和承認同性戀的合法性為標記，開始逐漸走向世俗化、異教化的方向，導致廿世紀第一次和第二次世界大戰在歐洲的爆發，使得整個西方基督教文明搖搖欲墜。當然，中國的法律體系始終沒有從根本上接受基督教的洗禮，在本質上仍然是專制和暴政的工具。因此，我們必須靠著主的恩典重建基督教的法統。這一法統至少應當由三大方面構成，一是「神啟法」——特指上帝明確地賜給人以十誡為綜述的道德律，英國普通法大師

28　參看伯爾曼，《信仰與秩序：法律與宗教的復合》，姚劍波譯（北京：中央編譯出版社，2011 年）。

布萊克斯（William Blackstone）通稱之爲「啓示法」；二是「本性法」──指源自上帝的本性並且刻在人的本性中的律法，三是「人定法」──指人以神啓法和本性法爲原則，並參照具體處境而制定的律法。關於這三種律法的權威性，布萊克斯通明確強調：「毫無疑問，與我們通常所說的本性法相比，啓示法享有無限大的權威。因爲啓示法是上帝親自明確宣佈的本性法，另一種律法只是我們在理性的幫助下認爲是本性法而已。假如我們對於後者能夠做到像前者一樣確定，二者會擁有同樣的權威；但是，即使那樣，我們也絕不能把兩者置於並駕齊驅的地位。本性法和啓示法是人定法所依賴的兩大根基；這就是說，任何人定法都不能與本性法和啓示法相抵觸。」[29] 基督徒當明確地以「神啓法」──也就是上帝所特別啓示的律法──爲最高標準，與非基督徒則可從人之本性與普世價值談起，也就是以「本性法」爲共同的參照，然後制定教會和國家的律法。

　　毫無疑問地，不講上帝的律法，就是假先知！目前教會內部盛行的極端靈恩派中所高舉的「先知」，其主要特徵就是不講上帝的律法，唯獨強調自己的領受和經歷，傳講各種稀奇古怪的「預言」、「異象」或「異夢」，這在聖經律法中早有針對。由此看來，這些假先知的突出特徵就是「勾引」上帝的子民「叛逆」上帝，集中體現在讓上帝的子民「離開」上帝的律法！因此，那些假先知、假教師、假教會的主要特徵就是不講上帝的律法，因爲一講上帝的律法，他們就原形畢露，上帝的子民就有標準和智慧

29　William Blackstone, *Commentaries on the Laws of England* (Birmingham, Alabama: The Legal Classics Library, 1983), Vol. I, p. 42.

識破他們的伎倆。他們甚至會面對死刑的判決和執行。不管那些假先知如何漠視上帝的律法，耶穌基督在其講道之初就首先明定法統的問題。這是今日教會所常常忽略的，且正是因為這種忽略，基督教和教會受到了巨大的虧損。

國統與法統的方法論

雅和博經學注重法統和體統，但我們當然不是為法統而法統，為體統而體統，而是直接把法統和體統回溯到上帝的旨意和性情，並且強調聖靈在人心中的工作，最終落實在基督徒治理的使命和成全上。因此，我們對法統和體統的強調始終是以上帝吩咐我們治理全地的文化使命為導向。在法治部分，我們於方法論上強調五點：

1. **法源論**：法源是指律法的來源。律法的最終本源是上帝，且上帝所啟示的律法源自上帝的性情。因此，不管是自然科學家，還是社會科學家，他們在各自研究的領域中，不是去刻意按照自己的喜好或利益設立法則，而是不斷發現上帝已經設立的法則，然後根據上帝的律法來調整我們的行為。沒有規矩，不成方圓，這是常識性的認識，律法及其本源乃是不可迴避的問題。對於基督徒而言，我們應當自覺地以上帝為我們最高的立法者，以上帝所啟示的律法為我們順服上帝的最高標準。

2. **成文論**：雖然上帝把他的律法刻在人的心中，但不管是在墮落前，還是在墮落後，良心都不可靠，所以上帝親自把他的律法刻在石版上，默示在聖經中，就是為了防止人心的敗壞。所以基督徒必須深刻、全面地研讀上帝所賜的聖經，尤其是上帝所賜的律法書，因為律法書乃是整個舊新約聖經文本的根本，甚至連

耶穌基督在曠野抵擋魔鬼試探的時候，祂三次引證的經文也都是來自摩西律法中的《申命記》。我常常感到不解的就是，那些聲稱「效法基督」、「以基督爲中心」的人，爲什麼不學習耶穌基督對律法書的重視呢？

3. **心法論**：上帝把祂的律法刻在人的心中，使人都具有基本的道德良知；尤其是重生之人，心中更有聖靈的同在。聖靈最重要的功用就是帶領人明白上帝的律法，並且甘心樂意地按照上帝的律法而行。因此，我們強調遵守上帝的律法，不是一種道德主義或律法主義的強調，而是從基督徒重生得救的經歷出發，強調聖靈已經把上帝的律法刻在我們心中，關鍵是我們不要消滅聖靈的感動，反去順從世上的惡風惡俗和個人的邪情私慾，而要自覺自願地以感恩之心順服上帝的律法。

4. **治理論**：律法最重要的功用不是使人知罪，也不是抑制人犯罪，甚至也不是教導性的功用，而是最終落實在治理性的功用上。上帝透過祂的律法來施行治理和審判，上帝的旨意也讓人以祂所啓示的律法爲標準來施行治理和審判，使我們在家庭、教會和國家這三大聖約性組織中活出上帝所賜那「*善良、純全、可喜悅的旨意*」。治理全地是上帝賜給我們的文化使命，亦是上帝賜給我們的人生責任，而上帝所賜的律法就是祂治理的標準和工具。

5. **制度論**：上帝賜給我們的律法不僅是人行爲的標準，更蘊涵著人類社會所需要的最基本制度，比如家庭、教會、國家等，並且其中還蘊涵著立法、司法和行政三權的分立與制衡。我們不可把律法視爲分離、外在、機械性的規條，而是應把上帝的律法視爲一個整體，其中所包含的就是我們對上帝當盡的責任和本

分。因此，我們竭力在上帝的律法中尋求上帝賜給我們家庭、教會與國家的治理框架，使我們在制度問題上也合乎上帝的旨意。雅和博經學把聖經中所啟示的此類制度視為群體性、制度性的蒙恩之道。個人性的蒙恩之道，如個人讀經、聽道、禱告、禁食等，所幫助到的主要是個人；而家庭、教會和國家在制度上的完善，則能夠祝福整個家庭、教會和國家內的更多人。

基督教國統五大特徵

基督教國統的核心就是三一上帝的主權和約法。我們享受上帝國度的賜福，就必須自覺自願地降服在上帝的主權和約法之下。但是，犯罪墮落之人的愚頑和狂妄之處就是無法無天，基督徒的最大特徵就是守約守法，因為耶穌基督的救贖使我們重新歸位，自覺地回到上帝的主權和約法之下。

1. **一神論**：獨一上帝論乃是整個基督教信仰與生活的根基。這一上帝不是抽象的概念或原理，而是又真又活的上帝，是向人說話的上帝，亦是對人提出明確要求的上帝，更是與人立約、憐憫、拯救人的上帝。祂是亞伯拉罕、以撒、雅各的上帝；在耶穌基督裡，也是我們的上帝。上帝的獨一性，乃是聖經所啟示最重要的教義之一。正是因為上帝是獨一的上帝，所以我們必須盡心、盡性、盡意愛祂。假如有兩個或兩個以上的上帝，我們必然會擁有兩個不同的權威和標準，於是我們的思維和生活就會一片混亂。因此，只有那些相信獨一上帝論的人才會有一以貫之的人生觀和世界觀，那些相信多神論或泛神論的人最終必然陷入思想和精神的分裂之中。

2. **一約論**：這一獨一的上帝是與我們立約的上帝，祂對我們

最大的吩咐就是讓我們以全人來愛祂。但這種愛並不是個人性的自我感覺良好，而是具體地體現在遵行上帝的誡命上，體現在基督徒的日常生活中，尤其是在家庭生活中，特別是對子女的教育上，當然也自然擴展到以「城門」爲代表的公共領域中。上帝明確與人立約，讓人在具體的歷史過程中順服上帝，榮耀上帝，並且以上帝爲樂。上帝與亞當所立的生命之約只有一個，這一生命之約雖然亞當違背了，但並沒有廢除；基督所擔任的就是這生命之約的中保，代替我們並且爲我們成全了上帝的律法，使我們因信稱義，且這義仍然是生命之約中「律法的義」。雖然我們在改革宗神學中講行爲之約、恩典之約和救贖之約，但這並不意味著上帝與人設立了三個約。上帝與人設立的聖約只有一個，這約就是生命之約，也稱行爲之約。這約因爲基督的救贖而成爲恩典之約，就是由耶穌基督擔任生命之約的中保，代表並代替我們成全上帝的律法，而救贖之約並不是一個獨立存在的聖約，乃是聖父與聖子之間爲了實現上帝與選民之間的生命之約，而設定的附屬性、擔保性聖約。生命之約是賜給所有人的，但生命之約的擔保卻是聖父唯獨爲選民安排的，耶穌基督也唯獨擔任聖父所揀選之人的中保。

3. **一法論：**上帝絕沒有賜給我們兩套截然不同的律法體系，而是賜給我們一套完整的律法體系。這一律法體系集中在上帝藉摩西所頒佈的律法體系中。上帝特別兩次提醒我們，對於祂藉摩西所吩咐的律法，不可加添刪減。可惜，在歷史上一直有很多不認識上帝、也不學無術的人，他們不僅沒有像以斯拉那樣定志仔細考究耶和華的律法，反倒口出狂言，竟敢隨意廢棄、修改上帝的律法！在宗教歷史上，還有比這樣的信徒更愚昧、狂妄的嗎？

4. **獎懲論**：沒有獎懲，律法就沒有任何效力。現代教會有兩大荒謬之處，一是在改革宗教會外部，大多數教會不講上帝的律法，這就從根本上違背了聖經的啟示和耶穌基督的教訓；二是在改革宗內部，很多教會雖然在名義上仍然持守改革宗的教訓，教導上帝的律法，但大多數神學家和牧者主張上帝律法中的刑律已經歸於無效。這是違背基本的聖經啟示和法學常識的，若沒有刑罰，整個律法體系都將喪失作用和效力。上帝在伊甸園中向亞當頒佈誡命的時候，即明確地說：「只是分別善惡樹上的果子，你不可吃，因為你吃的日子必定死！」毫無疑問地，此處就有關於「死刑」這一刑罰的規定。上帝透過摩西在《申命記》中更是明確地闡明了來自上帝的各種刑罰。這些刑律也是上帝與人所設立的聖約中不可缺少的要素。[30] 人若犯罪，即使逃脫了人的刑律和審判，最終逃脫不了上帝的刑律和審判，所以在聖經的最後一卷書《啟示錄》中上帝特別強調祂的獎懲。從法學常識上看，沒有刑律，整個律法體系就沒有執行力。因此，廢除刑律，在本質上就是廢除了整個律法體系。[31] 正是因為教會不再強調上帝的刑律，

30　See Herman Witsius, *The Economy of the Covenants between God and Man* (originally published in Latin: *De aeconomia foederum Dei cum hominibus*, Leeuwarden, 1677; Reprinted by Den Dulk Christian Foundation, 1990), Vol. I, p. 46.

31　關於聖經中刑律的有效性，請參考 Greg L. Bahnsen, *No Other Standard: Theonomy and Its Critics* (Tyler, Texas: Institute for Christian Economics, 1991), pp. 191-250; *Theonomy in Christian Ethics* (Nacogdoches, TX: Covenant Media Press, [1977] 2002), pp. 421-452. 可惜的是，當代著名改革宗神學家弗雷姆（John M. Frame）在其名著 *The Doctrine of the Christian Life* (Phillipsburg, New Jersey: P&R, 2008) 迴避了這樣尖銳和重要的問題。

南非廢除種族隔離之後設立的憲法法院，審理第一個案件時就宣告死刑違憲，後來更成爲全世界第一個同性戀婚姻合憲的憲法法院。[32]

  5. **中保論**：耶穌基督不是一般意義上的「中心」，而是上帝與人之間獨一的中保。在罪人得救的中保上，強調唯獨耶穌基督是上帝和罪人之間獨一的聖約的中保，不管是教會、聖徒，還是耶穌在世上的母親馬利亞，都不可僭越耶穌基督這一獨特的地位和作用，這就是「唯獨耶穌基督」的眞正含義。耶穌基督的神性和人性的完美合一，這構成祂爲中保的資格；耶穌基督既有道成肉身、降卑受死的過程，也有復活升天、必要再來的過程，祂在這降卑和升高的過程中都是我們的中保；再者，祂亦透過完成先知、祭司與君王這三大職分來擔任我們的中保。因此，我們不要空喊「基督爲中心」這樣沒有聖經依據的宗教口號，關鍵是要明白耶穌基督如何擔任我們的中保，這是清教徒聖約神學所特別強調的。

基督教法統五大特徵

  法統所強調的是秩序、規則和公義。現代教會與社會的混亂集中體現在法統的混亂上。雅和博經學重提基督教的法統，並且以上帝所啓示的法統爲突破點，使得教會得見自己在眞理上的虧欠，生發悔改之心，重新重視上帝的律法，必能重新得蒙上帝的潔淨和重用。

---

32 奧比‧薩克思，《斷臂上的花朵：從囚徒到大法官，用一生開創全球憲法典範》，陳毓奇、陳禮工譯（臺北：麥田，2013 年），頁 28。

　　1.**公義論**：在總結西方基督教文明的政治信念的時候，美國保守主義思想家柯克（Russell Kirk）強調，其中三大核心性的信念就是：公義、秩序和自由。[33] 公義就是合乎上帝的律法，犯罪就是違背上帝的律法。我們首先強調的就是公義，當然這公義最終不是任何個人或群體的公義，而是上帝的公義。儘管是赦罪的福音，所顯明的也是上帝的公義；儘管是那些已經稱義的人，也要藉著信心繼續活著。他們活著的目的就是傳講上帝公義的佳音，而最好的傳講方式就是他們本身公義的生活。

　　2.**秩序論**：在法統中，我們首先強調上帝所設立的秩序，特別是心靈秩序。奧古斯丁在《論秩序》一書中第一句話就說：「在事物和事物之間有一個秩序存在，這個秩序約束並指導這個世界。」[34] 這秩序既包括上帝在自然界中所設立的自然秩序，也包括上帝爲人與人之間的關係所設立的道德秩序，更深層的則是上帝在人的心靈中所設立的心靈秩序。心靈秩序是道德秩序在個人心靈領域中的體現。眞正的世界歷史，是心靈秩序的歷史。不管世界在其存在上多麼浩瀚宏大，都不如人類心靈的天空來得幽遠精深；不管歷史在其過程中是多麼波瀾起伏，都不如人類心靈的天空來得幽微複雜。世界和歷史的一切問題，最終都集中體現爲人類心靈秩序的問題。正如吳飛在分析奧古斯丁所著的《上帝之城》時所總結的那樣：「奧古斯丁把世界歷史理解爲兩座城之間鬥爭的歷史，其實就是每個人心靈中的鬥爭。無論奧古斯丁處理

33　Russell Kirk, *The American Cause*, edited with a new introduction by Gleaves Whitney (Wilmington, Delaware: ISI Books, 2004), p. 50.

34　St. Augustine, *On Order*, trans. Silvano Borruso (South Bend, Indiana: St. Augustine's Press, 2007), p. 3.

怎樣宏大的政治和歷史問題，在根本上都是心靈秩序的問題。」[35]
我們心中的道德法則使得我們與上帝和世界相通，也使得我們成
為真正與動物不同的獨立的人。當今很多科學家致力於外部世界
的探索，反倒人的心靈世界卻越來越荒廢，英國詩人艾略特（T.
S. Eliot）曾經寫《荒原》（*The Waste Land*）一詩，反映第一次世
界大戰之後西方文明的危機和傳統價值觀念的失落，以及整整一
代人理想的幻滅和絕望，他哀訴人世間再沒有純真的愛情，只剩
下赤裸裸的色情和淫慾。因此，在雅和博經學所提倡的「仁教心
學，法治德政」中，我們所特別強調的就是心靈的秩序、境界和
修證。

3. **道德律**：道德律乃是上帝賜給我們規範人與上帝、他人
及世界關係的規則。值得我們注意的是，道德律絕不等於十誡，
十誡也絕不等於道德律，道德律的實際內容遠遠超出十誡，十誡
不過是道德律的綜述而已。目前西方改革宗教會最大的問題就是
把上帝無比豐富的道德律約化為十誡，機械地廢除禮儀律和民刑
律，使得我們所謂的道德律只剩下抽象的原則，既無法解釋，也
無法施行，因為禮儀律和民刑律本來就是上帝賜給我們關於十誡
的具體解釋和應用。要正確地理解、應用上帝所賜的道德律，我
們實在是任重道遠。

4. **本性法**：「本性法」常常被誤譯為「自然法」。其實，本性
法是指上帝刻在人心中，也就是人性中的律法，這種律法直接來
自上帝。因為這種律法既刻在人的本性中，也直接反映上帝的本

35　吳飛，《心靈秩序與世界歷史：奧古斯丁對西方古典文明的終結》
　　（北京：三聯書店，2013 年），頁 22-23。

性，如該詞的 nature 即指「上帝的屬性」和「人的本性」，因此我們稱之為「本性法」。我們承認本性法的存在，但因為本性法本身的模糊性，甚至在人心中受到罪的污染和扭曲，所以基督徒不能以本性法為根基和標準來建立基督教文明，我們當自覺地以上帝所明確啟示的律法為判斷善惡的標準，這是理所當然的。

5. **高級法**：高級法是指與人所設立的律法相比，上帝的律法在權威和效力上乃是高級法。布萊克斯通強調：「毫無疑問，首先上帝所啟示的律法（從人的角度而言）比我們通常所稱的本性法享有無限大的權威，因為本性法本來就是上帝親自宣佈的；第二，本性法只是在我們人類理性的幫助下認為是本性法。假如我們能夠使後者和前者一樣明確，二者就都享有同樣的權威了，可惜我們無法做到這樣。既然我們無法使我們理性所發現的本性法與上帝所啟示的律法一樣具有明確性，我們就絕不能把二者相提並論。所有人的律法有兩大根基，一是本性法，一是上帝所啟示的律法。任何人所制定的律法都不能違背這兩者。」[36] 布萊克斯通是有智慧的，他的表達也非常清楚。他一方面強調本性法的重要性，同時在認知的方面指出本性法的模糊之處，讓我們更多地以上帝所明確啟示的律法為標準，同時並不否定本性法的存在性和重要性。

法治、改革宗與中國文化的會通

改革宗信仰高舉上帝的主權，自然也高舉上帝的約法。上帝

36　William Blackstone, *Commentaries on the Laws of England*, Vol. I, p. 42.

的律法既是造物主與受造物之間的疆界，也是上帝與人所設立聖約的標準和尺度，是使選民確保自由的蒙恩之道。范泰爾強調說：「從基督教的原則來看，創造必定是『律法性的創造』。既然認真地對待創造論，則自然的結論就是：受造實體的各個方面必定在彼此之間維繫著各種關係，正如創造者在它們中間所命定的那樣，或是高級，或是低級，或是平等，這就是受造物彼此之間的關係。然而，既然各個方面同樣都是受造的，就不當把任何一個方面視為比別的方面更加根本。因此，在這個方面，受造性的一與多可以說是彼此同等；它們都是繼受性的，也同樣都是倚靠上帝而存在。殊相或宇宙中的事實確實而且必須依照共相或律法而行動。因此，在受造界中是有秩序的。另一方面，律法並沒有也絕不會把殊相約化成抽象的殊相，或是以任何方式約化它們的個體性。律法不過是上帝在個體之中做工之方法的概括。」[37] 世界歷史就是上帝的計劃和旨意不斷敞開和實現的過程，我們基督徒蒙召即是要參與這樣的世界歷史進程，在我們具體的生活中榮耀上帝、見證福音，而上帝所賜給我們的律法就是我們「腳前的燈」、「路上的光」。那些反對、廢棄上帝律法的人，剩下來的唯一選擇就是到人群中尋找各式各樣「冒煙的火把頭」！

當然，一切未重生之人都喜歡上帝的應許，卻不喜歡上帝的律法；唯獨真正重生得救的人才會發自內心地喜歡上帝的律法。罪人總是試圖用個人的願望、世上的風俗和人的傳統來取代上帝的誡命。加爾文追隨摩西的教訓，強調說：「我們無須從天上或深淵裡

37　Cornelius Van Til, *The Defense of Faith*, p. 26-27.

尋找上帝的旨意，因爲上帝的旨意已經清楚地刻在律法上。」[38] 所以，加爾文始終認爲：「上帝的律法是基督徒行事爲人最完美的準則。」[39] 加爾文在講解《申命記》時強調：「我們的主告訴我們，只要遵行祂的律法，我們就有足夠的東西去遵守，我們不需要在上帝的律法之上再加添什麼。」[40] 基督徒當以上帝的律法爲標準來衡量自己一切的作爲，且把所有的心思意念都降服在上帝的旨意之下。荷蘭改革宗神學家威蘇斯（Herman Witsius）也強調說：惟獨上帝的律法才是「唯一完美的美德規範。」[41] 賓克強調：「道德律乃是上帝統管以色列人的基礎。」[42] 同時，上帝的律法也爲傳福音提供了「司法性的根基」。[43] 沒有上帝的律法，我們就無法宣講悔改與赦罪的信息，因爲悔改與赦罪的標準都是上帝的律法。值得深思的是，孟德斯鳩（Montesquieu）早就發現：「一個懦弱、無知和沮喪的人民是不需要太多法律的。」[44] 同樣，我們可以說，正是因爲對上帝律法的注重，塑造了清教徒智慧、勇敢、堅毅和節制的品格。那

38　加爾文，《基督徒敬虔學》，1 卷 17 章 2 節。

39　加爾文，《基督徒敬虔學》，3 卷 7 章 1 節。

40　John Calvin, *Sermons on Deuteronomy*, p. 456.

41　Herman Witsius, *De aeeconomia foederum*, Vol. III, i.22. the law is "the only perfect rule of all virtue." 那些反對、藐視、廢棄上帝的律法的人，必然導致道德上嚴重的敗壞。

42　Arthur W. Pink, *Gleanings in Exodus* (Chicago: Moody Press, 1981), p. 161.

43　Herman Ridderbos, *The Coming of the Kingdom*, trans. H. de Jongste, ed. Raymond O. Zorn (Philadelphia, PA.: The Presbyterian and Reformed Publishing Company, 1962), p. 172.

44　轉引自左春和，〈後極權時代的反腐運動：按計劃，香港反腐也打出了「大老虎」〉，2014 年 12 月 22 日微信文章。

些輕看、離棄上帝所啓示律法的人必是「驕傲之人」、「奸詐之輩」。

中國文化提倡法治，但卻一直缺乏上帝所賜的「良法」！一代大儒荀子甚至培養出了中國的法家大師韓非子，把「法治」變成統治者治國的權術，用嚴刑峻法來統一國家、駕馭群臣、奴役百姓！因此，關鍵不是「法治」與否的問題，關鍵是我們所用的「法」到底是誰制定的法？到底是什麼性質的法？惡法之治使得中國人幾千年來飽受專制的暴虐和殘害，所以我們現在必須明確地回到上帝的律法，這樣才能從根本上重塑中國的律法體系。只有強調上帝的律法，我們才能建立眞正的法統，進一步建立以上帝的律法來治理的個人、家庭、教會與國家，這才是眞正意義上的「法治社會」。否定、弱化上帝的絕對性律法，其實就是否定、弱化上帝的絕對性權威，便給人的種種「私慾」留下氾濫的空間，必將跌入各種「人治」的泥沼裡。各種形式的「人治」都是專制，使那些暴君酷吏蠻橫地把自己凌駕於他人之上。中國大陸傳道人大多數從小生活在「人治」、「專制」的氛圍中，更要自覺地防範各種形式的反律主義和相對主義，既要在教會中不斷宣講上帝的律法，正確地施行教會的懲戒，更要以身作則，在守約守法上爲人師表。

在道德心方面，儒學的問題就是把「道德心」——也就是良知——無限擴大，甚至上升到基督教神學中上帝的層級。這種以人爲本的道德哲學最終不僅不能造就「內聖外王」的聖君賢相，只能成批地培養披著儒家仁義道德的外衣，實質上卻用法家的嚴刑峻法來對付老百姓的「外儒內法」之暴君及其鷹犬。

法治乃是外王的本體，就是我們必須以上帝所啓示的律法爲修身養性、安身立命、齊家治國平天下的標準和工具。法治是從

內聖轉向外王的關鍵，中國文化之所以無法從內聖轉向外王，就是因為缺乏來自上帝的制度和標準。當然，我們有了來自上帝的制度和標準，仍然需要依靠上帝的恩典才能遵行。因此，我們首先應當靠著上帝的恩典攻克己心，克己復禮，然後才能轉向家庭、社會的治理。

雅和博經學直接把人的道德心和律法心聯繫在一起，視為一體，這就使得基督教能夠深刻地從道德的層面來看律法，從律法的層面看道德，既注重人本於良心對道德律的遵守，也注重運用上帝所啓示的道德律為工具來促進個人的道德。在雅和博經學所強調的道德律中，「律」是以「仁教」為根本，以「德政」為落實的道德之律。「道」的根本乃是對賜律者上帝的認識，而不認識天道，就是「無道的昏君」；「德」的根本乃是我們出於愛上帝之心而對上帝所啓示律法的順服，而不順服上帝的律法，就是「缺德的流氓」。這些話很難聽，但確實是事實。無法無天之人，若得志成功，就成為竊國賊民的暴君酷吏；若倒霉失意，就淪為流落民間的流氓流寇。唯獨上帝的恩典和真理，才能塑造真正具有崇高道德品格的公民。

基督教文明論與道德體系

上帝賜給我們律法，是要培養我們的品格。伯爾曼強調，我們不可把上帝賜給我們的律法視為外在僵死的規條：「律法是為犧牲之愛——也就是耶穌基督親身所體現的那種愛——在社會中扎根成長而創造條件的過程。」[45]

45　Harold J. Berman, *Faith and Order: The Reconcilation of Law and Religion*, p. 313.

我們應當旗幟鮮明地捍衛上帝的聖約和律法，反對各種形式的反律主義和相對主義。《馬加比書》記載了主前一七五年到一三四年猶太人反對敘利亞暴君安提阿哥‧伊皮法紐的事蹟，那時候很多猶太人在逼迫之下「無視律法」、「拋棄聖約」。祭司瑪他提亞不顧滅家、滅族的危險，揭竿而起，號召猶太人「所有忠於上帝聖約、服從上帝律法的人們，跟我來啊！」。[46] 可惜，時至今日，很多基督徒卻喪失了對上帝約法的認識和熱情。

從歷史的角度來看，猶太教會的問題就是太注重律法的規條和外在的儀文，卻沒有謙卑、深刻地領受耶穌基督的教訓和救贖；外邦教會的問題是自以為領受了耶穌基督的教訓和救贖，卻沒有明白上帝的聖約和律法的重要性。事實上，使徒時期的猶太教會並非如此，雅各和當時耶路撒冷的眾長老都強調：「猶太人中信主的有多少萬，並且都為律法熱心」。可惜，基督教在外邦人中傳播的時候，不知不覺地忽略了對於上帝律法的重視，哥林多教會中的人甚至大發「愛心」，娶了自己的繼母。哥林多教會不僅出了這樣的醜聞，並且教會再沒有能力按照上帝的律法來審斷這樣的事。既然哥林多教會就像今日的靈恩派教會一樣只是強調說方言之類的恩賜，不重視上帝的聖約和律法，他們當然就喪失了判斷的智慧。不管在哪個時代，若沒有上帝的約法所規範的道德體系和律法體系，基督教就會淪落成以「不管真不真，只管靈不靈」為特徵的民間宗教，因喪失客觀的標準，自然也就喪失了對善惡的判斷，於是自身陷在混亂和醜聞之中，當然便不會對

---

46 譯文引自張久宣，《聖經後典》（臺北：臺灣商務印書館，1995年），頁 254。

周圍的社會和文化產生積極的影響，甚至很可能時常成為周圍社會和文化的笑料。

基督教道德體系要求我們首先考察人性，對於人性的善惡做出具體的界定，我們既要承認上帝創造我們時人性的美善，同時也要明確承認墮落之後人性的敗壞和險惡，如此，我們就在人性問題上避免了抽象的論斷和盲目的樂觀。其次，基督教道德體系要求我們明確地承認以上帝的律法為判斷善惡的標準，如此，我們就積極地避免了虛無主義或反律主義的影響。第三，基督教道德體系要求我們明確地承認美德的本源乃是來自上帝的恩典，這恩典都是上帝在耶穌基督裡賜下的，所以我們必須謙卑地接受上帝在耶穌基督裡的救贖，如此，我們就避免了道德主義或律法主義的傾向。

道德體系的基要教義圍繞著人生的目的與達成而展開。根據清教徒《西敏斯特小教理問答》的總結，人生的首要目的就是「榮耀上帝，以祂為樂，直到永遠。」對於上帝而言，我們的一生要展現祂的榮耀；對於我們而言，我們一生要得到我們能夠得到的滿足和快樂。

1. **目的與工具**：亞里士多德強調：「人的每個選擇和行動都是有目的的。」[47] 在道德理想上，我們首先需要確知的就是人生的首要目的，然後才能辨明實現這一首要目的必須採取的路徑或方法。這一首要目的就是榮耀上帝，以祂為樂，直到永遠。達成的途徑或方法就是上帝的真理，尤其是上帝的律法。

2. **個人與社會**：個人既是相對獨立的主體，每個人受造都有

47　Aristotle, *Nicomachean Ethics*, book VI, 7, 1097a21.

上帝的形象，都被上帝賦予了不可剝奪的尊嚴和權利，亦都從上帝承受了不可推避的使命和責任，且最終每個人都要自己在上帝面前交出自己的帳本。同時，人生來即具有社會性和群體性，如上帝賜給人的第一個誡命就是社會性和群體性的誡命。即使在伊甸園中人還沒有墮落的時候，上帝也說：「那人獨居不好」。我們在《使徒信經》中告白：「我信聖靈，我信聖而公之教會，我信聖徒相通。」此處所強調的就是聖徒個人與聖約群體的關係。也只有在這樣的聖約群體中，「我信罪得赦免，我信身體復活，我信永生」才有其意義。

3. **道德與法治**：道德不僅涉及到人內在心靈的傾向，也涉及到人外在的行為。道德的標準就是道德律，基督徒的道德當以上帝所啟示的道德律為最高標準。因此，對於基督徒而言，道德與法治是直接相通的，基督徒的道德就是攻克己身、攻克己心，並以真正的信心遵守上帝的律法、榮耀上帝。但若離開上帝所特別啟示的律法，我們便會陷入禮崩樂壞、無法無天的混亂之中。此外，離開上帝所賜給我們的信心，我們對律法的遵守只能是假冒為善。

4. **道德與習慣**：道德既強調內在的習性，也強調外在的習慣。內在的習性是指人心靈的傾向，而外在的習慣則是在長期行動中所養成的行為模式。基督徒的靈修就是修心，修心的關鍵是修德，即在愛主愛人的美德上長進。而要培養美德，就要心意更新、付諸行動，且堅持不懈地消除不良習慣、培養美好習慣，結果必有所成。

5. **神法與人法**：上帝的律法所反映的是上帝的性情和旨意。這律法首先刻在人性中，又通過特殊啟示賜給教會，使人能夠明

確知道、謹守遵行，並且繼續教導傳遞給他人和後代。因此，律法有三個層面，一是上帝特殊啟示的神定法，二是來自上帝的本性並刻在人性中的本性法，三則是人根據神定法和本性法所制定的人定法。人定法必須以神定法和本性法為根基，本性法則要以神定法為明確的釐定。

6. **良知與判斷**：良知就是人的心中根據上帝的律法和具體處境進行判斷的能力。墮落之人的良知是不可靠的，得救之人的良知則必須自覺地降服在上帝的聖言之下，既要接受上帝所特別啟示的公義之律法的規範，也要貫徹耶穌基督在其福音中所顯明的愛的精神，如此我們才能夠在具體的處境中做出具體合乎上帝旨意的抉擇。上帝的律法已經明確啟示給我們，但如何解釋上帝的律法，如何在具體的處境和案例中應用上帝的律法，則始終是一個巨大的挑戰，需要我們謙卑地考察、體驗，尋求上帝賜給我們的光照，我們才能夠適時地做出智慧的判斷。

7. **律法三範疇**：傳統上，包括在《西敏斯特信條》中，我們把上帝所特別啟示律法分為三大範疇：道德律、禮儀律和民刑律。上帝賜給人的所有律法都是道德律，關涉到我們對上帝和他人的道德責任。而上帝律法的總綱就是愛主愛人，綜述即是十誡。十誡分為兩塊法版，第一塊法版教導我們如何愛上帝，是禮儀律的綜述，代表我們對上帝當盡的本分；第二塊法版則教導我們如何愛鄰如己，是民刑律的綜述，代表我們對他人當盡的本分。

8. **律法三功用**：律法有兩大消極性功用，就是抑制罪惡和使人知罪。而律法積極的功用則是教導上帝的子民明白上帝的旨意，完成上帝所賜治理全地的文化使命。改革宗的特色就是強調律法的積極功用，也就是教訓或教導的功用，這亦是耶穌基督所

強調的。迪豪恩（Chad Van Dixhoorn）在注釋《西敏斯特信條》第十九章「律法論」的時候強調這一信條的規定和加爾文在《基督徒敬虔學》中次序的不同。加爾文首先強調的是律法的「教育性功用」，向我們指明我們需要基督及其救恩；其次是律法的「社會性功用」，即指律法為所有人提供生活的標準；第三大功用則是「規範性功用」，指律法約束重生之人少犯罪，並鼓勵他們追求敬虔。[48]《西敏斯特信條》所列明的律法功用首先是社會性功用，其次是教育性功用，第三是規範性功用。可見，《西敏斯特信條》的制定者們更加強調的是律法的社會性功用，也就是為整個社會提供人人都當順服的行為標準。並且只有強調這一功用，上帝的律法才能促進整個社會的法治。在以色列歷史上，為了正確履行他們的職分，審判官需要查考摩西傳下的各條律法，因僅僅研究十誡是不能解決任何具體問題的。祭司也當如此行，特別是那些同著某些利未人被派往猶大各城教訓百姓的祭司。在後一種情況裡，經文特別提到「他們帶著耶和華的律法書，走遍猶大各城教訓百姓。」今日社會中所缺乏的就是詳盡地按照上帝的律法進行裁判的審判官，亦缺乏帶著摩西的律法書到處教導上帝的子民的祭司！

9. **善行三要素**：基督徒不是靠自己的善行得救，但基督徒的得救是為了行善，這是聖經所明確啟示的。真正的善行在主體性本源上必須出於真正的信心，在客觀性標準上必須合乎上帝的律

48　See Chad Van Dixhoorn, *Confessing the Faith: A Reader's Guide to the Westminster Confession of Faith* (Edinburgh: Banner of Truth Trust, 2014), pp. 250-254.

法，在終極性目的上必須爲榮耀上帝而行。

10. **決疑三要素**：能夠分辨好歹是基督徒成熟的標記，「他們的心竅習練得通達，就能分辨好歹了。」根據弗雷姆（John M. Frame）的歸納，我們強調三大要素或角度：（1）規範——「天不變，道不變」，上帝的律法是不變的超越性標準，故上帝的律法具有絕對性；（2）處境——我們所面對的具體處境千變萬化，基督徒當「通達時務」，如此才能「以不變應萬變」，故具體的環境具有複雜性；（3）良心——「運用之妙，存乎一心」，要把上帝的律法運用到千變萬化的具體環境之中，則需要我們以智慧之心做出判斷。[49]

門徒訓練、意志訓練與賢者品格

人是意志性的主體，我們最大的責任就是治服己心、攻克己身，透過意志的操練成爲能夠遵行並且教導上帝律法的賢者。

意志訓練就是意志修，即基督徒在意志方面的靈修。作爲耶穌基督的門徒，沒有學習上帝的律法和誡命，就是沒有任何學習；沒有接受律法的培訓，就是沒有接受任何培訓；沒有在意志上明確地甘心順服上帝的律法，就是沒有任何順服！門徒培訓應要使基督徒成爲眞正的賢者，就是成爲像以斯拉那樣通達、順服上帝律法的大德。

門訓的關鍵就是教導上帝的誡命，這是耶穌基督所明確吩咐的：「凡我所吩咐你們的，都教訓他們遵行」。當然，我們教導

49　See John M. Frame, *The Doctrine of the Christian Life* (Phllipsburg, New Jersey: P&R, 2008).

人遵行上帝的律法，並不是機械性地遵守律法在字面上的規條，而是教導人如何根據上帝的誡命對於千變萬化的實際問題做出判斷，也就是決疑術。另外，比這種教導更重要的則是從意志的訓練入手培養人的品格。否則，邪惡之人不管怎樣加強知識方面的學習，總不會做出正確的判斷，因爲他們的心本身就是邪惡的。在本書中，我們把「法治」放在「心學」之後，並且在「法治」之後，馬上強調「德修」，正是爲此。

意志的訓練就是要我們的意志降服在上帝的旨意之下，順服上帝向我們顯明的旨意，也就是上帝的誡命。韋柏明確指出，基督徒「要謙卑，行事爲人就要順從上帝的誡命。」[50] 在意志的訓練方面，基督徒當立志效法耶穌基督，祂在面對死亡的羞辱和痛苦的時候禱告說：「阿爸！父啊！在你凡事都能；求你將這杯撤去。然而，不要從我的意思，只要從你的意思。」此處耶穌基督有兩大承認，一是承認上帝的大能─「在你凡事都能」，二是承認自己的軟弱，所以祈求上帝「將這杯撤去」，但最重要的是祂在意志上把自己完全降服在上帝的意志之下。主耶穌基督教導門徒的「主禱文」亦是一個優美的意志操練的禱告，其核心即是讓我們先求上帝的國度和公義。因此，基督徒對意志的操練並不是完全抹煞個人的意志，而是使個人的意志與上帝的意志相合。

意志修的核心是培養我們四大「公共美德」，也就是明知、正直、勇敢和節制，這些美德乃是公共生活的興盛所必須的「公

50　羅伯特‧韋柏，《神聖的擁抱：重尋兩千年靈修傳統與實踐》，頁260。

民美德」。[51] 當然，美德的界定始終是以標準（也就是律法的存在）為前提的。我們強調透過培養公共美德而造就我們的「律法品格」，使得我們在基督裡成為真正的賢者。這種「賢者品格」首先要求具有律法或規則意識，自覺地遵守上帝設立的律法和秩序；其次是對於上帝的律法有明確的學習和深厚的修養，從而能夠明白上帝的旨意；第三是以上帝的律法來要求自己，不斷治服己心、攻克己身，在實際生活中遵守上帝的律法；第四則是積極地把這種道德理想和標準傳遞給其他人，從而在公共領域中發揮光與鹽的作用。只有經過意志的操練而具有這種律法品格的人，才能擺脫自私自利造成的各種低級趣味，在教會和社會各領域中成為真正愛主愛人的僕人式領袖。

法治、道德與文明宣教

在反律主義的影響下，今日基督徒和整個社會都喪失了對道德、倫理的關注。沒有道德體系的宗教信仰，就是巫術邪說。基督教不僅為人提供了最穩妥的哲學體系，以及最開明的信仰體系，也為人提供了最崇高的道德體系。這一道德體系首先高舉的就是上帝的主權，道德行為的善惡是以上帝所啓示的律法為標準的，並且也唯獨上帝能夠鑑察人心，如此，我們就從根本上消除了一切假冒為善的道德表演賴以存在的根基。我們強調上帝在受造界中設立了道德秩序，並且最終上帝必要按照每個人的行為報應個人，這就為道德行為提供了最後的保障。我們甚至強調，整

51　參考劉訓練，《共和主義：從古典到當代》（北京：人民出版社，2013年），頁222。

個世界歷史的過程就是人的道德品格發展的過程，也就是個人的心靈成熟的過程。上帝讓萬事互相效力，最終即是讓我們能夠效法耶穌基督，使我們在愛主愛人的品格上不斷長進。至高無上的上帝雖然有權力直接吩咐我們如何行，卻屈尊俯就我們，與我們立約，賜給我們律法，讓我們自由選擇遵行，可見人的自由意志在上帝的眼中是何等重要！當上帝拯救罪人的時候，聖靈在人心中賜下的就是屬靈的美德，沒有這樣的美德，我們的信仰就是自欺欺人。可見，雖然基督教是超自然的宗教，但其最終的落實卻是在人的美德和善行上。基督教欲培養真正的英雄和聖徒，真正的英雄首先是攻克己身的聖徒，真正的聖徒也必然是勝過世界的英雄。基督教在道德上的崇高性實在是無與倫比的，當然我們也承認，很多版本的基督教已經喪失了對美德的強調，淪落到民間宗教的層面。因此，我們特別倡導雅和博經學，目的並不是高舉雅和博經學本身，而是提醒、帶領大家更加整全地歸回聖經啟示和教會正傳。

簡言之，基督徒的生活必須有章法，有道德的見證，如此我們才能透過我們的生命傳遞生命，否則上帝的真道就在我們身上受到褻瀆。但每一個立志宣教的人，都必須有德修的操練，即必須在攻克己身上，下真正的工夫。耶穌基督強調我們當先求上帝的義，上帝的公義與上帝的律法有直接的關係，正是因為我們忽視、藐視、偏離上帝的律法，我們在法治、道德和宣教上才根本性地偏離了上帝的旨意。伯克富強調說：「義的基本概念就是嚴格合乎律法。在人當中，義的前提就是他們有共同必須遵守的律法。有人說我們不能講上帝的義，因為上帝不處於任何律法之下。儘管沒有任何律法在上帝之上，但在上帝的本性中肯定有

律法，而這種處於上帝本性中的律法就是我們所能找到的最高標準，且其他所有律法的合法性都當由這律法來判斷。一般來說，我們把上帝的公義分為絕對性的公義和相對性的公義。上帝的絕對性公義即指上帝在本性上的正直，由此上帝在祂自己身上就是無限公義的；而上帝的相對性公義則指針對一切違背上帝聖潔的事情，上帝仍保持祂自己於完全之中，在每個方面都顯明祂是至聖者。『公義』一詞更多指向上帝的相對性公義。」[52] 正如魯斯德尼所分析的那樣：「上帝的義在上帝的律法中顯明出來，上帝的律法就是標準，當人違背上帝律法的時候，就被宣佈為罪人。當初亞當和夏娃的罪就是他們違背上帝的律法，而衡量人信心的尺度就是他所結的果子，即他的行為，也就是他是否合乎上帝的律法，因此上帝的律法就是他的新生命和新性情。忽視上帝的律法，違背上帝的律法，既沒有正直，也沒有公義可言。離棄上帝的律法，就是離棄上帝本身。」[53]

　　因此，基督徒的宣教絕不僅僅是傳福音，還涉及到傳講律法的問題。梅欽指出：「如果沒有上帝所啟示絕對的法律，就不會有罪惡感；如果沒有罪惡感，就不會有對救主耶穌基督的信心。所以，許多人僅僅把耶穌視為『基督生活』的發起者，他們完全能夠進入這種生活，毫不費力；他們認為自己與基督的生活只有程度的不同。如果他們不重新認識上帝法律的威嚴，就絕不會真正認識基督之位格的威嚴，也絕不會明白基督的救贖之工。只有當他們認識到上帝律法的威嚴之後，他們才會承認自己的罪和需要，才會棄絕他

52　Louis Berkhof, *Systematic Theology* (Grand Rapids: Eerdmans, 1941), p. 74.

53　R. J. Rushdoony, *The Institutes of Biblical Law*, p. 306.

們對自身的信心，而這恰恰是真信心的基礎。」[54] 所以，「唯獨上帝的律法才是把人帶到基督面前那訓蒙的師傅，因為唯獨上帝的律法使人知罪。」「當今最迫切需要的就是重新大力傳講上帝的律法；假如人曉得了律法的教訓，就不難明白福音……情況總是這樣：輕看上帝的法律所帶來的是律法主義；而注重上帝的律法則使人尋求上帝的恩典。祈求上帝使人重新重視上帝的律法。」[55] 惟願梅欽這樣的祈求，成為更多基督徒心靈的渴盼！

法治座右銘：神權神法

在律法方面，上帝是全世界最高的立法者和審判者，而上帝在聖經中所啟示的律法則是人人都當順服的最高道德標準。[56] 聖經主要是一本律法書，上帝的律法就是上帝向我們顯明之行為的規範、生活的原則、治理的工具、相愛的藝術。因此，法治是上帝的旨意，「上帝的旨意就是所有的社會、個人和國家都接受祂律法的統治。」[57] 上帝的主權和律法，這是聖經中所特別強調的。

1. **神權與神法：**我們強調的「神權」即指「上帝的主權」。在目前到處高舉「人權」、塑造「超人」的時代，上帝的主權受到了空前未有的忽略和踐踏！即使在教會之中，在教會的講壇上，很少有人繼續高舉上帝的主權。因此，賓克在談及「上帝的

---

54 J. Gresham Machen, *What Is Faith?*, p.129.

55 J. Gresham Machen, *What Is Faith?*, p.141-142.

56 Richard A. Muller, *Dictionary of Latin and Greek Theological Terms*, pp. 173-4.

57 R. J. Rushdoony, *The Institutes of Biblical Law* (Vallecito, CA.: Ross House Books, 1999), Vol. III, p. 1.

主權和今日世界」的時候首先感歎說：「今天到底是誰在掌管這個世界上的一切事物？是上帝，還是魔鬼？人們一般都承認，上帝在天上施行至高無上的統治，卻又普遍地否定上帝對這個世界的統治，如果不是直接否定，就是間接否定。」[58] 到底上帝的主權是指什麼？賓克指出：上帝的主權就是指「上帝的至高無上、上帝的完全、上帝的神格。說上帝是主權的上帝，就是宣告上帝確實是上帝。說上帝是主權的上帝，就是宣告上帝是至高者，按照祂自己的旨意行萬事，在天上的萬軍和地上的居民中，沒有人能攔住祂的手，或問祂說：祢做什麼呢？說上帝是主權的上帝，就是宣告祂是全能者，天上地下的一切權柄都是屬於祂的，因此沒有人能夠打敗上帝的計劃，推翻祂的想法，抵擋祂的旨意。說上帝是主權的上帝，就是宣告『國權屬耶和華，祂管理萬有』，祂建立天上的國度，推翻世上的帝國，按照祂自己的心意來決定朝代的更替。說上帝是主權的上帝，就是宣告祂是**『那可稱頌、獨有權能的萬王之王、萬主之主』**。這就是聖經中所啟示的上帝。」[59] 上帝既然是主權的上帝，也必然是為我們立法的上帝。上帝不僅不會廢棄祂的律法，更要藉著聖靈的大能把祂的律法刻在我們心中，使我們甘心樂意地遵行上帝的律法。司布真（C. H. Spurgeon）強調說：「我們不能立法，但我們可以並且必須執行主的制度和律法。當我們在地上的教會中正確地執行上帝的律法之時，就會得到我們在天上的主的認可。假如教會根據上帝的法

58　A. W. Pink, *The Sovereignty of God* (Guildford and London: Billing & Sons Limited, [1928] 1968), p. 12.

59　A. W. Pink, *The Sovereignty of God*, p. 21.

典做事，而教會的大君王卻不以具體的獎懲來支持認可，教會就不過是一個贋品，教會的活動也不過是鬧劇而已。」[60] 沃格林另外強調：「人不是自身內部就帶有自己存在的本源與意義的自我創造、自我立法的存有。」[61] 否定上帝的存在，人就喪失了生存的根基；否定上帝的律法，人就喪失了價值的判斷和生存的意義。由此可知，真正的法治必須建立在神權神法的基礎上，否則人與人之間就沒有終極性的權威和標準。

2. **公義與平等**：法治的關鍵不是「有法可依」，關鍵是公平的審判。若沒有公平的審判制度，整個律法就成為一紙空文。因此，上帝不僅設立了律法，並且在人間設立了審判制度。只有透過司法審判，那些違背律法、侵犯他人權益的犯罪者和加害者才會受到當得的懲罰，受害人及其相關人才會得到合理的賠償。因此，培根（Francis Bacon）在論法律的時候強調說：「我們應當懂得，一次不公正的裁判，其惡果甚至超過十次犯罪。因為犯罪雖是無視法律──好比污染了水流，而不公正的審判則是毀壞法律──好比污染了水源。」[62] 司法審判所追求的最大目標就是公義，在審判過程中當持守的最大原則就是平等。自從亞里士多德以來，對公義的概念都沒有較完整的定義，大致就是把他人當得的歸給他人。但問題在於何謂他人當得的？具體判定的標準到

60　C. H. Spurgeon, *The King Has Come: Commentary on the Gospel According to Matthew*, ed. Larry Richards (Old Tappan, New Jersey: Fleming H. Revell Company, 1987), pp. 225-226.

61　Eric Voegelin, *Anamnesis*, trans. Gerhart Niemeyer (Columbia and London: University of Missouri Press, 1990), p. 92.

62　培根，《論法律》，http://gongfa.com/peigenlunfalv.htm，2015 年 5 月 16 日查考。

底是什麼？這是人本主義的立法者永遠也不能解決的問題，於是最終的辦法便是誰透過暴力取得政權，誰就有立法權，就可以按照自己的意願和利益制定法律，並且透過國家暴力的形式予以維持。然而，上帝不僅賜給我們十誡這樣普遍性的道德法則，還另外賜給我們判例法（case law），為我們提供了詳盡的規定，並且讓我們按照平衡的法則，從這些案例法中得出普遍性的法則，從而可以判斷我們所遇到其他新的類似案例。加爾文強調說：「律法中所教訓的完美生活是真正的公義，是人所當行的。」[63] 這種衡平的藝術在如今教會中基本上已經喪失了，所以我們今日大多數神學家和牧者都不懂得如何根據上帝的律法來裁判具體的案件。但是，我們必須知道，一直到宗教改革時期，教會始終是運用這種衡平的法則來解釋、應用上帝的律法。[64] 另外，此處我們所強調法治社會中的「平等」並不是我們中國人所喜歡「打土豪、分田地」性質的平等，而是指在律法面前程序上的平等，也就是西方法學中始終強調的程序正義的問題。從聖經啟示和常識智慧的角度來看，嚴格的實質正義是人間無法達到的，我們只能透過嚴格的程序正義，爭取在判決結果上達到人能夠達到的相對公義。而我們之所以不能達到嚴格的實質正義，原因有三方面：一是人的動機具有不可測度性；二是作為行動已經發生的原初事實具有不可重複性；第三就是每個人對於自己和他人的動機和事實的解讀都有自己的視角，不存在絕對中立、客觀的證據。因此，

63　加爾文，《敬虔生活原理》，王志勇譯（北京：三聯書店，2012 年），頁 5。

64　參考 Guenther H. Haas, *The Concept of Equity in Calvin's Ethics* (Wilfrid Laurier University Press, 1997).

最終這種嚴格又絕對的實質公義，只有在上帝最終審判每個人的時候才能完全達到，因為只有上帝是無所不知、完全公義的上帝。所以，我們試圖在人間達到嚴格又絕對的實質公義基本上就是一種自欺欺人、無法實現的目標。程序正義則是「看得見的正義」，是人能夠把握和進行的。英美法中有一句人所共知的法律格言：「正義不僅應得到實現，而且要以人們看得見的方式加以實現」。[65] 所謂「看得見的正義」，實質上就是指裁判過程（相對於裁判結果而言）的公平，法律程序（相對於實體結論而言）的正義。這種程序公義要求當事人在審判過程中享有平等的參與權，裁判者要始終保持一定的中立性，裁判者執行裁判的程序必須具有一定的合理性和自治性。最後，案件不能久拖不決，必須要對案件及時做出終結。[66] 對於習慣了自認定無所不知、無所不能的中國人來說，我們更願意利用各種非法手段來追求自己所認定的實質正義，但卻很少真正重視程序正義，因此「重實體，輕程序」的「程序虛無主義」的觀念和做法在中國社會中長期盛行。中國共產黨掌控和操縱下的公檢法各級官僚之間官官相護、聯合辦案，利用刑訊逼供等各種手段成造成無數的冤假錯案，他們對程序正義的踐踏更是赤裸裸地無法無天。

3. **窮人與富人**：上帝顯然不贊同我們中國人常說的「劫富濟貧」！在這段經文中上帝明確強調：「**不可偏護窮人，也不可重看有勢力的人**」！如果我們每個人都嚴格地按照上帝的律法行

---

65 參考陳瑞華，《看得見的正義》（北京：北京大學出版社，2013年），第二版。

66 參考百度百科「程序正義」，http://baike.baidu.com/view/626763.htm，2015 年 5 月 16 日查考。

事為人，那麼在這個世界上就不會有任何人淪落為窮人。因為如果每個人都嚴格地按照上帝的律法行事，則我們都會成為有愛心、有智慧，且殷勤勞動的人，所以我們都會得蒙上帝的賜福。即使我們中間因為天災人禍而有人陷入匱乏之中，需要他人的幫助，上帝的律法也為我們規定了許多互相救濟的可行方式，比如禧年的時候赦免債務，使土地重新歸回債務人的手中，窮人則有拾穗權。窮人因生活所需而借債，對方不僅要借，而且不能收取利息；即使成為債務奴隸，也要受到良好的待遇，並且到了一定時候就要釋放。由此可知，聖經中對窮人和弱勢群體有特別的保護。針對當時社會中的為富不仁、貧富懸殊，耶穌基督讓人特別顧念弱勢之人：「你擺設筵席，倒要請那貧窮的、殘廢的、瘸腿的、瞎眼的，你就有福了！」耶穌基督甚至把最終審判時我們是得到永生還是接受永刑與我們今生是否關愛窮人聯繫在一起，指出我們要接待客旅，照顧窮人，探訪病人和囚犯。但是，不管我們怎樣照顧窮人，都應當按照上帝的律法行事，不可偏袒窮人，更不可像拉丁美洲解放神學所說，把上帝拯救罪人的福音變成了「上帝愛窮人」的馬克思主義口號！富人在上帝面前是罪人，窮人在上帝面前也是罪人。富人的心是惡的，窮人的心也不可靠。在施行審判的時候，我們絕不能根據窮富進行裁判，更不能違背上帝的律法，直接制定劫富濟貧的邪惡法律，用國家強制的手段侵犯、剝奪他人的私有財產，轉移給其他人，進行所謂「合法的掠奪」，[67] 這也是上帝所恨惡的。

67　參考 Frédéric Bastiat, *The Law* (Auburn, Alabama: Ludwig von Mises Institute, 2007).

✝

第 四 章

德政：政統與體統、政治與美德

聖約文明論第四大要素：上帝的審判與聖約的獎懲
靈商、政治心、政治主體與勇士品格
政治的種子與政治信仰：政治系統與德修神學

上帝賜給人政治之心，每個人都是政治主體，都當勇敢地承擔自己的使命和責任。我們根據人本具有的政治心而強調政治信仰，建構政治系統與德修神學，目的即在於使人在社會群體中實現真正的幸福，效法基督，齊家治國，為愛奉獻，使更多人在基督裡得享真正的自由，活出上帝造我們本有的榮美品格。

德政與美德

德政的最高價值和追求是公義。基督教文明必然是美德的文明。上帝所啟示的美德，核心就是愛主愛人的愛德。上帝是美德的終極源頭，祂的心意就是讓祂的兒女彰顯祂的美德。德政就是仁政，即以愛德進行治理的教義。德政注重天人合德，就是我們在治理上當效法、彰顯上帝的美德。

在德政部分，我們把仁教、心學和法治落實在具體的生活中，就是個人與社會生活的各個領域之中。德政就是仁政，仁政就是人政，即每個人都要以正直之心行事。因此，政治的問題最終關鍵還是個人的美德或品格的問題。亞里士多德強調：「政治學的目的是最高善，它致力於使公民成爲有德性的人、能做出高尚（高貴）行爲的人。」[1] 亞里士多德的偉大貢獻就是把幸福與美德聯繫在一起，強調「幸福是靈魂的一種合於完美德性的實現活動。」[2] 遠從亞里士多德開始，就把人的品格與政體聯繫在一起。亞里士多德繼承柏拉圖的教訓，根據統治人數的多寡，把整體分爲一個人的統治、少數人的統治和多數人的統治。[3] 如果統治者有美德和品格，那麼這三種政體分別就是君主制、貴族制和憲政制（或共和制），否則就會流變爲獨裁制、寡頭制和民主制。[4] 統治者是否有美德和品格，在很大程度上體現於是否按照法律治理，眞正的君主總是「按照已有的法律統治甘心服從的民衆」，而暴君的統治則是「根據他自己的胡思亂想」。[5]

中國儒家文化也同樣強調德政。《論語》中有一段著名的問答：「季康子問政於孔子。孔子對曰：『政者，正也。子帥以正，孰敢不正？』」[6] 按照孔子的意思，「政治」的問題首先是個人品格

1　亞里士多德，《尼各馬可倫理學》，廖申白譯（北京：商務印書館，2003 年），頁 26。

2　亞里士多德，《尼各馬可倫理學》，頁 32。

3　See Plato, *The Statesman*, 291a, 300d-303b.

4　See Aristotle, *Politics*, 1289a26-1289b11.

5　Aristotle, *Politics*, 1295a15-16.

6　《論語 · 顏淵》。

的「正直」問題，因為孔子在別處明確強調：「為政以德，譬如北辰，居其所而眾星共之。」[7] 儒家有很多看似合理的主張，但是因為缺乏來自上帝的特殊啟示和律法，最終導致他們主張的仁義道德大多時候成為暴君酷吏的遮羞布。

在聖經中，首先強調的是統治者必須持守上帝的律法。之所以首先強調上帝的律法，原因很簡單，如果不以上帝所啟示的律法為根本法和高級法，就沒有任何可靠、穩定的標準來衡量善惡。其次，就是統治者的道德品格。真正的美德是上帝在人心靈中的工作，尤其是將上帝的律法刻在人的心中，使人在內在的性情上擺脫罪的轄制，重新樂意遵守上帝的約法，離惡行善，建立德行。因此，我們始終強調，美德是人心靈中美好的性情，乃是上帝按照祂的形象造我們時本有的內在榮美。這種內在的潛能和榮美，在亞當墮落的時候已經受到了原罪的污染和扭曲，在人重生的時候則是得到了根本性的醫治，重新開始渴慕聖潔，願意遵守上帝的約法。

德政是國度的政治，上帝的國度是美德與仁愛的國度。政者正也，品格至上。若沒有透過長期的教育和德修所培養的高貴品格，任何政體都會走向無法無天的暴政或混亂狀態。我們在德政部分注重共同體生活：希臘文中的 *polis* 是指城邦、國家、共同體。同樣，我們強調基督徒聖約共同體，基督徒當建立合乎聖經的家庭、教會和國家。德政所闡明的就是人生的目的和境界在個人和社會層面的實踐與落實，核心就是先求上帝的國度和公義。

我們在德政部分強調人皆有政治之心，人生來就是社會性和

7　王興康，《論語：仁者的教誨》（上海：古籍出版社，2008 年），頁179。

關係性的，並且上帝賜給我們的潛能也只有在一定的群體和社會中才能得到實現和發揮。在政治心的基礎上，我們強調基督徒聖徒的呼召。而真正的基督教必然是奉獻型、德修型的基督教。基督徒應當達到勇士的境界，攻克己身，修齊治平。

治理之約與政治之求聖

上帝在創世之初，即與人設立治理之約。因此，治理是上帝賜給人生來就有的傾向，治理也是上帝賜給人的使命和責任。

《創世紀》第一章一至廿五節首先向我們啟示上帝是萬有的創造者，然後在廿六至廿八節界定人是上帝按照祂自己的形象造的。在這段經文中，上帝向我們顯明祂不僅是我們的創造者，還是我們的賜福者，魯斯德尼解釋說：「上帝的賜福所確立的是關係；當人讚美上帝的時候，祂就是在慶祝這種關係。」[8]

毫無疑問地，上帝一開始即與人立約。伊拉扎爾（Daniel J. Elazar）分析：雖然「聖約」這個詞只有在《創世紀》六章十八節的時候出現，但上帝確實已經與亞當立約。因為上帝向人說話，所以也要求人自由地回應祂。原本在創造人的時候，人與上帝是分離的，而得以與上帝聯結在一起的紐帶就是聖約。[9]因此，《創世紀》第一章到第二章三節所描述的就是上帝創造世界並與人立約的過程，特別是《創世紀》一章廿八至廿九節，在上帝與

8　R. J. Rushdoony, *Commentaries on the Pentateuch: Genesis* (Vallecito, CA.: Ross House Books, 2002), p. 9.

9　Daniel J. Elazar, *Covenant & Polity in Biblical Israel: Biblical Foundations & Jewish Expressions* (New Brunswick and London: Transaction Publishers, 1998), p. 99.

挪亞立約的時候又一再重申。[10] 大衛在《詩篇》第八篇特別說：「人算什麼，你竟顧念他。世人算什麼，你竟眷顧他。你叫他比天使微小一點，並賜他榮耀尊貴為冠冕。你派他管理你手所造的，使萬物，就是一切的牛羊、田野的獸、空中的鳥、海裡的魚，凡經行海道的，都服在他的腳下。」此處大衛所回憶的即是創造之初上帝就與人立約，把治理全地的權柄和使命賜給人，這是上帝特別賜給人的「榮耀尊貴」。

這一治理之約要求我們首先降服在上帝的主權之下，因為我們並非世界的創造者和所有者，唯獨上帝是世界的創造者和所有者，我們只不過是上帝所命定的管理者。其次，這一治理之約也要求我們自覺地降服在上帝的律法之下，上帝不僅是這個世界獨一的創造者和所有者，也是獨一至高的立法者。作為上帝的管家，正如後來所羅門強調的那樣，我們「敬畏神，謹守他的誡命，這是人所當盡的本分。」這也是德政最基本的要求。

很多基督徒不承認治理之約的存在，逃避治理全地的使命和責任。但如果我們不願意按照上帝的旨意來治理全地，我們本身便會受到他人的轄制。當那些不敬畏上帝的人來治理全地，他們妄自尊大，不僅壓迫別人，還瘋狂地破壞環境、掠奪資源，基督徒在這個世界上自然也在受害人的範圍之內。毫無疑問地，與其謾罵黑暗，不如興起發光，上帝已經在耶穌基督裡重新把治理全地的使命和責任賜給我們。此外，在使徒行傳中，保羅所強調的就是上帝不僅把祂自己賜給了我們，也把「萬物」都賜給了我

10　Jeffrey J. Niehaus, *Biblical Theology* (Wooster, Ohio: Weaver Book Company, 2014), Vol. 1, The Common Grace Covenants, p. 7.

們！因此，我們責無旁貸！

　　我們在政統部分強調基督教憲政與共和的精神，強調基督教所提供的是來自上帝啓示的敬天愛人的政治體系。在這一政治體系中，我們不僅強調上帝的主權，同時也強調個人的尊嚴和責任。德政是指對個人美德和品格的塑造，這種德政的中心不是國家勞民傷財去操縱的大規模宏大敘事和道德表演，也不是以犧牲個人權利和尊嚴爲代價的政治運動，而是以個人爲中心的道德修養與實踐。施特勞斯（Leo Strauss）強調，衡量一個社會是否健康的標準，並不在於人們所享有的自由度，而是該社會的公民在道德上的善良程度。因此，例如美國的問題根本並不在於人們缺乏自由，而在於個人道德的淪喪。[11]

　　值得注意的是，自由並不是一種美德，而是美德賴以存在和成立的前提。人的意志始終具有一定的自由性，即使在外界環境完全具有壓迫性的時候，人也可以在一定程度上持守自己的信仰和價值，對於眼前的處境做出一定的道德判斷，並且對於自己的抉擇承擔道德責任。我們不能以環境險惡和上級吩咐爲藉口而逃避自己的責任。但是，如果沒有堅定不移的信仰和美德，人的自由就是互相傷害的放縱，就是逃避自我、不負責任的惡習。

　　基督徒的體統是在上帝律法的訓誨和薰陶之下所形成的個人品格和修養；大而言之，這種體統則是在上帝律法的影響下所形成的具體文化與風俗。也就是說，基督徒的政統強調上帝的獨一性、主權性和心靈的順服，體統則是基督徒當有的順服在生活中

11　約翰・米克爾思韋特、阿德里安・伍爾德里奇，《右翼美國：美國保守派的實力》，王傳興譯（上海：上海人民出版社，2008年），頁77。

的具體體現。基督徒的政統一定要落實在具體的聖徒體統之中，聖徒的體統則是以具體的形式反映我們對上帝的敬畏、愛戴和順服。如果我們不把道統、學統、國統、法統、政統落實在基督徒的日常生活中，我們一切的教導和主張就都是假冒爲善、自欺欺人！在目前假大空、偉光正氾濫的時代，基督徒更當從一言一行、穿衣戴帽等具體的生活上榮耀上帝、見證福音。

政治就是「正治」，即正確的治理，就是每個人都當從自己做起，倚靠上帝的恩典，按照上帝所賜給我們的約法，作上帝忠心且有見識的好管家。我們在此處所說的「政治體系」並不是狹義上公共性權力運作的體系，而是指我們具體的生活體系，這個體系涉及到我們個人與群體生活的各個方面。真正的政治其關鍵並不是以他人爲工具，成就我們個人的豐功偉績，而是真正在上帝和他人面前擺正自己，謙恭捨己，盡自己當盡的本分，存無愧的良心。正如耶穌基督所強調的天國政治，其核心就是以愛心服事他人。我們在此把政治系統與生活體系聯繫在一起，把政治參與和道德修養聯繫在一起，從而避免社會與教會中流行的那種不要道德的政治和不講政治的道德。

政治的種子與政治品質

加爾文對政治秩序的強調乃是目前許多自稱爲加爾文主義者或改革宗信仰人士之人所忽略的。加爾文亦強調政治的種子：「事實上，某種政治秩序的種子已經播在所有人的心中。有充分的證據表明，要安排好今世的生活，所有人都有來自理性的亮光。」[12]

12　加爾文，《基督徒敬虔學》，2 卷 2 章 13 節。

懷恩斯則強調說：「上帝創造人就是爲了讓人幸福，因此祂也把追求幸福的願望放在人的心中，並使他們知道必須生活在社會之中，同時也使他們心中有愛慕秩序的心。目的就是使人甘心樂意地接受律法的約束。」[13]

在政治信仰上，我們深信上帝是按照祂的形象造人，並且把治理全地的權柄賜給了每個人，因此每個人都有來自上帝不可剝奪的尊嚴和權利，故以自由競選爲特色的共和制乃是最合乎聖經的政治模式。既然政治是不可避免的，我們就當根據上帝所啓示的律法和制度來建立眞正的德政，就是以培養與促進愛主愛人的美德和品格爲導向的政治。這種政治的種子就是治理的傾向，這既是上帝當初造人的時候就擺放在人心中的，也是上帝給人最早的吩咐、授權和賜福。即使在人墮落之後，大衛在聖靈的默示下，仍然重申上帝賜給人的這一使命和責任不確定 Bible 根據？。因此，即使在亞當墮落之後，治理全地的使命仍然有效。

政治品質所強調的是一個人在政治方面的素養，包括我們對政治的認識和參與。我們要自覺地認識政治到底是什麼，並且要自覺地按照自己的職責參與政治，這即是我們的政治素養。因此，此處我們講的「政治」並不是以升官發財爲追求的骯髒政客的「政治」，而是聖經中所啓示的天國政治。天國政治的核心就是上帝的國度和公義，即個人、家庭、教會和國家都當降服在上帝的主權和約法之下，尤其是個人要承擔起自己的責任來，積極主動地以行動來榮耀上帝，愛主愛人。正如亞里士多德所強調的

13　E. C. Wines, *Commentary on the Laws of the Ancient Hebrews* (Powder Springs, Georgia: American Vision Press, 2009), pp. 21-22.

那樣：眞正的政治家所期盼的就是「使那些與他同爲公民的人追求卓越，遵守律法。」[14] 這種追求是實實在在的，就是堅持要落實在具體的實踐和行動之中。

政治品質不僅僅是政治方面的品質，乃是個人品質的集中體現和落實。且政治品質只有透過政治活動才能得到雕塑和實現。我們的認知心、宗教心和道德心最終皆體現在政治心上，即在具體的社會與群體生活中榮耀上帝，愛主愛人。反之，若沒有這種政治與社會活動的投入和實踐，我們的認知心就不會在理性的美德中得到實現；我們的宗教心就不會在情感的美德中得到實現；我們的道德心就不會在意志的美德中得到實現。因此，專制制度剝奪、壓抑個人對政治和社會生活的參與，然而它們所打壓和摧殘的不僅是個人的政治自由，而是以謊言謬論敗壞個人的認知之心；以偶像崇拜敗壞個人的宗教之心，以腐敗殘暴敗壞個人的道德之心。故此，富蘭克林（Benjamin Franklin）強調，推翻暴政，就是事奉上帝。基督教神學家亦稱「今生的地獄就是暴政！」加爾文對暴君深惡痛絕，他甚至明確地說：「地上的君王若是站起來反對上帝，使喪失了他們的權柄，甚至不配算在人類之中。我們不僅不應順服他們，甚至應當把唾沫吐在他們的頭上！」[15] 眞正的基督教是暴政的天敵，虛僞的基督教是人民的鴉片！惟願更多的中國人認識、歸向眞正的基督教，惟願眞正的基督教在中國得以廣傳，成爲中國人民眞正的福分！

14　Aristotle, *Nicomachean Ethics*, book I, 13,1102a9.
15　John Calvin's *Commentary on Daniel*, Lecture XXX, on Daniel 6：22.

靈商、社會秩序與全人發展

社會秩序就是政治秩序，人的社會性就是人的政治性。但真正的秩序並不是鐵板一塊，而是彼此以愛心相連接。政治的藝術亦不是讓人你死我活，而是共存共融。

天國政治的最大原則就是愛，即耶穌基督所強調的愛主愛人。因為有愛心，就會按照上帝的律法去行；沒有愛心，即使知道上帝的律法，也仍然會任意妄為、傷天害理。耶穌基督已為我們樹立了愛與政治的完美樣式。耶穌基督這樣降卑捨己，正是因為愛的緣故。這種愛是聖潔之愛，完全合乎上帝的律法；這種愛亦是犧牲之愛，完全為對方奉獻自己。而天國政治就是愛的政治，就是耶穌基督向我們所示範那為愛捨命的精神。

德修的三大路徑就是煉路、明路和合路。在煉路階段，我們強調治死老我，向罪而死，主要的操練就是克服自己的壞習慣，特別是七大死罪；在明路階段，我們強調活出新我，向義而生，主要的操練就是培養好習慣，特別是七大美德（信德、愛德、望德、明智、正直、勇敢和節制）；合路階段則是煉路階段和明路階段的進一步發展，就是我們越來越能夠自覺地效法耶穌基督，並將自己的意志降服在上帝的意志之下。

德修的關鍵是把我們在仁教部分所領受的愛的教訓、在心學部分所經歷的愛的體驗、在法治部分所選擇的愛的律法付諸實踐，藉由彷彿的實踐養成聖潔生活的習慣，從而培養聖徒的品格。但若沒有長期不懈德修的實踐工夫，不管我們領受多少正統神學；不管我們經歷多少神祕體驗；不管我們研究多少聖約律法，我們都是不結果子的無花果樹，仍有可能被砍掉。

　　智商、情商和德商三者合在一起就是人的靈商，靈商所代表的是全人的發展。基督徒的德修關鍵是在愛德上的長進，就是能夠更好地愛主愛人。我們對智商的強調使得基督教擺脫反知主義的影響，而能努力用我們的理性來愛上帝；我們對情商的強調使得基督教擺脫律法主義的影響，而能努力從愛主愛人的角度來遵守上帝的律法；我們對德商的強調使得基督教從根本上擺脫虛無主義和神祕主義的影響，而能努力在美德和善行上榮耀上帝，見證福音，造福他人；我們對靈商的強調使得我們注重全人的全面發展，使人自覺地盡心、盡性、盡意、盡力愛上帝，從而塑造基督徒聖徒與英雄的品格。全人發展乃要求我們要從整全的角度來看待人。

　　政治首先是個人的事務，當然更是公眾的事務，它所面對的就是位格之間的關係。而最大的政治就是個人與上帝的關係。真正的智慧首先體現在對上帝及其真理的認識上，最終必然落實在實際生活中，特別是在政治方面。所以，真正的政治必然會促進人的智慧，因為人的智慧不是在封閉狀態中發展，而是在具體的個人經歷和社會實踐中不斷總結而成形。我們在德政部分既強調純理性的智慧，也強調實用性的智慧，這種實用性的智慧也就是明智。當我們談及四大公德的時候，首要的美德就是明智。沒有明智，正直、勇敢和節制這三大公德就沒有任何基礎。

克己、德政與治理

　　真正的聖徒必然是真正的勇士，真正的勇士也必然是大有信心的聖徒。

　　我們不僅需要智者的見識、仁者的胸懷、賢者的修養，更需

要耶穌基督道成肉身所彰顯的那種勇於擔當、殺身成仁的勇士品格。這是只有透過長期艱苦卓絕的學習和德修，我們才能養成的卓越道德品格；也只有具備這樣卓越的道德品格，我們才能夠勇敢地勝過自身與社會的敗壞和罪惡。

中國教會與社會的出路，關鍵不在於正統神學的傳講，甚至也不在於體制性教會的建造，而在於教會有沒有造就出一批具有聖徒與勇士品格的人來！此外，是否正確地傳講了正統神學，以及教會的建制和轉型是否成功，關鍵的指標也是有沒有把基督徒造就成具有聖徒與勇士的品格，如基甸那能夠勝過米甸人十幾萬大軍的三百勇士。面對歐風西雨帶來的世俗化和消費化衝擊，以及對中國文化中根深蒂固的偶像崇拜和皇權專制的打壓，今日中國教會需要這樣的聖徒和勇士，需要聽到號角吹響，亦需要聽到那叫仇敵膽寒的吶喊：「耶和華和基甸的刀！」。

正是因為缺乏對上帝的信心，我們才會對暴君酷吏噤若寒蟬，為了於亂世苟全性命而閉口不言，甚至同流合污、狼狽為奸。當初面對以色列人民的離經叛道，上帝特別鼓勵先知以賽亞不要懼怕（賽 8:12）。耶穌基督在差派門徒外出的時候也明確地教導門徒說：「我的朋友，我對你們說，那殺身體以後不能再做什麼的，不要怕他們。我要指示你們當怕的是誰」。

正如奧古斯丁所指出的那樣，基督徒面對三種迫害。第一種迫害就是暴力的迫害，即透過折磨、酷刑、殺害來迫害基督徒。這種迫害通常都是教會外部政權對教會的迫害。第二種迫害是異端的迫害，即異端分子和假弟兄透過各種詭計來迫害教會，這種迫害通常都是在教會內部發生的，且這種迫害比第一種迫害更加危險，因為堡壘最容易從內部攻破。第三種迫害則是來自敵基督

的迫害，這種迫害是最危險的，因為這種迫害「既是暴力的，也是詭詐的。敵基督所使用的就是帝國的暴力，而其詭計則是各種神蹟奇事」。[16] 到目前為止，中國教會比較注重抗議第一種暴力性的迫害，這種迫害所導致的抗議也較容易得到海內外輿論的認同和聲援。但事實上，來自異端和假弟兄的迫害也非常兇猛，大陸家庭教會的許多牧者多在不同程度上受到此類迫害，致使教會不斷分裂，甚至同工變成同攻！一位蘇格蘭神學家曾經說過：「政府逼迫殺死千千，異端邪說殺死萬萬！」中國教會應當更加自覺地對付此種迫害。當然，要對付此類迫害，就必須加強教會在神學、建制和牧養方面的建造。另外，相當長的一段時期內，「三自教會」對家庭教會的打壓就是敵基督利用國家暴力來迫害教會，而所謂的「家庭教會」中許多極端和異端所高舉的「神蹟奇事」也都是敵基督網羅無知之人的牢籠。他們不注重傳講上帝公義的律法和恩惠的福音，只是用「神蹟奇事」來滿足人身體與物質的需要，想方設法地勾引人入教！

　　基督教應成全中國文化中以德服人的政治理想。人人都是政治人，我們生來即處於各種政治關係之中。而政治的核心就是正己，且真正的智者必然是真正的治者。真正的治者不是「勞心者治人，勞力者治於人」[17]，而是治服己心，攻克己身，甘心樂意地作眾人的僕人，正如耶穌基督親自示範並教導的榜樣。基督徒是上帝的兒女，承受大地為業，當作上帝百般恩賜的好管家。

16　St. Augustine, *Exposition on the Book of Psalms*, see http://www.ccel.org/ccel/schaff/npnf108.ii.X.html

17　《孟子‧滕文公章句上》。

　　基督教的傳播必須經過社會化、政治化的過程，這過程是以眞理在基督徒生命中的內化爲前提的，這種內化就是基督徒品格的塑造過程。如果基督教的眞理不能裝備聖徒成爲眞正的智者、仁者和勇士，在這個世界上發揮光與鹽的作用，那麼基督徒在中國的數目即使超過了百分之三十，甚至超過了百分之八十，也沒有多大的意義和功用，甚至反而有可能被民間宗教和異端邪說同化異化，成爲禍國殃民、傷天害理的邪教，如清朝末年洪秀全帶領的「太平天國」運動就是如此。教會最大的責任就是成全聖徒，使他們能夠各盡其職、各盡其用，在社會上發揮聖約共同體的集體性見證，即透過積極的行動去齊家、治國、平天下，把眞理落實在個人與社會生活的各個層面。這就是基督徒的國度政治與事奉。

　　「德政」強調上帝所注重的是我們個人的「品格」，就是個人在道德上的品質和成熟。雅和博經學的目標就是：在微觀上塑造基督徒的品格，在宏觀上建立基督教文明。我們當效法耶穌基督，即效法基督的品格，完全將自己降服在上帝的旨意之下。上帝有「神格」、「性格」，也有「品格」——上帝的「神格」集中體現在祂的主權上；上帝的「性格」主要體現在祂的約法上；上帝的「品格」則集中體現在其「守約施慈愛」上。聖經中明確強調我們當效法上帝，效法耶穌基督。當然，我們永遠不會具有「神格」，但我們能夠認識上帝的「性格」，效法上帝的「品格」。而我們所提倡的「德政」就是藉由反覆的練習和實踐，把「仁教」的理想、「心學」的體驗和「法治」的標準，內化落實在基督徒品格的塑造上，外化落實在基督教文明的建造上。

　　「德政」強調聖經中所啟示的美德與治理之道。眞正的基督

教必然注重德修，透過德修促使自己更加效法基督，愛主愛人。並且，我們必須自覺地發揮人作為政治主體的角色，全方位地參與上帝在歷史中的計劃和工作。目前基督教的第四大醜聞就是根本沒有真正的德修神學，以致於基督徒在政治問題上充斥的是無知、幼稚和冷漠。正是因為缺乏德修所塑造的聖徒與英雄式的品格，許多基督徒對政治問題噤若寒蟬，對教會內部的醜陋漠然置之，毫無基本的公義之心。

政治的核心是治理，而治理的關鍵是對自我的約束和管理。最大的政治就是自治，最大的自由也是自治，即根據上帝的律法善用自己的自由意志。西方政治文明的兩大突破就是突破教會與國家的專制，更多地回到個人的自治，然後在個人自治的基礎上重建教會和國家。亞里士多德在其名著《政治學》中早就強調：「不過，在我們述及的所有為了政體長治久安的措施中，最重要的莫過於為了政體而施教，可如今所有人都忽視了這一點。如果政體未能樹立起道德風尚並形成教化，即便最有用且全體公民都稱道的法律也毫無用處。」[18]

政治生活就是責任的生活，即是否自覺自願地承擔自己當承擔的責任，這是對於一個人的境界的終極性檢驗。人的品質最終落實在政治品質上，這種政治品質就是人的靈商，是其智商、情商、德商在社會或公共生活中的綜合體現。而基督教復興的重大標記之一就是對政治的重視和參與，且基督徒是否能夠以謙卑、智慧、勇敢之心參與公共事務，乃是基督徒品質的集中檢驗。

我們把以德政為核心的政治與「德修神學」聯繫在一起，強

18　Aristotle, *Politics*, book V, 1310a13-18.

調基督徒一生的政治追求，就是使自己並幫助他人在愛主愛人的美德上不斷長進。我們進一步把密契神學與德修神學結合在一起，以密契神學破除外邦宗教中經常出現的律法主義和道德主義的傾向，以德修神學破除教會內部經常出現的神祕主義和敬虔主義的傾向，從而把上帝的恩典與個人的責任、內在的美德與國度的事奉結合在一切。

聖、智與政治文明

上帝是聖潔的上帝，上帝也是智慧的上帝。我們到此為止談及真善美，亦談及仁義禮，此處我們則強調聖與智，就是聖潔的智慧和智慧的聖潔。上帝是至聖至智的上帝，祂也希望祂的兒女在聖潔和智慧上效法祂。

聖潔首先是指地位上的歸屬，其次是指在生活上合乎上帝的旨意。亞里士多德強調，真正的「智慧」就是「思考那些使人幸福的事」。[19] 智慧並不等於知識，因為有使人幸福的知識，也有使人不幸福的知識。奧古斯丁認為人有高級理性和低級理性，高級理性使人超出自身，追求屬於上帝的具有普遍性的東西，而低級理性則使人轉向被造的、個體的東西。人的靈魂透過高級理性而走向永恆、不變、必然的原因和法則，它所遇到的是某種對所有人都具有共同性的東西。真正的智慧首先是對上帝和真理的認識，這可以稱之為「純理性的智慧」；其次是一種實用性的美德，亞里士多德稱「政治藝術」即是「使用性的智慧」，[20] 是指運用知

19　Aristotle, *Nicomachean Ethics*, book VI, 11, 1143b9.

20　Aristotle, *Nicomachean Ethics*, book VI, 7, 1141a20.

識、經驗、常識和洞見來解決具體問題的能力。

內聖是境界，外王是工夫。境界是我們心靈認識所到達的高度，工夫是我們攻克己身所達到的深度。內聖造就基督徒的道德人格，外王成就基督徒的人生事業。沒有攻克己身的工夫，不願意捨棄老我，背起自己的十字架來跟隨耶穌基督，我們既不能確信自己的得救，也無法在這個世界上有效地完成自己當盡的本分（林前 9:25-27）。我們在德政部分強調個人德修的工夫，這種工夫乃是基督徒成聖的主要操練。當然，成聖的操練不僅僅是在靜室中慎獨的操練，也包括在家政、教政和國政中的操練。基督徒若沒有個人修身養性的內在生命的操練，就不可能有修齊治平的國度事奉的成就。

政治的文明就是生活和治理的文明，反之，人類文明最終亦集中體現在政治領域中。我們必須竭力尊重每個人的「人格」，因爲這種尊嚴直接來自上帝；我們亦必須努力理解每個人的「性格」，因爲上帝所造的每個人的性格各不相同，這是我們無法改變的；最重要的則是，我們每個人都要提升自己的「品格」，使自己和他人在美德上不斷長進。在亞里士多德的哲學中，始終把美德和政治或公共生活作爲人性本眞的表達。[21] 亞里士多德強調：「政治學的目的是最好的目的，政治學殫精竭慮要做的就是塑造公民具有特定的品格，即能夠做出高尚之舉的美好並能幹的品格。」[22] 眞正的政治文明就是我們的生活藝術，即個人的修身養

21　克里斯托弗・J・貝瑞，《蘇格蘭啓蒙運動的社會理論》，馬慶譯（杭州：浙江大學出版社，2013 年），頁 9。

22　Aristotle, *Nicomachean Ethics*, book I, 9,1099b30-32.

性，己立立人。

美國開國元勳之一、《獨立宣言》的簽署者、第二任總統約翰‧亞當斯（John Adams）強調，美國憲政的根基不在於憲法文本，而在於國民崇高的道德品格：「我們的政府無力對抗不受道德和宗教約束的人類激情。貪婪、野心、復仇、任性會打破我們憲法中最強的約束，正如鯨魚突破網羅一樣。我們的憲法是唯獨為有道德和宗教的人設立的，它完全不適合治理其他種類的人。」[23] 因此，我們把基督徒的德修與政治文明聯繫在一起，強調沒有在道德上的崇高修養，再好的憲章和律法也只會成為一紙空文。上帝的聖約和律法當然是盡善盡美的，但是，如果我們不是甘心順服，且缺乏美德和自治，則這種聖約和憲法也只能見證、判定我們的罪惡，並不能給我們帶來任何福分。

政治信仰與美德神權論

政治性的信仰是不可避免的，政治性就是我們生來便具有的關係性和群體性。政治的核心問題是權力的問題，基督徒在政治上當明確承認上帝的主權，主張「神權制」。這種「神權制」絕不是政教合一的專制，而是個人、家庭、教會和國家都甘心降服在上帝的主權和律法之下。而政治的使命就是上帝當初賜給人治理全地的管家使命。所以，我們對政治和社會事務的淡漠，事實

23　John Adams, "To the Officers of the First Brigade of the Third Division of the Militia of Massachusetts," 11 October 1798, quoted in William J. Bennett, ed., *Our Sacred Honor: Words of Advice from the Founders in Stories, Letters, Poems, and Speeches* (Nashville, Tenn.: Broadman & Holman Publishers, 1997), p. 370.

上就是對上帝所賜管家使命的公開背叛和漠視。

　　當然，最大的政治還是我們個人與上帝的關係，所以在政治上最大的成功就是攻克己身。我們所強調的基督徒政治就是幫助每個人都認識上帝和耶穌基督，並在耶穌基督裡享受真正的自由。我們政治信仰的核心就是上帝的主權和約法。

　　在政治與社會上，我們主張美德神權論。神權論強調上帝的主權和人的順服，強調人最大的責任就是「以德配天」，即用我們的美德和善行來榮耀上帝。此外，基督徒的德修就是在愛主愛人的美德上長進。因上帝是充滿各樣美德的上帝，故我們在救贖中重新與上帝的性情有分，就是重新享有上帝的道德性情。上帝在歷史過程中彰顯祂的美德，所以我們也當效法上帝，以美德和善行彰顯祂的榮耀，從而見證福音，造福他人。

　　我們在法治部分更多地強調神法倫理，在德政部分則更多地強調美德倫理。當知道若沒有上帝所啟示的律法，我們就喪失了基本的價值判斷標準；同時，我們也必須深刻地意識到，上帝賜給我們律法乃是為了塑造我們的品格，也就是我們的美德。美德是法治的根基，也是法治的目的。美國長老會著名牧師及神學家博愛思（James Montgomery Boice，又譯布易士）在講解挪亞之約以及國家的地位和功用的時候，明確強調：「既然國家是上帝設立的，就必須向上帝負責……一方面，這意味著國家對我們保有一定的上帝所命定的權威。但是，另一方面，這也意味著國家本身亦處於上帝的權威之下。如果國家不尊重上帝的律法，不持守上帝賜給國家的功用，那麼國家本身是不公正的，並且也不安全。」[24]

24　James Montgomery Boice, *Genesis: An Expositional Commentary* (Grand Rapids: Baker Books, 1998), Vol. I, p. 385.

　　民主政治強調政治自由，而政治自由絕對需要宗教，以便不使用武力就把人民團結在國家中；但是，政治自由必然會使各個宗教失去對所有人的約束力。[25] 該如何解決民主政治本身具有的這種困境？欲解決這種困境，就是要把人民的主權奠定在上帝主權的根基上，並且在法律上始終要以上帝所啟示的律法為「高級法」，以此來界定、培養人民的美德和品格，從而杜絕對自由的濫用。否則，為民主而民主，為自由而自由，社會就會陷入暴民政治和無政府狀態之中。

政治精神與政治情懷

　　政治精神就是正直精神！真正的基督教具有以天下為己任的大無畏之浩然正氣。那些身為基督徒卻逃避政治的人，不管以什麼神學或屬靈的藉口開脫，都無非是出於心中的膽怯而已。他們不敢面對這個世界，尤其是不敢面對這個世界上存在的暴君酷吏，當然又更不敢面對自己心中的「內奸」、「內鬼」！

　　然而，基督徒既然是至高上帝的兒女，奉天承運，擔負治理全地的使命和責任，我們就當剛強壯膽，以德服人。哪怕是像但以理和他的三個朋友一樣，被人置於烈火的窯中、獅子坑裡，我們仍要靠主剛強，堅貞不屈，義無反顧。這種榮美的品格乃是榮耀上帝、見證福音的最佳形式。因此，歷代以來，基督徒的見證尤其體現在政治領域中，不管是在羅馬帝國打壓之下的初代教會，還是在宗教改革時期天主教政權逼迫之下的基督徒，這些殉

25　參考劉小楓，《設計共和：斯特勞斯〈論盧梭的意圖〉繹讀》（北京：華夏出版社，2013 年），頁 44。

道士都沒有獨善其身，而是勇敢地在公共領域中為主作美好的見證。

那些對政治問題迴避三舍的基督徒，自稱為「屬靈」，其實不過是懼怕執政當權者的打壓而已。為自己的這種怯懦貼上「屬靈」的標籤，乃是世上最醜陋、最膚淺的自欺欺人。在世界第二次大戰期間，整個德國的基督徒都被希特勒蠱惑，成為國家社會主義的幫兇。當時假如不是潘霍華這樣的基督徒秉持信仰良知，挺身而出，反對希特勒政權，整個德國的基督教還有什麼存在的價值嗎？[26]

在今日社會中，我們需要的不是野心勃勃的政客，也不是冷漠無知的看客，而是真正有政治理想和膽識的政治家。在今日教會中，我們需要的不是沒有基本的哲學、神學、道德和政治素養的傳道人狂奔亂行，濫竽充數，自欺欺人，而是真正敬畏上帝、愛主愛人的智慧牧者。但若沒有經過上帝特別雕琢的榮美品格所帶來的人格魅力，就不會有任何真正的政治家和宗教大師可言。正是因為缺乏這種藉由深刻的靈修而塑造的人格魅力，很多傳道人才四處藉由一些花拳繡腿的工夫來勾引大眾入教，這是非常可悲的！

我們在德政部分強調德政與共和，亦強調對社會公正的追求。唯獨上帝具有至高無上的主權，世上任何個人和群體組成的政府都是「有限政府」，只能享有有限的權力。並且，一切靠暴力和謊言贏得和維繫的權力在上帝面前都不具有根本的合法性。

26　蕾娜特・溫德，《力阻狂輪：朋霍費爾傳》，陳惠雅譯（成都：四川人民出版社，2006 年）。

聖經中所啓示的政治制度就是聖約共和制，即透過自願、平等的立約形式來建立家庭、教會和國家。獨裁與專制是以暴力和謊言爲基礎，而共和與法治則是以和平與美德爲基礎。基督徒當以道德人格的塑造來保障科學、宗教與道德的人文精神。我們既要注重外在制度的建設，更要注重內在品格的培養。

喪失了對制度的重視，基督教就會成爲各種專制與暴政的傀儡和工具；忽略了對品格的強調，基督教就會被各種形式的假冒爲善和離經叛道腐蝕和充斥。沒有基督教所培養熱愛眞理、堅定不移的品格，再好的制度和律法都會被人扭曲和濫用。然而，敬虔的智慧絕對不是讓我們逃避自己的責任，而是教導我們如何靠著上帝所賜的大能大力作剛強的人。這種剛強不是指一次性的反應和作爲，而是品格上的剛強正直。

我們在前面已經闡述，我們的理性需要得到醫治，才能更多地使用我們的高級理性，認識上帝及其眞理；我們的情感需要得到醫治，才能更好地愛主愛人；我們的意志亦需要得到醫治，才能更加自覺自願地效法基督，離惡行善。而我們是否得到了一定的醫治，則集中體現在我們的美德和善行上。因在罪中極其扭曲、變態的人，絕不會坦率、勇敢地承認自己的罪，反而總是怨天尤人，把一切的過錯都推到環境和他人身上，甚至抱怨上帝不公不義。只有經過上帝的恩典得醫治的人，才能逐漸攻克己心，背起自己的十字架跟隨主，把自己的一生完全降服在上帝的主權和恩典之下，成爲上帝潔淨和重用的器皿。不管自己這一生的遭遇如何，都能將榮耀歸於上帝。

若要使我們的全人得到醫治，我們不能逃避世界，更不能迴避問題，而是要靠著主的恩典，謙卑地面對自己的問題，勇敢地

承擔自己的責任，從自己做起，也從現在做起，化危機爲轉機，把上帝擺在我們面前的一切困難都視爲祂的賜福，並當成磨練我們品格的機會。

政治主體與政治情結

　　人本身就是政治性的存在、政治性的主體，所以人生來就具有追求政治的「政治情結」。

　　不僅是中國人喜歡談政治，全世界的人也都喜歡談政治。上帝一開始賜給我們的使命就是治理全地的政治使命，治理乃是上帝賜給我們內在心靈的傾向。

　　當然，在人犯罪墮落之後，罪人藐視上帝的主權，罔顧上帝的律法，於是政治開始成爲人對人的轄制、壓迫和利用。魯斯德尼即強調：「只有透過上帝的救贖，人才能重新回到上帝之下的治理使命上來，這種治理乃是以上帝的律法爲工具的。」[27] 因此，基督徒的政治總要回到上帝的救贖，而傳講天國的福音就是最大的政治，因爲罪人只有認罪悔改，才能回歸本位，從邪惡的轄制轉向「敬虔的治理」。

　　我們強調整全的神學，目的就是使人得到整全的發展。如果我們僅僅強調理性的發展和教義的純正，我們在宗教上就會成爲冷酷而無情的理性主義者和教條主義者；如果我們偏重感情的抒發和生命的經歷，我們在宗教上就會成爲狂熱而封閉的浪漫主義者和敬虔主義者；如果我們只是注重意志的歸正和社會的改良，

27　Rousas John Rushdoony, *Salvation and Godly Rule* (Vallecito, CA.: Ross House Books, 2004), p. 45.

我們在宗教上就會成爲樂觀而膚淺的革命家或自由派人士。

我們在德政部分強調全人的發展，理性上對上帝及其眞理的認識，爲我們全人的發展提供方向和標準；情感上的愛主愛人，爲我們全人的發展提供內在的動機和熱力；意志上的攻克己心，爲我們全人的發展提供最終的應用和落實。人既是認知主體、宗教主體，也是道德主體和政治主體，所以任何一方面的偏頗或殘缺，都將影響到個人的全方面發展，使個人作爲文明主體的文明素質受到影響。

全人就是整全的人，包括我們的身體和靈魂，亦包括我們靈魂所具有的認知、愛憎和抉擇的功用。而我們應當用我們的全人來愛上帝，這就是基督徒的政治。當然，即使我們定意用全人來愛主愛人，也仍要謙卑地承認自己的局限性，並且要自覺地接受自身的局限性，即自覺地降服在上帝的主權和約法之下，也自覺地接受上帝所賜給我們的彌賽亞救世主。

在本質上，政治學所追求的是眞正的大智慧，這種大智慧不僅能夠拯救自己，也能夠拯救別人。不管是希臘哲學家柏拉圖所講的「哲學王」，還是中國儒家所崇尚的「內聖外王」，都是如此。因此，世界歷史中，那些政治強人都有著根深蒂固的「彌賽亞情結」，他們試圖擔任他人和社會的救世主。[28] 然而，只有耶穌基督才是這種大智慧的化身，也只有耶穌基督是罪人獨一的救世主。因此，教會對耶穌基督的認信，從根本上破除了一切個人和

28　See Rousas John Rushdoony, *The Messianic Character of American Education* (Vallecito, CA.: Ross House Books, 1963).

組織試圖扮演彌賽亞角色的迷夢和狂想。[29]

很顯然，我們旗幟鮮明地強調政治的重要性。但在基督教——特別是清教徒神學——的影響下，英美保守主義所強調的並不是個人絕對、抽象的自由，而是在上帝及其律法之下和律法之中的自由，而政治上的激進派和自由派所強調的則是脫離基督教的上帝和律法的自由。激進派和自由派所強調的自由實質上就是無法無天的自由，最後只能陷入暴政與混亂的泥沼中不能自拔。當然，我們強調政治的重要性，但我們所理解的政治絕不是世俗人所認為的爭權奪利的政治，而是榮耀上帝、以天下為己任的政治。這種政治在根本上就是上帝的政治，即是上帝國度的政治，亦是聖徒敬虔的政治。當我們基督徒祈求「願你的國降臨；願你的旨意行在地上，如同行在天上」的時候，我們所追求的就是這種意義的政治。在這種意義上，政治不是我們生活的其中一個方面，乃是涉及到我們個人與社會生活的各個方面，並要求我們以全人來愛上帝，並且愛人如己。

耶穌基督本身就向我們完美地展示了這種天國政治的模式。首先，在地位上，祂雖然是至高無上的上帝，卻不以與上帝同等為強奪的，祂甘心樂意地順服聖父的差派，取了人的樣式，也就是奴僕的形象；其次，在律法上，祂自覺自願地把自己置於上帝

---

29 See Edmund Burke, *Reflections on the Revolution in France*, ed. J. C. D. Clark (Stanford, CA: Stanford University Press, 2001); Alexis de Tocqueville, *On Democracy in America* (London: Saunders and Otley, 1838); Russell Kirk, *The Conservative Mind: From Burke to Eliot* seventy revised edition (Washington, D. C.: Regnery Publishing, 2001); Russell Kirk, *The Roots of American Order* (Wilmington, Delaware: ISI Books, 2003).

的律法之下，完美地遵行上帝的律法，即使彼拉多這樣的仇敵也認為耶穌是無罪的；第三，在動機上，耶穌基督所行的一切，都是本著愛的緣故。祂愛聖父，所以甘心順服；祂愛聖父賜給祂的人，並且愛他們到底，甚至為他們捨命；第四，在樣式上，耶穌基督雖然是這樣榮耀尊貴的上帝，但祂卻隱藏了自己的榮耀，並不彰顯自己，並且親自為門徒洗腳，強調人子來是要服事人，而不是接受人的服事。我們在這四大方面都當效法耶穌基督，並且承認我們始終不是耶穌基督，如此才能真正地效法基督。

德政、經世致用與外王的工夫

雅和博經學對政治的強調，尤其是對律法與制度的強調，使得基督教神學重新回到真正經世致用的大學問，並且使人從根本上擺脫無政府主義和極權主義——兩大危害個人與社會的毒瘤。

德政強調個人作為主體對責任的意識和對美德的追求。美德的首要對象就是上帝，這就是我們所強調的三大聖德：信德、望德和愛德。其次，美德的對象也包括人，這就是我們強調的四大公德：明智、正直、勇敢和節制。德政注重上帝的律法在各個方面的落實。我們強調個人是最基本的政治主體，當追求上帝所悅納的公義。並且人人都當成為真正的賢者，成聖成賢並不是少數人的權利。最大的政治和公義就是信靠上帝，將上帝當得的榮耀歸給祂。

不強調上帝的主權，人權就沒有任何根基和保障。就如同一個不敬畏上帝的人，怎能在根本上尊重他人呢？因此，我們越是強調上帝的主權和威嚴，就越能保護個體的人權和尊嚴；越是強調上帝的律法和審判，就越能保障人間的公義和秩序。

在德政部分，我們強調美德和制度的建造，旗幟鮮明地反對教會內外盛行的各種反道德、反政治、反社會、反制度的傾向，同時人的美德尤其體現在對於制度的尊重。我們固然強調制度的重要性，強調好的制度能夠抑制壞人做壞事，促使好人做好事；而邪惡的制度則使得壞人肆無忌憚，好人噤若寒蟬。另外，我們始終要確知，政治的優劣不能以經濟的發展為首要目的，政治的設計也不能以秘密警察、嚴刑峻法來「維穩」！亞里士多德強調：「政治學主要所關注的就是使公民具有特定的品格，也就是優秀、有能力的公民，能夠做出高尚的行動。」[30] 以政令來管理，以刑法來約束，人民雖不敢犯罪，但不以犯罪為恥；以道德來引導，以律法來約束，人民不僅遵紀守法，並且引以為榮。基督徒政治的核心就是「導之以禮，齊之以德」，只不過我們強調的「禮」不是有限有罪的周公之禮，而是上帝所賜那真正使人自由的律法；我們所強調的「德」也不是個人苦修而致的修身之德，而是倚靠上帝的恩典而有的屬靈美德。

制度是重要的，因為上帝是制度的設立者。但相對於制度而言，美德更重要。好的制度其目的是為了培養人的美德，反之，美德也是好的制度最好的保障。德政乃是外王的工夫，這種工夫體現在家庭、教會和國家的治理上。這種治理既以個人的美德為中心，同時也謙卑地承認個人美德的有限性，從而強調上帝所啟示的家庭、教會與國家制度的建設。

30　Aristotle, *Nicomachean Ethics*, 1099b30-33. "Political science spends most of its pains on making the citizens to be of a certain character, viz. good and capable of noble acts."

　　對政治心的強調，使得基督教重新返回「聖而公」之眞理和使命，也使得基督教從根本上淡化政治，因爲政治不過是人心中的一種傾向，這就使得我們以平常心來看待政治，既不逃避，也不高舉；同時，也使得基督教強調眞正的政治，因爲眞正的政治就是我們把眞理應用到社會公共生活上，這是上帝賜給我們的吩咐、責任和使命，我們必須從愛主愛人的角度積極地參與政治生活，這就是我們外王的工夫。儒家之所以內聖開不出外王，就是因爲他們缺乏上帝所啓示的整全聖約與律法制度，也就是有道統而無政統。當然，儒家也沒有我們在心學部分所強調的靈統，他們沒有深刻而獨立的靈修體系，不過是從佛教中借鑑並吸收了內在修煉的工夫。

　　今日中國基督徒一定要靠著主的恩典，作爲上帝的兒女，積極地參與上帝在世界和歷史中的計劃與作爲，享受上帝的同在，擺脫那種反知主義所造成「傻兮兮」的無知與昏昧、反律主義所造成「怪兮兮」的無禮與無序，以及諾斯底異端所造成「苦哈哈」的逃避與自虐，活出上帝造我們本有的智慧和榮美。

　　在政治方面，我們既要反對過分強調權威和次序的各式專制主義，強調每個人都具有上帝的形象，且具有來自上帝那不可剝奪的權利和尊嚴；同時，我們也要反對藐視權威和次序的無政府主義，強調律法和制度的重要性。只有當我們發自內心地明白上帝的聖約和律法，我們才能眞正認識上帝，並且眞正經歷上帝的赦罪之恩。只有在上帝及其律法面前，才能人人平等，任何人都不能凌駕於他人之上，也不能任意妄爲，因爲我們都是處於上帝及其律法之下，上帝絕不偏待任何人。

重建基督教的政統與體統

最好的政統綜述就是主耶穌基督所強調的「示瑪認信」，這一認信所強調的就是獨一的上帝和全人的敬拜。體統的綜述就是「光明子女」，這段經文教訓我們要在言語行為上脫去一切的暗昧，行事為人與蒙召的恩典相稱。

我們在德政部分強調政統和體統，政統所強調的是獨一的上帝和最大的誠命，體統所強調的則是基督徒當在具體的生活方式上榮耀上帝、見證福音。而政統與體統匯合在一起，即我們所強調的「政體」，這種政體的核心首先不是人的制度，而是上帝的制度和人的順服。若要傳遞基督教的政統和體統，關鍵是建立基督徒大家庭。宗教改革時期所凸顯的不僅是因信稱義的教義，也包括家庭生活的各個方面：合乎聖經的婚姻、合乎聖經的男人、合乎聖經的女人、合乎聖經的父親、合乎聖經的母親、合乎聖經的生育觀。[31] 可以說，真正的宗教改革即是「家庭改革」。基督徒不僅要生養眾多，更要把家庭培養成教會和社會改革的基地。正如中國文化中愚公移山的故事所指明的：不管我們眼前面對的偶像崇拜與皇權專制的大山有多高大、沉重、險峻，我們都能夠靠主挪移！

基督教的「政統」就是聖經中所啟示的政治基本框架和原則。在基要主義以及各種版本的民間宗教化的基督教之影響下，很多基督徒已經喪失了基本的政治理念和原則，更不要說具有

31　Scott Brown, *Family Reformation: The Legacy of Sola Scriptura in Calvin's Geneva* (Wake Forest: North Carolina: Merchant Adventurers, 2009), p. 23.

整全和深刻的政統了。然而，我們強調上帝的主權和約法，便能重建基督教基本的政統。同時，耶穌基督的救贖和聖靈大能的同在更爲我們的建造提供了活潑的樣式和內在的動力。孔子強調：「政者，正也。子帥以正，孰敢不正？」[32] 政統即是正統，就是天國政治，從我開始！當仁不讓，捨我其誰！

目前西方教會中很多人所謂的政統已經淪落爲一大堆抽象的教義，與天國政治毫無關係，他們甚至把上帝的國度局限在天上、心間和耶穌基督再來之後，不曉得耶和華上帝是全地的大君王，上帝的國度就是上帝的主權和統治。當然，中國大多數教會也受西方基要派神學的影響，從公共領域中全面撤退，把基督教信仰約化爲「傳福音，信耶穌，升天堂」這樣沒有任何內涵的宗教口號，我們對此應當有清醒的認識。

基督徒的「體統」就是生活的體系，也就是「聖徒的體統」。聖徒的體統包括生活方面，例如飲食男女、穿衣戴帽、過節歡慶、殺牛宰羊、發誓還願、防止傳染病擴散等等生活的細節，這一切在上帝的律法裡都有記載。可惜，諾斯底主義傾向使得很多版本的基督教只是強調抽象而神祕的「屬靈」，而上帝在其律法中所明確吩咐的生活樣式則受到人們普遍的忽視和抵制。

從文明的角度而言，沒有這些案例法中所規定的細節性體統，我們就無法自覺而明確地建立任何文明。[33] 當然，更深刻地

32　《論語・顏淵》。

33　參看 Gary North, *Tools of Dominion: The Case Laws of Exodus* (Tyler, TX: Institute for Christian Economics, 1990). 此書長達 1296 頁，對於《出埃及記》在那個所出現的案例法進行了詳盡的界定和解釋，是目前基督教界內對案例法最詳盡的解釋。

說，基督徒的體統就是基督徒的人格理想，否則我們就只是衣冠禽獸。新儒家大師熊十力先生強調，不成聖賢，便成禽獸！基督徒國度的理想最終也必須落實、體現在人格的理想上，也就是基督徒必須活出「光明子女」的樣式來。

這種政統就是在治理的使命和責任上當仁不讓，見義勇為，勇於承擔，如此我們才能夠完成上帝所賜給我們治理全地的文化使命。甚至可以說，沒有這樣的使命感，就不是真正的基督徒，甚至沒有達到真正的「人」的境界！因為當初上帝一開始創造世界和人的時候，就已把治理全地的使命賜給了人。故，基督徒的政統就是先求上帝的國度和公義，並且由我做起，求仁得仁，無怨無悔！

在基督徒的政統方面，我們高舉上帝的主權和律法；在基督徒的體統方面，我們則強調基督徒對於律法的遵行。因此，大而言之，基督徒的體統其精義就是效法基督，捨己愛人，精益求精，追求完全。小而言之，就是基督徒在個人生活和社會生活的各個方面都當存敬畏上帝、愛主愛人之心，把上帝的律法由內而外地落實在言談舉止、食衣住行的各個方面。可惜的是，目前大多數教會既不講基督徒的政統，因為害怕自己得罪執政掌權者；也不講基督徒的體統，因為害怕得罪那些來聽道的人。如此我們便只能作人的僕人，卻不能作至高上帝的僕人。因此，我們既要大膽而智慧地宣告上帝的國度和公義，也要嚴肅而誠懇地勸誡每個人都當敬畏上帝，謹守上帝的誡命，因為這是人當盡的本分，更是基督徒理所當然的事奉。

政統與體統的方法論

我們在政統和體統部分強調上帝的主權和個體的人權，同時強調聖經所啓示的法治，這種法治不僅強調個人和組織都當降服在上帝的主權和律法之下，並且強調制度和領域中的分權。

1. **主權論：**我們高舉上帝的主權，強調人所具有的不過是上帝賦予的治權。所以，沒有任何個人與組織享有至高無上的絕對性的權力，人世間的一切權力都在上帝的主權之下。這種對上帝主權的強調，不僅在思想和價值判斷上提供了超驗性和絕對性的制高點，並且明確地使得個人和群體的權利與權力都處於上帝之下，也就是處於上帝的聖約和律法之下。雅和博經學對上帝聖約和律法的強調，使得傳統上基督教對上帝主權的強調直接落實在具體對上帝所啓示的聖約和律法的順服上。主權論所強調的是權威，這是基督徒政統和體統的第一大要素，我們首先需要明白的就是到底聽誰的，所以上帝透過摩西明確地要求以色列人要「聽」祂的話：「以色列啊，你要聽！耶和華——我們神是獨一的主。」當初使徒們面對猶太官方禁止他們傳講基督的禁令時，他們明確地說：「聽從你們，不聽從神，這在神面前合理不合理，你們自己酌量吧！我們所看見所聽見的，不能不說」。

2. **人權論：**每個人都具有上帝的形象，亦都享有上帝所賜治理全地的使命和權柄。而藉由自願結合的形式，個人組成家庭、教會和國家，其目的在於保護和促進個人的尊嚴和權利。因此，任何家庭、教會和國家都不得凌駕於個人之上，踐踏個人的尊嚴和權利。否則，就在上帝面前喪失其合法性，且組成家庭、教會和國家的個人都有權利予以改變或廢止個人與其關係。雅和博經

學強調上帝的聖約和律法，因此不管是個人性的人權，還是群體性的人權，都要處於上帝聖約和律法的約束之下，這就排除了野心家利用人權來掠奪和戕害他人尊嚴與權利的空間。人權論所強調的是主體，這是基督徒政統和體統的第二大要素，我們必須明白，遵行上帝的約法是每個人不可逃避的責任。

3. **法治論**：人性不可靠，墮落的人性更不可靠，真正重生得救之人的人性也不可靠，所以我們必須以上帝的律法為標準，不斷約束人性中敗壞的因素，促成個人之間良性的互動。在人還沒有墮落以前，上帝就賜給人律法，可見在本體上和歷史上，律法與人的墮落和罪惡無關，律法是上帝所確立的治理工具和方法，更是上帝賜給我們通向幸福的道路。當然，墮落之人更需要上帝的律法，因為若沒有上帝的律法及其所確立的刑罰，墮落之人就不知道何謂罪，也不知道犯罪的性質和當受的刑罰。此外，重生之人亦需要上帝的律法，一是要防範我們生命中殘餘的敗壞，二是讓我們積極地按照上帝所啟示的律法來愛上帝，並且愛人如己。法治論所強調的是治理的模式，這是基督徒政統和體統的第三大要素，我們必須知道上帝賜給我們治理的工具和制度是什麼，否則我們既沒有判斷的標準，也沒有行動的指南。

4. **選擇論**：作為位格性的存在，選擇乃是意志的自由所具有的本性。如果有人不滿上帝的選擇，就是抗拒上帝的主權，與上帝強嘴，褻瀆上帝；如果有人壓制、剝奪他人自由選擇的權利，就是侵犯他人的自由和尊嚴。上帝根據祂自己的旨意自由地選擇人得救與否；個人也有權利和責任自由地選擇婚姻的伴侶，選擇自己在教會和國家方面的歸屬，並且透過選舉的方式決定教會和國家的治理形式與代表。因此，我們在選擇論上，首先強調

個人在道德意志上行使自己選擇自由的責任，同時也在制度的層面強調教會和國家生活中選舉制度的重要性和神聖性。選擇論所強調的是個人的自由，這是基督徒政統和體統的第四大要素，沒有自由，就沒有選擇，便沒有道德責任可言，當然也就沒有美德和善行。上帝是至高無上、無所不能的上帝，但是祂並沒有強迫我們，更沒有代替我們做出選擇，而是始終把真理擺在我們的面前，讓我們發揮個人的自由，做出正確的抉擇。

5. **分權論**：上帝保留自己的主權，卻把治權與人分享，故上帝本身就是分權的上帝。我們效法上帝，自然也包括在分權方面。當知只有全能的上帝能夠總攬立法、司法與行政三權於一身。根據聖經的啟示，在教會和國家的治理中這三大權力都應當保持一定的分立和制衡。雅和博經學深刻經歷極權主義暴政的恐怖和荒謬，強調在各個領域中旗幟鮮明地反對罪人的極權，亦旗幟鮮明地強調暴君與暴政都是上帝所恨惡的，消滅暴君，推翻暴政，就是事奉上帝。同時，雅和博經學也強調暴君與暴政的根源就在人的心中，只有心靈深處經歷上帝的更新，才能使人謙卑在上帝的面前。因此，政治與文化的危機，最終必然是宗教的危機；宗教的危機必然是心靈的危機；政治與文化危機的解決，最終必然落實在宗教和心靈方面。另外，雅和博經學始終強調上帝的聖約和律法，因為在上帝的聖約和律法中，上帝向我們顯明了祂所賜福的家庭、教會和國家內部權利的保障與權力的劃分。反之，若偏離上帝所啟示的聖約和律法，我們在分權上既沒有明確的框架，也沒有可靠的標準。分權論所強調的是制度與人格的保障，這是基督徒政統和體統的第五大要素，沒有真正的分權，就沒有真正的憲政和自由，當然個人的權利和尊嚴也無法得到保

障。如當初猶大王烏西雅僭越國家與教會的界限，試圖自己到聖殿中燒香獻祭，就受到祭司的攔阻和上帝的責罰。因此，即使在明確地實行神權制的以色列王國，君王和祭司之間也有明確的分工，並不是很多人想像的「政教合一」。

基督教政統五大方面

我們在政統方面首先強調的是基督徒在耶穌基督裡的新生命，然後是使命、自治和法域，最後把政統落實在個人的品格上。

1. **生命論**：生命是使命的根基，使命是生命的方向，誡命是達成使命的工具。若沒有在耶穌基督裡重生的生命，我們就無法承擔上帝所賜的崇高使命，當然也不會甘心樂意地順服上帝的誡命。當我們談及基督徒的政統，重生的新生命乃是第一大要素。因為不管是談及愛上帝，還是遵行上帝的誡命，這些都絲毫勉強不得，沒有重生得救的新生命，一切的爭議都是枉然。

2. **管家論**：真正的基督徒乃是上帝百般恩賜的好管家，領受上帝賜給我們治理全地的使命。因此，聖經中所啟示的得救並不是讓我們脫離世界和現實生活，而是讓我們在這個世界歷史上行善。耶穌基督多次用管家的比喻強調門徒的責任。因此，基督徒的政統所強調的無非就是基督徒管家的責任。

3. **自治論**：最大的政治就是個人的自治，即每個人都當治服己心，攻克己身，盡自己當盡的本分。人的自治最需要的就是節制，沒有節制的美德，不管我們做什麼事，都不會成功。即使是行善幫助別人，我們一定要知道最大的幫助就是為人指明道路和方向，並不是代替人走路。目前社會上盛行的國家高福利制度，

透過稅收等強制性手段聚斂他人的財富，然後直接以物資、金錢、醫療、住房的方式發給個人，這種做法所毀滅的就是個人的自治，從根本上而言是侮辱人格、踐踏尊嚴，並激發人的罪性，使得整個社會最終都在道德和經濟上走向破產。我們必須強調個人的責任和自治，那些有工作能力卻不願意工作的人，就不能無條件地得到家庭、教會或國家的幫助。

4. **法域論**：大而言之，上帝在創造世界的時候設立了三大領域，一是物質自然界，二是人類道德界，第三就是個人心靈界。不同的領域有不同的法則，自然界所運行的是自然界的法則，道德界所實行的是道德界的法則，而心靈界所運行的則是心靈界的法則。自然界的法則不需要任何人的選擇或同意，就已各從其類，各就各位；道德界的法則則關涉到人的選擇或同意，而心靈界的法則更是需要個人的意識和贊同。另外，家庭、教會和國家也是不同的法域，上帝設立了不同的法則和執行者，就是要求我們尊重上帝為各個法域所設定的範圍和法則，不可任意僭越，當各就各位，各盡其職，各得其所，這才是真正的公義。

5. **品格論**：政治最終塑造的是人的品格。我們的生命也必然體現在具體的品格上。擔任上帝的管家必須忠心有智慧，這是管家的品格。而我們的品格中最重要的部分就是自治，一個人如何面對自己獨處的時間，乃是對個人品格的檢驗；是否遵守上帝的律法，關鍵仍是品格的問題。我們在「仁教」部分，提倡基督徒當有仁者品格，突出的特徵是仁者愛人；在「心學」部分，提倡基督徒當有智者品格，突出的特徵是認識上帝；在「法治」部分，提倡基督徒當有賢者品格，突出的特徵是守約守法；在「德政」部分，提倡基督徒當有行者品格，突出的特徵是修道行道；

在「文明」部分，提倡基督徒當有聖賢品格，突出的特徵是圓融和合。這種聖賢品格要求我們在學問和品格上成為真正心竅通達的「師傅」，能夠按照愛心講說真理、按照律法攻克己心，並且得以透過教導上帝的誡命，而塑造門徒愛主愛人的品格。

基督教體統八大歸正

八大歸正包括心思意念的歸正，也包括習慣、行為和生活的歸正。基督徒若是能夠自覺地在以下八大方面不斷地攬鏡自照，精益求精，必能夠在聖潔生活上不斷長進，更加有效地見證耶穌基督恩惠的福音。

1. **知見的歸正**：即對上帝、自身和世界有合乎聖經的認識。作為基督徒，在對上帝的認識上，我們必須明白上帝三一論和基督神人二性論；在對自身的認識上，我們必須知道「一元二分三功用」[34]以及心靈四大狀態；在對世界的認識上，我們必須明白聖經中所啟示的創造、救贖與成全這一直線性的世界歷史進程。

2. **思維的歸正**：不僅我們的觀念要歸正，我們的思維方式也要歸正。在思維的出發點上，我們必須是明確的前提論者；在思維的框架上，我們必須自覺地以聖經中所啟示的聖約框架為依歸；在思維的整全性上，我們必須自覺地建構基督徒的世界觀和

---

34 「一元二分三功用」指人是上帝按照祂自己的形象造的，並且上帝把治理全地的使命賜給人，這就是人生本源上的「一元」；人是身體和靈魂合一的整體，但是因著犯罪，人在死亡的時候靈魂離開身體，然後在復活之時，人的靈魂重新與身體聯合，這就是身體與靈魂的「二分」；「三功用」是指人的靈魂具有理性的認知、情感的愛憎和意志的抉擇三大功用。

文明論：在體系的建構方法上，我們必須是明確的經院主義者；在思維的特性上，我們必須自覺地保持思維的獨立性、分析性和批判性，不能在思想上成爲任何人的奴隸。

3. **言語的歸正**：言語代表我們內在的修養，因此我們在言語上的歸正，不僅需要在言語上下工夫，更需要在內心深處尋求來自上帝的智慧。即使我們講說真理和真相，也要注意用愛心來講說：「用愛心說誠實話」，目的是在於造就他人，而不是我們自己一吐爲快。

4. **行爲的歸正**：行爲的歸正就是在行動上更加合乎上帝的旨意，也就是合乎上帝的律法。此處的行爲包括基督徒個人的獨處，當然也包括基督徒在家庭、教會和社會中的活動。「身體沒有靈魂是死的，信心沒有行爲也是死的。」此處我們強調的行爲包括我們的穿衣戴帽、飲食起居，但在這些方面我們應要給予他人充分的自由，不必錙銖必較，更不必因爲別人某個行爲上與我們不一致就懷疑對方是否得救，因爲得救完全是靠上帝的恩典，不在於個人的行爲。

5. **職業的歸正**：職業的歸正就是從事正當的職業。工作是上帝給我們的呼召和賜福。因此，對於基督徒而言，人人都當根據上帝賜與自己的才能從事一定的職業，這就是基督徒的「天職」。當然，姊妹作爲妻子和母親，全時間在家相夫教子也是崇高的職業，可以說是「全職太太」、「全職媽媽」。

6. **靈修的歸正**：靈修的歸正就是在靈修的模式和路徑上的歸正。沒有靈修的基督徒就像平常不吃糧食，只想在需要時到處求藥吃藥的人，不可能是正常、健康的基督徒。因此，在靈修的歸正上，首先是對待靈修態度的歸正，每個基督徒都當重視靈修。

我們甚至可以說，沒有靈修生活的基督徒是愚蠢又可恥的，或者大多數沒有靈修的基督徒只是自欺欺人、假冒為善的掛名基督徒而已。其次，我們在靈修方式上要殷切查考聖經和教會正傳，選擇最合乎聖經和自身處境的靈修方式。在靈修的模式和路徑上，我們強調煉路、明路與合路的劃分，注重在信德、望德和愛德上的長進。

7. **德修的歸正**：德修的歸正就是培養愛主愛人的美德。基督徒的一生就是德修的一生。靈修所強調的是我們與上帝的關係，德修所強調的則是我們與鄰舍和世界的關係。在德修的模式上，我們強調明智、公正、勇敢和節制四大公德。

8. **生死的歸正**：生死的歸正特指基督徒正確地看待死亡，坦然迎接死亡。基督徒要活得好，也要死的好：要活得有見證，也要死得有見證。我們甚至可以說，一個基督徒如何死亡，便顯明出他信仰的品質。那些因為貪生怕死而賣主賣友的人，往往顯明並沒有大能的聖靈在他們的心中。

德政、改革宗與中國文化的會通

我們在強調基督徒的外王的時候，一定要強調效法基督的忍耐、受苦、工作、忠心的精神。但要避免兩個極端，一是過分強調權威和秩序，導致專制主義；另一是過分高舉自由和自願，導致無政府主義。說穿了，不管是專制主義，還是無政府主義，都是因為罪人的缺德。

我個人認為改革宗神學對於美德和德修的強調遠遠不夠。我們只是在教理問答中強調順服和善行的重要性，但對美德和德修卻沒有清晰的界定，由此而導致的弊端就是我們改革宗人士常常

因缺乏深刻的德修，於是時常為一些教義和律法的問題爭論不休，甚至不求甚解，不學無術，硬拿著教義和律法來論斷別人，最後爭執不休的就是「正統性」與「合法性」的問題，但最終的結果和結論往往都是別人及其教會「不正統」、「不合法」、「沒有權柄」、「應當歸正」等等。這種毫無愛心的論斷和拆毀是非常令人憎惡的，如此行的人如果不警醒悔改，最終往往會在個人生活上出現問題，陷入醜聞和崩潰之中。

改革宗神學在道德和倫理上基本上都是「神法倫理」。邦森（Greg L. Bahnsen）曾經著述全面地闡明了這種倫理觀。[35] 此書一出，洛陽紙貴，引發了激烈的討論和爭議。即使在改革宗陣營內部，也是眾聲喧嘩，因為在道德與倫理的問題上許多改革宗人士也是數典忘祖，忘記了上帝所啟示的律法乃是基督徒順服上帝的標準。[36] 范泰爾便從聖經中所啟示的創造論強調說，我們人始終不過是「運用造物主的法則受造物」。[37]

根據筆者十幾年的學術研究、教牧實踐和靈修體驗，筆者在不否定神法倫理之正當性的基礎上，越來越傾向於「美德倫理」。神法倫理強調的是上帝所啟示的律法在基督徒個人和公共倫理中

35　Greg L. Bahnsen, *Theonomy in Christian Ethics* (Nacogdoches, TX: Covenant Media Press, [1977] 2002).

36　See William S. Barker and W. Robert Godfrey, eds., *Theonomy: A Reformed Critique* (Grand Rapids: Zondervan or Academic Books/ Zondervan Pub., 1990); Greg L. Bahnsen, *No Other Standard: Theonomy and Its Critics* (Tyler, Texas: Institute for Christian Economics, 1991); Vern S. Poythress, *The Shadow of Christ in the Law of Moses* (Phillipsburg, New Jersey: P&R, 1991).

37　Cornelius Van Til, "The Doctrine of Creation and Christian Apologetics", from *Journal of Christian Reconstruction*, Vol. I, summer, 1974, p. 72.

的權威性和規範性，而美德倫理則是強調美德、實踐性的智慧和個人的幸福。神法倫理一旦把握不好，就容易走向律法主義和教條主義，而美德倫理則是明確地教導我們當如何在具體的生活中以上帝的律法為標準，以造就個人的品格、實現個人的幸福為依歸。[38]

改革宗人士應當注意繼承包括阿奎納在內的中世紀遺產，不可狹隘地把改革宗局限在路德或加爾文之後。因為，若沒有對美德的強調，沒有德修的操練，不管我們在宗派上掛上什麼牌子，都有可能成為四處論斷他人和拆毀教會的教理派與律法主義者。可以說，「缺德」的「改革宗」絕不是真正的改革宗，而是蛻變成自高自大的「殺人宗」！因為中國一向盛行反律主義，所以我們應當強調神法倫理；又因為強調神法倫理的人往往有律法主義的傾向，所以我們應當強調以愛德為核心的美德倫理。

今日中國基督徒仍然處於「篳路藍縷，以啓山林」[39]的開創階段，我們切不可以中國教會人數多、神蹟奇事多而沾沾自喜，自欺欺人！反而應當謙卑地回到重建根基的階段，嚴肅地追問、考究到底何謂真正的基督教，否則就會被種種假冒為善的「山寨版」基督教以假亂真，誤入歧途。種種「山寨版」基督教的突出特徵就是擺脫聖經啟示和教會正傳的聖而公之信仰，不懂政治，不講政治，也不顧政治，使得基督教脫離實際生活，成為個人化、情緒化、神祕化，甚至巫術化的東西。

---

38 See http://plato.stanford.edu/entries/ethics-virtue/, 2015 年 2 月 10 日查考。
39 《左傳・宣公十二年》。

基督教文明論與政治體系

在政治領域中，我們要自覺地反對各種無神論和敵基督的主張與做法。今日，基督教在公共領域中潰不成軍，甚至那些有著上千年基督教文明史的國家也開始廢除死刑，或者承認同性戀的合法性。西方基督教文明似乎已經日薄西山，氣息奄奄！當然，我們中國基督徒也沒有任何可以誇口之處，中國的基督教文明在政治上更是處於啓蒙階段，我們還缺乏最基本的對政治神學概念和原則的掌握。

目前我們華人基督徒不僅缺乏合乎聖經的公共神學，大多數教會和基督徒對於政治的理解甚至是扭曲、消極又害人害己。許多華人基督徒認爲基督徒不應參與政治，教會中不應傳講與政治有關的信息。其實，如果我們的信仰沒有落實到政治或公共領域中，那麼我們可以確信我們所謂的信仰並不是眞正的基督教信仰。因爲聖經中所啓示的上帝即是公共性的上帝，他是宇宙的創造者、立法者和審判者；聖經中所啓示的教會也是聖而公之教會，絕不是隱瞞自己的政治意圖的秘密組織，更不是對政治蒙昧無知的幼稚園孩子；上帝呼召基督徒所從事的使命，在本質上就是一個政治性的使命，也就是治理全地；甚至耶穌基督也是因爲政治性的理由而被釘死在十字架上。再者，聖經中所講的「新天新地」所涉及到的也主要是政治或社會秩序的變革與更新。[40]

---

[40]　參看 R. C. Sproul, *The Last Days According to Jesus* (Grand Rapids: Baker Books, 1998); Kenneth L. Gentry, Jr., *Navigating the Book of Revelation* (Fountain Inn, South Carolina: GoodBirth Ministries, 2010); David Chilton, *The Days of Vengeance: An Exposition of the Book of Revelation* (Tyler, Texas: Dominion Press, 1987).

　　目前基督教基要教義都是集中在上帝論、基督論和救恩論上，唯獨對於政治體系缺乏強調，因此我們基督徒越來越不明白上帝在政治領域中的旨意，同時我們在政治領域中的作用也越來越被邊緣化，甚至是自我放逐。有鑑於此，我們既要挖掘教會中古老的神學概念裡已有的政治內涵和應用，也要勇敢地面向世界，吸收世人在政治領域中的科學發現，如此基督徒在政治領域中的見證才能迎頭趕上，真正發揮光與鹽的作用。

　　1. **上帝主權**：神權制是最基本的事實，上帝是全地的大君王，萬有都是祂所創造的，也都在祂的掌管之下，若沒有祂的允許，一個麻雀也不會偶然掉在地上。即使是世上那些殘暴的獨裁者，也都在上帝的掌管之下。基督徒欲自覺地歸榮耀與上帝，就當在各個領域中承認上帝的主權，亦當時時在上帝的面前俯伏下拜。反之，不強調聖經中所啓示的神權制，我們就會不斷製造新的神靈，把希特勒、史達林、毛澤東這樣的梟雄推上歷史的神壇，對他們進行頂禮膜拜，在罪人的專制下成為犧牲品。

　　2. **憲政法治**：神法制也是最基本的事實，上帝在自然界、道德界和心靈界中都設定了一定的秩序和法則，這是已定的事實，且不以任何人的意志為轉移。更重要的是，上帝所啓示的道德律乃是上帝與我們立約的標準。上帝對我們的統治不是專斷莫測的，而是明確地以祂所啓示的律法來統治我們，賜福我們，使我們在祂面前享受人人自由和平等的地位。因此，上帝本身就是施行憲政法治的上帝。作為上帝的兒女和僕人，我們也當效法上帝，明確地以祂所啓示的聖約來界定各自的責任，以祂所啓示的律法為標準釐定彼此之間合作的界限。

　　3. **共和政府**：共和制政府乃是一種混合式的治理模式。治

權的行使有三大模式，一是君主制，即由一個人負責；二是貴族制，即由少數精英負責；三是民主制，即由群眾負責。這三大治理模式都需要執政者具有崇高的美德，遵守基本的約法，否則一旦統治者無德違法，君主制就會蛻變為獨裁制，貴族制就會淪落為寡頭制，民主制就會流變為最可怕的多數人的暴政。因此，根據亞里士多德和阿奎納的考察，最好的政體形式就是混合制的模式，即結合君主制的個人效力、貴族制的精英統治和民主制的民意基礎而形成的共和制。

4. **個人尊嚴：**每個人受造都具有上帝的形象，也都從上帝獲得了不可剝奪的尊嚴，即上帝親自「賜他榮耀尊貴為冠冕」（詩8:5）。這種尊嚴包括上帝所賜治理全地的權利和責任。而家庭、教會和國家都當按照上帝的律法來保障和促進個人的尊嚴，幫助個人完成上帝賜與個人的使命，不可因為任何個人與政黨意識形態的考量而剝奪或踐踏他人的尊嚴。

5. **四大政府：**首先是個人的「自治」（self-government），就是每個人都要管好自己，不能隨意把責任推在別人身上。個人的自治乃是根本，家庭、教會和國家則都是個人自治的延伸，且其宗旨也都在於確保個人的自由和尊嚴。其次是「家政」（family government），就是家庭的治理；第三是「教政」（church government），就是教會的治理；第四是「國政」（state government），就是國家的治理。這四大政府都是上帝所設立的，各有自己的職分和疆界，應當各盡其職，彼此配搭，不可互相僭越，或一花獨秀。

6. **政教分立：**政教分立不等於通常所說的政教分離，而是特指教會和國家在組織和功能上都各歸本位、各盡其職。教會有教會的組織和功能，國家也有國家的組織和功能，二者不可混淆。

教會的主要職責就是傳講上帝的真道，教化衆民；而國家的基本
職責則是維持基本的社會秩序和國家安全。牧師和政治家都是上
帝的僕人。我們當鼓勵那些大有恩賜的人，或者成爲教會的牧
師，或者成爲國家的領導，積極地把上帝的真理落實在個人與社
會生活的各個方面。

7. **三權分立**：上帝賜給人治理全地的權柄通常分爲立法權、
審判權和執法權。唯獨上帝集大權於一身（賽 33:22）。在聖經
中，立法權主要透過以摩西爲代表的先知來行使，而祭司則參
與司法解釋和審判（申 17:8-13），君王則享有執法權（申 17:14-
20）。阿克頓勳爵（Lord Acton）的名言就是：「權力導致腐敗，絕
對的權力導致絕對的腐敗。」由此可知，在教會和國家生活中，
沒有公正的選舉，就沒有合法的治理；沒有權力的劃分與制衡，
就沒有真正的法治和憲政。因此，不管是在教會管理中，還是在
國家管理中，都應當有完善的選舉和分權制度。

8. **三大聖德**：聖德是指上帝的恩典注入到人的心中而形成
的美德，其中有信德、望德和愛德。所以聖德的終極本源乃是上
帝的恩典，聖德所指向的終極對象也是上帝。是故，雅和博經
學所注重的上帝主權論使人大有盼望，同時，雅和博經學所闡明
的清教徒神學，和老普林斯頓神學院（Old Princeton Theological
Seminary）所堅持合乎聖經積極、樂觀、得勝的末世論，也幫助
基督徒在患難中大有盼望。[41]

41　參考 Iain H. Murray, *The Puritan Hope: Revival and the Interpretation
of Prophecy* (Edinburgh: The Banner of Truth Trust, 1971); Loraine
Boettner, *The Millennium* (Philadelphia, Pennsylvania: The Presbyterian
and Reformed Publishing Company, 1957); Keith A. Mathison, *From Age

9. **四大樞德**：明智之德是指理性對是非的判斷，公正之德是指意志對善惡的抉擇，勇敢之德是對付人的消極情緒，節制之德則是對付人對美物的貪愛。在基督徒靈命成長的過程中，首先即是明智之德的成長。明智之德乃是其他三種公德的根基，正是因為教會中盛行的各種反知主義傾向，使得基督徒不重視對真理、教義和律法的學習，無法分別善惡，就被各種異端邪說吹來吹去，無法在明智之德上長進，當然也無法生根建造。

10. **七大死罪**：這七大死罪不是指人具體的犯罪行為，而是指心中所具有的犯罪傾向，包括驕傲、貪財、貪色、貪食、貪睡、憤怒、嫉妒。第一大死罪就是驕傲，驕傲是眾罪之根，本源就在於人想自己成為上帝，突出的表現就是不服上帝及其律法。第二大死罪就是貪財，即對於世上財物的非分之愛。第三大死罪就是貪色，即對於使用性器官過程中所經歷的肉體快樂有非分的渴慕。第四大死罪就是貪食，傳統上譯為饕餮，是指在飲食上的不節制，貪吃貪喝等。第五大死罪就是貪睡，也就是怠惰，是指貪圖睡眠，沒有積極行動；第六大死罪就是罪怒，罪怒不是指一般的發脾氣或生氣，而是指在發怒的心態、原因、對象、程度和方式上都違背了上帝所啟示吩咐我們愛主愛人的律法。第七大死罪就是嫉妒，指對於他人的善況感到難受。並且嫉妒通常會導致仇恨、貶低、抱怨、幸災樂禍等心態。[42]

---

to Age: The Unfolding of Biblical Eschatology (Phillipsburg, New Jersey: P&R, 2009); *Postmillennialism: An Eschatology of Hope* (Phillipsburg, New Jersey: P&R, 1999).

42 參考湯慕臨，《解‧破七宗罪》，黃家燦譯（香港：基督教文藝出版社，2009 年）；James Stalker, *The Seven Deadly Sins and the Seven Cardinal Virtues* (Colorado Springs, Colorado: NavPress, 1998).

門徒培訓、美德成長與勇士品格

　　人在理性、情感和意志方面的操練集中體現在勇敢這一美德上。沒有勇敢這一美德，我們就成為畏首畏尾、縮手縮腳的懦夫，必將一事無成。因此，真正的基督徒必然具有勇士的品格。

　　品格訓練就是全人修，即盡心、盡性、盡意、盡力愛上帝，也就是基督徒用全人來事奉上帝。並且思維訓練、靈修操練、律法訓練最終都要落實在德修操練上，就是培養效法基督的品格，尤其是勇士的品格。這種品格是為實現人生的理想和目的而勇猛精進、義無反顧的精神和追求。身為基督徒，我們當攻克己身，對於罪惡有壯士斷腕的果決，勇敢地進行「聖戰」，勝過自身的罪惡。而在面對政治逼迫的時候，更當靠主剛強，身懷將真理付諸實踐的大無畏精神。

　　在基督徒的品格上，我們應當真正活出屬靈人的樣式來。既然上帝與我們立生命之約，我們就當以生命之德來回應。這種生命之德的核心就是愛德，而愛德的核心體現就是順服上帝的誡命。當知道既然我們屬於上帝，便亦屬於聖靈，即已經是真正的「屬靈人」，正如韋柏所闡明的那樣：「我們是屬靈人，非因我們實踐屬靈操練，或懂得說敬虔的話，而是因為我們與耶穌聯合，又因為祂使我們再次與上帝聯合。因此我們的目標絕不是成為屬靈人，而是活出屬靈生命。」[43] 全人靈修的核心就是經歷基督的同在，參與上帝在世界和歷史中的計劃和作為。因此，在全人靈修

43　羅伯特‧韋柏，《神聖的擁抱：重尋兩千年靈修傳統與實踐》，頁262。

的模式上，我們既不能逃避到世界之外，也不能逃避到自己的心靈之中，而是誠實、踏實地面對上帝、自己和世界，並在這個世界中經歷上帝的同在，在我們的生命中經歷「品格的革命」。而這一品格的革命事實上就是披戴耶穌基督的品格，效法耶穌基督的典範。[44] 清教徒的革命即被稱爲「聖徒的革命」，另外，加爾文主義聖徒的首要特徵就是「在社會和政治重建中的個人自治」。[45]

我們在理性、情感和意志三大方面的靈修最後皆落實和體現在德修上，我們在理性品格上所培養的智者品格、在宗教品格所培養的仁者品格、在律法品格上所培養的賢者品格，最終將落實並體現在我們道德品格上的勇士品格。正如我們在仁教部分強調智商，即基督徒當充分地以自己的理性愛上帝，享受理性的快樂，就是因認識上帝和自身而得的快樂；在心學部分強調情商，即基督徒當充分地運用自己的感情來愛主愛人，享受感性的快樂，就是在具體的生活經歷中享受上帝愛的同在，享受弟兄姊妹之間彼此相愛的美善；在法治部分強調德商，即基督徒當充分地運用自己的意志來順服上帝的旨意，享受德性的快樂，也就是崇高而聖潔的生活本身帶給人的喜樂。不管是智商、情商，還是德商，最終都將落實和體現在德政部分的靈商上，即基督徒當以全人愛上帝，在世界歷史的過程中有天降大任於己身的使命感，以

44　參考魏樂德、唐‧辛普森，《品格的革命：重塑屬天的生命》，林秀娟譯（臺北：校園書房，2012 年）；Dallas Willard, *Renovation of the Heart: Putting on the Character of Christ* (Colorado Springs, Colorado: NavPress, 2002).

45　See Michael Walzer, *The Revolution of the Saints: A Study in the Origins of Redical Politics* (Cambridge, Massachusetts: Harvard University Press, [1965] 1982).

立功、立德、立言等具體的實踐活動來榮耀上帝，見證福音，造就他人。當然，這些生命的實踐活動，也就是我們生活的實現活動，即透過具體的活動把上帝已經賜給我們的潛質、潛能實現出來，從而使上帝得著當得的榮耀，我們得著可得的幸福。門徒訓練的核心就是培養勇士的品格，具有高尚品格的聖徒乃是上帝對這個世界的最大賜福。

德政、政治與文明宣教

沒有明確政治體系的基督教，就是被暴君暴政閹割、馴化的基督教，這樣的基督教無法在這個世界發揮光與鹽的作用。

基督教的政治體系首先強調上帝的主權和約法。唯獨上帝享有至高無上的主權，個人和組織的一切權力都是衍生性的，皆來自上帝的授予，並且必須按照上帝的律法來執行。上帝所設立的律法就是釐定上帝與受造物之間關係的疆界。因此，任何人都有責任敬畏上帝，順服上帝的誡命，正如所羅門強調的那樣。正是因為我們強調上帝的主權，所以世間任何人所組成的組織都是「有限政府」，只能享有有限的權力；正是因為我們強調上帝的律法，所以世間一切人所組成的政府都當實行真正的法治。同時，在雅和博經學中，我們強調上帝與人設立的聖約。因此，家庭、教會和國家都應當是立約式的憲政組織，任何人都無權把個人的意志強加在別人身上，更不可把個人的意志和利益上升到人人都當遵行之法律的地步。此外，治理教會和國家之人的統治，都當透過選舉的形式，徵得被統治者的同意。聖經不僅向我們啟示了個人得救的基本要道，也向我們啟示了合乎上帝旨意的家庭、教會和國家治理的模式，而後者恰恰是我們今日眾多教會所忽略的。

　　宣教士必須有敏銳的政治意識，深刻地理解所在國家的政治
局勢，否則不僅不能宣教，甚至自身難保。當然，最重要的是宣
教士要在自己身上施行德政，就是透過德修而攻克己身，成爲精
通、體現上帝律法的大德，甚至能夠像以斯拉一樣贏得外邦君王
的佩服和信賴。當知道若沒有這樣的道德素質，宣教士就不能產
生生命上的影響力。並且要使宣教從證明走向見證，我們作爲見
證人在美德和善行上的見證是非常重要的。因此，聖徒的生活本
身是最好的宣教方式，這種生活當然也包括基督徒在公共領域中
的見證。

　　文明是與野蠻相對的，人間最大的野蠻就是專制制度。專制
制度不是一次性的殘暴，而是制度性、習慣性、文化性、大規模
的殘暴，這種殘暴是一小撮人透過暴力和謊言硬生生地施加在大
多數人頭上的。此種野蠻不僅凸顯了統治者的野蠻，也使得整個
民族成爲野蠻民族。而野蠻民族的特徵之一就是奴隸性，易於服
從專制統治。如東方文化的一大弊病就是專制主義。亞里士多德
在《政治學》中指出：「野蠻民族比希臘民族更富於奴性，亞洲
蠻族又比歐洲蠻族更富於奴性，所以他們常常忍受專制統治而不
起來叛亂。」[46] 這種奴性在小人得志或混亂狀態時會表現爲任性，
在面對政權壓力時則是體現爲奴性。

　　政治所注重的是個人美德的培養，文明最終的落實和保障就
是個人的崇高素質。從政治的角度來看，基督徒容易沾染的疾病
就是逃避主義和激進主義。逃避主義對社會現實和世界未來悲觀

46　亞里士多德，《政治學》，吳壽彭譯（北京：商務印書館，1965 年），
　　頁 159。

失望、消極無爲，而激進主義則是對人性和未來過於樂觀，認爲
透過個人的努力（特別是革命的方式），就能夠使個人和社會達
到完美的境地。逃避主義使得基督徒喪失鹽味和光度，最終落在
上帝的審判之下，被人踩在腳下；激進主義則使得基督徒急躁冒
進，認爲透過自己這一代人的努力，就能迎接耶穌基督的第二次
再來，使上帝的國度完全彰顯在人間。要醫治逃避主義的疾病，
我們必須強調上帝的主權、基督的得勝、聖靈的同在和基督徒治
理全地的管家使命；欲醫治激進主義的疾病，我們則必須強調人
的全然敗壞和聖徒身上仍有殘餘的罪。

德政座右銘：敬天愛人

　　聖經中所啓示的政治模式就是「神權制」，即「上帝的統
治」。這種「神權制」既不是僧侶當權，也不是教會凌駕於國家
之上，而是個人、家庭、教會和國家都降服在上帝的主權和約法
之下。從政治的角度而言，上帝是治理全地的大君王，聖經既反
映了上帝創造、救贖、成全這一直線型的世界歷史進程，也向我
們顯明了上帝讓我們治理全地的旨意。

　　其實，「神權制」是不可避免的，正如上帝是無法迴避的一
樣，但關鍵是我們所信的「神」到底是怎樣的「神」！提爾尼
（Brian Tierney）在其考察中強調，「神權制是一種正常的治理模
式」。[47] 我們所高舉的「神」可能是一個人，也可能是一個階級、
一個民族，或占多數的群體，我們總是把至高無上的主權歸於一

47　Brian Tierney, *The Crisis of Church and State,* 1050-1300 (Englewood Cliffs, NJ.: Prentice-Hall, 1984), p. 131.

個實體，這個實體就是我們所信奉和敬拜的「神」。因此，沒有真正的無神論者，也沒有徹底意義上的世俗政權。如果我們不接受聖經中所啓示的神權制，則我們便會接受其他版本的神權制，將至高無上的主權歸於國家、歸給個人，甚至歸給自己。[48]

因此，神權制在本質上不是一種政治理想或規劃，乃是我們存在必須面對的現實，基督徒應當具有這種自覺性，自覺地歸榮耀與上帝。我們在德政部分強調上帝的形象與治理的使命。

1. **形象論**：這一座右銘所強調的人的本質就在於人受造具有上帝的形象，這種形象不僅是指上帝造人時本著眞理的仁義和聖潔，也是指人具有理性上的認知、情感上的愛憎和意志上的抉擇能力，所以人能夠承擔責任，且能夠投入工作，這是上帝給人的榮耀和尊貴之處。

2. **使命論**：聖經強調上帝把治理全地的權柄賜給了每個人。正是基於這樣的權柄，個人才能根據自願結合的原則，組成家庭、教會和國家這三大聖約性的組織，完成上帝所賜治理全地的文化使命。根據耶穌基督的教訓，這一文化使命的本質就是愛主愛人的管家使命，即作上帝百般恩賜的好管家，以智慧、愛心和勞動來榮耀上帝，服事他人。

3. **管家說**：上帝造我們本有祂的形像，讓我們代表祂在這個世界上發揮先知、祭司與君王的職分，愛主愛人，守約守法，作上帝百般恩賜的好管家。但墮落與犯罪使得這一榮美的形象在根本上被扭曲，並且持續不斷地被扭曲，使人開始恨惡上帝，自

48　See Jean Bethke Elshtain, *Sovereignty: God, State, and Self* (New York: Basic Books, 2008).

私自利，濫用上帝賜與的恩賜，彼此轄制，相互吞咬，成為撒但的差役。然而，重生就是上帝透過耶穌基督的救贖和聖靈的大能重新創造我們，使得我們從本質上恢復了受造當初就有的榮美形象，也就是重新恢復了兒女的地位、管家的職分。但是，要活出這種形象，需要我們不斷分別為聖，遵行上帝的誡命。在管家說這一教義中，我們不僅強調人本有的尊嚴和責任，更是強調人的使命和責任，就是重生得救之人在基督裡所得到，又是上帝在創世之初就賜給人的治理全地、宣教萬國的重托。這樣偉大的使命實在使我們謙卑，因為靠我們自己絕對無法完成，只有靠著上帝恩典的扶持，我們才能不斷前行。

✝

第五章

文明：圓融與正統、經濟與品格

聖約文明論第五大要素：上帝的護理與聖約的延續
文商、文明心、文明主體與君子品格
文明的種子與文明信仰：文明系統與文明神學

　　上帝賜給人文明之心，就是追求幸福的本能和權利。人人都是文明主體，人人都生活在一定的思想和文化體系之中。我們根據文明心強調文明信仰，強調基督徒的使命就是建立「敬畏上帝，信靠基督；愛主愛人，守約守法」的基督教文明，培養效法基督的聖賢品格，使上帝賜給每個人的潛能都得能到完全的實現和發揮。

仁人與至善

　　文明的最高價值和追求是和諧。基督教文明是追求至善的文明。上帝是文明的源頭，各樣美善的恩賜都來自上帝。文明就是幸福，即保障最大多數人得到最大程度的幸福。這種幸福就是人生的至善。因此，文明事實上就是關於人生至善的教義。文明貴

在天人和諧，即人人都按照上帝的旨意生活，就是按照上帝所啓示的誡命愛主愛人，充分地在德性上實現自己。

在文明部分我們強調，至善不僅是基督徒當追求的完美愛主愛人的境界，也是基督徒群體與社會當追求的目標，這是耶穌基督對門徒的吩咐。基督教文明就是基督徒美德與品格的社會性展現。基督徒人生的目的就當是追求至善，內聖外王。

「至善」在拉丁文中是 *summum bonum*，意思是「最高的善」。這種善本身就是目的，包含其他各樣的善。這種至善並不是虛無縹緲的東西，而是人的美好生活，就是個人潛在德性的實現，而這種實現就是幸福。柏拉圖在《共和國》中強調只有當統治者自身受善的支配之時，這個世界才會是正義的。只有正義的人才能知道什麼是正義，也只有正義的人才能生活美滿、幸福，而不義之人的生活必然敗壞、悲慘。柏拉圖對正義提出了一個舉世聞名的界定：「正義就是做自己分內的事和擁有屬於自己的東西。」[1] 亞里士多德在《尼各馬可倫理學》中繼承柏拉圖的教訓，他在第一章就開宗明義把人生活的目標界定為追求至善，這種至善就是幸福：「我們把那些始終因自身而從不能因它物而值得欲求的東西稱為最完善的。與所有其他事物相比，幸福似乎最會被視為這樣一種事物。因此，我們永遠只是因它自身而從不因它物而選擇它。」[2] 從聖經啓示來看，這種至善就是上帝本身，而人的最大幸福就是認識上帝。

---

1 Plato, *Republic*, 434a. 參考王曉朝譯，《柏拉圖全集》（北京：人民出版社，2003 年），第二卷，頁 410。

2 亞里士多德，《尼各馬可倫理學》，頁 18。

　　當然，真正的幸福不是獨樂樂，而是眾樂樂。幸福的人生不是僅僅自己沉浸在沉思默想的生活中，而是和志同道合的朋友一同進行合乎德性的活動。亞里士多德特別強調友愛的重要性，「青年人需要朋友幫助少犯錯誤；老年人需要朋友關照生活和做他們力所不及的事情；中年人也需要朋友幫助他們行為高尚。」[3] 有人為有用而交友，有人為快樂而交友，但「完善的友愛是好人和在德性上顯示的人之間的友愛。」[4] 只有彼此真正相愛的人，才喜歡共同生活。在聖經啟示中，上帝親自強調亞伯拉罕是祂的朋友，耶穌基督更是強調：「你們要彼此相愛，像我愛你們一樣；這就是我的命令。人為朋友捨命，人的愛心沒有比這個大的。」基督徒彼此相愛乃是共同生活的紐帶，這種彼此相愛不僅僅是因為這是上帝的吩咐，而是因我們在基督裡成為志同道合的朋友。

　　聖徒必是仁人，我們要領受上帝所啟示的仁道，不斷研究上帝所賜與的仁學，培養各人愛主愛人的仁德，並在家庭、教會和社會生活中建立愛主愛人的仁政，也只有這樣我們才能成為真正的仁人。基督徒最大的志願當是成為這樣的仁人，領受仁愛的教訓，認識仁愛的上帝，遵行仁愛的律法，活出仁愛的美德，建造仁愛的文明。

　　上帝的國度是文明與仁愛的國度。上帝的國度達成的主要方式是教育。希臘文中的 *paideia* 是指教育、教養、訓導、矯正。我們強調基督徒的教育和修養，唯獨通過長期的卓越教育才能建立基督教文明。我們在仁教部分提倡的哲學教育，旨在培養我們

3　亞里士多德，《尼各馬可倫理學》，頁228。

4　亞里士多德，《尼各馬可倫理學》，頁233。

理性的美德——智商；在心學部分提倡的宗教教育，旨在培養我們情感的美德——情商；在法治部分提倡律法教育，旨在培養我們意志的美德——德商；在德政部分提倡政治教育，旨在培養我們全人的實現——靈商；這四者綜合在一起就是文明的教育，旨在培養我們以全人愛上帝，並且愛人如己——文商。文明乃是人生的目的與境界在歷史過程中的綜合性的實現，是個人與群體全方位的實現和幸福。

我們強調人人都有文明之心，並且在文明心的基礎上，強調基督徒當建立基督教文明。真正的基督教必然是文明型、圓融型的基督教。基督徒應當達到聖哲的境界，愛主愛人，成聖成賢。

文明之約與品格成熟

我們追求幸福乃是理所當然的。文明的目的就是要促進個人的幸福，個人的幸福是文明與否最直觀的標記。簡單來說，文明的本質就是精神與物質財富的發達，這種發達的最終結果即使得個人的生活更加舒適和豐富。[5] 正是因為歐美國家所建立的強大基督教文明確保了個人的自由和幸福，使得世界其他各個國家和地區的人紛紛以各種途徑移民歐美各國，而歐美各國之公民則鮮少移民俄羅斯、中國、伊朗、阿富汗、北韓之類的國家。這也是基本的事實和常識。

我們之所以要建立基督教文明，因為上帝給我們設立的就是文明之約，治理全地的文化使命本身就是建立基督教文明的使

5　參考岸根卓郎，《文明論：文明興衰的法則》（北京：北京大學出版社，1992 年）。

命。上帝所賜給我們的大使命再一次重申了這種偉大的使命。長期以來，基督教最大的錯謬之一就是對文明的疏忽和淡漠，結果使得基督教不僅沒有在非洲和亞洲各地建立基督教文明，即使在歐洲和俄羅斯這些基督教文明已經建立的地方。基督教如今重新淪落到共產主義等各種意識形態和民間宗教的踐踏和混雜之下。我們必須回到聖經中所啓示的建立基督教文明的異象。否則我們必然會淪落到穆斯林或其他異教文明的統治之下。治理之約就是文明之約。諾斯（Gary North）對此評論說：「人必須進行治理。進行治理，是人性內在的部分。壓抑人格的這一方面就是試圖壓抑人身上所具有的上帝的形象。這種壓抑不僅是倫理上的叛逆，終極而言唯獨自殺才能逃避這一治理之約。」[6] 逃避上帝賜給我們治理全地的使命和責任，不管是對基督徒個人而言，還是對基督教會而言，都是自殺性質的。

基督教文明的理想追求就是聖潔，現實特徵則是仁愛。聖潔是教會的本質，但愛心卻是建立教會的關鍵。正如梁家麟博士針對多納徒派（Donatism）對教會造成的分裂和困擾所分析的那樣：「奧古斯丁認為教會最重要的特質是愛而非聖潔。聖潔固然是教會的理想，但卻不可能成為教會的現實；教會永遠不該放棄對聖潔的追求，但它現實上卻又總會存在著不潔不義的事情。倘若我們不接納教會有任何一絲的不潔，動輒以分裂為解決方法，那我們只會將教會不斷分裂下去。」[7] 教會是由蒙恩的罪人組成

6　Gary North, *The Dominion Covenant: Genesis* (Tyler, TX: Institute for Christian Economics, [1982] 1987), p. 29.

7　梁家麟，《基督教會史略：改變教會的十人十事》（香港：明風出版，2012 年），第六版，頁79。

的，我們之間最需要的就是彼此相愛。

我們既要彼此相愛，更要在彼此相愛中互相鼓勵，追求聖潔。「聖潔」最基本的意思就是「分立」，即分別開來。上帝拯救我們的目的就是讓我們成爲聖潔，而成爲聖潔的關鍵就是行善。我們最深層的動機應當是對上帝堅定不移的信心，我們最當順服的標準就是上帝所啓示的律法，我們人生的最高目的就是唯獨上帝的榮耀。

這三大要素可以進一步歸納如下。首先，基督教文明是以上帝爲中心的文明。這種以上帝爲中心，體現在「仁教」部份所主張的形上學上，就是以神本主義反對人本主義；體現在「心學」部分所主張的認識論上，就是以美德認識論反對各種喪失價值評判的認識論；體現在「法治」部分所主張的倫理學上，就是以神法論反對罪人各種形式的自法論；體現在「德政」部分所主張的政治學上，就是以神權制反對各種形式的無神論統治。其次，基督教文明的第二大要素就是上帝的約法，上帝的聖約就是文明大憲章，上帝的律法就是上帝賜給我們確保我們的自由和興盛的利器。第三，基督教文明最終落實在美德上，這種美德是以信德爲首的。

因此，在基督教文明中，我們明確地以上帝爲中心，上帝既是我們思想和生活的出發點，也是我們思想和生活的立足點。我們明定以上帝所啓示的聖約爲基本框架，以上帝所啓示的律法爲最高標準。最終，基督教文明的首先目的雖然是榮耀上帝，但落實卻是個人的充分實現，就是幫助每個人都能培養美德，建立效法基督、敬天愛人的聖徒品格。

文明貴在個人品格，品格貴在成熟，成熟貴在圓融，否則就是片面和偏執。真正的文明就是品格的文明。我們應當尊重每個

人的「人格」，瞭解每個人的「性格」，努力幫助、促進人在「品格」上的成長。基督教文明所追求的最高目標就是榮耀上帝，這一目標的具體體現就是個人的成全，也就是使上帝的每一位子民都能活出上帝造人本有的榮美。

品格的至善在於信仰與生命的圓融，這種至善首先要建立在純正的信仰基礎上，其次就是要活出智慧的敬虔，中間的關鍵就是靈修與德修。在雅和博經學中，品格的發展與成熟首先體現在理性的認知上，這就是我們所強調的基督徒當有智者的品格，智者知人；其次是在情感上，基督徒當有仁者的品格，仁者愛人；第三是在意志上，基督徒當有賢者的品格，賢者助人；第四，知情意的整全發展就是在習性上的勇士品格，也就是成為耶穌基督的精兵；第五，在知情意行全方位發展的基礎上，基督徒最終的人格理想就是聖徒品格，即聖賢品格：聖者向上帝分別為聖，賢者對他人立己立人。基督徒的人格理想就是：愛主愛人，成聖成賢！

文明的種子與文明品質

認知的種子、宗教的種子、律法的種子和政治的種子這四大人心靈本有的傾向並不是彼此分離的，而是人心靈總體傾向的四大方面。綜合在一起，我們可以稱之為「文明的種子」。

人的心中總是嚮往一定的文明，沒有人甘心樂意地生活在野蠻之中，「水往低處流，人往高處走」，這是基本的常識。這種對文明的嚮往，就是對個人幸福的嚮往，阿奎納強調：「人是自然渴望幸福的。」[8]文明的核心就是治理，只有透過治理我們才能得

8　阿奎納，《神學大全》，1 集 2 題 1 節。

到我們想要的幸福。上帝當初造人的時候就是按照祂的形象造人，並且把治理全地的使命賜給人，我們把上帝的這種賜與稱之為「文明的種子」。「治理萬物」是上帝賜給人的權柄、責任和使命，也是上帝使人生來就具有的本能。真正的文明就是使人把這種治理的本能按照上帝的律法發揮出來，使個人得到最大程度的滿足和幸福；敗壞的文化則使人的這種本能成為一種征服性、毀滅性的力量，最終所導致的就是相互吞咬，一同滅亡。

我們把上帝賜給人「治理全地」的文化使命稱之為管家使命，這種治理就是管理和經營。因此，經濟的終極目的絕不是為賺錢而賺錢，更不是為消費而消費，而是完成上帝賜給我們治理全地的管家使命，並善用上帝所賜的恩賜來榮耀上帝，造福他人。

文明的品質不僅在於根本性的原則，如「敬畏上帝，信靠基督；愛主愛人，守約守法」等；文明的品質更是體現在日常生活中，比如健康的飲食、樸素的衣著、夫妻的關係、病人的隔離、守安息日、向窮人借貸等等。上帝的這些誡命都是為了塑造我們文明的品質，使我們在具體的生活中分別為聖。上帝的子民一定要以上帝所啟示的誡命為行事為人的標準，否則我們就會去找各種各樣「交鬼的或行巫術的」，離開上帝所啟示的法度，如今教會中到處充斥的就是那些「交鬼的或行巫術的」。巫術是一種典型的迷信行為，「它沒有精神的寄託，也不需要虔誠與修持」。[9]

我二〇〇四年至二〇〇九年在加爾文神學院（Calvin Theological Seminary）學習時聽舊約教授鮑斯瑪先生（William J.

9　方漢文，《比較文明學》，第四冊，頁 59。

Bouwsma）的課，他強調《利未記》就是最好的門徒培訓課程，其中教導我們如何在具體的現實生活中攻克己身，分別爲聖。正如郭明璋牧師所分析的那樣，東方教會重視神祕和直覺，最後導致基督徒生活的神祕化，在現實生活中卻沒有力量，尤其是不能與各種形式的東方專制主義抗衡；西方教會重視邏輯和律法，在現實生活中講究實際，注重法治和經濟，能夠挑戰、抗衡人間興起的各種專制力量。[10]

文商、文明秩序與聖哲意識

雅和博經學所倡導的就是建立「仁愛的文明」，這種文明是以主耶穌基督所強調的愛主愛人爲總綱的。

在這一文明中，我們強調上帝就是愛，強調誡命的總綱就是愛，亦強調耶穌基督對門徒最大的吩咐就是「你們要彼此相愛，像我愛你們一樣；這就是我的命令。」基督的門徒必須彼此相愛，這種聖約群體的見證乃是最有力量的：「你們若有彼此相愛的心，眾人因此就認出你們是我的門徒了。」余英時考察說：「基督教自始即含有深厚的仁愛觀念，這可以從耶穌的一生行爲及其教義中見之。其後的經院哲學亦以仁愛在一切塵世的德性中唯獨能使人歸向上帝者。因此遂有『信仰由仁愛構成』的著名公式。」[11]

在雅和博經學中，我們強調基督徒應當踏踏實實地建立彼此

10　參考郭明璋牧師講授「教會歷史：早期教會史」，美國弗吉尼亞主恩基督教會（Grace Christian Church），2015 年 1 月 31 日。

11　余英時，《文史傳統與文化重建》，（上海：三聯書店，2012 年），頁 43。

相愛的聖約群體，建立以基督教學校為標記的強大教育體系——
按照上帝的愛教教訓來教育我們的子女；建立以基督教教會為標記
的強大宗教體系——不斷在教會講壇上傳講上帝在基督裡所顯明
的救贖大愛；建立以秉公審判的法院為標記的律法體系——按照
上帝愛的律法來審判各種案件；建立以愛主愛民的軍隊為標記的
政治體系——按照上帝的真理培訓強大的軍隊，裝備基督徒，使
其在個人、家庭、教會和國家各個層面都能成為耶穌基督的精
兵，正如清教徒所組成的「新模範軍」一樣。

　　文明的本質就是秩序的和諧。這種秩序的和諧首先承認上帝
所設立之秩序的實在性，這種秩序首先包括自然界的自然秩序，
其次就是道德界的道德秩序，第三則是人心深處的心靈秩序，這
種秩序是道德秩序在個人心靈領域中的體現。秩序的和諧其關
鍵就在於人心靈秩序的和諧，這種和諧是以在耶穌基督裡與上帝
和好為關鍵的，最終落實在經濟的秩序上。我們要重視經濟的作
用，因為上帝賜給我們的使命本來就是經濟性的使命，就是在
這個世界上擔任上帝百般恩賜的好管家；同時，我們要始終承認
經濟的有限性，杜絕在經濟中所產生的貪婪與縱慾。正如奧皮茨
（Edmund A. Opitz）所指出的那樣：「經濟是手段的科學，宗教
是目的的科學，經濟需要宗教。」[12] 當我們在心靈深處藉著耶穌基
督的救贖和聖靈的更新而降服在上帝的主權和約法之下的時候，
這本身就意味著我們願意遵守上帝在自然界、道德界和心靈界中
所設立的三大秩序。真正的基督徒應當積極地認識上帝在自然界

12　Edmund A. Opitz, *Religion: Foundation of the Free Society* (Irvington-on-Hudson, New York: The Foudation for Economic Education, Inc., 1994), p. 199.

中所設立的秩序與法則，我們不是要刻意征服自然，強硬地把我們的想法強加在自然界中，從而違背上帝在自然界中所設立的法則，導致環境、土壤、大氣和水資源的污染，而是要順應自然，把上帝創造之初就已經賦予並隱藏在萬物之中的美麗和豐盛發揮出來，這才是眞正的經濟發展。眞正的基督徒應當積極地研究上帝在人與上帝、人與人、人與萬物之間的關係中所設立的法則，而不是自以爲是，甚至把自己的利益和意願上升到律法的程度，強迫他人來接受我們的統治，從而滿足我們個人的私慾。最大的和諧就是個人心靈秩序的和諧，但心靈秩序的和諧絕不是抽象、空洞的，而是體現在我們對自然界和道德界秩序的認識和順服上。

上帝呼召我們成爲聖徒，我們當從一般不知不覺的信徒成爲自覺自願、拜師學習的門徒，然後按照自己學習的工夫在一定的時間後成爲師傅，確實長大成人，以身垂範，教書育人。如那些在眞理上有深刻、全面、獨特領受的人就會成爲「使徒性的人物」，而使徒性的人物繼續長進到一定年資和程度，就會成爲人人敬仰的大師級人物，也就是聖哲。當然，此處我們所說的「使徒性的人物」不是像彼得、保羅那樣親眼見過耶穌、直接領受傳教的使命、其著述成爲聖經正典的這一部分人物，這種人物所具有的是特殊性的「使徒職分」。我們所講的「使徒性的人物」是指自覺地承擔上帝賜與的使命、傳講時代的信息、具有一定開拓性的人。在這種意義上，摩菲（Robert Moffet）便被稱爲「非洲的使徒」，[13] 這是因爲他對非洲宣教的貢獻。也是在這種意義上，

13　參考 http://xybk.fuyin.tv/Books/Yu_Christian_Biography/gb/37.htm，2015 年 2 月 20 日查考。

雅和博經學主張基督教宣教所培養的不是普普通通的「信徒」，
而是真正的「門徒」；而真正的門徒最終也必會成為真正的「使
徒」，就是具有使命感，願意接受培訓和訓練，最終能夠承擔和
完成一定使命的「使徒」。只有當上帝賜下這樣使徒性的聖哲在
教會中的時候，才能真正提升教會的檔次和境界，使得教會能夠
在真理上發揮承上啟下、中流砥柱的作用。

這樣的大師是上帝賜給教會的明燈，奧古斯丁、阿奎納和加
爾文就是這樣的人物。凡基督徒都要追求成為聖哲，就是英雄與
聖徒式的人格。當然，並不是每一個基督徒都能成為這樣的聖
哲。但我們要有意識地在我們中間培養這樣的聖哲，也要珍惜上
帝已經賜給我們這樣真理的明燈。對於我們的兒女中有資質和潛
能的人，我們也當有意識地鼓勵他們為主想大事、做大事，勇於
承擔上帝賜與的時代使命。對於那些在我們中間明確地有來自上
帝的恩膏、為上帝重用的僕人，我們務要在人力和物力上為他們
悉心安排，使他們能夠有時間和資源專心地以祈禱和傳道為念，
以切實的愛心和奉獻使他們能夠專心研究、出書立說、傳道授
業。正如上帝與亞伯拉罕立約時所說的那樣（創 17:4-7）。不管我
們現在地位上多麼卑微，不管我們在人數上多麼稀少，我們一定
要牢牢地抓住上帝賜給亞伯拉罕的祝福：「你們既屬乎基督，就
是亞伯拉罕的後裔，是照著應許承受產業的了。」唯獨具有這種
來自上帝的崇高追求和深刻確信，我們才能不斷勝過現實生活中
外界的逼迫與窮困、內在的孤獨和掙扎，不斷勝過各樣的仇敵，
像主耶穌基督那樣「勝了又要勝」。真正在耶穌基督裡歸屬於上
帝的人必然在這個世界上不斷得勝。

聖哲所具有的這種圓融無礙的意識乃是來自深刻的靈修，得

蒙上帝的光照，完全摒棄自己的想法，進入上帝對整個世界文明
的藍圖。因此，從文明的角度而言，正如方漢文所指明的那樣：
「東西方文明，並不是一種空間與時間的對立，它們各有自己獨
立的形態發展，並且有長期的交流與互動。東西方文明差異歸根
結蒂是人與自然關係不同聯繫方式的展現，所以比較文明的同一
與差異，會增加認識途徑，克服單一性，最終達到人與自然和諧
發展的目的，古與今，東方與西方，是時空中的差異與同一的表
現形式，如果沒有它們的差異就不會產生和諧，和諧不是求同或
是打通，而是對立事物的參證與契合。」[14] 我們贊同作者在此處所
說「參證與契合」的方法，但我們確實承認不同文明各自仍然有
著本質性的差異。那種完全抹然文明在本質之間的差異、衝突和
對立的觀點，乃是極其幼稚和淺薄的，並且具有巨大的蒙蔽性，
使得我們對異質文明之間的衝突所造成的巨大危險和傷害喪失警
惕性，其後果也是非常可怕的。

仁愛、聖賢與文明

　　基督徒的理想就是成就愛主愛人的君子品格，也就是成聖成
賢的聖賢品格。

　　文明的核心並不是經濟的增長、財富的增加、軍事的強大，
而是培養人具有真正「敬畏上帝，信靠基督；愛主愛人，守約守
法」的智者、仁者、賢者與勇士合一的聖賢品格。這種聖賢品格
需要一定的時間和歷練才能逐漸形成。生命的成長是需要時間和
經歷的，所以在聖經中談及長老資格的時候特別提及這些方面。

14　方漢文，《比較文明學》，第一冊，頁13。

要擔任教會中的牧師或長老，必須在家庭和社會生活中有一定的歷練，並且還要有成功的見證，能夠在家庭和社會中德高望重，也就是在一定程度上具有聖賢的品格。今日教會中很多牧師長老，有的尚未結婚，有的從來沒有在社會上做過事，就到教會中來帶領教會，不僅不能以德服人，往往自己在信仰上也是半途而廢。

按照猶太人的會堂規定，男孩從五歲開始，就要進入會堂中的拉比學校，開始學習摩西五經、先知書和聖著，直到十二歲再考試成為「誡命之子」。耶穌就是在十二歲的時候上耶路撒冷聖殿考試。這樣，猶太男孩從滿十三歲又一天起便成為「誡命之子」，即開始承擔起履行上帝的誡命這項權利和義務。[15] 猶太口傳律法《塔木德》中有一卷書叫《先賢古訓》，其中教訓說：「五歲始讀聖經，十歲學習《米示拿》（口傳律法），十三歲遵行誡命，十五歲學習《塔木德》，十八歲結婚，二十歲養家糊口，三十歲充滿力量，四十歲能解善悟，五十歲能為他人提供建議，六十歲真正成熟，七十歲年邁蒼蒼，八十歲尚有餘力，九十歲彎腰背曲，一百歲如同已死，超脫世界。」[16] 可惜很多基督徒喪失了這種類型的好習慣，如今我們很多基督徒的孩子根本不學習上帝的律法，不明白基本為人處世的禮儀和法則；很多基督徒也不懂得成家立業，更喪失了成聖成賢的追求，盲目地認為只要擺上自己，樂於犧牲，就能夠榮主益人。這種有熱情，卻沒有真知識的事奉

15　參考魏道思拉比，《猶太文化之旅：走進猶太人的信仰、傳統與生活》，劉幸枝譯（南昌：江西人民出版社，2009 年），頁 319。

16　*Pirkei Avot*, 5. 22.

往往是最悲慘的，常常是好爲人師，卻害人害己。

至善是人的心靈所達到的境界，體現在內聖外王上。基督徒的內聖就是內在生命的成長，也就是透過深刻的學習和默想而達到心意的更新，並且付諸行動，持之以恆，從而不斷克制、消除心中殘餘的犯罪傾向，使理智、情感與意志的德性成爲眞正的美德。基督徒的外王就是齊家、治國、平天下的治理之工，即倚靠上帝的恩典，在家庭、教會和社會三大領域中作上帝百般恩賜的好管家。至善就是圓融無礙，是眞善美聖、仁義禮智的會通。對眞善美聖的追求是上帝賜給人的心靈傾向，上帝本身是絕對的眞善美聖，所以上帝也吩咐我們追求眞善美聖，我們靠著上帝的恩典也能透過自覺的學習和行動把這種心靈的傾向轉化爲內在美德的圓融，在仁義禮智四大領域中都能作上帝忠心的使者。

基督教應成全中國文化中那種敬天愛人、以德配天的文化理想。基督徒當盡心、盡意、盡力愛上帝，擔當先知、祭司與君王的職分。基督教神學必須經歷文明化的過程，就是立足聖經啓示和教會正傳，在與其他文明的對話和衝突中建立自己的文明體系，因爲我們所信的上帝是文明的上帝，上帝賜給我們的使命也是建造眞正的文明。眞正的文明不在於外在的禮儀典章，更不在於高樓大廈，而在於我們每一個人都能充分地發揮上帝賜給我們的各樣潛能和恩賜，以我們的美德和善行來榮耀上帝，造福他人。

目前基督教的四大醜聞（哲學上的貧困、宗教上的膚淺、道德上的缺乏、政治上的幼稚）集中體現在第五大醜聞上，就是放棄基督教文明的立場、公開否認基督教是歐美各國的立國之本。當初小赫治（A. A. Hodge）在普林斯頓神學院明確強調美國自始

以來就是「一個基督教國家」，[17] 並且明確呼籲美國人歸回上帝的律法。[18] 可惜，在教會內外種種仇視基督教之勢力的影響下，基督教文明在已經確立的歐美國家中節節敗退，在其他國家則是從來沒有真正建立起具有一定規模的基督教文明。

基督徒的文明品質是哲學品質、宗教品質、道德品質和政治品質的綜合，當然也是智商、情商、德商和靈商的綜合，最終主要體現在經濟上。真正的「經濟」不是見錢眼開，唯利是圖。「經濟」一詞在希臘文中是 *oikonomia*，英文翻譯為 stewardship，意思就是「管家」、「家政」。因此，我們在此處所說的「經濟」是指基督徒的呼召，而基督徒的呼召就是作上帝百般恩賜的好管家，整個世界都是上帝的家園，我們受託要為上帝管理好「家政」，建立真正的文明。要榮耀上帝，見證福音，我們必須用真正的文明來「吸引」人歸向上帝，而不是用各種花拳繡腿的工夫來「勾引」人入教。基督教的見證和力量就在於塑造文明的力量，尤其體現在經濟上。上帝把治理全地的使命賜給我們，這個使命吩咐我們作上帝忠心、有見識的好管家，就是要發揮上帝賜給我們的才能，藉由管理和經營而拓展上帝的國度。雅和博經學對經濟的強調使得雅和博經學深入現代社會的需要，用合乎聖經的經濟觀來代替、改變現代社會中的經濟掛帥和物質至上的歪風，以高貴、簡樸的生活方式取代窮奢極侈的物質迷醉。

我們把以文明為核心的至善與世界觀聯繫在一起，強調基督

17　A. A. Hodge, *Popular Lectures on Theological Themes* (Philadelphia: Presbyterian Board of Publication, 1887), p. 278.

18　A. A. Hodge, *Popular Lectures on Theological Themes*, p. 287.

徒的信仰具有整全性和有機性。這一信仰的精義乃是以全人在全世界敬拜上帝、榮耀上帝，而具體體現就是建立以仁愛為導向的基督教文明。我們把基督教神學、世界觀與文明論三者結合在一起，從而自覺地把基督教神學上升到世界觀的規模，把基督教世界觀上升到文明論的高度。

圓、信與歷史進步

　　真善美聖圓，仁義禮智信。真善美聖的最高境界就是圓融，仁義禮智的巔峰就是忠信。圓融就是要把個人在哲學、宗教、道德和政治方面的追求與修養綜合在一起，達到融會貫通的境地。因此，我們必須藉由教育的方式使人理解、領受我們所提倡的知識系統、宗教系統、道德系統和政治系統，並且最重要的是教導人透過個人的靈修把真理化為心靈中的經歷，然後有來自內在聖靈的感動和精神的魅力，自然便能夠吸引人歸向上帝。所以，圓融所強調的是內在知與情的打通，而忠信所強調的則是外在意與行的實踐。忠信就是要求個人在仁義禮智四大方面愛主愛人、守約守法。

　　真重形上之實，善重倫理之是，美重真善之和，聖重天人之際，圓乃是真善美聖的會通。仁者愛主愛人，義者守約守法，禮者和合親睦，智者敬天法天，信則是仁義禮智的綜合。阿奎納強調：「物之所以是值得欲求的，是根據該物之圓滿完成或完美。一切受造物都追求本身的完美。」[19]基督教之所以是上帝所啟示的宗教，關鍵在於其完美性或圓滿性。一旦因著人的偏見，喪失對

19　阿奎納，《神學大全》，1 集 5 題 1 節。

基督教本身完美、圓滿的認識，使得所傳遞的基督教成為執其一端、不及其餘的極端、異端之說，則基督教就已經是差之毫釐，謬以千里，面目全非。因此，我們強調基督教本身的圓滿性，亦強調我們當忠實地信靠、實行、傳講整全的基督教。否則，我們所傳遞的就是另外一種福音，或另外一種基督教，哪怕是我們以光明天使的形象傳遞，也可能落在保羅所強調「應當被咒詛」的境地。

不管是真善美聖，還是仁義禮智，最終都要落實在經濟與管理的領域中，最終都會體現在我們以金錢為衡量的信用上。一切的偶像崇拜最終都集中在貪財上。基督徒的叛逆和蒙福也都集中體現在是否於財物上忠心地十分納一。雅和博經學特別強調基督徒當忠心地十分納一，支持教會的各樣事工。忠心的奉獻是破除貪婪這一罪惡、貧窮這一現象的唯一途徑，否則即使我們勤奮勞動，也不過是「勞勞碌碌地作孽」。

正是因為大多數基督徒沒有忠心地向教會進行十分納一，所以今日大多數教會牧師的薪水和供養低於一般的會眾，牧師無錢買書，甚至不能養家糊口，只能疲於奔命，窮於應付，無法專心以祈禱和傳道為念。如此一來，最終教會不能從事上帝吩咐教會擔當的各樣教育、宣教和慈善事工，甚至教會不能吸引、吸收精英人士參加教牧事奉，如此教會本身也陷入惡性循環的困境。另外，因為教會的軟弱，各種跨教會機構的興起，更使得基督徒對於教會的奉獻趨於短少。再加上無神論、敵基督的國家政府對教會施加各種形式的逼迫、剝奪、打壓和侵蝕，教會如今的處境實在是岌岌可危、淒淒慘慘。這樣教會在社會中的角色和作用就會不斷被邊緣化，不能發揮中流砥柱的作用，更不能夠在社會與文

化的轉型中發揮主導性的作用，只能以一些極端靈恩派之類的花拳繡腿來吸引觀衆。[20] 求主憐憫教會，並賜給基督徒對教會委身和奉獻的心志。

我們相信歷史的進步，因爲歷史是上帝的歷史，是上帝實現祂計劃、彰顯祂榮耀的過程。但我們不相信那種膚淺盲目的進步論，認爲明天一定會比今天更好，新東西就一定比舊東西進步。歷史的進程在總體上是沿著創造、救贖與成全的路徑前進的，但在這個過程中會有很多反覆的階段。

雅和博經學強調更新中國文化，就是在承認中國文化中也有普遍啓示的成分和亮光這一前提下，從根本上改變中國文化中所滲透的偶像崇拜和皇權專制的毒酵，使中國文化轉向以愛主愛人、守約守法爲特徵的基督教文明。因此，毫無疑問地，我們所提倡的文明乃是以上帝爲中心、以聖經爲規範、以耶穌基督爲獨一救主的基督教文明。這種經過破碎、重建和成全的文化，必能化盡中國傳統文化的醬缸中所積聚的惡毒、陰險、狡詐、兇殘、愚頑、僞善的毒素，使中國古代志士仁人所崇尙的仁義禮智信的文化理想成爲眞正的現實。

文明信仰與聖約文明論

不過很簡單，如果我們不相信文明的存在和價值，我們就不能更新和建立文明。

如果我們深信這個世界就像一艘破船，隨時都會沉底，根本

20　關於什一奉獻與教會的關係，請參考 Gary North, *Tithing and the Church* (Tyler, TX: Institute for Christian Economics, 1994)。

沒有修復的可能和價值，那我們就不可能對這個世界加以改造和重建。並且我們唯一的選項就變爲只是傳講「信耶穌，升天堂」，看似拯救靈魂，使更多的人信主，甚至拋家捨業，從而更好地傳福音，拯救更多的靈魂，又用耶穌基督的再來和我們的被提升天當作解決一切問題的靈丹妙藥。然而，這種信仰當然不能幫助我們建立任何文明，只能使我們成爲反文化、反文明、反神學、反世界、反宗派的怪人，更使我們在認知上因爲不明白上帝所啓示的眞理而變得「傻兮兮」，在律法上因爲不清楚上帝所賜與的律法而變得「怪兮兮」，在生活上因爲不知道上帝的旨意是讓我們在工作中享樂而變得「苦哈哈」。這樣的「三大怪」當然不能以美德和善行吸引人歸向上帝。所以與此相反，我們強調文明對信仰的重要性。

文明乃是經過教育和建造而形成的具體又高尙的文化。教育所傳遞的乃是文明的概念和藍圖，而建造則是個人和群體把自己所領受的文明概念和藍圖付諸實踐。文明是「高尙的文化」，所以一些粗俗的文化自然不能列入眞正的文明之內。傳統世界觀系統包括本體論、認識論和倫理學三大部分，基督教神學與世界觀的分離乃是教會的軟弱和悲劇，雅和博經學在傳統世界觀三論的基礎上增加歷史論和靈修論，重新使得基督教神學和世界觀更加整全地結合在一起。我們在歷史論部分闡明歷史發展的目的性和規律性，在靈修論部分則闡明了基督徒當如何透過靈修的工夫而培養愛主愛人的聖賢品格，自覺地與上帝同行，成爲歷史與文明的參與者和創造者。

基督教文明體系包括教義神學、密契神學、道德神學與德修神學四大體系。教義神學是基督徒的理性在上帝的光照之下，闡

明聖經啟示和教會正傳的真理；密契神學是基督徒在信心的根基上，透過靈修而不斷經歷上帝在福音中的應許；道德神學是基督徒在信心的根基上，藉由行動不斷在家庭、社會和國家經歷上帝藉著律法賜與的福分；德修神學是基督徒在信心的根基上，不斷於美德上經歷福音和律法的圓融。我們要把這四大體系落實在實際生活中，得著地土，落地生根，兄弟相愛撼山河，建立以家庭、教會和國家為組織形式的聖約群體，從而建立基督教文明。這就是雅和博經學所提倡的文明論體系的框架和建造。

我們主張聖約文明論，就是以聖約世界觀為基礎建立基督教文明，也就是天國文明。這種文明論也可以稱之為國度文明論，因為上帝的聖約本來就是上帝國度的憲章。聖約世界觀乃是以聖經中所啟示的聖約框架為基本範式的世界觀，不同於哲學上所強調的世界觀（由本體論、認識論和倫理學三大部分組成），而是強調從聖約的角度來認識上帝、世界和自身。天國文明論所強調的並不是任何國家和民族的崛起與復興，而是上帝的國度和公義在人間的彰顯。世界歷史就是上帝所設立的天國文明不斷勝過魔鬼的叛逆的進程。在雅和博經學中，我們既不是狂熱地在這個世界上建立完美的人間天國，也不是無知地把上帝的國度排斥於這個世界之外，認為上帝的國度只是在人的心中、在天上，或者耶穌基督第二次再來的時候才能臨到世界。上帝的國度就是上帝的主權和統治。但是，墮落之人被撒但和罪惡蒙蔽了心眼，他們或者是直接否定上帝的存在，認定且聲稱「沒有神」，或者是個人按照自己的心意和習慣敬拜自己的上帝，「各人哀求自己的神」，或者雖然崇拜真正的上帝，但卻不願意順服在上帝所啟示的約法之下，而是巧立名目，以自己的傳統和規條來廢除、代替上帝的

律法，正如耶穌所責備的那些假冒為善的人一樣。只有當聖靈開啟我們心靈眼睛的時候，我們才能夠真正得見上帝的國度，這是耶穌基督所特別強調的，卻是今日眾多教會所忽略的。從這節經文來看，上帝的國度始終在人間存在，關鍵是我們需要上帝開我們心靈的眼睛才能看見，才能進入！這就是重生的精義。

人如何能夠得知自己確實已經重生得救、進入了上帝的國度呢？唯一的標記就是甘心樂意地遵守上帝的律法，因為聖靈在人心中做工的標記就是扭轉我們悖逆的意志，使我們轉而甘心樂意地順服上帝的律法。上帝重生我們，賜給我們新心新靈，並且由聖靈賜下順從上帝律法的意願。《新約》的特徵絕不是廢除上帝的律法，而是由聖靈把上帝的律法刻在我們的心版上。喜愛上帝的律法也是罪人得蒙上帝拯救之恩的最大標記。

雅和博經學這種對律法的強調，使得基督教文明論成為可能；否則，沒有規矩，不成方圓，我們若不以上帝所啟示的律法為標準來攻克己身、治理全地，則或者淪落在罪人各種惡法惡規的轄制之下，或者生活在無法無天、弱肉強食的混亂之中，根本不可能建立真正愛主愛人、守約守法的基督教文明。

文明精神與文明追求

真正的基督教追求真正的文明，具有真正的文明精神。

文明的兩大根本就是敬天愛人。不敬畏上帝，乃是世界上各種邪惡大爆發的根源；敬畏上帝，則是真正智慧和文明的開端。上帝在西奈山上所啟示的十誡本身就是天國文明的大憲章。第一塊法版涉及到對上帝的敬畏，即以上帝為獨一的上帝，不敬拜亂七八糟的各種神靈，更不能把任何受造物當作神靈來頂禮膜拜；

遵守上帝的誡命，不搞任何形式的偶像崇拜；嚴肅地對待上帝及其聖名，不可褻瀆濫用；按照上帝設立勞動和休息的節奏來處理自己的時間，享受上帝賜與的勞動和安息；尊重以父母為代表的上帝所設立的各種權威。第二塊法版則涉及到對個人的尊重，即尊重上帝賜與個體生命的神聖性，不可隨私意殺死自己和他人，這種對個體生命的尊重乃是文明的首要標記；尊重上帝設立男女婚姻的神聖性，不可在上帝所啟示的一男一女、一夫一妻、一生一世的模式之外提倡其他任何婚姻模式，這就是兩性的文明；尊重上帝賦予私有財產的神聖性，應要透過誠實的勞動來增加自己和他人的財產，不可侵犯和剝奪他人的財產，這就是經濟的文明；尊重上帝所設立審判程序的神聖性，不可透過刑求等各種形式去製造假見證陷害他人，這就是司法的文明；尊重上帝所設立的心靈秩序，應要滿足於上帝的護理，不可任憑貪婪來毒害我們和他人的生活，這就是精神的文明。

　　因此，上帝所賜的十誡是建立基督教文明的根本藍圖。雅和博經學對於十誡的強調從根本上改變了基督徒在文明建造上無所適從，甚至誤入歧途的狀態。真正的基督教必然具有建立基督教文明的文明追求。改革宗神學強調上帝賜給人治理全地的文化使命，這個使命本質就是建立「神有、神治、神享」的神本主義文明。只有在這種神本主義的基礎上，才能建立民本主義之民有、民治、民享的政府和文明。喪失了對基督教文明之追求的基督教不僅是行屍走肉，更是對於上帝賜與治理全地之使命的公開叛逆。而不能造就文明的基督教，乃是被撒但的毒液污染的基督教。基督教在中國文化中所發揮的絕不應當是「偷竊，殺害，毀壞」的作用，而是真正使人在耶穌基督裡得享「更豐盛」的生命。

　　要建立基督教文明，敬虔的教育具有至關重要的作用。當初上帝透過摩西賜下律法的時候，特別強調律法的教育功能；著名的「示瑪認信」所強調的也是教育；甚至，耶穌基督所吩咐的大使命本身就是一個教育性使命。基督教教育的核心就是教導上帝的聖約和律法，否則基督教就會淪落爲巫術性、個人性、情緒性、功利性的民間宗教。「天不變，道不變」，上帝是不變的上帝，上帝所啓示的基本眞道和約法也是不改變的，需要改變的永遠是我們自身。而罪人最大的狂妄就是試圖改變全世界，卻唯獨不想改變他自己。

　　世界的問題乃是文明的問題，我們要改變的不是一磚一瓦，乃是重建整個文明的大廈，這就是文明的轉型。雅和博經學所強調的絕不是朝代的更替，甚至也不是制度的轉型，而是整個文明模式的更新和轉型。雅和博經學所主張的世界觀並不是一般意義上的世界觀，甚至也不是一般意義上的基督教世界觀，而是清教徒神學所強調，以聖經中所啓示的聖約爲框架所建構的世界觀。這種世界觀以上帝爲中心，同時強調人的主體性以及道德性；既注重內在心靈境界的追求，也強調外在器物文明的建造。這一世界觀從人的認知心而強調科學之發展；從人的宗教心而強調宗教之必然；從人的道德心而強調律法之規範；從人的政治心而強調憲政之成全。沒有整全的世界觀，我們就無法建構文明；沒有整全的世界觀，我們的神學和思想不僅顯得支離破碎，並且常常導致扭曲、偏斜、極端。在這種不整全世界觀的影響下，我們當然難以積極、樂觀、全面地與敵基督的世界觀展開爭戰，只能全方位地敗退。正如凱柏所強調的那樣，要捍衛基督教，我們必須用基督教的原則來對抗反基督教的原則，用基督教的世界觀來對抗

反基督教的世界觀。[21]

　　基督教在廿世紀歐洲的衰微，就是因爲在僵化的死正統和極端的自由派、靈恩派、敬虔派的衝擊下，基督教早已喪失了整全的世界觀，只能在人本主義以及其他各種異教的打壓下苟且偷安，自言自語。我們急迫地需要上帝來醫治我們的思想，醫治我們的文明！

文明主體與文明情結

　　人人都想生活在一個文明的社會中。在這個文明的社會中，大多數人的個人尊嚴能夠得到充分的保障；且大多數人的個人恩賜能夠得到充分的發揮；又大多數人的個人欲求能夠得到充分的滿足。我們這種對個人幸福的追求，可以說就是人心中的文明情結。

　　奧古斯丁專門寫有《論幸福生活》一書，強調只有透過上帝的眞理、透過在耶穌基督裡與上帝的合一，才能找到眞正的幸福。這種對個人幸福的追求，就是人人心中都有的文明情結。這一情結是綜合性的，涵蓋眞理情結、宗教情結、道德情結和政治情結。或者說，這四者合在一起，就是人人心中都具有的文明情結。沒有基本的認知，文明就無從談起，當知眞正的文明始終是建立在眞理的基礎上；沒有基本的宗教認信，文明就沒有內在的動力，任何文明歸根結底都是一定宗教信仰的果子；沒有道德與律法的制度，文明就無法在社會上落實，任何文明都具有自己的道德和律法制度；沒有愛主愛人、守約守法的公民品格，就沒

21　Abraham Kuyper, *Lectures on Calvinism*, p. 191.

有眞正的公民社會，所謂的文明只能是假冒爲善，一方面爾虞我詐、弱肉強食、槍桿子裡面出政權、拳頭大的是老大哥，一方面又講仁義道德、替天行道、建立和諧社會。

異象就是我們對未來的整體性嚮往和盼望。哀莫大於心死，如果我們對於未來沒有任何積極、樂觀的嚮往和盼望，我們現在就無法把注意力集中在對未來有益的事上。如此一來，我們只能做一天和尚撞一天鐘，得過且過，不思進取。但此處所說的「異象」並不是很多極端靈恩派的人所隨便主張的想法，而是嚴格以聖經爲依據的藍圖。基督教文明就是聖經中所啓示最偉大、最重要的異象。這個異象包括我們的個人、家庭、教會和國家都要降服在上帝的主權和約法之下，都要有愛主愛人、守約守法的精神。

如果我們能夠使一個家庭成爲基督化的文明家庭，來到這個家庭中的人都能得益，當然我們也能夠逐漸影響到其他家庭，然後逐漸影響到整個教會與社會。正像耶穌基督所強調的那樣，作爲一個聖約性的群體，基督徒本身就是「地上的鹽」、「世上的光」、「山上的城」和「燈臺上的燈」。這四大比喻都要表明教會的活力和影響。要建立基督教文明，不是我們紙上談兵，而是因爲這是上帝的旨意，上帝用大能的膀臂拯救了我們，目的就是讓我們世世代代遵行祂的約法，從而建立敬天愛人的文明生活。只有上升到文明論的高度，我們才能確實發揮基督徒在這個世界上當有的作用。

我們既要充分發揮想像力，展現我們對於聖經啓示之上帝和眞理的理解，同時我們又要把自己的想像力集中在聖經所啓示之界限的範圍內。當知我們在這個世界上不可能建立完全的文明，

因此我們要從根本上消除各種烏托邦的幻想。不管我們如何致力於文明的建造，我們在這個世界上仍然是有限且有罪的人，這就註定了我們今生今世不可能在這個世界上建立完全的文明。因此，我們既要踏踏實實地建造，善用上帝賜給我們的一切恩賜和機會；同時，我們又要知道人性的敗壞和自身的軟弱，知道只有耶穌基督的再來和審判才能使這個世界得到完全的更新，我們眼前只能忠心做好我們當做的就好，其餘的一切都要交託、仰望上帝的保守和引領。

圓融、正統與內聖外王

雅和博經學不是尋章摘句的考據派，而是自覺地繼承改革宗的義理傳承，尤其是以《西敏斯特信條》所告白的聖約神學為框架建立聖約世界觀。

沒有正統，就沒有圓融；儘管有正統的神學或思想，但是如果缺乏社會的閱歷和靈命的操練，仍然可能是囫圇吞棗，食古不化，食洋不化。正統神學是重要的，然而，再好的神學都不能取代生命的歷練。

我們需要正統的教義神學，使我們對上帝、個人和世界有整全、系統的認識；我們需要正統的密契神學，使我們能夠藉由深刻的靈修向罪而死，向義而活，不斷地得享在基督耶穌裡與上帝相屬相愛的親密關係；我們需要正統的公共神學，使我們能夠在家庭、教會和國家生活的各個領域中發揮世上的鹽、世上的光、山上的城和燈臺上的燈的功用；我們需要正統的德修神學，好使我們在心靈美德上不斷長進，效法基督，愛主愛人，齊家治國。只有把教義神學和密契神學、道德神學和德修神學有機地結合在

一起，剛柔兼濟，融會貫通，一以貫之，內聖外王，我們才能在
心靈深處達到圓融無礙的境界，在國度事奉上發揮和合成全的功
用。

這種圓融一方面使得我們儘量避免基督教內部的衝突，另一
方面也使我們儘量避免與異教文明產生直接的衝突，確保中國基
督教在求同存異的基礎上展開內部的合作與對外的影響，不斷壯
大自身的力量，經由和平的發展而取代、更新異質的宗教和文
化。正如許道良先生所論證的那樣：「持守自己信仰的獨特性與
對其他宗教人士存恩慈的態度是可以並兼的。」[22]

在這種聖約世界觀體系中，我們強調知識心、宗教心、道德
心和政治心，從而突出強調了聖經中所啓示之眞理的豐富性。基
督教不僅僅是宗教的一種，而是上帝向我們啓示的全方位指導我
們個人和社會生活的聖約世界觀與國度文明論體系。同時，我們
強調，「聖而公」之教會，必須傳講「聖而公」之眞理；而「聖
而公」之眞理的特色就是應落實在哲學、宗教、道德和政治四大
方面，最終體現在經濟與管理上。

雅和博經學所強調的三大根基（上帝、聖經與公義）本身也
是基督教文明的根基。基督教文明就是以上帝爲中心、以聖經爲
標準、以公義爲追求的文明。

不承認上帝的存在，不敬畏上帝，不順服上帝的律法，乃是
世上各樣罪惡的淵藪。不承認上帝的存在，人的存在本身就成爲
虛無，人的身分本身也無法定位，無法找到眞正的自我到底是什

22　許道良，《獨特與恩慈：基督信仰與其他宗教的比較》（香港：天道
　　書樓，2008 年），序言 ii。

麼。不敬畏上帝，我們或者成為無法無天的亡命之徒，或者成為前怕狼後怕虎的膽小鬼。不順服上帝的律法，我們所謂的人類社會就重新淪為「物競天擇，適者生存」的動物世界。當然，我們強調上帝的主權和律法，並沒有排除個人的尊嚴和治權。正是因為上帝擁有至高無上的主權，所以唯獨他有權力把治權賜給人，並且這在聖經中有明確的啟示。上帝把治理全地的權柄賜給了每一個人，我們每個人都有來自上帝賜與的不可不知的權柄，這就是聖經中所強調的「賜他榮耀尊貴為冠冕」。我們越是高舉上帝的主權，個體的人權越能就得到保障；越是宣揚無神論的地方，就越是有人裝神弄鬼，自我神化，凌駕於他人之上作威作福。基督教文明有兩大標記，第一大標記就是高舉上帝的主權，凡是在高舉上帝主權的地方，人間的一切權力就都受到了限制。第二大標記就是高舉個人的治權，這種治權是上帝賜給人的使命和責任。

雅和博經學的一大突破就是回到清教徒的傳統，直接把上帝的形象與文化使命聯繫在一起，接著把文化使命與建立基督教文明聯繫在一起，從而達到「天道性命相貫通」的境地。「天」就是位格性的上帝；「道」就是上帝所啟示的真理；「性」就是人的本性，也就是認知心、宗教心、道德心與政治心四大傾向；「命」就是上帝賜給人的使命，而四者的「貫通」就是：上帝按照祂自己的形象造人，使人具有認知、情感與意志，並把治理全地的使命賜給人。

我們所提倡的建立基督教文明，並不一定是要建立羅馬帝國、清朝帝國這樣龐大、靠武力統一的國家，即使在荷蘭、蘇格蘭這樣的小國，照樣能夠建立基督教文明。奧古斯丁《上帝之城》

一書徹底消解了西方世界古老的「帝國夢」。塵世的帝國不管多麼龐大，最終都會朝向瓦解，最終在世界末日的時候只有每個死去之人的復活，但已經毀滅的國家和城市卻永遠不再復活。因此，真正組成國家和城邦的關鍵不是制度和城牆，而是具體的個人。奧古斯丁強調說：「就像文章是由單個字母組成的一樣，城邦和萬國的元素是每個單個的人，無論它占地有多麼廣闊。」[23]

中國基督徒要徹底擺脫幾千年來的帝國主義思想，不要受各種意識形態的洗腦和毒害，認為國家的疆域越大越好，總是試圖建立橫跨亞、非、歐的世界大帝國，像尼布甲尼撒一樣傳揚自己的名。中國歷史上存在的「大一統」思想總追求疆土越大越好，但這種「中國夢」並不合乎歷史，也不合乎人民的利益，更不合乎聖經。葛劍雄在考察中國歷史的時候指出，首先，中國歷史上分裂的時間遠遠多於統一的時間，「如果以歷史上中國最大的疆域為範圍，統一的時間是八十一年。如果把基本上恢復前代的疆域、維持中原地區的和平安定作為標準，統一的時間為九百五十年。這九百五十年中有若干年，嚴格說不能算統一的，如東漢的中期、明崇禎後期等。如果以秦始皇滅六國的公元前二二一年至清亡的一九一一年為計算階段，第一標準的統一時間占總數的百分之十，第二標準的統一時間占總數的百分之四十五。」[24] 其次，為了統一天下或維持天下的統一，統治者窮兵黷武，勞民傷財，人民本身並沒有得到任何好處，「中國歷史上的一切統一，都是

23　奧古斯丁，《上帝之城》，4 卷 3 章，吳飛譯，上冊，頁 136。

24　葛劍雄，《統一與分裂：中國歷史的啟示》（北京：商務印書館，2013 年），頁 5。

以武力或以武力為後盾而實現的，結束分裂是如此，擴張領土從而擴大統一的範圍也是如此。尤其是在奪取天下、恢復統一的過程中，獲勝的一方如果不想功敗垂成的話，總要不惜一切手段達到統一目的。」[25] 這就是元朝張養浩所感歎的「興，百姓苦；亡，百姓苦」的歷史困局！[26]

因此，衡量一個國家文明的標記並不在於疆域的宏大，而是在於民眾的幸福。中國人民再也不要受那些獨夫民賊之野心家的蠱惑，為他們拋頭顱、灑熱血來「打江山」，最終讓那些慘無人道的梟雄屠夫來「坐江山」。基督教在中國首先要做的就是開啟民智，提高素質，使人確確實實能夠成為真正的哲學人、宗教人、律法人和政治人，發揮先知、祭司和君王的職分，從而徹底消解偶像崇拜和皇權專制的毒酵，使人在耶穌基督裡得享豐盛的生命。

在基督教文明的建造上，我們既要擺脫那種消極悲觀的逃避主義傾向，也要擺脫那種過分簡單和樂觀的烏托邦式夢想。當初，馬丁‧路德認為只要他所強調的因信稱義真理被傳講開來，猶太教徒就會歸信基督教，結果他大失所望。蘇格蘭盟約者與英格蘭清教徒立約聯合，希望在英格蘭、威爾斯和蘇格蘭聯合建立長老制的教會，結果雙方最後大打出手，兵戎相見，元氣大傷，致使改革宗神學在英國一蹶不振，這個歷史教訓是非常慘痛的。教會歷史和世界歷史一樣，是一個循序漸進的過程，我們不能期

25　葛劍雄，《統一與分裂：中國歷史的啓示》，頁 258。

26　張養浩，《山坡羊‧潼關懷古》：「峰巒如聚，波濤如怒，山河表裡潼關路。望西都，意躊躇。傷心秦漢經行處，宮闕萬間都做了土。興，百姓苦；亡，百姓苦！」

望一蹴而就，畢其功於一役。

　　雅和博經學旗幟鮮明地反對三種逃避：首先是逃避到上帝中的神祕主義，這種神祕主義認爲基督徒生活的最高境界就是完全與上帝融爲一體，享受上帝同在的喜樂。他們雖然並沒有在本體上混淆上帝與個人之間的界限，卻把人的身體和世間的一切看爲低級的東西、靈魂的羈絆，具有諾斯底主義的傾向。其次就是逃避到未來中，認爲只有耶穌基督再來審判世界的時候，這個世界才會得到更新，臻達完全。此前我們所做的一切都沒有任何實質性的意義，因爲這個世界就像一艘隨時會沉底的破船，沒有任何修理的價值。唯一的盼望就是耶穌基督快快再來，救拔我們脫離這個敗壞的世界。因此，他們習慣於用基督的再來解決世界一切問題，本身卻不願意在這個世界上藉由遵行上帝的律法而給這個世界帶來更新和改變，這就是基要主義陣營中盛行的失敗主義傾向。第三就是逃避到自己的心靈世界中，認爲只要追求內在的生命和亮光就好，世上的一切都是虛空，沒有必要認眞地投入。

　　雅和博經學旗幟鮮明地強調，這是天父世界，我們是上帝百般恩賜的好管家。上帝已經透過耶穌基督爲我們勝過了世界、魔鬼和死亡，我們在基督裡福杯滿溢，得勝有餘。另外，非常重要的就是：我們自己是否眞正得救，是否眞正是上帝的選民，關鍵不是我們自以爲與上帝特別親近，或自以爲內心特別有生命，關鍵是要在美德和善行上結果子，積極地完成上帝賜給我們治理全地的使命，把工作視爲來自上帝的天職，以忠心和智慧卓越地完成上帝賜給我們的使命，在這個世界和歷史中得見上帝的同在，參與上帝的工作，見證上帝的眞道。

重建基督教的文明與正統

在雅和博經學中，基督教正統神學的兩大綜合性標記就是《海德堡教理問答》與《西敏斯特信條》。這兩大信條不僅向我們闡明了聖經中所啓示純正話語的規模，也向我們顯明了聖經中所啓示的世界觀與文明論的基本原則和模式。

德國和英美在經濟上的崛起，是直接與基督教信仰聯繫在一起的。馬克斯・韋伯在《新教倫理與資本主義精神》一書中深刻地闡述了基督教倫理，特別是以加爾文爲代表的清教徒神學，其所塑造的品格和美德乃是眞正好的資本主義發展的根基。否則，我們就會透過權力來巧取豪奪，而這樣的官僚資本主義所導致的就是壞的資本主義，其根本模式就是中國大陸目前盛行的「坑矇拐騙偷，吃喝嫖賭抽」。這種模式不管一時在外表上多麼光鮮亮麗，都沒有推廣的價值，並且本身也不能長期持續、良性發展。

基督徒眞正的文明是學問和生命的圓融。基督徒的學問不是隨意發揮的私學，而是聖經啓示和教會正傳的正統；基督徒的生命始終是以上帝的眞理爲根基的，而基督教正統則是上帝所啓示之眞理的正傳。因此，基督徒的圓融是在正統規範之下的圓融，基督徒的正統是融會貫通的正統。圓融與正統的匯合，可以稱之爲「圓正」，就是外圓內方，剛柔並濟。雅和博經學的最終負擔就是使得基督教擺脫諾斯底主義消極避世、厭世的錯誤傾向，重新成爲積極且強大塑造文明的力量，積極地裝備聖徒進入哲學、宗教、律法、政治和經濟五大領域，使基督教在社會轉型過程中發揮眞理的柱石所獨有的中流砥柱的作用。

目前西方文明在本質上仍然是基督教文明，但這基督教文

明的大廈正在搖搖欲墜。特別是第一次世界大戰和第二次世界大戰，摧垮了西方許多人對文明的基本信心，正如福山（Francis Fukuyama）所總結的那樣：「我們這些生活在西方世界的人，對民主制度是否能夠進步，已經變得非常悲觀。這種深沉的悲觀並非偶然，是來自廿世紀前半悲慘的政治事件：兩次毀滅性的世界大戰、極權主義意識形態的興起、科學以核武器和環境破壞的方式對人的叛離。過去的世紀中，政治暴力犧牲者從希特勒主義和史達林主義的殘存者，到（柬埔寨）波爾布特（Pol Pot）政權犧牲者的人生經驗，一定會否定所謂歷史的進步。其實，我們對公正、自由、民主政治實踐之健全與安定，都不覺得會變好，所以即使好消息來臨也不會認爲是好消息。」[27]

我們祈求西方基督教文明能夠浴火重生，當然最大的幫助就是中國文化能夠轉化爲基督教文明，這樣我們就能夠激勵西方各國重新回到基督教文明的根本。二○一五年，中國已經成爲擁有上億基督徒的大國。這些基督徒如果都能明白上帝的旨意，都能自覺地投入到建造基督教文明的運動中來，必然能夠從根本上更新、改變中國幾千年來盛行的以偶像崇拜和皇權專制爲特徵的文化糟粕，使得中國古聖先賢一直嚮往和追求的敬天愛人、民貴君輕的天道理想眞正能夠得以成全和實現。

雅和博經學就是「文明神學」，我們致力闡明的就是聖經中所啓示基督教文明的藍圖。「正統」就是正確的教訓。沒有正統神學，基督教就深陷在相對主義和蒙昧主義的泥坑之中。可惜，

27　弗蘭西斯‧福山，《歷史的終結》，黃勝強、許銘原譯（呼和浩特：遠方出版社，1998年），頁3。

現在教會中很少有人旗幟鮮明地主張傳講正統神學，儘管每間教會都覺得自己是正統教會，都覺得自己的教導是正統教導，但卻不願意強調正統神學，這豈不是假冒為善嗎？基督徒的正統並不是乾巴巴的抽象教義，而是上帝所賜給我們的活潑真理。

　　在雅和博經學中，我們把基督教的正統分為八大部分：（1）仁教部分強調道統與學統──我們需要確立我們認信和捍衛的基本教義體系以及師徒之間的傳承，在這一部分我們強調上帝所啟示以愛主愛人為核心的客觀性、歷史性教訓；（2）心學部分強調靈統與傳統──我們需要認信的密契體系以及解經的正傳，在這一部分我們強調個人心靈的體驗和領受；（3）法治部分強調國統與法統──我們需要認信的道德體系以及約法的遵行，在這一部分強調上帝所啟示以治理全地為導向的標準和制度；（4）德政部分強調政統與體統──我們需要認信的德修體系以及品格的塑造，在這一部分我們強調個體人格的全面發展與實現。因此，基督教的正統既關涉到個人信仰和教會傳道的正信正傳，也關涉到整全的世界觀與文明論體系。

　　我們重建基督教的正統，乃是呼籲基督徒珍惜、繼承歷代先聖先賢在真理上的亮光，如此我們才能承先啟後，繼往開來。因此，我們重建基督教的正統必須以歷史為借鑑，以現實為基礎，以未來為導向。如此，我們繼承的正統才會成為富有生命力和創造力的正統，並且繼承的就不僅是正統的外殼，而是正統本身所蘊含的生生不息的生命活力。今日我們中國教會對西方改革宗神學的學習更是如此。

正統與圓融的方法論

這一方法論就是確保聖約與仁教、心學、法治、德政的關係及其平衡。我們以《西敏斯特信條》所綜述的聖約神學為基督教正統教義發展上的重要里程碑之一，明確地從聖約的角度和框架來整合基督教信仰與生活的各個方面。因此，我們的圓融絕不是不講任何原則的大混合，而是始終保持明確的原則、框架和界限。

1. 雅和博經學所主張的仁教乃是聖約性仁教。我們強調唯獨透過上帝所啟示的聖約才能真正認識上帝；唯獨透過順服上帝的聖約才能真正愛慕上帝，榮耀上帝。

2. 雅和博經學強調的心學乃是以耶穌基督為中保的聖約性心學。我們強調與基督的聯合乃是基督徒重生和成聖的關鍵。

3. 雅和博經學強調的法治乃是聖約性法治，就是始終以上帝所啟示的道德律當作行事為人的標準。「上帝在聖經中所吩咐的那些事才是善行；沒有聖經根據，只是因著人盲目的熱心，或者假借善良的意圖而由人所虛構的事，並非善行。這些順服上帝誡命而行的善行，乃是真實和活潑之信心的果子和證據；信徒藉此表示感恩，堅固確信，造就弟兄，尊榮福音，堵住敵人的口，並榮耀上帝，他們原是祂的工作，在基督耶穌裡造成的，為要叫他們行善，以便有成聖的果子，最終得享永生。」[28]

4. 雅和博經學所強調的德政乃是聖約性德政，這種德政在標準上強調的是上帝所啟示的律法；在模式上強調的是效法基督；在動力上強調的是聖靈的大能；在責任上強調的是基督徒個人的勤勉。

28　王志勇，《清教徒之約》，頁 89。

5. 雅和博經學所強調的圓融乃是聖約性圓融。在雅和博經學中，我們強調對知識、宗教、道德和政治的信仰。這種信仰並不是指這四者就是我們信仰的對象，而是指在我們的信仰系統中確實有對這四者的信念和原則。知識信仰是人生的根本，如果我們否定人的認知能力，否定我們對上帝、世界和自身的認知，我們就陷入不可知論和虛無主義的陷阱之中。不管是宗教、道德，還是政治，都當以真知識為根本。宗教所擺正的是我們與上帝的關係；道德所注重的是我們與自身的關係；政治所注重的則是我們與他人的關係。知識信仰貫穿我們對宗教、道德和政治的信仰，宗教信仰側重的是超越這個世界的個人與上帝的關係；道德信仰側重的是我們的內心世界；政治信仰所反映的則是我們的社會理想和追求，這一社會理想和追求就是在基督裡人與上帝和世界的和諧相愛。道德信仰就是律法信仰，也是公共理想，所反映的是我們的倫理理想，這一信仰強調的就是對上帝所啟示的以愛主愛人為導向之律法的愛慕。以這四大信仰為支柱，基督徒既能自己修身養性，安身立命，也能己立立人，兼濟天下，治國安邦。

雅和博經學正統五大要素

這五大要素也就是聖約經學五大要素。雅和博經學不僅繼承了十七世紀清教徒所制定的《西敏斯特信條》中所強調的聖約神學，並且進一步吸收現代神學研究的成果，尤其是在聖約的要素上，蘇頓（Ray R. Sutton）做出了突破性的研究。[29] 他把

29　參看 Ray R. Sutton, *That You May Prosper: Dominion by Covenant* (Tyler, TX: Institute for Christian Economics, 1987).

上帝在聖經中所啟示的聖約歸納為五大要素，這五大要素可以用 THEOS（*theos*，希臘文中的「上帝」）來概括。T——就是英文中的 transcendence，指上帝的超驗性；H——就是英文中的 hierarchy，指上帝與人之間的等階性；E——就是英文中的 ethics，指上帝為我們設立的以其律法為標準的倫理；O——就是英文中的 oath，指上帝與人立約時雙方的宣誓；S——則是英文中的 succession，就是聖約的延續和更新。聖約五大要素的核心乃是上帝的主權，同時也強調了人的道德性、律法的規範性、世界的客觀性和歷史的嚴肅性。

1. **仁教與上帝的超驗性**：上帝是萬有的根基，祂是自有永有的上帝，屈尊俯就，與我們立約，顯明祂對我們的大愛，並且吩咐我們愛主愛人。我們得蒙揀選、拯救和保守，都是因為上帝主權的、恩典的大愛，這愛是在耶穌基督裡賜給我們的。此處我們強調以三一上帝為中心的超驗性、客觀性真理，強調上帝就是愛，唯獨上帝的愛能夠滿足、激勵我們的心靈。同時，我們在此處強調上帝的愛是聖潔之愛、公義之愛、憐憫之愛，更是超驗之愛，長闊高深，超出我們理性所能測度。更重要的是，上帝的這種大愛絕不是一般人所說的無條件的愛，而是始終以上帝的聖潔、公義為前提和條件。上帝的愛是完全的愛，因為上帝本身是完全的。而人間的一切愛都是不完全的，都受到了人的有限有罪這兩大生存處境的影響。因此，我們的愛本身是極不可靠的，必須以上帝的愛為根本，尤其是以上帝在基督裡向我們所顯明的救贖之愛為力量和安慰。在仁教部分，我們基於人的認知心和聖經的啟示，建立以上帝為本的哲學，用三一論來解決傳統世俗人本主義哲學所無法解決的多元與一元的問題。這種哲學乃是哲學與

教義合一的「教義神學」。

2. **心學與存在的等階性**：上帝按照自己的形象造人，把治理全地的管家使命和責任交託給人。上帝永遠是上帝，人永遠是人，而上帝所賜下的律法就是上帝與人之間的疆界，違背上帝的律法，就是越界，僭越上帝的主權，踐踏上帝的慈愛，就是犯罪。上帝是自存性的，我們是依賴性的，這種依賴性的集中體現就是我們必須順服上帝的律法。我們不順服上帝的律法，就是不承認上帝的主權，不滿足於自己受造物的地位，最終的結局是自取滅亡。即使我們強調在基督裡與上帝的合一，這種合一始終不是本體性的合一，而是關係性的合一。在這種關係性的合一中，上帝透過聖靈之工把祂的律法刻在我們心中，使我們能夠以心靈和真理來敬拜上帝，這一切都是上帝的恩典。我們在此處強調具有上帝形象的主體性個人，亦強調人的尊嚴和責任，亦強調心靈的重要性。對於沒有信主的人而言，最重要的就是心靈的重生；對於已信主的人而言，最重要的則是心意的更新。將上帝的律法刻在我們的心中，賜給我們甘心樂意地遵守上帝律法的心志，這是聖經啟示的巔峰，也是清教徒神學的巔峰。[30] 在心學部分，我們基於人的宗教心和聖經啟示，建立合乎聖經的宗教。這一宗教不是以人的思辨和直覺為根基的自然宗教，而是以上帝所啟示的聖經為本的啟示宗教。更重要的是，在這一宗教中，我們強調的是來自上帝使個人心靈的重生和更新。我們在此處把宗教與靈修結合在一起，構建「密契神學」。

30　See Ernest F. Kevan, *The Grace of Law: A Study in Puritan Theology* (Morgan, PA: Soli Deo Gloria Publications, 1999).

3. **法治與人生的倫理性：** 上帝就是法治的上帝，祂是我們的立法者，也是我們的審判者，更是我們的拯救者。不管我們是否承認，上帝都在自然界和道德界中設立了一定的法則，讓我們始終生活在上帝的律法之下。此處強調上帝所啓示之律法的重要性，上帝的律法不僅是我們聖潔生活的標準，也是上帝賜給我們攻克己身、治理全地的工具。同時，在制度的層面，我們強調法治乃是榮耀上帝、造福他人的治理方式。在法治部分，我們根據人的道德心和聖經啓示，建立倫理學，也就是律法學，因爲二者的核心問題都是判斷行爲善惡的標準。我們所建立的倫理學明確地以上帝所啓示並以十誡爲綜述的道德律爲標準，從根本上擺脫了律法主義和反律主義兩大異端的影響。我們在此處把律法和倫理結合在一起，構成「道德神學」。

4. **德政與儀式的誓約性：** 上帝是歷史的主宰，祂按照祂的聖約和律法來賞罰獎懲。聖經中所啓示的聖約通常伴隨嚴肅的立約形式，就是誓約。這種形式本身表明了立約的嚴肅性，並且在立約的儀式中強調違約會受到的咒詛和守約必蒙受的祝福。我們雖然享有一定的行動自由，但是，上帝及其聖約是輕慢不得的，我們必然要承受自己行爲的後果。我們強調個人與上帝的關係，但這種關係始終是聖約性的關係，也是法理性的關係。順天者昌，逆天者亡，這是上帝所設立的歷史規律。不管是我們的心思意念，還是我們的言語行爲，都會產生一定的後果。不考慮後果，只想宣洩、滿足一時的欲望，乃是愚昧的標記。此處強調基督徒必須效法基督，背起自己的十字架，在個人、家庭、教會和社會生活的各個領域中攻克己身，榮主益人。我們既受洗成爲耶穌基督的門徒，就要背起自己的十字架來跟隨主。在德政部分，我們

根據人的政治性和聖經啟示，建立合乎聖經的政治。這種政治高舉上帝的主權和個人的責任，強調個人、家庭、教會、國家都當降服在上帝的主權和律法之下。這種政治是以個人的修身修德為根本的，我們稱之為「德修神學」。

5. **文明與未來的繼承性**：文明的建造絕不是一日之功，而是必須經過數代人的努力。亞伯拉罕得著迦南地最起碼用了四代人的時間，因此上帝在與亞伯拉罕立約的時候強調：「你和你的後裔必世世代代遵守我的約。」文明的精義就是圓融，圓融就是我們與上帝、自身和世界的契合。唯獨在基督裡承認上帝是我們的上帝，並承認我們是上帝的子民，遵行上帝的約法，真正愛主愛人，我們才能在心靈深處經歷真正的圓融之樂，也就是以上帝為樂；也只有如此信行合一的人，才能高瞻遠矚、繼往開來、子孫相繼，建立偉大的基督教文明，享受上帝所賜新天新地的甜美。此處強調基督徒必須先求上帝的國度和公義，必須有長遠的眼光，在人數和質量上不斷提升，逐漸擴大影響，成為改變與影響社會的主流力量。從文化使命的角度而言，我們在治理的鴻圖上強調基督徒當代代相傳、勵精圖治，如此集腋成裘，必有所成。

雅和博經學圓融七大打通

雅和博經學的特色是整體性和有機性，我們在聖約世界觀和國度文明論的宏觀性框架中打破各種二元論的偏頗，打通其中人為的壁障，重現上帝在受造界中已經建立並本有的和諧。雅和博經學的打通另外體現在六大具體的打通上：

1. **哲學與宗教的打通**：哲學所注重的是思維的藝術，宗教所注重的是上帝的啟示；哲學的起點是理性的思考，宗教的起點是

信心的接受。雅和博經學在哲學和宗教上的打通，其關鍵就是前提論，我們以聖經所啓示的上帝、上帝所默示的聖經爲基督徒思維的前提，這兩大前提既是基督徒哲學思辨的前提，也是基督徒信心生活的前提。如此一來，不管是我們的信心，還是理性，都一同降服在上帝及其啓示之下。雅和博經學有自己的宗教哲學，強調人心靈的宗教性和認知性的和諧。

2. **哲學與律法的打通**：哲學所尋求的是思維的規律，是用理性去發現；律法所揭示的乃是存在的法則，是上帝親自向人啓示。雅和博經學在哲學和律法上的打通，其關鍵是神法論，上帝所啓示的律法既是哲學家理性考察的對象，也是基督徒用信心領受的對象。即使是哲學家，最終也要接受上帝的審判，而審判的標準並不是他的哲學思想，而是上帝的律法。正如施特勞斯所強調的那樣：哲學家雖然有追求知識的自由，但他們應當意識到，「每時每刻他們都當爲律法並在律法面前交帳：他們在律法面前得到自己從事哲學思維的正當理由；他們是從律法中得到他們從事哲學思維的授權，這本是他們的律法責任。」[31] 同時，在上帝的律法中明確吩咐我們「盡心」愛上帝，這就包括要我們用理性的思考來認識上帝。因此，哲學的終極目的是智慧，而智慧的體現

31　"With all their freedom in the pursuit of knowledge, the philosophers of this era are conscious at every moment of their answerability for the law and before the law: they justify their philosophizing before the bar of the law; they derive from the law their *authorization* to philosophize as a legal *duty* to philosophize." From Leo Strauss, *Philosophy and Law: Contributions to the Understanding of Maimonides and His Predecessors*, trans. Eve Adler (Albany, New York: State University of New York Press, 1995), p. 132.

就是能夠根據上帝的律法做出判斷。雅和博經學有自己的律法哲學，強調按照耶穌基督的教訓，以愛主愛人的精神來解釋、應用上帝的律法。

3. **哲學與政治的打通**：哲學不僅尋求個人的幸福，也關懷公眾的幸福，而政治則是公眾的事務，核心就是保障個體之人的權利和尊嚴，並對抗家庭、教會和國家對個人權利的侵蝕和剝奪。雅和博經學在哲學與政治之間的打通，其橋樑就是神權制，我們強調，不管是在理性的思辨領域中，還是在信心的實踐領域內，上帝都是主權的上帝，我們的理性思維和道德實踐都當降服在上帝的主權之下。哲學家固然可以享受自己的沉思，但基督徒哲學家要時時從自己的沉思中走出來，發揮其政治人的角色，這也是義不容辭的。雅和博經學有自己的政治哲學，強調上帝所設立的秩序和公義。

4. **宗教與律法的打通**：近現代西方文明的一大弊端就是宗教與律法的分離，這就導致伯爾曼所說的「沒有宗教的律法，就蛻變為機械呆板的律法主義；沒有律法的宗教，就喪失了它在社會上的有效性。」[32] 雅和博經學打通宗教與律法的關鍵仍然是神法論，基督教的終極就是在耶穌基督裡遵守上帝的律法，我們不是為守律法而守律法，而是為了愛主愛人的緣故；同時，基督徒的愛心也不是無法無天的愛心，真正的愛心就是遵守上帝的律法，這恰恰是使徒約翰所強調的。宗教與律法的打通，在基督教神學上就是福音與律法的平衡，這種平衡的關鍵就是根據耶穌基督的救贖來看待律法的功用。上帝藉著耶穌基督為我們成全律法

---

32 Harold J. Berman, *The Interaction of Law and Religion*, p.11.

而赦免我們的罪，這本身就說明律法的重要性；同時，上帝這樣拯救我們的目的也是讓我們成爲聖潔。上帝所規定的成聖之路無他法，就是以感恩之心遵行上帝的律法。上帝把祂的誡命賜給我們，讓我們遵行，目的就在於透過我們遵行上帝的律法而塑造我們聖潔的品格。因此，我們在本書中把神法倫理與美德倫理有機地結合在一起。

5. **宗教與政治的打通**：現代西方文明的另外一大弊端就是世俗主義所謂的「政教分離」。清教徒所提倡合乎聖經的「政教分立」是指國家和教會在組織和功用上的劃分，絕不是政治與基督教、教會甚至基督徒的徹底分離。雅和博經學打通宗教與政治的關鍵亦是神權制，就是高舉上帝的主權，強調個人、家庭、教會和國家都處於上帝的主權之下，且各有自己的職責，當各盡其職，各得其所，彼此配合，一同榮耀上帝，造福眾人。這就是英美傳統中文化保守主義的精粹。這種以清教徒神學爲代表的基督教正統神學與文化保守主義的結合，就是雅和博經學爲中國教會和社會所指出的出路。

6. **律法與政治的打通**：律法所強調的是秩序，這一秩序是在律法中所描述和規定的；政治所強調的是公義，這一公義是在不斷面對犯罪和爭議的過程中實現的。只有在秩序之下、公義之中，才能眞正保障個人的自由和尊嚴。雅和博經學打通律法和政治的關鍵就是神法論和神權制的結合，神法論強調上帝的律法，神權制強調上帝的主權。上帝的主權是上帝律法的根基，上帝的律法是上帝主權的體現。所以，高舉上帝的主權，集中體現在高舉上帝的律法；那些藐視、否定上帝律法的人，即藐視、否定上帝主權的人。

7. 信仰與文明的打通：以上六種打通合在一起就是信仰與文明的打通，即把基督教信仰與基督教文明聯繫在一起。這種打通使得基督徒信仰突破錯誤神學的封閉和攔阻，成爲積極塑造文明的力量。雅和博經學的特色就是把信仰與文明、教會與社會、福音使命與文化使命重新聯繫起來。前提論是雅和博經學根本的方法，神權制和神法論乃是雅和博經學基本的主張。前提論爲基督徒解決了思維的前提和方法的問題；神權制爲個人、家庭、教會與國家指明了當採納的宏觀性制度；而神法論爲基督徒解決了哲學、宗教、律法與政治的普世性標準的問題。我們可以說，前提論、神權論與神法論就是雅和博經學所主張的世界觀和文明論的三大支柱。這三大支柱既是基督教信仰的支柱，也是基督教文明的支柱。

文明、改革宗與中國文化的會通

我們並不是說只有改革宗信仰才能建立基督教文明，但改革宗信仰確實對基督教文明的建立和拓展做出了獨特的貢獻。基督教一直是建立西方文明的主導型力量。[33] 在歐洲宗教改革運動中，上帝興起以慈運理（Ulrich Zwingli）、加爾文和諾克斯（John Knox）爲代表的改革宗神學，承接文藝復興回歸原文原典的潮流，帶領教會撥亂反正，重新全方位地回歸聖經啓示和以奧古斯丁爲代表的初期教父的正傳，從而使歐洲文明開始告別中世紀，進入近現代文明。改革宗神學更是在瑞士、荷蘭、蘇格蘭、英格

33　參考施密特，《基督教對文明的影響》，汪曉丹、趙巍譯（臺北：雅歌，2006 年）。

蘭和美國直接創立了輝煌的現代意義上的法治、民主、憲政與市場經濟共舉的現代文明。

德國社會學家馬克斯・韋伯把現代資本主義文明的興起直接歸因於基督教倫理，特別是以清教徒爲典範的改革宗神學。卡爾・馬克思在其《資本論》中認爲資本主義的精神就是資本家對剩餘價值的追逐。恰恰相反，馬克斯・韋伯指出，「獲利的欲望以及對營利、金錢（並且是最大可能數額的金錢）的追求，這本身與資本主義並不相干。這樣的愚頑存在於並且一直存在所有的人身上，……對財富的貪欲，根本就不等同於資本主義，更不是資本主義的精神。倒不如說，資本主義更多地是對這種非理性欲望的一種抑制或至少是一種理性的緩解。」[34] 不僅涉及到資本主義的發展，韋伯所思考的是整個世界和文明的發展，因此他提出這樣的追問：「爲什麼科學的、藝術的、政治的或經濟的發展沒有在印度、在中國也走上西方現今所特有的這條理性化道路呢？」[35] 韋伯更是深入地指出，即使在基督教內部，新教比天主教更有經濟活力和進取精神；而在新教各大宗派中，改革宗又比路德宗更具有商業精神。在改革宗神學中強調得救唯獨因著上帝的恩典，唯獨透過上帝賜與的信心，唯獨透過耶穌基督的救贖，這一切最終都是因爲上帝的預定。韋伯認爲「預定論是加爾文主義最顯著的特點」。[36]「這一教義成爲教會的無數鬥士們英勇力量的泉源。」[37]

34　馬克斯・韋伯，《新教倫理與資本主義精神》，于曉、陳維綱等譯（西安：陝西師範大學出版社，2006 年），修訂版，頁 4。

35　馬克斯・韋伯，《新教倫理與資本主義精神》，頁 10。

36　馬克斯・韋伯，《新教倫理與資本主義精神》，頁 47。

37　馬克斯・韋伯，《新教倫理與資本主義精神》，頁 48。

韋伯甚至直接引用《西敏斯特信條》第九章闡述了清教徒的預定論，然後分析了這一教義的歷史意義。因為改革宗神學深信上帝的預定，上帝在永世中預定的旨意是不變的，得蒙上帝之恩典揀選的人永遠不會喪失這救贖性的恩典，而那些上帝沒有賜與這恩典的人也永遠不可能獲得這恩典，韋伯分析說，這種教義所帶來的一種重要後果就是「每個人感到空前的內心孤獨」。[38] 每個人都必須獨自面對上帝，教會中的神職人員無法幫助他，教會中的各種聖禮也無法幫助他。既然如此，個人如何才能確知且確信自己確實是上帝的選民呢？要擺脫這種宗教情感上的孤獨和焦慮，出路不是追求與上帝「神祕的合一」，更不是自我感覺良好的「屬靈」，而是為了榮耀上帝而積極地行善，正如韋伯所分析的那樣，在改革宗神學中，「無論善行作為一種救贖的手段怎樣地無用，因為即使是選民也仍然是血肉之軀，他們所做的一切絕對達不到神的標準，但善行是必不可少的，是成為選民的標誌。」[39] 因此，對於改革宗人士而言，必須在世俗行動中榮耀上帝，必須在世俗行動中證明一個人的信仰。包括商業盈利在內的行動不再是世俗的、不屬靈的，而是上帝賜給人的天職。真正的選民必須攻克己身，勝過自己的邪情私慾，為了榮耀上帝而追求工作與事業的卓越，遵行上帝的誡命，這種合乎聖經的「禁慾主義」就是西方近現代資本主義的真正精神。方漢文評述說：「清教徒對於西方文明產生了重大影響，無論是在政治鬥爭中還是在社會生活中，這就是所謂的『清教徒革命』。正因為如此，韋伯等思想家

38　馬克斯・韋伯，《新教論理與資本主義精神》，頁 51。

39　馬克斯・韋伯，《新教倫理與資本主義精神》，頁 59。

把清教徒的思想看成是西方資本主義倫理的代表，並非毫無道理。」[40]

　　不僅是在經濟發展上，在締造自由、民主與法治的政治制度上，改革宗神學也是現代文明的主力軍。法國歷史學家、政治家，政治社會學的奠基人托克維爾在其名著《論美國的民主》一書中，就特別考察和強調了改革宗神學對美國民主的塑造作用。他爲法國大革命中以暴力革命的方式建立民主社會的努力感到痛心：「無法無天、縱情發展的法國民主，橫掃了前進途中遇到的一切障礙，凡是能打倒的全部打倒，不能打倒的則將其動搖。它不是一步一步地佔領社會，不是以和平方式建立其在社會中的統治，而是不斷在混亂和戰鬥中喧囂。」[41] 因此，法國大革命所造成的就是兩敗俱傷的慘劇，革命並沒有帶來預期的美好，而舊制度中所包含的壞東西和好東西也都同歸於盡。[42] 法國大革命失敗的重要原因之一就是：「國內最有勢力、最有道德和最有知識的階級，壓根兒沒去尋求駕馭革命的方法，以便來對它進行領導。因而，任憑民主被其狂野的本能所支配，使民主就像失去父母照顧，於街頭流浪，只知社會的醜惡面，靠自己成長起來的孩子那樣，獨自壯大起來。」[43] 托克維爾清楚地意識到當時美國人民的主流是「清教徒」，[44] 他深信，「篤信宗教的人民能夠經常完成目標長

40　方漢文，《比較文明學》，第三冊，頁 110。

41　托克維爾，《論美國的民主》，頁 7。

42　參考托克維爾，《舊制度與大革命》，華小明譯（北京：北京理工大學出版社，2013 年）。

43　托克維爾，《論美國的民主》，頁 5。

44　托克維爾，《論美國的民主》，頁 460。

遠的事業。人們可以看到的是，他們在追求來世幸福的同時，也
掌握了獲得現世幸福的重大秘密。」[45] 因此，托克維爾強調，「現
代民主國家應當不計代價地維護基督教。」[46]「一個民主國家能夠
有信仰，主要應歸功於宗教；而且，與其他任何國家相比，民主
國家更需要有信仰。」[47]「冷漠是最應當反對的，而不該一味譴責
無政府狀態或專制，因爲冷漠可以輕而易舉地造成無政府狀態和
專制的後果。」[48]

值得我們注意的是，不管是路德宗背景的馬克斯‧韋伯，還
是天主教背景的托克維爾，他們所一致關注的都是美國清教徒對
資本主義經濟和民主共和制度的貢獻。由此可見，以清教徒爲代
表的改革宗神學對於當代西方文明的獨特貢獻。在今日中國，改
革宗信仰也必將成爲基督教在中國建立仁愛文明的主力軍。

只有優勢的文明才能改造弱勢的文明。中國文明本身就是非
常強大的文明，要想改造中國文明，我們需要有比中國文明更強
大的文明才行。東正教從來沒有塑造這樣強大的文明，岡察雷斯
考察世上實際的東方教會時指出：「在拜占庭神學史中，帝國的
統治歷史起著重要的作用。在這裡與西方的對比是明顯的，因爲
正當西方帝國在消失，只落得後來在查理曼時期，在教會卵翼下
重新復興的時候，在東方，帝國徵兆走向自占以來就是君主國特

45　托克維爾，《論美國的民主》，頁 421。

46　托克維爾，《論美國的民主》，頁 418。

47　托克維爾，《論滅國的民主》，頁 417。

48　托克維爾，《論美國的民主》，頁 557。

點的獨裁統治,而教會則變成了帝國政策的左右手。」[49] 天主教也不是我們的首選,只要我們對比南美洲和北美洲的現狀就很容易得出明確的結論,這兩大洲原來都是印第安人居住的地方,皆受到來自歐洲的基督徒移民的影響,但在南美洲占主導地位的是天主教神學,在北美洲占主導地位的則是基督教清教徒神學。天主教所提倡的「獨身、貧窮、順服」三大修道原則給南美洲所帶來的就是當權者的軍閥專制、民眾的貧困軟弱。

在中國文化中,儒學可以說是中國傳統文化的代表,但儒學本身在今日中國社會中不過是苟延殘喘,根本沒有捲土重來、再造文明的可能性。余英時明確地指出:「儒學不只是一個單純的哲學或宗教,而是一套全面安排人間秩序的思想體系,從一個人自生至死的整個歷程,到家、國、天下的構成,都在儒學的範圍之內。在兩千多年中,透過政治、社會、經濟、教育種種制度的建立,儒學已一步步進入百姓日常生活的每一角落。我們常常聽人說儒學是中國文化的主流。這句話如果確有所指,則儒學絕不僅限於歷代儒家經典中的教義,還必須包括儒家教義影響而形成的生活方式,特別是制度化的生活方式。」[50] 可惜,這樣的儒學因為在「民主」和「科學」方面的失敗,已經成為中國大多數人唾棄的對象,隨著清末以儒學為主的科舉制度的廢除,今日「儒學死亡之後已成為一個遊魂了」。[51] 這個遊魂雖然仍然陰魂不散,但

49　岡察雷斯,《基督教思想史》,第二卷,頁 195。

50　余英時,《現代儒學論》(上海:上海人民出版社,2010 年),第二版,頁 185。

51　余英時,《現代儒學論》,頁 187。

卻無法「借屍還魂」。余英時還分析說：「儒學與基督教不同。基督教在中古時代也曾與許多世俗制度融為一體，自從經過宗教改革和啟蒙運動的洗禮之後，由於它是有教會組織的宗教，最後總能托身在宗教制度之內。政教分離的結果是基督教與俗世制度之間劃清了界限，然而不必成為遊魂。傳統儒學並無自己的制度或組織，而是以一切社會制度為托身之所。」[52]「今天的儒學似乎只能在大學哲學系中存身，而且也不是每一個哲學系中都有儒學。」[53] 傳統儒學中雖然也有極少數耿介之士，能夠關心民間疾苦，甚至殺身成仁，但總體而言，大部分儒生只有「學而優則仕」的那種與皇帝和官僚集團勾結來奴役百姓的作風，習慣了崇拜「天地君親師」的儒生們，根本沒有膽量抗衡暴君酷吏，只能假惺惺地用「仁義道德」的旗幟為歷代暴君暴政粉飾太平、麻醉人心。

　　因此，對於改革宗神學而言，我們絕不能片面地高舉儒學，甚至像利瑪竇（Matteo Ricci）那樣提出「聯儒抗佛」的主張，從本質上而言，正如巴文克（Herman Barinck）所強調的那樣：「這些宗教雖然有些改革，所不同的僅是在方式上，但在拜偶像的本質上，卻仍是一丘之貉。」[54] 另外，儒學畢竟是中國古代文化的代表，並且儒學所提倡的仁義禮智信的基本概念和原則也有來自上帝普遍啟示的亮光，因此我們還是要適當地尊重、研究、吸收

52　余英時，《現代儒學論》，頁 187。

53　余英時，《現代儒學論》，頁 188。

54　巴文克，《基督教神學》（臺北：改革宗翻譯社，1989），趙中輝譯，頁 39。

儒學的優秀成分，尊重、欣賞那些認眞研習儒學的人士。無論如何，我們必須明白，與兩千年偶像崇拜和皇權專制捆綁在一起的儒學已經成爲人人喊打的喪家之犬，「打倒孔家店」並不僅僅是中國「文化大革命」時偶然喊出來的口號，而是飽含了上千年中國人民對於儒學儒家之僞善的憤怒。只有基督教所明確啓示的眞理體系、宗教體系、道德體系和政治體系，才能全方位地取代儒學所留下的思想與信仰眞空，成爲中國走向文化更新、文明再造的祝福。

但是，我們必須承認，幾千年來以儒學爲主導的中國文明曾經在世界上達到相當高程度的文明。狄百瑞（William Theodore de Bary）認爲儒家傳統中的君子相當於舊約聖經中的君子，眞正的君子就是要對朝廷的不義進行譴責和矯枉。因此，君子所扮演的角色是雙重性的，就是在皇帝面前既代表百姓痛陳百姓疾苦，也代表上天表達上天旨意。但是，儒家的困境就在於：這樣的君子既無法有效地得到百姓的託付，也沒有從上天那裡獲得宗教性的支撐。因此，儒家君子一直陷在黎民蒼生與專制皇權的裂縫之中，這就是「歷史上儒家最大的困境」。[55] 但儒學本身不僅面臨這種困境，還有其他致命的缺憾，以下我們從道統、道學、道體三大方面分析。

1. 首先就是道統的失喪。道統方面，儒家所注重的道統本身就是不可靠的。正如余英時所分析的那樣，儒家認爲「堯、舜、禹三代形成了一個內聖外王合一的『道統』，是宋代理學家的共

55　參考狄百瑞，《儒家的困境》，黃水嬰譯（北京：北京大學出版社，2009 年）。

同信仰或基本預設。」[56] 可惜，這一道統既不是爲平民百姓設立的，甚至也不是爲士大夫設立的，而是專門爲皇帝設立的。儒家的最高理想不過是「爲帝王師」這類奴才，卻從來沒有想到任何公民都能夠依據一定的程序作王。可惜的是，大多數時候帝王寧願相信那些太監，也不重用他們，偶爾重用的時候也不過是把他們當作維持專制統治的工具而已。

2. 其次就是道學的混亂。在道學方面，新儒家在佛教的影響下，已經從根本上扭曲了孔子所強調的天道。孔子無法繼承眞正的道統，所以只能開創「道學」。余英時分析說，朱熹所列舉的聖君賢臣都是有德有位的人，所以能接續「道統之傳」。然而談及孔子的時候，朱熹不得不承認孔子「不得其位」，只能「繼往聖、開來學」，孔子開出的當然不是道統，而是「道學」。[57] 但是孔子所倡導的道學其骨脈精粹到底是什麼？這個「道學體統」的「道學」有沒有傳遞下來？朱熹注重心理有別的「格物致知」之說，王明陽強調心理一體的「知行合一」之說，到底是誰得孔子之嫡傳？這些方面當然皆存在很大的爭議和混亂。

3. 第三就是道體的模糊和消亡。在儒家文化的演變中，天道觀逐漸模糊，最後消亡。朱熹引證佛家一首偈子：「有物先天地，無形本寂寥。能爲萬象主，不逐四時凋。」朱熹認爲這是「佛氏之學與吾儒有甚相似處」。[58] 余英時總結說：「一言以蔽之，

56　余英時，《宋明理學與政治文化》（臺北：允晨文化，2004 年），頁 54。

57　余英時，《宋明理學與政治文化》，頁 33。

58　《朱子語類》，卷一二六。

『道體』是指一種永恆而普遍的精神實有」,「最早發現『道體』而依之創建人間秩序的則是『上古聖神』」。[59]

從這種道統的喪失、道學的混亂與道體的消亡來看,我們可以說宋明理學及其後的種種儒學,在印度佛教無神論和西方世俗主義、理性主義的衝擊下,越來越悖離中國傳統文化所主張的天道聖學,不能與空前殘暴的皇權專制相抗衡,甚至儒學發展到清朝,特別是康熙年間,「道統」和「治統」都完全集中在皇帝身上,所以儒家至此已經完全喪失了基本的文化與道義權威,這種「治教合一」的結果就是「致使士人失去批判政治權威的理論立足點」。[60] 筆者深信,清教徒神學和精神乃是醫治中國民族性格軟骨病的良藥。只有這種全方位的基督教思想才能撥亂反正,力挽狂瀾,使中國文化重新歸回敬天愛人的天道文明。

基督教文明論與文明體系

在雅和博經學基督教文明論中,我們強調九大框架。文明論框架之外的八大框架也關涉到八大文明的要素,亦是基督教文明整個系統中的八大子系統。

1. **目的論框架**:阿奎納強調:「自然界的萬物,都是在上帝的安排下,趨向自己的目的。」[61]「唯獨上帝的榮耀」,這是清教徒和耶穌會士共同的追求。唯獨這一崇高目的才能為個人和社會的

59　余英時,《宋明理學與政治文化》,頁 46。

60　黃進興,《優入聖域:權力、信仰與正當性》(臺北:允晨文化,1994 年),頁 88。

61　阿奎納,《神學大全》,1 集 2 題 3 節。

存在與發展提供崇高、強大的動力。因此，這一框架爲人生提供並奠定了基本的方向和意義。這一目的論框架包括三大要素：人生的目的、上帝的榮耀和以上帝爲樂。目的論爲我們指明人生的方向。

2. **未來論框架**：這一框架強調上帝在世界和歷史中掌權，耶穌基督已經代表並代替我們從根本上勝過了罪惡、死亡和撒但的權柄與轄制，使得我們能夠倚靠聖靈的大能大力，不斷在基督裡經歷新的得勝。沒有這種在未來中不斷得勝的方向和確信，我們就會裹足不前，坐以待斃。雅和博經學所提倡的這種積極、樂觀、主動、得勝、宏觀的未來論框架，使得基督徒能夠把人生的首要目的落實在具體的歷史過程中，承認這是天父世界，我們在基督裡要作上帝百般恩賜的好管家。這一未來論框架的要素就是：個人的結局、工作的意義和世界的走向。未來論向我們保障目的的達成。

3. **三一論框架**：聖經中所啓示的上帝是獨一的上帝，也是具有三個位格的上帝。上帝的獨一性是終極性的，同時上帝的三個位格也是終極性的，並且位格之間所具有的就是相愛相容的關係。一並不妨礙三，三也不排除一，三一論框架內這種一與三之間的圓融，爲解決哲學上一元與多元的問題、政治上國家統一與民族和地方的獨立問題等都提供了美好的範式。三一論爲我們提供本體性的範式，解決一與多的問題。

4. **聖約論框架**：聖約論框架的基本範式就是：上帝要作我們的上帝，我們要作上帝的子民。前者乃是福音的精義，就是上帝因著他的主權之愛而在永世中揀選了我們，並且藉著耶穌基督在歷史過程中成就的救贖，和聖靈在現實生活中隨時大能的同在，

拯救我們脫離罪惡的綑綁，使我們成爲上帝的兒女。後者乃是律法的精義，既然上帝已經是我們的上帝，我們當然要作上帝的子民，遵守上帝賜與的約法，完成上帝賜給我們的使命。聖約論框架爲人類文明從注重血緣式的等級身分關係，轉向注重立約式的平等互愛關係，提供了最基本的範式。這一聖約論框架的要素就是：設立者、接受者、標準、獎懲與延續。聖約論爲我們提供認知性的模式，解決律法與福音的平衡問題。

5. **國度論框架**：上帝的國度就是上帝的統治，進入上帝的國度就是明確地承認上帝及其主權，其標記就是順服上帝的聖約和律法，行公義，好憐憫，存謙卑的心與上帝同行。對於清教徒而言，這個國度就是耶穌基督的國度，即上帝透過耶穌基督來拯救我們、帶領我們。耶穌基督就是萬主之主、萬王之王。這一國度論框架的要素就是：國王、國民、國法、國土與國運。國度論爲我們提供倫理性的範式，解決主權與律法的問題。

6. **歷史說框架**：歷史說框架使我們不僅對於個人的歷史具有清晰的界定，同時對於民族、國家等群體性的歷史也具有清晰的界定，使我們以及這個世界上的一切都在創造、救贖與成全的歷史框架之中。對於清教徒而言，上帝對我們的呼召就是讓我們在具體的歷史過程中榮耀上帝。我們要發揮上帝賜給我們的創造性，並要傳講救贖的信息，且靠著上帝的恩典成全自己和他人。這一歷史說框架的要素就是世界的創造、救贖與成全，我們稱之爲「三世說」。三世說爲我們提供歷史性的範式，解決今生與永生的張力問題。

7. **關係論框架**：我們生來就處在與上帝和世界的關係之中，並且人生的意義和目的就在於認識上帝、榮耀上帝、愛人如己。

這種關係的核心是一種深層的心靈相契，這種心靈的相契其關鍵
在於心靈的自覺和意識。聖經中強調聖靈的內住，從而使我們能
夠認識並經歷上帝的大愛。對於清教徒而言，他們所注重的就是
上帝與人之間、人與人之間彼此相愛的關係。關係論框架的要素
就是：上帝、自我與他人。關係論為我們提供靈修性的範式，解
決教義與生活的關係問題。

　　8. **世界觀框架**：在我們的生存中，我們始終對於周圍的世
界有自己的看法，這是不可避免的。作為基督徒，我們應當根據
聖經中所啟示的真理使我們已經有的世界觀得到歸正，消除原有
的錯謬和殘缺。對於清教徒而言，我們必須將上帝所啟示的真理
應用到個人和社會生活的各個方面，既然我們已經得蒙上帝的拯
救，這就要求我們具有自覺的、全面的世界觀，如此才能行事為
人與蒙召的恩典相稱。這一世界觀框架的要素就是：本體論、認
識論、倫理學、歷史論與靈修論。世界觀為我們提供整合性的範
式，解決整體與部分的關係問題。

　　9. **文明論框架**：大而言之，我們始終生存在一定的文明之
中。終極而言，世界上只存在兩種文明，一是敬畏上帝的文明，
二是抵擋上帝的文明。文明論框架則是我們的世界觀得到更新
之後，按照上帝所啟示的真理重新解釋並改造世界的框架。這一
框架既注重個人文明的素質，同時也注重建立合乎上帝旨意的文
明家庭、文明教會和文明社會。對於清教徒而言，基督徒的使命
就是建立基督教文明，使人的心思意念都降服在耶穌基督的主權
之下。建立基督教文明的關鍵並不是軍事性的征服，而是我們在
基督裡攻克己身，自覺地成為合乎上帝使用的器皿。基督教文明
的建立必須從我們自身開始，從我們的家庭開始。雅和博經學文

明論的要素乃是由以上八大框架的要素組成，其核心就是合乎聖經的世界觀。文明論為我們提供綜合性模式，解決文明的衝突問題，雅和博經學使基督教神學最終成為全方位的文明神學。

門徒訓練、文化更新與聖徒品格

耶穌基督的門徒絕不會滿足於個人靈魂的得救，而是勇敢地投身在十字架的旌旗之下，為主得著整個世界。因此，基督徒不僅要有個人性的心意更新，更要立志從整個文化或文明的角度，「將人所有的心意奪回」。這就是說，我們要立志更新所在的整個文化，使哲學、宗教、道德、律法、政治、經濟、藝術等各個領域都被上帝的真道得著。

因此，真正的門徒訓練，絕不僅僅是讓人把握幾個原則，只是講講福音，讓人決志就好，而是使全人都降服在上帝的主權和大愛之下，全方位地接受上帝聖言的更新和裝備，然後才能談得上盡心、盡性、盡意、盡力愛上帝。門徒訓練最終必然落實在建立基督教文明上。文士受教作天國的門徒，我們的使命就是在這個世界上拓展上帝的國度，建立仁愛的文明，也就是仁愛的國度。當然，關鍵不是我們在地上建立天國，而是上帝親自開人心靈的眼睛，使人進入祂的國度，我們不過是上帝的器皿，與上帝同工而已。門徒培訓就是要使基督徒具有真正的聖賢品格，不僅有內在榮美的生命，也有通達時務、濟世救人的情懷。

主後四一〇年羅馬城的陷落震撼了整個地中海世界，這促使奧古斯丁深刻地思考歷史的意義和社會的興衰，寫下了《上帝之城》這一巨著，強調有兩種城、兩種文明：「兩個城市由兩種愛形成：塵世的城是由愛自己形成的，甚至到了藐視上帝的地

步：天國的城是由愛上帝形成的，甚至到了鄙視自己的地步。一句話，前者的城以己爲榮，而後者的城則以上帝爲榮。因爲一個城從人那裡尋求榮耀；但另一個城的最大榮耀是上帝，上帝是良心的見證。一個城因自己的榮耀而昂首挺胸；另一個城對它的上帝說：『祢是我的榮耀，是祢使我昂首挺胸。』在一個城裡，歸屬該城的王子們和國民們是由嗜愛統治的人統治的；在另一個城裡，王子們和庶民們在愛中彼此服務，後者服務，而前者爲大家操心。一個城對自己的力量沾沾自喜，而以其統治者們本身爲代表；另一個城對它的上帝說：『我的主啊，我愛祢，祢是我的力量。』」[62] 雅和博經學提倡仁愛的文明，基督徒受教作基督的門徒，就是要受訓參與基督教文明的建造。若要參與文明的建造，基督徒必須在哲學、宗教、律法和政治四大領域中接受訓練，從而能夠在基督教文明的建造過程中發揮繼往開來、中流砥柱的作用。

薛華（Francis A. Schaeffer）在《前車可鑑：西方思想文化的興衰》一書的最後提醒說：「本書的寫作，是盼望這世代的人能從罪中最大的罪——身爲被造者，竟以創造者自居——回轉過來，也盼望這世代能離開滅亡的道路，這樣就必得以存活。」[63] 對於基督教文明已經成型的國家而言，基督徒應當自覺地成爲基督教文明的守望者；對於基督教文明還未成型的國家而言，基督徒應當勇敢地成爲基督教文明的建造者。

62　奧古斯丁，《上帝之城》，14 卷 18 章。引文引自岡察雷斯，《基督教思想史》，第 2 卷，頁 49。

63　薛華，《前車可鑑：西方思想文化的興衰》，梁祖永譯（北京：華夏出版社，2008 年），頁 216。

　　要建立基督教文明，必先建立基督徒品格。我們在仁教部分談及塑造基督徒的智者品格，在心學部分談及仁者品格，在法治部分談及賢者品格，在德政部分談及勇士品格。這四大品格的合一就是基督徒作為聖徒當有的成聖成賢的聖徒品格。

文明、異象與文明宣教

　　文明就是秩序，野蠻就是失序。如果我們沒有自覺的強大文明意識，就會時刻墮落在野蠻之中。因此，聖經中強調，「凡事都要規規矩矩地按著次序行」。

　　我們必須旗幟鮮明地主張基督教的文明體系。基督教文明論護教學的特徵是為整個基督教文明辯護，我們不是為一個命題辯護，甚至不是為一個宗派與神學的體系辯護，而是為整個基督教文明這一大廈辯護。若是沒有這樣的文明體系，我們就不能批判、取代各種野蠻的現象和制度。

　　基督徒沒有建立強大的文明，就無法進行有果效的宣教。基督徒沒有管理好自己的葡萄園，就無法幫助別人管理好他們的葡萄園。因此，我們的宣教不能是瞎子領瞎子，也不應是大孩子帶著小孩子，而是確實由那些真正在聖經啟示的真理上具有學問素養和生命見證的人來傳道宣教。我們不可把路德所提倡「人人皆祭司」的教導扭曲為人人都可作宣教士，人人都可作牧師傳道。術業有專攻，學道有先後，這是基本的常識。因此，我們所提倡的宣教絕不是一窩蜂亂傳的宣教，而是有秩序、有分工的宣教。傳道人要在真理上有全面的裝備，在道德上有崇高的修養，其他弟兄姊妹則各就各位，各盡其職，能賺錢的要好好賺錢，能作官的要好好作官，這樣就能夠適時幫助傳道人出錢出力，我們便能

夠作為聖約團隊「同心合意地興旺福音」。宣教的異象一定不能僅僅是個人的「信耶穌，升天堂」，而是要明確地建立基督教文明；宣講的內容也不僅是宣告上帝在耶穌基督裡赦罪的信息，還要傳講上帝所啟示的律法，並且詳盡地教導上帝的子民遵行上帝的律法，如此我們才能得蒙上帝的賜福，建立強大的教會和文明。

今日很多靈恩派教會只是強調這節經文的上半節，就是要有「異象」和方向；很多改革宗教會只是強調下半節，就是要有「律法」和秩序。但一個更加平衡和健全的教會既要講「異象」，也要重「律法」。「異象」是上帝賜給我們在世界歷史中榮耀上帝的藍圖和方向，這個藍圖和方向以上帝及其子民在世界歷史中的得勝與得榮為主旨；「律法」則是上帝賜給我們治理全地的標準和工具，愛主愛人，守約守法，這是上帝帶領我們蒙福得勝的光明大道。

人人都有自己的宗教，也都有根據自己的宗教信念所建構的文明，這是不可避免的社會現象。耶穌基督教導我們愛仇敵，己所不欲，勿施於人，我們當然能夠以此為基礎與其他宗教信仰者展開對話。但是，對於基督徒而言，最重要的並不是到處與人對話，而是充分地發展自己。在文明衝突中，關鍵是思想的衝突，我們的責任就是充分地發揮我們的理性去愛上帝，並用上帝所啟示的真理不斷更新我們的心思意念，從而能夠在思想與文明的衝突中高瞻遠矚，未雨綢繆，不斷得勝。我們充分承認對話的必要性，也充分地認識到文明衝突的現實性，但我們仍然期望運用和平、理性、共存、成全的方式來對待不同宗教之間的衝突。

我們旗幟鮮明地反對宗教上的自以為是，反對用任何暴力或

戰爭的方式來解決宗教問題。我們要避免各種形式的宗教狂熱，避免用政治壓迫甚至戰爭的手段來解決宗教爭議。當然，作爲基督徒，最重要的就是我們自己要好好地成長，最起碼不要比稗子還不如。

目前文化的危機是價值失落的危機，當然也是整個文明的危機。要醫治整個文明的疾病，我們不能「頭疼醫頭，腳疼醫腳」，必須由整體和長遠的角度來看待。圓融是指個人在信仰和生活方面的一以貫之、通達明澈、融會貫通，文明的精粹就在於人與人、眞理與眞理之間的平衡與貫通。從圓融的角度來看，基督徒在文明方面容易沾染的疾病就是混合主義與隔離主義。混合主義混淆在基要眞理方面基督教與一切異教的根本不同之處；而隔離主義則是否定基督徒與他人在眞理和生活上有任何相通之處。要醫治混合主義的疾病，必須旗幟鮮明地強調基督教的獨特性；要醫治隔離主義的疾病，需要強調的則是普遍恩典和普遍啓示的存在。我們學習基督教和改革宗神學絕不能食古不化、食洋不化，用各種假冒爲善的形式主義取代在眞理和生命上的會通。當然，我們不能迷信文明本身，人的文明總是有限的，總是烙上了人罪惡的烙印。不管我們的文明達到了什麼階段，都不是人類歷史的巔峰，除非到了耶穌基督再來審判世界的時候；不管我們的文明如何地完善，都不是沒有問題和隱患，我們必須警醒守望，修理看守，免得我們再次從美麗的伊甸園墮落。基督徒成熟圓融的品格乃是基督教文明的主體性根基。

「仁教心學，法治德政」座右銘

從文明論的角度而言，上帝是眞理和文明的本源，聖經向我

們顯明了上帝所悅納的整全世界觀，爲我們提供了建立基督教文明的整體性藍圖，並且爲我們提供了強大的工具，就是上帝的聖約和律法。上帝當初如此應許約書亞，今日祂的應許仍然不會落空。基督徒的心意更新不僅僅是單純某個觀念的更新，乃是世界觀和文明論的更新。不管是東方的危機，還是西方的危機，最終都是文明的危機。全球化本身就是文明的轉型，基督徒在這個世界上的工作就是文化使命，即奉耶穌基督之名更新、轉化原有的文明，使其完成往基督教文明的轉型。[64]

當然，這一轉化將直到耶穌基督第二次再來才能徹底完成。但是，從耶穌基督升天到再臨之間，我們絕不能向使徒們一開始的反應一樣，站在那裡「定睛望天」。我們要自覺而積極地投入到上帝賜給我們的呼召和工作之中，相信我們的一切「勞苦在主裡面不是徒然的」。

我們所提倡的文明模式就是「仁教心學，法治德政」，也就是「敬畏上帝，信靠基督；愛主愛人，守約守法」這十六個字。這十六個字闡明了雅和博經學所提倡基督教文明的根本。

1. **敬畏之心**：此處首先談及的是對上帝的敬畏，甚至這種對上帝的敬畏之心是在「愛上帝」之前！人的一切罪惡和問題都是因爲缺乏對上帝的敬畏，因此保羅在列舉了人的諸般罪惡之後就總結說：「他們眼中不怕神。」其實，當聖經中談及敬畏上帝的時候，目的是要達到三個方面的效果，首先是讓我們不要害怕

64　See T. William Boxx and Gary M. Quinlivan, eds. *Toward the Renewal of Civilization: Political Order and Culture* (Grand Rapids: Eerdmans, 1998).

人甚於害怕上帝，許多人之所以違背上帝的誡命，就是因為害怕人的緣故。其次，就是讓我們以公平和憐憫之心對待弱者。聖經提醒加害人當敬畏上帝，就是警戒他們即使逃脫了人的報應，但絕對逃脫不了上帝的鑑察和審判。第三則是讓我們有智慧。猶太人在每日晨禱的時候都要背誦經文。不承認世界上有比我們更偉大的上帝存在，也許仍然會有一些小聰明，比如尼采、馬克思、弗洛伊德這樣的人物，但他們絕不會有真正的智慧和謙卑。[65]

2. **愛慕之心**：我們不僅要敬畏上帝，更要愛慕上帝。正如德勒比（Fr. Jean C. J. d'Elbée）所分析的那樣，上帝「並不是出於必需才創造我們，祂並不需要我們。祂也不是由於公義才創造我們，祂不虧欠我們什麼。我們之所以存在，是因為上帝要和我們分享祂的愛。」[66] 談及我們對上帝的感情，這種愛和敬畏乃是首要的，這兩種情感雖有不同，但卻不可分割地聯繫在一起。[67] 麥蒙尼德說：「如何愛上帝，敬畏上帝？當人默想上帝那奇妙而偉大的諸般作為和受造之物，欣賞祂那無與倫比的無限智慧的時候，人就會立即愛慕、讚美、榮耀祂，極其渴慕認識上帝的聖名，正如大衛所言：『**上帝啊，我的心切慕你，如鹿切慕溪水。**』當人繼續反思這些事的時候，就會立即退回到敬畏之中，認識到自己是

65 參考 Rabbi Joseph Telushkin, *A Code of Jewish Ethics*, Vol. 1, *You Shall Be Holy* (New York: Bell Tower, 2006), pp. 487-491.

66 Father Jean C. J. d'Elbée, *I Believe in Love: A Personal Retreat Based in the Teaching of St. Thérèse of Lisieux* (Manchester, New Hampshire: Sophia Institute Press, 2001), p. 4.

67 Norman Lamm, *The Shema: Spirituality and Law in Judaism* (Philadelphia: The Jewish Publication Society, 1998), pp. 79-80.

何等渺小、卑微、黑暗的受造之物，卻以自己那晦暗而有限的智慧站立在無所不知的上帝面前。」[68] 首先我們要因上帝的創造之恩而愛上帝，感謝上帝按照他自己的形象創造了我們，並且把治理全地的權柄和使命賜給我們，使我們在他所造的世界中成為他的管家、大地的主人。其次，我們更要因上帝的揀選和救贖之恩而愛上帝。沒有任何人配得上帝特別的垂顧和恩典，但上帝仍然因著他的大愛拯救我們。

3. **順服之心**：如何表達我們對上帝的愛慕和感恩呢？首先，根據聖經的啟示，很簡單，真正愛慕、感謝上帝的最大標記就是遵行上帝的誡命典章。這說起來非常簡單明瞭，但真正做起來並不容易。當初以色列人得蒙上帝的拯救之後，上帝在西奈山上賜給他們十誡，明確吩咐他們不要拜偶像。但是，摩西才上山四十天，以色列人就開始在山下鑄造金牛犢來拜，亞倫也在群眾的壓力之下苟且附和（出 32:1-6）。更加荒唐的是，以色列人曾經有相當長的一段時間竟然把上帝的律法書完全棄之不顧，祭司卻仍然若無其事地例行敬拜事奉。直到約西亞王登基十八年，祭司希勒家在清理聖殿的時候才「偶然得了摩西所傳耶和華的律法書」。今日大多數華人教會仍然是沒有「摩西所傳耶和華的律法書」的教會，當然也就不認為上帝必然按照他的聖約和律法報應我們。其次，我們要知道上帝之所以讓我們遵行他的誡命律例，唯一的目的就是「為要叫你得福」。雖然律法能夠讓我們知罪，甚至律法也能定我們的罪，但這些不過是律法的功用而已，上帝賜給我們律法的目的仍然是「為要叫你得福」。且其中最大的一項福

---

68 *Maimonides's Mishneh Torah*, Vol. 1, pp. 159-160.

分就是「自由」，因此，雅各甚至直接稱上帝的律法爲「使人自由的律法」。第三，唯一攔阻我們順服上帝律法的障礙就是我們「心裡的污穢」，也就是我們心中殘餘的罪，這罪使得我們良心剛硬，不分是非；也使得我們頸項剛硬，不願意順服在上帝律法的軛下。

✝

第 六 章

文明：品格轉型與文明重建

轉型範式：聖學為體，世學為用；仁教心學，法治德政
基督徒在文化轉型過程中的地位和使命：文明宣教與轉型
神學

　　強調中國社會目前經歷的轉型不是改朝換代的轉型，乃是
文明的轉型，就是從皇權專制走向神權神法的轉型，從無法無
天、害人害己朝向敬畏上帝、愛人如己的轉型。在中國社會轉型
過程中，中國教會必須首先自覺地完成轉型，自覺地發揮真理的
柱石和根基的作用。只有首先完成教會的這種轉型，塑造聖徒的
品格，教會才能在社會轉型過程中發揮先知先行、中流砥柱的作
用。

品格轉型與文明轉型

　　目前中國社會的轉型，不是以往的改朝換代，而是文明的轉
型。這種文明的轉型包括在哲學思想上從罷黜百家、獨尊儒術或
共產主義，轉向開放、多元的思想自由；在宗教信仰上從帝王崇

拜和民間信仰混合的偶像崇拜，轉向認識獨一的眞上帝和耶穌基督；在律法與制度上從無法無天的皇權專制，轉向憲政民主、法治共和；在政治管理上從「物競天擇，適者生存」的叢林政治，轉向愛主愛人、以德服人的美德政治。此外，更在於使每個人在人格類型上從哲學上的愚昧和狂妄型、宗教上的迷信與巫術型、法治上的專制與放縱型、政治上的依賴和奴才型，轉向智者、仁者、賢者與勇士共融的聖徒品格，眞正成聖成賢，愛主愛人。因此，我們所說的文明的轉型，不僅是思想的轉型、宗教的轉型、法治的轉型、政治的轉型，更重要的是個人品格的轉型。基督徒只有經過重生和成聖達成品格的轉型，才能促進社會與文明的重建和轉型。

在西方歷史上，教會一直是塑造文明的主力軍。哈里斯強調：「基督教必須表明自己是文明的宗教，能夠在野蠻的社會中透過其生命力促進文明的進步，能夠在文明的社會中對其發揮激勵、淨化、引導和昇華的作用。」[1] 基督教在西方的突破就是「滲透到西歐人民的生活之中，成爲他們的文化和文明的根基。」[2] 在這個過程中，奧古斯丁的著述，特別是在其《上帝之城》中所闡明的基督教世界觀，發揮了重要作用，「深刻地影響了西方基督教的進程。」[3] 早在一九九三年亨廷頓提出「文明衝突」論之前，加拿大長老會宣教士外橘於一九四九年返回中國專門考察基督教

---

[1] Samuel Harris, *The Kingdom of Christ on Earth: Twelve Lectures Delivered Before the Students of the Theological Seminary*, p. 175.

[2] Roger Osborne, *Civilization: A New History of the Western World*, p. 5.

[3] Marvin Perry, *Western Civilization, Vol. 2,: A Brief History*, seventh edition (Boston, MA: Wadsworth, 2011), p. 117.

在中國的陷落和共產主義在中國的崛起，就強調西方宣教士對中國文明的無知和藐視乃是導致中國人憎恨基督教，使得基督教在中國的傳播不斷失敗的主要原因。[4]

文化與文明兩大類型

文化所描述的是社會現象，比如「酒文化」、「官場文化」等；文明所強調的則是體現明確的價值標準和判斷的文化。這種文化不是一時一地可以營造的現象，而是在個人、家庭和社會中長期培養的氣質。斯賓格勒（Oswald Spengler）指出：「文化和文明這兩個詞一直是用來表達一種不確定的、多少帶有倫理意義的區別的。」[5] 文明的發展總是體現、落實在一定的文化形式中，同時文明也在不斷地突破、更新既定且已有的文化形式。文化所側重的是事實性的描述和闡釋；文明所側重的則是價值性的判斷和追求。我們不僅要研究、理解我們所在的具體文化，並且要以上帝所啟示的真理為標準，對文化現象做出價值性的分析和判斷，即分析和判斷某一具體的文化是否文明；同時，更要為我們所認可的真理和公義積極奮鬥，九死不悔，前仆後繼，最終必能得勝。

真正的文明在於人的品質和教養，尤其體現在對公義的熱愛和堅持上。那些沒有公義之心的人，不管如何富有，也不過是土豪；不管手中的武器如何先進，也不過是土匪；不管身上的衣著

4　Leonard M. Outerbridge, *The Lost Churches of China* (Philadelphia: The Westminster Press, 1952), pp. 97-123.

5　奧斯瓦爾德・斯賓格勒，《西方的沒落》，齊世榮等譯（北京：商務印書館，2001 年），上冊，頁 54。

多麼體面，也不過是造作；不管為別人奉獻多少金錢，也不過是偽善；不管是多大帝國的君王，也不過是霸王；不管擁有什麼夢想，也不過是黃粱美夢。因此，真正的文明不是國民總產值的較量，更不是非要建造航空母艦不可，而是能夠造就聖徒與英雄的品格。這種合乎聖經的聖徒與英雄的品格必然有真正的騎士精神和紳士風度。騎士精神來自歐洲中世紀的騎士制度，強調榮譽、忠誠和禮貌，尤其是要保護那些無法保護自己的人，如寡婦、孩童、年長者等等；一個真正的騎士絕不會誇誇其談，而是嚴格地要求自己，訓練自己，使自己確實有能力捍衛崇高的真理和事業。真正的騎士是為名譽而活，為榮耀而戰，敬畏上帝，保護教會。因此，真正的騎士精神就是真正的英雄精神，真正的騎士就是那些勇於追求思想和道德領域中的美麗、崇高事物的人。[6]而真正的紳士就是從不把痛苦加在別人身上、寧願自己默默地承受並且勝過痛苦的人。真正的紳士總是關心他人，體貼他人的感受。他對局促不安的人溫柔相待，對孤僻古怪之人尊重憐憫。他在談話中始終不會唯我獨尊，獨占鰲頭，更不會對自己大談特談，除非是不得不然。他能夠以寬廣、仁厚之心去忍受別人的攻擊、誤解，不聽那些毀謗之語，更不會隨波逐流，背後議論他人的是非。他總是與人為善，以最大的善意來理解別人的言行。在與他人爭論的時候，他也始終保持彬彬有禮的態度，不會說出尖酸刻薄之語，更不會對別人進行人身攻擊。他深思明辨，注意學習先聖先賢的教訓，對於宗教、哲學和藝術有著極大的興趣和追求。

---

6   See Johan Huizinga, *The Autumn of the Middle Ages* (Chicago: University of Chicago Press, 1997).

他既能堅持自己的原則，也能真誠地理解，甚至欣賞敵方的立場和優勢。這樣的紳士精神集中體現在對女性的尊重上，並且這種尊重是發自內心，自然而然。[7] 而這種紳士精神的支柱就是改革宗神學所強調的攻克己身。沒有這種以榮耀上帝為首要目的、以遵行上帝的律法為人生標準的禁慾主義的操練，我們的靈命必然會非常膚淺，便會在日常生活中被種種邪情私慾所勝。因此，韋伯強調說：「這種自我控制今天仍然是最典型的英美紳士的特徵。」[8]

世上只有兩種文明，一是以愛上帝為中心的上帝之城的文明，二是以愛自己為中心的人間之城的文明。奧古斯丁在《上帝之城》中明確界定了這兩種文明：「由兩種愛造成了兩座城：由愛己之愛，輕視上帝，造成了地上之城；由愛上帝之愛厭棄自己，造成了天上之城。地上之城榮耀自己，天上之城榮耀上帝。地上之城在人當中追求榮耀；在天上之城中，最大的榮耀是上帝，我們良知的見證。」[9] 其實，在奧古斯丁之前的猶太哲學家斐洛（Philo）同樣指出：「有一個事實是，對於生命有兩種針鋒相對的觀點，一種觀點把萬物歸於心靈，把心靈作為我們的主人，不論我們是在使用我們的理性，還是在使用我們的感官，不論我們是運動著，還是靜止著；另一種觀點則是追隨上帝，相信他自己就是上帝所造的產物。」[10] 前一種人生以該隱為代表，後一種人

---

7 See Richard M. Weaver, *The Southern Tradition at Bay: A History of Postbellum Thought* (Washington, DC: Regnery Gateway, 1989).

8 馬克斯・韋伯，《新教倫理與資本主義精神》，于曉、陳維綱等譯，修訂版，頁 62。

9 奧古斯丁，《上帝之城》，14 卷 28 章。

10 斐洛，《論凝思的生活》，石敏敏譯（北京：中國社會科學出版社，2004 年），頁 3。

生則是以亞伯爲代表。該隱心中所擁有的就是愛自己，而亞伯心中所擁有的則是愛上帝。[11] 人人都在參與建造以城市爲代表的文明，不愛上帝、自我中心的世人所建造的是地上之城，而敬天愛人的基督徒所建造的乃是天上之城。文明的建造是不可避免的，關鍵是我們要本著愛主愛人的心去建造榮主益人的基督教文明，而不是建立高舉個人、民族或國家的霸王文明。

「文化之戰」是指不同道德價值之間的衝突，比如墮胎問題，同性戀問題、普選問題等。當我們談及抽象原則的時候，比如「仁者愛人」，「己所不欲，勿施於人」等，大多數時候並沒有爭議。但是，一旦落實到具體的問題上，個人的立場就會兩極化，比如保守派基督徒反對墮胎，更反對強迫墮胎，自由派基督徒則是贊成自由墮胎，而無神論者以「計劃生育」爲名主張強迫墮胎。我們若要建立基督教文明，就必須投入具體的文化之戰中，確立我們的立場。

在文化戰中，關鍵不是謾罵對方，而是拿出我們自己的的作品來，特別是在美德與藝術的融合上，基督徒更當培養自己爲藝術家，透過合乎上帝旨意的高雅藝術形式來提升個人的境界，在個人私德和社會產品上都能夠不斷擺脫各樣粗鄙、粗暴、粗俗的現象。

改革宗在中國的傳播最終一定要落實在生活的藝術上，這種生活的藝術是與基督徒善用上帝所賜管理和經營的才能有直接相關的。簡而言之，文化戰就是經濟戰，經濟戰也是文化戰。沒有強大的經濟實力爲後盾，我們就無法產生強大的文化影響；

11　斐洛，《論凝思的生活》，頁 4。

同樣，不能產生強大經濟實力的文化，本身也就是軟弱無力的文化。

文明衝突是指不同的宗教塑造不同類型的文明，不同類型的文明之間才能產生一定的衝突，這種衝突是不可避免的。最終而言，文明衝突的本質不是文明之間的衝突，而是文明與野蠻之間的衝突。伊斯蘭教徒、恐怖分子賓拉登在二○○一年所策劃的九一一恐怖襲擊事件，震撼了全世界，很難想像和平時期竟然有人劫持民航飛機對美國居民發動如此大規模的襲擊。像這樣恐怖分子層出不窮的伊斯蘭教「文化」，我們很難稱之為「伊斯蘭教文明」。因此，當時美國總統布希（George W. Bush）強調：「這是文明之戰」，「我們是在為文明本身而戰鬥」，「這是文明與混亂之間的選擇」。歐洲各國領導人也都紛紛發表聲明，譴責賓拉登的恐怖襲擊，稱之為「乃是針對整個文明世界宣戰」。[12]

文明的力量首先在於知識，知識就是力量。那些抱殘守缺、食古不化，不願意接受新知識的文明，就喪失了進步的動力。不管是伊斯蘭教文化，還是中國文化，因為不尊重個人的尊嚴和權利，堅持以皇權專制、政教合一的形式來維護一小撮人的既得利益，便已經從根本上喪失了文明的活力。啟蒙運動高舉人的理性和尊嚴，反對個人、家庭、教會和國家的專制，有其一定的合理性。基督教本身經歷了啟蒙運動的啟蒙和衝擊，不僅倖存下來，而且繼續在現代文明中發揮中流砥柱、移風易俗的作用。因此，正如尤斯弗（Michael Youssef）所強調的那樣：「來自伊斯蘭的挑戰只可能由堅強的基督教會來應對，而非一個軟弱、猶豫不

12　Roger Osborne, *Civilization: A New History of the Western World*, p. 1.

決、唯唯諾諾的福音宣講可以應付。」[13]

在文明衝突中，我們要有得勝的信心。基督徒，尤其是持守正統信仰的改革宗人士，千萬不要認為我們持守正統信仰就不可能人數加增，規模擴大。我們深信上帝必要賜福祂的教會，因真正「敬畏上帝，信靠基督；愛主愛人，守約守法」的人最終必會得蒙上帝的賜福，不僅是來世的福分，也包括今生可見的福分，因為這是上帝在祂自己的聖約中所應許的。

雅和博經學所傳講的就是清教徒所持守那充滿得勝盼望之積極、樂觀的未來觀。[14] 沒有這種積極、樂觀、得勝的未來觀，基督徒就無法構建任何積極的社會理論。[15] 馬克思主義之所以在十九世紀、廿世紀席捲全世界，並且直到今天仍然是強而有力的改變世界地世界觀，就是因為在基督教會萎靡不振、喪失對社會和文化盼望的時候，馬克思卻為人提供了一套全方位的世界觀藍圖，並且向人描繪了一幅共產主義必然在全世界得勝的未來論圖畫。[16] 雅和博經學在本質上承認基督教文明與非基督教文明的「對立」；

---

13 參看 Michael Youssef, *Jesus, Jihad and Peace: What Bible Prophecy Says About World Events Today* (Worthy Publishing, 2015).

14 See Iain H. Murray, *The Puritan Hope: Revival and the Interpretation of Prophecy* (Edinburgh: Banner of Truth Trust, [1971] 1978); Samuel Harris, *The Kingdom of Christ on Earth Twelve Lectures Delivered Before the Students of the Theological Seminary, Andover* (Andover: Warren F. Draper, 1874).

15 See Gary North, *Millennialism and Social Theory* (Tyler, TX: Institute for Christian Economics, 1990).

16 See Francis Nigel Lee, *Communist Eschatology: A Christian Philosophical Analysis of the Post-Capitalistic Views of Marx, Engels and Lenin* (Nutley, New Jersey: The Craig Press, 1974).

同時，我們在普遍恩典和普遍啓示這一教義的指導下，深信上帝對非基督教文明的保守和約束，在這一基礎上，我們儘量爭取基督教文明與非基督教文明的對話和會通。

中國文明轉型的必然性

自從鴉片戰爭以來，越來越多的有識之士認識到中國文明必須走轉型的路子。但問題就在於向什麼文明轉型，以及如何轉型。

中國文明必須從東方專制主義轉向眞正自由、民主、法治、憲政的文化。

廿一世紀的中國需要的不是一般意義上的「中國夢」，而是「共和夢」。我們必須打破個人、政黨專制專權的「皇帝夢」，在中國建立眞正的法治、民主、憲政與共和。至於廿一世紀中國教會將來在社會中有沒有地位？其關鍵就看中國教會在中國社會與文化大轉型的時期有沒有眞正發揮世上的鹽、世上的光、山上的城和燈臺上的燈的積極性、公共性作用。如果我們沒有忠心地作上帝吩咐我們當作的時代的工人，而是躲避到自以爲是的宗教感覺裡，不瞭解這個世界的疾苦，不參與上帝在這個世界中的計劃和工作，我們不僅是自絕於中國，自絕於這個時代，更是自絕於上帝。眞正的基督徒在科學上要有堅韌不拔、九死不悔的求眞精神；在宗教上要有愛主愛人、濟世救人的崇高情操；在道德上要有當仁不讓、見義勇爲的偉大擔當；在政治上要有革命革心、刮骨療毒的戰士本色；在文明上要有守約守法、己立立人的理想追求。唯有如此，我們才能在中國文明的大轉型過程中發揮光與鹽的作用。

文明轉型與秩序重建

秩序重建是人內心的渴求,在舊的秩序崩潰的時候,我們需要的是新的秩序。當然,正如魏樂德所指出的那樣,「大多數的人都渴求秩序,加上大家內心都存有莫名的恐懼,擔心在我們個人與社會生活的根基上,正醞釀著一股力量,如果妥善地予以疏導,則會使我們感到生命枯燥,或是陷入混亂和暴力的網羅中。」[17]

文明轉型和秩序重建是同步開始的。這種秩序重建主要是心靈秩序與道德秩序的重建,又道德秩序的重建是從個人心靈秩序的重建開始的。中華民族正面對清末李鴻章已經指出的「三千年未有之大變局」,有越來越多的有識之士認識到這一大變局不是改朝換代的問題,而是文明轉型的問題。李漫博、馬學祿強調面對文明轉型,我們必須全面、深入地反省中華文化和世界文明,從中發現「人類普世價值」:「這次反省,既不帶有文化、文明的自戀情結,也不帶有自卑情緒;既不站在中華文化中心論的立場,也不站在西方文化中心論的立場。」[18] 可惜作者根本沒有膽魄和洞見直接面對中國幾千年來皇權專制的殘暴,甚至還為專制塗脂抹粉,認為幾千年來「中華的政治文明是共和文明」,[19] 這種思想的蒙蔽、良心的扭曲真是讓人感到震驚。

17　魏樂德,《靈性操練真諦》,文子梁、應仁祥譯(臺北:校園書房,2006 年),頁 55。

18　李漫博、馬學祿,《文明的共和:本體與現象》(海口:海南出版社,2014 年),上卷,頁 3。

19　李漫博、馬學祿,《文明的共和:本體與現象》,下卷,頁 489。

我們在仁教部分強調上帝設立的「受造界的秩序」。上帝按照祂的形象造人，並且明確地把治理全地的使命賜給人。在受造界的秩序中，首先是自然秩序，就是包括人在內的自然萬物都必須遵循的秩序，這個秩序既包括造物主與受造物之間本體上的不同和距離，也包括人作為上帝的管家而與上帝和其他受造物之間「間際性」和道德性的關係，而這種關係的總和就是道德秩序。這種道德秩序體現在社會的律法秩序上，也體現在人心中的心靈秩序上，以及人際間的政治秩序上，最終則落實在經濟秩序中。我們在心學部分更多強調的是個人內在的心靈秩序——心靈的立法，就是上帝把祂的律法刻在我們的心上；在法治部分更多強調的是社會上的律法秩序——社會的司法，一切司法最終都是良心的司法；在德政方面更多強調的是政治秩序——社會的執法，就是把上帝的律法落實在個人和社會生活的各個方面；在文明部分則更多地強調把各種秩序集中落實在經濟秩序中，也就是歷史性、動態性的治理與管理的過程。

在秩序的重建中，我們首先要明白上帝所設定的秩序，然後自覺地按照上帝所設定的秩序不斷調整自身。世界歷史雖然看起來浩渺博大，但最終不過是個人心靈的歷史。世界歷史的秩序最終也體現在個人的心靈秩序上。只有靠著上帝的恩典，當我們藉著重生和內在生命的操練擺正自己內在心靈秩序的時候，我們才能擺正自然秩序與道德秩序的平衡，尤其是在政治秩序和經濟秩序中。

文明轉型與秩序重建有兩大模式，一是激烈的大規模毀滅式的轉型與重建，不破不立，破而後立，當初上帝以大洪水來毀滅世界所採取的也是這樣的模式。第二種模式就是逐漸更新與重建

的模式。大洪水之後，上帝重新立約，確保不再毀滅這個世界，而是不斷地更新這個世界。因此，大洪水之後，上帝不再使用徹底毀滅世界的方式來審判世人，而是透過更新的方式來改變世界與文化，直到最終完全的更新。即使在當初以色列人征服迦南地的時候，上帝帶領以色列人走的也是逐漸征服的模式。

因此，在這個世界上，我們不要幻想「畢其功於一役」，當知人在時間中存在；在歷史中成熟；在過程中參與。

近現代基督教信仰的偏頗

表面上看來，近現代基督教的退化就是因爲僅僅強調狹隘意義上的宗教信仰，而不強調知識信仰、律法信仰和政治信仰，從而使得基督教喪失了聖而公的地位和作用，越來越淪爲私有化、情緒化、邊緣化，甚至巫術化的東西。更深層地看來，乃是因爲目前很多教會對聖經啓示、教會傳承的正統教義的悖離。對教義神學和知識信仰的忽視，使得基督教淪落到感覺和私人的領域，不重視教義的純正，缺乏眞理的內涵；對密契神學和宗教信仰的忽視，使得基督徒缺乏深刻的靈修，當然也不知道基督教信仰與其他宗教信仰的根本區別；對道德神學和律法信仰的忽視，使得基督徒喪失了道德的標準和治理的工具，成爲無用，便不知不覺地落在上帝的審判之中；對德修神學和政治信仰的忽視，使得基督徒喪失了鹽味光度，也就是喪失了聖徒與英雄的品格，不能在社會上發揮是光是鹽的作用。

一九二三年，西敏斯特神學院創院教授之一的梅欽博士發表《基督教與自由主義》一書，全方位地反思了廿世紀開始基督教面對的問題。這本書也是一本偉大的護教學之作，針對教會

內理性主義和自然主義的氾濫，梅欽冷靜而激烈地捍衛了「正統基督教」的基本立場。這本書可以說是預言性質的，梅欽的很多分析和擔憂已經被後來的歷史證明變成了現實。與今日靈恩派教會那種膚淺的個人感覺大不相同，梅欽根據聖經啓示、教會正傳和時代處境，對於基督教的現狀和未來的發展做出了冷靜的分析和瞻望。比如梅欽對社會主義和國家福利政策的針砭，他認爲：「現代社會的發展在整體上傾向於極大地限制個體之人的自由領域。這種傾向在社會主義中最清晰可見；一個社會主義國家會把個人選擇的領域縮小到最低限度，在社會主義政府之下，勞動和娛樂都會由法律來規定，個人自由會完全消失。今天，即使在那些極其憎惡社會主義之名的社會中，也表現出這種傾向來。一旦大多數人決定某種政體是有益的，這種政體就會粗暴又毫不猶豫地強加在個人身上。現代立法者絕不會認識到，儘管『福利』是好的，強迫的福利卻是壞的。換言之，功利主義在邏輯上所能得出的各種結論都被人施行出來；因著物質和身體的福利，那些偉大的捍衛自由的原則被無情地拋棄在風雲之中。」[20] 面對來自理性主義的挑戰，梅欽發出的深刻追問就是：「基督教和現代文化到底是什麼關係呢？在一個強調科學的時代，基督教還能得以持續嗎？」[21] 教會內部的自由主義者在方法論上認同理性主義者，卻向功利主義投降，梅欽認爲：「眞正的基督教絕不是現代自由派教會中的宗教，關於上帝恩典的信息現在幾乎已經被人遺忘，正如在中世紀一樣，但這恩典的教義注定要在上帝悅納的時間、

20 J. Gresham Machen, *Christianity and Liberalism*, pp.10-11.

21 J. Gresham Machen, *Christianity and Liberalism*, p. 6.

在一場新的宗教改革到來的時候重新復興，給人類帶來光明和自由。」[22] 將近一個世紀的實踐過去了，梅欽的分析在原來蘇聯爲首的社會主義國家中成爲殘酷的現實，如今社會主義和強迫福利政策也在歐美各國日益肆虐，國家徵稅越來越高，福利範圍越來越大，財政赤字直線上升，濫用國家福利的人群越滾越大，而個人自由的空間卻變得越來越少。沒有正統基督教的復興，歐美各國必然走向沒落，這已經成爲有識之士的共識。當然，相比於世界上存在的阿拉伯伊斯蘭教國家和中國大陸威權政府而言，歐美國家仍然在法治、宗教自由和市場經濟上具有巨大的活力。

在教義神學和眞理上，自由派認爲教會信條不過是基督徒經歷的表達。如此說來，基督徒的經歷不同，在教義表達上就有所不同，但最終的結果都是一樣。他們反對歷史性的信條，反教義，反神學。其實，這是他們的無知和詭詐，因爲他們並不是反對所有的教義和神學，他們也有自己所竭力堅持的教義和神學。梅欽澄清說：「信條絕不僅僅是基督徒經歷的表達，恰恰相反，信條所闡明的是基督徒經歷所賴以產生的那些事實。」[23] 梅欽還分析說，常聽有人說，「基督教是生命，不是教義！」這種說法聽起來很敬虔，在今日中國教會中也非常流行。但是，主張「基督教是生命」這本身就是一個歷史性的陳述，對於這一陳述必須進行歷史性的調查，就像調查「尼祿統治下的羅馬帝國是一個自由民主國家」這一說法一樣。基督教的產生是以耶穌基督的道成肉身和死裡復活這一歷史事實爲根基的，因此，「基督教運動在

---

22 J. Gresham Machen, *Christianity and Liberalism*, pp. 15-16.

23 J. Gresham Machen, *Christianity and Liberalism*, p. 16.

剛誕生的時候並不僅僅是現代意義上的一種生活方式，而是基於一個信息的生活方式。它所依據的不僅僅是感覺，不僅僅是活動安排，而是基於若干事實的陳述。換言之，它是以教義爲根基的。」[24] 梅欽以保羅爲例，強調「保羅深信福音信息的客觀性眞理，並且以他生命的極大熱情忠於這種眞理。對於保羅而言，基督教不僅是生命，也是教義，並且從邏輯的角度而言，教義先於生命。」[25] 保羅所側重的不僅僅是耶穌基督所教導的倫理原則，他更加強調的是耶穌基督的救贖之工及其對我們的影響。「基督死了」，這是歷史；「基督爲我們的罪死了」，這就是教義。梅欽分析說：「如果這兩者沒有以絕對不可分割的方式統一在一起，就沒有基督教。」[26] 目前教會最大的問題就是對教義眞理的冷漠，梅欽指出：「對教義的冷漠使得教會再無信心的英雄。」[27] 正是因爲反知主義的傾向，以及對教義和眞理的漠視，導致在基督教內部很少再有「連貫一致的基督徒思想」[28]。卡耐爾（Edward John Carnell）甚至稱美國的基要主義是「邪教迷信式」和「意識形態式」的運動，只有很少一部分還保持著與基督教正統的聯結。[29] 卡耐爾的結論似乎有些嚴苛，但也值得我們深思。最起碼，我們可

---

24 J. Gresham Machen, *Christianity and Liberalism*, p. 21.

25 J. Gresham Machen, *Christianity and Liberalism*, p. 23.

26 J. Gresham Machen, *Christianity and Liberalism*, p. 27.

27 J. Gresham Machen, *Christianity and Liberalism*, p. 51.

28 Mark A. Noll, *The Scandal of the Evangelical Mind* (Grand Rapids: Eerdmans, 1994), p. 106.

29 E. J. Carnell, *The Case for Orthodox Theology* (Philadelphia: Westminster Press, 1959), p.113.

以說，目前教會中盛行的那種以「傳福音、信耶穌、升天堂」為模式的基督教，確實與傳統的正統基督教已很少關聯，這種簡化的基督教已經與中國盛行的民間宗教沒有什麼根本的區別，只不過是把各種神靈或菩薩的名字換成了「耶穌」而已。

在密契神學和靈修上，因為喪失了對傳統基督教教義的重視，使得現代基督徒的靈修越來越走向泛神論。泛神論的主要特徵就是混淆上帝與人之間不可逾越的本體性界限。正如梅欽所強調的那樣：「根據聖經的啓示，基督徒對上帝的認識有許多因素。但是，上帝有一個特徵在聖經中則是絕對基本的，要明白上帝其餘的屬性，絕對必須首先明白這一屬性。這屬性就是上帝那令人敬畏的超驗性。自始至終聖經所關注的就是這一令人敬畏的鴻溝，這一鴻溝把受造物與造物主分開。根據聖經的啓示，上帝確實也內在於這個世界之中。沒有上帝的旨意，一個麻雀也不會掉在地上。但是，上帝在這個世界中的內在性並不是因為祂與世界是混同在一起的，而是因為祂自由地創造了這個世界，並且繼續自由地維繫這個世界的存在。在受造物和造物主之間明確存在一個巨大的鴻溝。」[30] 異教的核心就是不相信人性的徹底敗壞，認為人生的最高目的就是人性本身的健康與和諧的發展。廿世紀盛行的馬克思主義在本質上就是這種異教登峰造極的發展和體現，其最大的特徵就是完全排除超驗的上帝的立法與審判，認為唯獨自法之人能夠決定歷史過程中的一切。[31] 然而，豈止是在馬克思

30　J. Gresham Machen, *Christianity and Liberalism*, p. 63.

31　參考 Gary North, *Marx's Religion of Revolution: Regeneration Through Chaos* (Tyler, TX: Institute for Christian Economics, 1989).

主義哲學中，就是在很多人所傳講的基督教版本中，也已經喪失了對超驗的上帝的敬畏之心，上帝完全成為忙於到處垂聽人的禱告、救拔人陷災難的大慈大悲「觀世音菩薩」。雖然開西運動（Keswick movement）、靈恩派、時代論、安息日會等都強調聖潔和靈修，但是他們所講的聖潔和靈修已經遠離聖經正傳，正如鍾馬田的評析一樣：「開西運動追求『更高的屬靈生命』……也促使人們對聖經神學和高級學術的興趣越來越減弱。當然，任何基督徒心中都會渴慕在上帝的教會中有聖潔和公義。但是，開西運動把聖潔這一教義孤立出來，並且藉由這種錯誤口號的簡化改變了這一教義：『放下，放手，讓上帝作上帝。』如果你想成為聖潔公義，我們被告知，理性是危險的，通常說來，一個優秀的神學家不可能是聖潔之人……你們讓我診斷目前教會軟弱的原因，我正在做……如果你們教導成聖就在於『放下』，讓聖靈來做一切的工作，那麼你們沒有學者，就不要怪我！」[32] 在這種反知主義的影響下，基督徒已經喪失了基本的分辨力，所以各式各樣新奇、膚淺、錯誤的教訓在教會內四處氾濫，最典型的就是靈恩派和時代論在教會內部大行其道。很多人聲稱自己有來自聖靈的異象，甚至信誓旦旦地預告耶穌基督將會在某具體的日期第二次再來，這些妖言惑眾之人往往聲稱自己與上帝有最密切的關係，甚至直接從上帝領受了「最新指示」這種膚淺、混亂和錯謬完全與教會傳統的密契神學和靈修操練沒有任何關係。正如韋柏指出的那樣，在聖經啟示、教父教導和宗教改革的正傳中，一直強調藉

---

32 Quoted in Iain H. Murray, *D. Martyn Lloyd-Jones: The Fight of Faith, 1939-1981* (Edinburgh: Banner of Truth Trust, 1990), pp. 72-74.

著耶穌基督的道成肉身和死裡復活而成就我們與上帝的聯合。但在近現代教會中，基督徒的靈修或者偏向理智型的靈修，焦點放在正確的思想上；或者偏向經驗型的靈修，焦點放在個人的信心上。前者注重正確的神學系統，後者強調個人的重生和聖靈的充滿。「無論是注重理智的自我或經驗的自我，這些都偏離了上帝的整全故事的靈修，所造成的問題仍然困擾著廿世紀的福音派靈修。」[33] 我們必須在靈修神學上重新反轉，既要注重造物主上帝和受造物之間在本體上不可逾越的疆界，同時又要透過默想、靜觀而更深地進入藉著耶穌基督的救贖而達成的與上帝相屬相愛的密契關係。

在道德神學和基督徒的美德上，因著缺乏正統的教義和真正的靈修，基督教幾乎喪失了道德神學，基督徒的道德水準甚至變得還不如不信的人，更不要說與那些異教中空門之類的先知賢達相比了！此處我們所說的道德神學就是清教徒傳統中的「神法倫理」，即以上帝所啟示的律法為標準來衡量人的美德和善行，並將上帝的律法應用到個人與社會生活的各個方面。西方道德神學的淪喪首先是因為對上帝律法的冷漠、忽視和廢棄，使反律主義這種異端的毒酵逐漸充滿了整個西方教會，就連改革宗教會內部也開始忽略對於上帝律法的重視和宣講。甚至一些以改革宗名義出現的神學「在其推論上也走向十七世紀的反律主義」。[34] 另外有些改革宗神學家不注重傳講上帝的律法，反而偷偷摸摸地撿起了

33　羅伯特‧韋柏，《神聖的擁抱：重尋兩千年靈修傳統與實踐》，頁 87-88。

34　Mark Jones, *Antinomianism: Reformed Theology's Unwelcome Guest?* (Philiipsburg, New Jersey: P&R, 2013), xv.

希臘哲學中「本性法」的概念。[35] 伯爾曼早已明確指出，宗教與律法的分離是導致目前西方社會道德與文明危機的根源。宗教脫離了律法的約束和規範，完全陷入個人自以為是的感覺和體驗中；律法離開了宗教的指導和維繫，完全成為當權者手中操縱奴役民眾的工具。福音派雖然高舉聖經的無謬性，認為聖經是上帝賜給基督徒的無謬標準，但他們不宣講上帝的律法，因此所謂的無謬聖經也在實踐層面上喪失了意義。梅欽認為，教會嚴重缺乏「對罪的意識」，「沒有對罪的意識，整個福音彷彿成了蒼白的傳說。但是，如何重新恢復對罪的意識呢？毫無疑問，應當宣告上帝的律法，因為律法使人知罪。更深入地說，應當宣講整個律法。」[36]「如果要人產生對罪的意識，就必須透過基督徒的生活和話語來宣講上帝的律法。如果坐在教堂長椅上的人仍然輕看罪，滿足於世上的道德標準，即使傳道人在講壇上發出烈火和硫磺，也沒有什麼用處。教會必須盡自己當盡的本分，透過他們的生活來宣講上帝的律法，這樣人心中的隱密才會顯明出來。」[37] 當然，梅欽也承認，最終只有聖靈能夠使人知罪，「這種生命的改變是唯獨上帝才能生成的」。[38] 惟願上帝憐憫，使我們賴恩得救的人重新恢復對上帝律法的愛慕和忠誠，能夠發自內心地說：「我何等愛慕你的律法，終日不住地思想。」

35　參看 John M. Frame, *The Escondido Theology: A Reformed Response to Two Kingdom Theology* (Lakeland, FL: Whitefield Media Productions, 2011), pp. 127-150.

36　J. Gresham Machen, *Christianity and Liberalism*, p. 66.

37　J. Gresham Machen, *Christianity and Liberalism*, p. 67.

38　J. Gresham Machen, *Christianity and Liberalism*, p. 67.

　　基督徒對教義眞理的冷漠、對深度靈修的忽視、對上帝律法的拋棄，最終造成的就是在德修神學和基督徒品格上的崩潰或失敗。西方著名教會歷史和系統神學教授魏爾斯（David F. Wells）一九九三年發表《眞理無處容身：福音派神學到底發生了什麼？》一書，他在書中沉痛地指出了當今美國福音派教會對眞理和神學的冷漠，指出「當我們什麼都不信的時候，就開始什麼都信」！[39]一九九八年，魏爾斯發表《喪失我們的美德：爲什麼教會必須恢復道德觀》一書，指出美國社會中道德文化的解體與教會喪失了道德觀有直接關係。這種道德的解體尤其是體現在學校中，「我們的孩子們變得越來越無法無天，證據就是令人吃驚的校園犯罪的增加。不僅如此，更可怕的是當他們行動時，常常沒有明確的道德意識。」[40]兩千多年來，從柏拉圖到亞里士多德再到阿奎納，西方文化中的德行都是根據美德來討論的，四大核心性的美德就是明智、正直、勇敢和節制，這四大美德經過信望愛三大聖德的洗禮而走向成全。隨著啓蒙運動的深入，工業化和城市化開始出現，人與人之間逐漸喪失了社群內的約束，道德越來越相對化、主觀化、功利化，美德開始逐漸消失，取而代之的則是極端個人主義者所提倡的隨心所欲、無法無天的價值判斷和抉擇。隨著人們對眞理的漠視，價值也不再是普世價值，而是成爲「任何個人、群體、社會偶然崇尙的東西」。[41]目前，基督徒確實需要認罪

39　David F. Wells, *No Place for Truth or Whatever Happened to Evangelical Theology?*, p. 9.

40　David F. Wells, *Losing Our Virtue: Why the Church Must Recover Its Moral Vision* (Grand Rapids: Eerdmans, 1998), p. 13.

41　Gertrude Himmelfarb, *The De-moralization of Society: From Victorian Virtues to Modern Values* (New York: Alfred A. Knopf, 1995), p. 11.

悔改，重新定志作耶穌基督的門徒，重新重視耶穌基督所倡導的
「品格的革命」！

雅和博經學文明論四大圓融

因此，雅和博經學之寶貴就在於這四大領域的打通與圓融。
「仁教」、「心學」、「法治」和「德政」，各自都能貫穿其餘的三
大領域。因此，這種打通和圓融首先體現在整體的打通和圓融
上，當然也體現在每個部分的涵攝與互動上。哈耶克（Friedrich
Hayek，又譯海耶克）強調把政治問題轉化為律法問題，透過制
度、規則和程序來解決政治爭議。[42] 我們可以說，真理的問題必須
轉化為宗教的問題，因為沒有心靈的更新和價值的取捨，我們始
終在真理的問題上無法達到真正的溝通和認同；同樣，宗教的問
題必須轉化為真理的問題，因為沒有真理的啟示和標準的確立，
我們始終在宗教問題上無法分清楚何謂正統正傳和異端邪說。哲
學、宗教、道德和政治四大領域都可以如此互動和轉化，作為文
明的四大部分，這四大領域並沒有截然二分的疆界，這四大部分
綜合在一起共同組成了人類文明的基本框架。

1.「仁教」強調上帝及其以愛主愛人為綜述的啟示。我們以
「仁教」所強調的「愛主愛人」打通、融貫哲學、宗教、律法與
政治四大領域。在哲學上，基督徒所追求的智慧不是一般性的智
慧，乃是敬虔的智慧，而這智慧乃是以敬畏上帝為根基，以遵行
上帝的律法為標記，並且按照耶穌基督的教訓，律法的精義就是

---

42 參考高全喜，《法律秩序與自由正義：哈耶克的法律與憲政思想》
（北京：北京大學出版社，2006 年）。

愛主愛人。在宗教上，基督徒所信的基督教不是一般性的宗教，乃是上帝獨一將拯救與生活的真理全面地啟示給人的宗教，並且唯獨基督教向我們顯明了耶穌基督是上帝和罪人之間獨一的救主。基督的救贖向我們顯明了上帝拯救罪人的大愛，基督也教訓我們愛主愛人。耶穌基督的道成肉身、死裡復活乃是基督教獨有的歷史性信息和真理。在律法上，我們強調聖經中所啟示的宗教其核心教訓就是愛主愛人，這是上帝所賜給我們的律法的精義和綜述。在政治上，我們強調上帝的聖約和律法、上帝的主權和個人的治權，最終則是以「愛上帝」來強調上帝的主權，以「愛人如己」來強調個體的治權。一切問題最終都是真理問題，當然也都是標準問題。

　　2.「心學」強調人當以心靈和誠實敬拜上帝。我們以「心學」打通、圓融哲學、宗教、律法與政治四大領域。在哲學上，哲學是心靈的求知和追問。對於基督徒而言，我們理性的能力更是得蒙聖靈的光照，能夠明白非信徒不能明白的上帝的奧祕。在宗教上，我們強調宗教是人心靈的渴慕，宗教的核心不是獻祭，也不是機械式地遵守上帝的律法，而是用心靈來愛慕上帝，明白上帝的律法是上帝賜給我們的得福之道。在律法上，我們強調律法是心靈的尺度、自由的疆界。律法不僅是表面的儀文，更是聖靈刻在我們心中的準繩，使我們能夠明白如何愛主愛人。在政治上，我們強調政治的核心是心靈秩序的和諧，也就是「心正」，我們的心靈若不歸正，就將一直處於罪惡的轄制之下，也就是處於撒但的暴政之下。唯有在基督裡就有真自由。那些不願意在基督裡順服「上帝」約法的人，就必然落在形形色色的「皇帝」的暴政鐵軛之下，因為不願意順服上帝所賜給我們的約法之軛，我們就

會落在人的各種鐵軛之下。當然，任何律法和制度都不是自由的最終保障，因為再好的律法和制度都會受到罪人的扭曲、污染和濫用，所以只有耶穌基督的救贖才是自由的真正保障。一切問題最終都是宗教問題，當然也都是心靈問題。

3.「法治」強調以上帝所啟示的律法為標準和工具。我們以「法治」打通、圓融哲學、宗教、律法與政治四大領域。在哲學上，我們強調尋求智慧，而真正的智慧就是所羅門強調的：「敬畏神，謹守他的誡命，這是人所當盡的本分」。在宗教上，我們強調宗教的精義不在於探究上帝本體的奧祕，更不是沉浸於人的學說和解釋之中，而是研究上帝已經顯明的旨意，也就是上帝的律法。在律法上，不管是個人，還是家庭、教會或國家，都必須以上帝所啟示的律法為超驗、絕對、普世性的最高規範。在政治上，我們強調基督徒的政治就是把上帝的律法落實到個人、家庭、教會與國家各個領域中，建立以愛主愛人為特色的基督教文明。一切問題都是制度問題，當然也都是律法問題，

4.「德政」強調以愛德為樞紐的心靈美德和國度事奉。真正的愛德來自聖靈在人心中的作為，體現於人在社會領域中的善行上。我們以「德政」打通、圓融哲學、宗教、律法與政治四大領域。在哲學上，哲學所考察的是人生的目的，就是幸福，而培養美德乃是臻達幸福的唯一途徑。在宗教上，宗教所強調的就是藉著聖靈的感化之工和個人的密契靈修來培養個人的美德。在律法上，律法所強調的不是外在的行為，而是內在愛主愛人的美德，善行是這種美德的自然流露，否則就是假冒為善。在政治上，我們強調政治乃是把個人的美德落實在各個領域中，不僅要自己修德，還要幫助別人在美德上不斷長進，一同享受上帝在基督裡賜

給我們豐盛的生命。一切問題都是政治問題，當然也都是道德問題，正是在這個意義上，聖經中強調上帝拯救我們的目的就是讓我們透過行善來彰顯上帝的美德。

雅和博經學文明論五大接觸點

在雅和博經學中，我們運用普遍恩典和普遍啓示的教義，明確地在五大方面與所有人尋求一致和共鳴。因此，雅和博經學在基要教義上旗幟鮮明地堅持聖經啓示和教會正傳的立場，但在宣教和交流上願意盡最大的善意從普遍啓示和普遍恩典的角度與人溝通、對話、合作。

1. **人心人性**：上帝透過人心向人說話。認知心、宗教心、道德心和政治心乃是人心人性中本來就具有的四大傾向，當然也是上帝賜給人的尊嚴和責任。從認知心出發，我們強調仁教與學術自由，國家不可干預教育與學術之事；從宗教心出發，我們強調心學與信仰自由，國家不可干預個人宗教信仰和公共敬拜的自由；從道德心出發，我們強調社會的法治與憲政，任何個人和政黨都不能壟斷國家權力，必須在憲法中設立分權與制衡來確保權力不被濫用，並且透過公開和公正的選舉來打破權力的壟斷；從政治心出發，我們強調德政與結社自由，只有透過自由結社，才能促進民智民德的長進。

2. **歷史教訓**：上帝也透過歷史事件向人說話，基督教本身就是注重歷史性啓示的宗教，也是強調上帝的旨意在世界歷史進程中不斷實現的宗教。我們既可以透過聖經中的歷史事件向人表達眞理，也可以藉由聖經之外的其他歷史事件來傳講上帝的眞道。比如我們可以用中國歷代皇朝更替的殘酷來說明皇權專制的

愚頑，以臺灣二二八屠殺事件說明威權政府的殘暴，藉中國大陸「大躍進」、「文化大革命」等運動說明共產主義實踐在中國的失敗，當然也可以透過此類歷史事件來檢討教會的缺憾。

3. **先賢古訓**：上帝甚至透過外邦的先知來向我們說話。我們可以直接借鑑外邦先知的文本來說明眞理的相通性。比如孔子的弟子把他的教訓記載在《論語》之中，我們可以用《論語》中孔子所強調的「仁者愛人」來說明耶穌基督所教訓的「彼此相愛」的重要性，同時我們用「盡心、盡性、盡意、盡力愛主──你的神」來說明聖經的啓示能夠補足、成全先賢的教訓。

4. **心靈直覺**：上帝透過心靈的直覺向人說話。這種心靈的直覺超越民族、國家、政黨的界限，使人渴慕更加文明的生活。比如目前中國大陸大規模地向美國、加拿大、澳大利亞等地的留學和移民浪潮，雖然這些留學生和移民還沒有完全認同這些國家的民主、憲政和繁榮背後所依據的基督教信仰，但他們心靈的直覺告訴他們，到這些國家去留學或移民會有更加美好的未來。聖經上提及上帝開人的心竅，賜給人智慧和啓示的靈，所強調的就是心靈的自覺。

5. **現實需要**：上帝亦透過現實需要向我們說話。上帝仍然是又眞又活的上帝，我們仍然可以在上帝隨時的護理中得見上帝的膀臂，特別是廿一世紀中國教會對改革宗神學的學習和傳播，乃是廿一世紀全世界的大事。唯獨改革宗神學這樣整全的神學與思想體系才能與中國歷代儒道釋所構建的強大文明體系相抗衡。基督教要想在中國社會和文化中紮根，一定要謙卑而堅定地接受改革宗神學。當然，改革宗神學也有各種版本，我們之所以提倡「雅和博經學」就是明確地提倡以清教徒神學為代表的正統改

革宗神學，並且把這種改革宗神學與中國社會和文化的具體處境結合起來，從而克服在改革宗神學中常容易出現的兩大問題，一是「水土不服」，就是無法和現實生活聯繫在一起；二是「變調變味」，就是喪失其基本的原則和精神。

雅和博經學文明轉型論五大要素

這五大要素也是一個文明得以重建的要素。雅和博經學以神本主義的基督教文明反對人本主義文明。這一文明是以上帝創世之初就賜給人的文化使命爲依據的。這一使命也被稱爲「原初使命」（the original mandate），[43] 更是上帝造人之初就賜給人的「原初賜福」，[44] 也是耶穌基督向我們重申之大使命的精義。在此我們用「文化使命五大要素」來揭示這一使命的構成。[45] 由這五大要素英文表達的第一個字母可組成「ROSES」，在英文中即「玫瑰花」的意思。R——regeneration，指個人的重生；O——obedience to God's Law，指對上帝律法的順服；S——supremacy of scripture，指強調聖經的至高性；E——eschatology of victory，指得勝的末世論；最後的 S——separation of governments，即是政府的分立。

1. 基督教文明的起點：個人心靈的重生。進入上帝的國度，需要聖靈的重生之工。建立基督教文明的根本不是靠政治的手

43　陳彪牧師 2012 年 8 月 25 日晚上分享。

44　See Matthew Fox, *Original Blessing: A Primer in Creation Spirituality Presented in Four Paths, Twenty-Six Themes, and Two Questions* (Tarcher, 2000).

45　See Mark D. Brown, *R.O.S.E.S.: The five Points of Christian Reconstruction* (Omaha, NE.: Biblical Blueprints, 2009).

段，也不是靠法律的手段，當然更不是藉著暴力征服的途徑，而是藉由聖靈的重生之工使人變得甘心樂意。個人心靈由上帝重生乃是基督徒完成文化使命的起點；因此，我們必須寶貴福音，傳講福音，並祈求聖靈改變人的心靈。在雅和博經學中我們首先強調的就是個人心靈的重生和重建。我們的首要目標並不是改變國家，甚至也不是改變家庭，而是個人生命的改變。這種個人性的生命改變不是來自任何人的心理性操縱，更不是來自任何政黨與國家的強制性計劃，而是來自上帝的更新。因此，我們需要的是極大的信心，完全相信上帝在人心中的工作。一旦我們對於上帝改變人心的大工喪失信心，在教會中我們就會成為現代福音派教會內盛行的以各種軟辦法操縱人決志信主的巫婆神漢，在社會中我們就會成為試圖以武力和稅收等強迫方式改變人心的政客梟雄。

2. **基督教文明的建立：遵行上帝的律法。尤其已經進入上帝國度的人，更需要遵行上帝的約法。** 上帝所啟示的律法就是我們建立基督教文明最強而有力的工具。上帝不僅賜給我們治理全地的文化使命，也賜給我們完成這一使命的神聖工具和標準，就是上帝的律法。上帝的律法不僅使人知罪，約束人的罪惡，並且是基督徒成聖的標準、治理的工具、相愛的指南。如果我們忠心地遵行上帝的律法，就必然得見上帝的賜福（申 28:1-14；利 26:1-13）。我們的聖潔生活，乃是傳福音最好的方式，上帝要透過我們聖名的見證吸引更多人歸向祂。因此，上帝的律法是上帝賜給我們建立基督教文明的藍圖和工具。不強調上帝的律法，我們就沒有真正的智慧，甚至也沒有起碼判斷善惡的標準，最終不管我們主張什麼，都不過是從自己的理性來各言爾志，各抒己見，但本

質上都是一樣的。施特勞斯一針見血、令人絕望地指出:「現代保守主義所提倡的那些東西,最終分析來看,與現代自由主義、甚至共產主義所使用的都是相同的根基。」[46] 這三大主義都受啓蒙運動的影響,更多地高舉人的理性和尊嚴,只是在方式與程度上不同。保守主義憚於改變;自由主義主張進步和改變;而共產主義則是強調大變革。正如諾斯所強調的那樣:「唯獨上帝的律法是治理的工具;是靈命長進的蒙恩之道;是進步的根基,在個人、靈命、知識和文化各個方面都是如此。」[47] 筆者的加爾文神學院老師、系統神學的教授普蘭廷格(Cornelius Plantinga, Jr.)強調,加爾文和改革宗思想家之所以重視上帝的律法,尤其是重視律法的規範性功用,乃是因爲「他們把上帝的律法視爲得救之人生活的指南。上帝的律法不僅是社會上防範罪惡的防洪大堤,也是上帝之城的憲章。它不僅是針對罪人的,也是針對聖徒的。實際上,正如人們經常評注的那樣,將救恩與我們在世上的日常生活聯繫在一起的就是上帝的律法。」[48] 普蘭廷格教授的分析使我茅塞頓開!目前教會之所以越來越與社會和文化隔絕,主要的原因之一就是不講上帝的律法,如此我們不僅喪失了對社會公義的關注,甚至喪失了衡量公義與否的基本標準。對於雅和博經學而

46 Leo Strauss, *Liberalism Ancient and Modern* (Chicago: University of Chicago Press, [1968], 1995), ix.

47 Gary North and Gary DeMar, *Christian Reconstruction: What It Is, What It Isn't* (Tyler, Texas: Institute for Christian Economics, 1991), xvii.

48 Cornelius Plantinga, Jr., *A Place to Stand: A Reformed Study of Creeds and Confessions* (Grand Rapids: Board of Publications of the Christian Reformed Church, 1979), pp. 30-31.

言，在強調個人的重生之後，緊接著強調的就是上帝的律法。只有透過遵行上帝的律法，我們才能在個人、家庭、教會、社會生活的各個領域分別爲聖。若我們一代人又一代人如此堅持遵行上帝的律法，就必然能得見上帝長期的賜福，基督教文明的建立就是透過這樣子又有孫、孫又有子的「愚公移山」精神而建立起來的。

　　3. **基督教文明的權威：至上無謬的聖經。上帝所默示的聖經就是我們建立基督教文明的終極權威和藍圖。**當威克里夫（John Wyclif）談及他所翻譯的英文聖經時，他說：「這一聖經的目的就在於建立民有、民治、民享的政府。」我們亦可以大而言之，「這一聖經的目的就在於建立民有、民治、民享的文明。」上帝所默示的聖經是個人和社會生活的至高權威。不僅新約聖經是基督徒信仰與生活的標準，舊約聖經也是如此。威克里夫強調聖經律法的核心性，認爲人民本身不僅應當研讀上帝的律法，明白上帝的律法，更重要的是應當以聖經律法爲施行治理的工具，並自身也當自覺自願地接受聖經律法的統治。在這一點上，希爾（Friedrich Heer）說得好：「威克里夫和胡司首先向整個歐洲闡明，能夠把大學與普通人對救恩的渴慕聯繫起來。牛津大學的自由使得威克里夫得以生存。」[49] 因此，正如魯斯德尼所強調的那樣：「他們所重點關注的既不是教會，也不是國家，而是如何以上帝的法言來施行治理。」[50] 我們要研究聖經，並且使研究聖經成

49　Friedrich Heer, *The Intellectual History of Europe* (Cleveland: World Publishing Co., 1966), p. 184.

50　R. J. Rushdoony, *The Institutes of Biblical Law*, p. 1.

為經天緯地、絕地通天的大學問，使聖經確實成為建立基督教文明的藍圖和指南。尤其是在宗教（認識獨一的上帝和獨一的救主耶穌基督）、歷史（創造、救贖與成全）、政治（上帝的主權、個體的人權）、哲學（敬畏上帝乃是智慧的開端）、經濟（神有制、管家制）、律法（神法論）、道德（美德論）、心理（知情意的平衡）這八大領域中，聖經更是為我們提供了基本的框架和原則。如果我們能在這八大領域中確立聖經中所啟示的基本框架和原則並且不斷遵行，就必能在我們所在的社會和文化中逐步建立真正的基督教文明。

　　4. 基督教文明的確信：聖徒今生的得勝。基督教文明必然是以樂觀、積極、得勝的末世論為依據的，悲觀、消極、失敗的末世論不僅輕看了上帝的計劃、基督的救贖和聖靈的大能，並且直接導致基督徒在這個世界上消極避世、渾渾噩噩、無所作為，因喪失鹽味，而被人踐踏在地上，甚至個人也滋生一種不健康的自虐心理。上帝必然得勝，上帝的旨意必然得勝，上帝的子民必然在歷史中得勝，在世界上得勝。故上帝是全地的大君王，祂是歷史的主宰。這種得勝不僅是上帝的應許，也是耶穌基督已經為上帝的子民所贏得的，當然也是基督徒的責任。這種得勝絕不僅僅是我們心靈中的得勝，更不是魯迅所說的「阿 Q 精神勝利法」，也絕不單單是耶穌基督第二次再來之後我們才能得勝，而是今生今世、此時此地便在上帝呼召我們所在的地方過得勝的生活，不斷靠著上帝所賜的大能大力勝過我們自身的敗壞，勝過撒但的攻擊，也勝過這個世界的各樣試探和誘惑。不管我們具體的處境如何，上帝的恩典始終夠我們用的，耶穌基督已經為我們勝過了世界。

5. **基督教文明的建制：各種政府的分工。**基督教文明是在上帝及其真理之下的多元文明，這種多元文明並不是世上盛行的多元主義和相對主義，而是在獨一上帝和絕對真理之下的權力劃分和職能分工。基督徒的得勝最終落實在組織和制度上。首先是「治理」之組織上的多元性，這一文明既包括「個人的自治」、「家庭的治理」、「教會的治理」，也包括「國家的治理」。其次就是區域和權柄上的多元性，個人、家庭、社會、教會和國家都各有自己的區域，各有自己的職能，但都處於上帝及其律法之下。唯獨上帝集立法、司法和行政大權於一身。其他任何個人和個人所組成的組織都是有限且有罪的，不可能享有獨斷、獨尊的權力和地位。基督教文明既要注重立法權、司法權和執法權這三大權力之間的分立與制衡，也要注意家庭、教會和國家這三大聖約組織之間在組織和分工上的分立和平衡。唯有如此，才能在制度層面上杜絕各種專制與暴政的孳生。

「聖學為體，世學為用」四大方面

我們把雅和博經學所主張的「聖學為體，世學為用」直接落實到四大方面。這四大方面使得雅和博經學立足於來自上帝的絕對啟示，參照歷代古聖先賢的歷史教訓，重視個人內在的本性與尊嚴，最後則是直接面對現實生活中人心與社會文化的需要。

1. **上帝絕對的啟示：**強調聖經的啟示。雅和博經學始終以上帝所默示的聖經為至高無上的絕對標準，此種理論上的「高度」直接上達穹蒼，連於上帝，歸一切榮耀給上帝。因此，雅和博經學始終強調不斷地回到聖經，以上帝的啟示為絕對標準，不斷地檢驗、更新我們在哲學、宗教、律法和政治各個方面的主張。在

雅和博經學中，我們旗幟鮮明地以上帝的特殊啟示為我們認知性的前提，強調聖經作為上帝特殊啟示之結集的無謬性、權威性、充分性和相關性，從而為基督徒的信仰和生活提供了超驗、絕對、普世的標準。在這個方面，「聖學」乃是經學，首先指向的就是上帝所啟示的無謬性和權威性，這種無謬性和權威性直接來自上帝本身；而「世學」首先指向的則是上帝的啟示在世界中的充分性和相關性，這種充分性和相關性所強調的則是聖經對人在信仰和生活方面的應用。

2. **古聖先賢的教訓**：強調歷史性的認信。雅和博經學堅持以《西敏斯特準則》為表達的改革宗信仰為基督教正統神學的正傳，強調奧古斯丁、阿奎納、加爾文、歐文（John Owen）等基督教經典名家的闡述，同時參考古今中外中國、希臘、羅馬、印度等各個國家、文化、民族中真理的亮光，此種理論上的「寬度」覆蓋古今中外，注重上帝在歷史中的作為和啟示。因此，雅和博經學高度重視真理的傳承，在堅持改革宗信仰的前提下，博采百家之長，運用世上一切美善的東西來榮耀上帝，造福他人。雅和博經學雖然強調聖經的獨特性和權威性，但我們並不是排斥其他一切宗教和真理的「聖經主義」。這種「聖經主義」貌似尊崇聖經，卻不曉得聖經本身並不是終極目的，更不是我們的崇拜對象，而是帶領我們「因信基督耶穌，有得救的智慧」。同時，要「按著正意分解真理的道」，我們必須自覺地參照歷世歷代教會先聖先賢的解釋，而信經和信條就是上帝藉著歷代教會和聖靈光照賜給我們的具有歷史權威性的解經指南。當然，我們也不排除對其他宗派和宗教中真理亮光的參照和引用。在這個方面，「聖學」乃是史學，所指向的就是歷代教會中先聖先賢對聖經的解釋，這

些解釋乃是我們按照正意解釋聖經必須參照的亮光；「世學」所指向的乃是教會之外人士在宗教和各種知識方面的貢獻，我們也當從普遍恩典和普遍啟示的角度予以尊重和吸納。

3. **個人內在的本性**：強調個人心靈的經歷。雅和博經學既強調上帝造人本體上的性善，又強調墮落和私慾給人性帶來的污染和扭曲，並為人提供以攻克己身為導向的明確靈命操練工夫。此種理論上的「深度」使我們洞見人性在創造、墮落、救贖整個過程中的幽微複雜，重視上帝在人心中的工作。因此，雅和博經學特別強調個體的尊嚴和人心的需要，並強調上帝賜下律法和福音的目的就是讓人得福，甚至我們可以說，個人的幸福就是對上帝最好的榮耀，那種泯滅個人尊嚴和幸福、一味地苦待己身的神學並不合乎聖經。同時，我們對認知心、宗教心、道德心、政治心的強調，乃是承認並重視普遍的人性。人性雖然已經受到了罪的污染、扭曲和敗壞，但人性仍然是人性，仍然具有上帝的形象，依然在認知、情感和意志的自由上具有一定的能力和尊嚴。我們在傳福音的時候仍然可以訴諸人性的基本需求和法則，呼籲人承認上帝的存在和自身的不足、罪惡，從而謙卑地歸向上帝和耶穌基督。在這個方面，「聖學」乃是心學，指向聖徒心中在聖靈光照下對上帝及其真理的經歷，這種經歷使得經學和世學在人心中成為活潑的生命之道；「世學」乃是己立立人，人以弘道，基督徒當以自己所經歷的生命之道來服事人心靈的需要，醫治受傷的心靈。

4. **社會文化的需要**：強調對社會和文化的參與。雅和博經學既直接鞭笞墮落所導致的各種轄制和暴政，也指出個人和社會在基督裡能夠得到真正的自由，此種理論上的「力度」直接鼓勵、

裝備人對教會內外形形色色的罪惡和專制展開不屈不撓的爭戰，直到最終得勝。這就使得我們充分重視如何在現實生活中完成上帝賜給我們治理全地、傳講福音的使命。因此，雅和博經學強調自由與法治，強調基督徒在基督裡的自由不僅是心靈的自由，也包括在公共領域，就是律法、政治、經濟方面的自由。在面對社會的需要上，我們既要在特殊啟示的角度強調我們需要上帝的律法和耶穌基督的救贖；同時，即使他人不接受聖經中所啟示的三一上帝及其真理和救贖，我們也可以從普遍啟示和普遍恩典的角度尋求最基本的共識，不斷地改變社會與文化，使其在法治、民主與共和上不斷完善，使人能夠更加自由地敬拜上帝、傳講福音、和平共處，直到耶穌基督再來。在這個方面，「聖學」就是我們基於聖經啟示、教會正傳、心靈經歷而闡揚的濟世救人之作，是我們作為上帝膏立的時代工人，在當今處境下對基督教真理的發揚；「世學」就是我們把基督教真理應用到目前社會文化的各種理論與實踐之中。

「仁教心學，法治德政」與內聖外王

內聖外王是中國儒家的道德理想。內聖是指在人內在的道德修養上追求愛主愛人、成聖成賢的工夫，外王是指人在世界上參與立功、立言與立德這三大不朽事業的拓展。這種內聖外王的崇高理想，只有在基督教中最終才能成全。因著聖父的揀選、聖子的救贖和聖靈的更新，我們都有先知、祭司與君王的膏抹和職分，我們都是上帝悅納的寶貴的兒女。

1. **仁教與內聖的前提**：我們在仁教心學兩大部分強調基督徒的內聖，仁教強調內聖的客觀性和超驗性根基，就是上帝的超

驗性和世界的秩序性。承認這種超驗性和秩序性，乃是基督徒內
聖的前提。上帝是超驗的上帝，祂首先是自有永有的上帝，既不
局限於只在我們心中存在，更不依賴我們的存在而存在。因此，
基督徒的內聖首先不是儒家所主張的「內在超越」，而是個人心
靈與超越之上帝的聯結。這種聯結首先必須承認上帝的超驗性以
及上帝所創造之世界的秩序性。我們無法認識上帝的本體，甚至
也無法直接與上帝產生本體上的聯繫，我們始終是透過世界和上
帝在世界歷史中的啓示而與上帝聯結，包括我們作爲聯結的主體
本身就是世界的一個部分。這也就是說，不管我們如何超越，如
何屬靈，我們都不能離開世界，不能離開歷史，也不能離開受造
物，更不能在本體上與上帝聯合、混合或合一，我們與上帝的關
係始終是聖約性、法理性的關係。即使有聖靈住在我們的心中，
即使我們與基督聯合，也不是本體性或位格性的混合，而是聖約
式的聯合。儘管這一聯合涉及到三一上帝的同在，但我們仍然不
能把上帝的本體和位格完全置於我們這有限且有罪的生命之中。
按其位格和本體而言，耶穌基督仍然在天上坐在聖父的右邊，將
來必從那裡降臨審判世界。因此，基督徒的內聖絕不是虛無縹
緲、玄之又玄的神祕主義，而是實實在在地在這個世界中認識上
帝，經歷上帝，榮耀上帝。

　　2. 心學與內聖的根本：心學強調內聖的主體性經歷和修證，
就是個人對上帝之愛的親證、對他人的愛心。這種主體性的經歷
既包括上帝在基督徒心中所施行的重生之工，也包括上帝動工、
基督徒也有參與的成聖之工。這種心靈的重生與成聖之工乃是基
督徒內聖的根本。因此，我們的內聖，首先不是個人的修行，而
是上帝在我們心中做工，賜給我們新心、新靈，使得我們出死入

生，得享新生命。其次，我們的內聖就是心意的更新、美德的加增、善工的拓展。這三大方面的長進完全屬於我們個人的責任，同時上帝的恩典也繼續在我們的生命中運行，使得我們最終是靠著上帝的恩典站立得穩。因此，基督徒在成聖之工上，沒有任何可以誇口之處。

3. **法治與外王的前提**：在法治、德政部分強調的則是基督徒的外王，法治強調外王的司法性和制度性的設計，我們由此強調合乎聖經的律法和制度的重要性。儒家外王的一個根本性問題就是沒有上帝所啓示的制度與律法，因此儒家的外王最終總是走向不同程度的人治，幾千年來都沒有解決最高權力和平過渡的問題。基督徒則從根本上克服了儒家本身不能克服的問題，這就是我們有上帝所啓示的律法，這律法不僅是客觀、超驗、絕對、普世的，並且是聖潔、公義、良善、永遠不變的。雅和博經學強調，上帝的律法不僅在具體的事宜上爲我們提供了判斷善惡的具體標準，同時也在家庭、教會和國家的治理上爲我們提供了基本的框架和制度，特別是權力的分立和制衡，這是今日許多基督徒所忽略的。因此，我們要用我們畢生的時間時常考察上帝的律法，反覆思想，如此我們就可以在律法的解釋和應用上不斷進步，更加接近上帝的旨意，也更加貼近現實的需要。

4. **德政與外王的根本**：德政強調外王的道德性工夫和實踐，就是攻克己心，在家庭、教會和國家生活的各個領域中作上帝百般恩賜的好管家。我們不需要異想天開，幻想自己能夠改變上帝及其秩序和律法。我們需要改變的就只有自己！如此，我們才能夠自覺地把我們的注意力從毛澤東式的「與天鬥爭，其樂無窮」轉向聖保羅所說的「攻克己身，叫身服我」。這樣，我們就能夠

自然而然地把仁教、心學、法治最終落實在德政上，使得基督徒的生活以修心修德爲本。當然，我們知道不管是基督徒的內聖，還是外王，最終都是倚靠上帝的恩典，皆是因著耶穌基督的救贖和聖靈的同在。所以，基督徒的成聖不會像外邦人的成聖一樣，有所成就，就睥睨天下、自高自大；無所成就，就妄自菲薄，自暴自棄。基督徒的成聖應使自己更加仰望上帝的恩典，更加自覺地把榮耀歸給上帝。

反對暴政，強調在耶穌基督裡的自由

我們深信，人對人的暴政乃是上帝所憎惡的。我們深信，耶穌基督已經爲上帝的子民從根本上勝過了罪惡和暴政。因此，我們要剛強壯膽，活出我們在基督裡已經得到的自由，並且藉著我們自身的見證和作爲，讓更多的人在耶穌基督裡得享真正的自由。

1. **仁教**：我們在仁教部分強調上帝的慈愛和公義。人的暴政是對上帝慈愛的藐視，亦是對上帝公義的踐踏。不敬畏上帝，乃是各種愚頑和邪惡的內在根基；敬畏上帝，乃是真正智慧和善行的開端。當然，聖經中所啓示的上帝並不是一個冷冰冰只講公義和審判的上帝，而是無限慈愛和憐憫的上帝。雅和博經學旗幟鮮明地強調上帝的慈愛，惟願上帝的慈愛能夠感化、溫暖、醫治那些惡人和暴君冷酷的心。

2. **心學**：我們在心學部分強調上帝的救贖和成全。人的暴政就是試圖成爲別人的主宰和救主，是對上帝救贖之工的藐視。歷史上各式各樣暴君的狂妄就是聲稱唯獨自己是「真龍天子」，唯獨自己是救國救民的救世主；暴民的狂想就是自己也能成爲

皇帝，「皇帝輪流做，今天到我家」。他們所注重的都不是對付自己邪惡的心，而是千方百計地改變別人、消滅別人。然而，唯獨聖靈能夠改變人的鐵石心腸，唯獨上帝的聖言能夠滿足心靈對真理的渴慕，且唯獨上帝的大愛能夠滿足人心對真愛的渴求。雅和博經學強調上帝在人心靈中的工作。面對人心的險惡、愛心的冷淡、道德的敗壞、政權的打壓，惟願我們信靠上帝那改變人心的大能，繼續致力於自己心意更新、攻克己心的責任。

3. **法治**：我們在法治部分強調上帝的主權和律法。人的暴政就是試圖僭越上帝的主權，違背上帝的律法，自己作主，自以為是。不承認上帝的主權，人人都想稱王稱霸、唯我獨尊；不順服上帝的律法，人人都是無法無天、隨心所欲，兩者五十步笑百步，並沒有什麼本質的區別。雅和博經學旗幟鮮明地高舉上帝的律法，就是要以此對抗人的各種惡法、惡俗、惡規，確保人在上帝及其約法之下真正的自由、生命和幸福。當知唯獨耶穌基督的救贖之工能夠使我們一切的罪惡都得到赦免，唯獨聖靈的更新之工使我們能夠甘心樂意地降服在上帝律法之下。因此，我們所主張的法治是上帝的律法之下的法治，也是在耶穌基督裡以悔改、赦罪與和解為導向的法治。

4. **德政**：我們在德政部分強調上帝的統治和美德。人的暴政就是叛逆上帝的統治，悖棄上帝所賜給的美德，即上帝當初造人時就賜給人的「真理的仁義和聖潔」。感謝上帝，使我們能夠在耶穌基督裡重新成人。因此，基督徒的德政不是任何人以德服人，而是高舉上帝在耶穌基督裡的救贖，勸人認罪悔改，與上帝重新和好，真正認識上帝的偉大、聖潔、公義和良善。

基督教和現代中國的關係五大方面

本書初稿完成正值二〇一一年二月廿日「中國茉莉花革命」醞釀和興起之時，二稿成書之時正是二〇一四年九月廿八日晚上香港「雨傘運動」正式開啓之日，中國確實面對三千年未有之變局。熊十力當初曾言：「欲救中國，必須先救學術。」[51]關於基督教和現代中國的關係，筆者認爲至少有五大方面論述。

1. **中國之復興，有待基督教真理在中國文化中的扎根；因此，我們首先強調基督教正統神學。**我們所傳講的基督教不是激進淺薄之人隨自己私意而兜售的反知、反律式的基督教，而是強調回歸聖經、尊重先聖先賢所信的歷史性、大公性的改革宗神學。

2. **基督教真理在中國文化中的扎根，有待於中國基督徒創造性地繼承中國傳統文化；因此，我們強調中國傳統文化中敬天愛人的基本價值乃是來自上帝的普遍性啟示。**但當知基督教是要更新中國文化，而不是徹底地摒棄中國文化。很多中國基督徒因爲深受中國傳統文化之害，所以對中國傳統文化深惡痛絕，不願意接納中國傳統文化所曾經使用的概念，比如「仁教」、「心學」等等。但我們必須學習放下自己，甚至放下自身的恩恩怨怨，也就是基督所強調的捨己，從上帝的啓示和國度的角度重新審視中國傳統文化，如此我們才能去僞存眞，承前啓後，眞正實現上帝對我們生命的旨意。另外，雅和博經學不僅從改革宗神學所提倡的

---

51 http://www.gmw.cn/content/2006-04/26/content_410611.htm，2011 年
    3 月 6 日查考。

普遍恩典與普遍啓示的外在角度來積極地看待中國文化，更是從心靈境界的內在角度強調永生就是在基督裡與上帝和好，並且以上帝爲樂，這就是古今中外一切先聖先賢所崇尚的「天人合一」的境界。因此，我們用心靈境界直接突破文化所造成的時空性隔膜，使得中外基督徒都能明白、體會、享受那種「天道性命相貫通」的圓融極樂之境界。

3. 中國基督徒要創造性地繼承中國傳統文化，必須首先開始創造性地繼承以聖經為根本的基督教正統神學——就是以《西敏斯特準則》為代表的基督教改革宗神學。《西敏斯特準則》爲我們提供了基於聖經的恢弘、精深的世界觀與文明論體系，又經過將近四百年的實踐證明了它強大的活力。只有當我們自覺而謙卑地繼承這樣經典的教義標準和體系，我們才能夠有所憑依，對中國傳統文化加以梳理和鑑別，本著「聖學爲體，世學爲用」的方法，去蕪存菁，繼往開來，承接中國傳統文化「仁教心學，法治德政」的精神，從而爲中國文化的更新和發展帶來新的模式和活力。誠如明代大儒張載所言「爲往聖繼絕學，爲萬世開太平」，雅和博經學正是這樣一種博采古今、連貫中西的文化創新之嘗試。這種經學強調回歸聖經眞道，尊重歷史正傳，反對一切激進、試圖靠人的努力改變一切的烏托邦幻想。因此，不管是在哲學方面，還是在宗教、律法與政治方面，雅和博經學所秉承的都是眞正的文化保守主義的精神。

4. 文明的轉型關鍵涉及到制度的轉型，但更重要的是人心的改變、品格的更新。因此，雅和博經學不僅從哲學、宗教、律法和政治方面繪製藍圖，而且追本溯源，把這四大方面與人心的四大內在傾向聯繫起來，這就使得四大體系在人的本性或心靈深處

有了出發與落實的根基。同時，雅和博經學也闡明了基於聖經和大公教會正傳的靈修體系，透過研經、聽道、默想等各種方式的靈修，基督徒就能夠更多、更深地經歷聖靈的光照，在哲學的認知上消除各種謬見，在宗教的敬虔上消除各種迷信，進而在律法的公義上消除各種不義，在政治的權力上消除各種暴政。如此，在個人層面上消除各種謬見與迷信，在公共層面上消除各種不義與暴政，就能夠逐漸使人擺脫謬見、迷情、罪行，完成上帝所賜與先知、祭司與君王的職分，使更多人真正享受上帝賞賜的「榮耀尊貴為冠冕」。

　　5. 人心的改變、品格的更新必須落實到人的心靈深處，就是整個思維範式和深層意識都要改變。因此，雅和博經學所提倡的不是某一個意念或觀念的更新，而是整個思維範式的完全更新，這一思維範式就是以前提論為導向的聖約經學，落實在哲學、宗教、律法和政治四大方面，從而構成基督徒的世界觀和文明論。另外，雅和博經學所提倡的靈修與德修神學強調長期、深刻的默想與靜觀，目的就在於改變人的深層意識，使人在心靈深處更加自覺地歸向上帝和真理。我們所需要的不僅僅是推翻某個政黨的專制和暴政，而是帶領每個人認罪悔改，信靠獨一的救主耶穌基督，從根本上改變人心、改變文化、再造文明，消除一切孳生專制和暴政的土壤，才能夠使人與上帝和好，使夫妻互相和好，消除宗派、種族、黨派之間無益的紛爭，求同存異，建立自由、寬容、法治的國家，使社會達到真正的長治久安。若沒有這種在基督裡所進行的個人心靈的內在革命，什麼樣的革命都不過是換湯不換藥；一朝天子一朝臣；最終則是「興，百姓苦；亡，百姓苦」！

基督教會在文明重建中的五大作用

因此，雅和博經學是一個文化創新的運動，也是一個文明更新的運動。這種創新和更新所主張的不是激進的革命，而是和平、漸進、有序、溫和的改良，目的就是要回歸上帝和上帝所啓示的律法，回歸人類古老的基本道德秩序和傳統，這一道德秩序的核心就是敬天愛人，也就是敬畏上帝，尊重人權。教會應在中國文明重建的過程中發揮不可替代的重要作用。

1. **加強自身建設，為文明重建提供神聖性的文本和樣本。**教會當注重教義體系的建造，為眞理樹立旌旗，我們必須在思想上為文明的重建提供藍本——注重靈修體系的建造，為天國培養人才；我們必須在人力上為文明的重建預備人才——注重治理體系的建造，為制度奠定典範；我們必須在制度上為文明的重建樹立榜樣：注重德修體系的建造，為文明塑造精兵；我們必須在道德上為文明的重建開啓出路——注重教育型門徒培訓，為未來奠定根基，從未來的角度注重系統人才的培養。

2. **加強社會參與，為文明重建注入博愛性的精神與活力。**教會不能把自己的活動僅僅局限在教堂之中，當積極地走向社會。當然，建制性教會及其教牧人員應當把注意力集中在祈禱、傳道和牧養上。但是，有機性教會即上帝的子民，他們可以自願地結合成各種團體和組織，針對性地參與社會的活動，神職人員則要為他們在眞理和靈命上提供培訓和方向，各個基督徒也都當根據良心積極地參與配合。基督徒可以成立「反墮胎協會」，倡導反對強迫墮胎；也可以成立「保護環境協會」，反對因為一時的經濟發展而污染環境；甚至可以成立「留鬍子協會」，提倡聖經中

所啓示男人當有的陽剛之美；當然也可以成立「反革命政黨」，反對以暴力革命的形式來改變社會現狀等等。

3. **加強文化會通，為文明重建進行溝通性的修橋和補路。** 中國基督徒當充分瞭解、尊重和吸收中國傳統文化中的優秀成分；也當尊重西方基督教文化中法治、憲政、共和的文化；對於佛教文化中那種大慈大悲、自覺覺他的救世精神當予以欣賞；對於穆斯林文化中那種痛恨以物配天的宗教精神當敬重借鑑；對於社會主義文化中那種關心窮苦大眾的社會考量也當予以理解和兼顧。只有在文化會通的基礎上，基督徒才能對於其他文化類型發揮修橋補路的成全作用，而不是完全排斥，甚至予以醜化，妄圖消滅，犯下「行義過分」的錯誤。世界是複雜的，人心亦是複雜的，上帝對世界的帶領並不如我們想像的那樣簡單。我們不要自以為聰明，把自己凌駕於他人之上，試圖代替上帝來論斷他人和文化。

4. **加強宗教對話，為文明重建消解不必要的障礙和阻力。** 不同宗教的存在皆有上帝的美意。雖然終極而言，宗教有真假之分，真宗教內部不同宗派之間在真理上的純度也各不相同，但是最終判斷這一切的並不是我們，而是上帝。在世界末日大審判之前，上帝的旨意就是容許稗子和麥子一起成長，所以我們大可不必非要把稗子薅出來不可！德國戲劇家萊辛（Gotthold Ephraim Lessing）曾經在一七七九年發表一齣喜劇，名叫《智者納坦》（*Nathan der Weise*）。喜劇的背景設定在第三次十字軍東征耶路撒冷期間，講述了一位聰明的猶太商人納坦、有學識的薩拉丁以及一開始有些惹人生厭的聖殿騎士，他們之間如何打破猶太教、回教和基督教三教隔閡的故事劇本。劇中薩拉丁問哪一個宗教才

代表真理，於是納坦講述了這樣一個故事：有一枚傳家之寶的戒指，它擁有能使人欣悅上帝和人類的能力，戒指一代一代地由父親傳給他們最喜歡的兒子。直到戒指傳到了一位有三個兒子的父親手上，但這位父親不分伯仲地同樣愛三個兒子，並承諾將這枚戒指傳給所有的兒子。因此他仿照做了另外兩枚十分逼真的假戒指，並在臨死前交給每個兒子一枚。兄弟們當然對於誰拿到了真的戒指而爭吵不休。所以有一位智慧的法官就告訴他們，目前沒有辦法鑑別真假，或者也可能這三枚都是假的，而真正的戒指其實早在很久之前就已經遺失。唯一能辨別的方法就是讓他們各自持有戒指過生活，以他們的生活來證明戒指的能力，是否是真正能欣悅上帝和人類的一生，而非坐著枯等期待戒指的魔力顯現。納坦用這個故事借喻宗教，告訴生活在多元宗教下的我們當尊重對方的信仰，且最重要的就是自己活出生命的見證來。因此，各個宗教之間應當藉著研究和對話保持溝通和友誼，不要試圖透過神蹟來證明自己的純正。[52]

5. **加強國際聯繫：為文明重建提供國度性的視角和網絡**。教會本來就是聖而公的教會。教會的聖潔性來自教會在地位上是屬於上帝，而不是屬於某個政黨或國家，所以讓教會降服在某個政黨的領導之下乃是荒謬的；讓教會愛所在國家或政府勝過愛上帝和真理，也是赤裸裸對教會的欺凌！教會的大公性是指教會是普世性的組織，超越民族、政黨、國家的局限。因此，教會在本質

---

52 參考「維基百科」上的「智者納坦」條目，http://zh.wikipedia.org/wiki/%E6%99%BA%E8%80%85%E7%BA%B3%E5%9D%A6，2014 年 12 月 9 日查考。

上就是國際性的，上帝之所以呼召亞伯拉罕，目的就在於「地上的萬族」都要因他得福。耶穌基督更是宣告：「天上地下所有的權柄都賜給我了。所以，你們要去，使萬民作我的門徒，奉父、子、聖靈的名給他們施洗。」教會獨一的元首和救主就是耶穌基督，而我們身為基督徒也與耶穌基督一同在地上執掌王權。目前大多數中國教會還處於「哭泣」的階段，因為我們不知道耶穌基督已經在歷史中得勝！正如基樂頓（David Chilton）所注釋的那樣：「基督已經把他的子民從萬邦萬國中買贖出來，不僅救贖他們脫離罪惡，更是使他們能夠完成上帝所賜治理的使命。作為第二個亞當，不像亞當摒棄管理世界的使命那樣，基督這次把他的新創造置於不可動搖的根基上，就是他的受死、復活和升天。拯救是有目的的，上帝不僅拯救我們脫離罪惡，也拯救我們重新歸回起初賜給我們的使命。基督使他的子民成為君王和祭司，並且保障了他們的命運，就是：他們必要在地上執掌王權。這表明了歷史的方向：主所拯救的人，已經成為一個君尊祭司的國度，他們正在走向徹底的得勝和治理，這是上帝當初就為人計劃的。」[53]因此，上帝的子民同屬於上帝的國度，這個國度乃是國際性、普世性的國度，我們不可受制於自己所在的民族性國家的局限。將來中國教會可以大量移民美國、加拿人、澳人利亞、紐西蘭，以及歐洲、南美洲、非洲、印度各國，這是天父世界，我們是上帝的兒女，當根據上帝的呼召到上帝帶領我們去的地方。當然，在國內服事的弟兄姊妹如有可能，也可以到境外旅遊、開會，增加

---

53 David Chilton, *The Days of Vengeance: An Exposition of the Book of Revelation* (Tyler, Texas: Dominion Press, 1987), p. 179.

一些國際性的經歷；在海外留學、經商甚至定居的中國人，也可以回到中國事奉。如此基督徒就能構建恢弘的國際性視角，建立強大的國際性網絡，一起在這個世界上為上帝的國度效力。

基督教文明在當今世界與中國的發展

這是一個大題目，遠遠超出我們此書的範圍。因此，我們不能詳述細分，只能籠統而言。一九五○年，阿倫特在談及文明的時候非常清晰地指出：「在歷史眼光和政治思考的層面上，流行著一種含糊不清的共識，即一切文明的本質結構已經到了崩潰的臨界點。」[54] 半個世紀過去了，人類文明的前景仍然不容樂觀。

縱觀目前世界上存在的各個文明，歐洲基督教文明基本上已經被左翼社會主義思想和國家福利政策吞噬，隨著大量穆斯林移民的湧入，歐洲基督教文明已經是岌岌可危。幾乎是在一百年以前，梅欽就已經沉痛地指出：「七十五年前，西方文明儘管也有不連貫之處，但在主體上仍然是基督教文明；今天在主體上則已經成為異教文明。」[55]

反觀美國仍然保持著基督教文明的活力，以保守的長老會和浸信會形式存在的改革宗神學亦仍然具有一定的力量。基督教在神學教育、內部建造、國際宣教和社會影響上依然發揮著不可替代的作用，但以廢除死刑、同性戀合法化和全民醫保為標記的自由主義思想已經愈演愈烈，文明的衝突在美國內部非常清晰可見。

54　阿倫特，《極權主義的起源》，初版序。

55　J. Gresham Machen, *Christianity and Liberalism*, p. 65.

在南美洲、波蘭、西班牙、葡萄牙、義大利、菲律賓等天主教占主流的國家，天主教大廈看起來搖搖欲墜，但仍然保持其千年老店的實力和影響，尤其是在強調家庭、婚姻、勞動的傳統價值上，天主教教會依然發揮著強勁的影響。

隨著冷戰的結束，共產主義極權政權在俄國的崩潰，東正教在俄羅斯經歷了很大的復興。但是，東正教仍然在真理上缺乏清楚的體系和立場，以致東正教牧首和俄羅斯總統普丁眉來眼去，可見東正教依然沒有擺脫在公共神學和公共領域中軟弱、曖昧的尷尬景況。

在東亞，印度教和佛教的影響仍然非常根深蒂固，不管是在印度、日本、泰國，還是在中國大陸、臺灣、香港等地，當地的基督教在文明方面都還不足以與印度教、佛教、儒教抗衡。雖然南韓基督教來勢迅猛，但以趙鏞基為代表的極端靈恩派和各種異端思想充斥韓國教會，即使是來華傳講改革宗神學和長老會制度的南韓宣教士，也常常受東方專制主義的影響，不知不覺地在中國教會中作威作福，搞起各種形式的「家長制」。因此，中國教會應當小心韓國品牌的改革宗和長老會體系。

廿一世紀全世界最大的奇事就是改革宗神學在中國的傳播。臺灣長老會是臺灣的主導性教會，中國大陸長老會在一九四九年之前也是大陸眾教會中主導性的宗派。今日中國大陸開放之後，改革宗神學重新成為大陸教會的顯學，長老制教會亦重新成為大陸眾教會在建制上轉型的首選，北京、上海、天津、成都、重慶、福州、鄭州等各大城市都有改革宗和長老制教會的出現。目前在大陸教會內卓有影響的李濤牧師、范亞峰弟兄、張守東長老、王怡牧師、彭強牧師、孫毅長老、游冠輝長老、袁靈牧師、

高眞牧師等都是具有改革宗神學背景的新一代學者型教牧，他們透過自己的生命和學問強而有力地推動了改革宗神學在中國的發展。

對改革宗神學在歐美各國之境況的反思

改革宗神學在英國、荷蘭、瑞士、澳大利亞、紐西蘭、美國、加拿大、南韓等國家仍然是主流宗派之一，並沒有被邊緣化。同時，改革宗神學滲透到歐美各國的大眾文化之中，比如上帝的主權、人的全然敗壞等教義，仍然是憲政法治、經濟和有限政府論的理論支柱，因此，改革宗神學不僅沒有被邊緣化，實際上已經融會到社會和文化之中，成為民族精神或「民情」的一部分。

另外，當今基要派和福音派神學的根基仍然是改革宗思想，比如被譽為基要派領袖的梅欽博士是著名的改革宗神學家，也是西敏斯特神學院創建人之一；福音派神學代表亨瑞（Carl F. H. Henry）也是改革宗神學家。[56] 埃爾韋爾（Walter A. Elwell）所編輯的《福音派神學家手冊》中介紹的卅三位神學家中至少有廿位是改革宗神學家。[57] 改革宗神學內部也不斷有新的復興和重建。

當然，改革宗神學在形式上確實已經喪失十六、十七世紀曾經達到的輝煌階段，而歐美、南韓等許多國家現在所宣講的改革

---

56 See Collin Hansen, "Young, Restless, Reformed: Calvinism is Making A Comeback—and Shaking up the Church," *Christianity Today, September, 2006*, p. 32-38.

57 Walter A. Elwell, ed. *Handbook of Evangelical Theologians* (Grand Rapids, MI: Baker, 1993).

宗神學也在很大程度上悖離了十六、十七世紀的傳統。這種世俗
化在美國是於廿世紀廿年代開始的，其標記就是挑戰聖經啓示
在公共生活中的權威性。[58] 最明確的標記就是美國和加拿大許多
以《西敏斯特信條》（廿五章「論國民政府」）或《比利時信條》
（卅六條「論國民政府」）爲規範的改革宗教會，先後修改了有
關國民政府的條款，放棄十六、十七世紀宗教改革時期普遍認同
的「神權政治」（Theocracy），走向世俗化，採納多種宗教合法並
存的「多元政治」（Plurualism）。現代大多數歐美改革宗教會基
本上已經喪失了兩千多年來教會一直堅持的建立「基督教文明」
（Christendom，基督王國）的概念，這實在令人感到遺憾。這表
明基督教在歐美已經放棄了如青春期那種雄心勃勃的開拓精神。
當然，美國廿世紀興起的新加爾文主義、新清教徒主義和新福音
派運動，都不同程度地強調基督徒的社會責任和社會參與，甚至
重新強調美國是「基督教國家」，應當重新回到基督教的傳統中。

諾斯分析說，從一六六○年詹姆斯二世復辟到一七八九年英
國光榮革命，人本主義者吸收了加爾文主義的基本教義，並且加
以世俗化。（1）他們把上帝的主權這一教義轉化爲自然的主權、
個人的主權、人民的主權等等；（2）他們把信徒皆祭司以及教
會內部選舉的模式轉化到政治領域中，奠定了現代民主政治的理
論和模式；（3）加爾文主義者主張上帝設立法度，人有能力發
現這些法度並加以運用，這成爲西方法治和科技發展的理論支

---

58 Gary Scott Smith, *The Seeds of Secularization: Calvinism, Culture, and Plurualism in America, 1870-1915* (Grand Rapids: Christian University Press, 1985).

柱：（4）加爾文主義所主張的上帝以咒詛和賜福的形式施行獎懲的教義，經過蘇格蘭常識哲學的轉化，成爲亞當‧斯密（Adam Smith）所主張以供需平衡爲核心的自由市場理論；（5）清教徒關於上帝的國度在歷史中不斷得勝的教義，成爲啓蒙運動中人本主義者所主張的歷史不斷進步論的基礎，甚至馬克思也沿襲了這樣的模式。[59] 當然，諾斯的分析不一定完全，這些觀念中的進步部分不僅有人本主義者的轉化，也有基督徒主動的努力和影響。

　　但是，歷史在向前發展，十六、十七世紀的改革宗神學雖然在一定程度上代表改革宗神學的經典階段，但並不是改革宗神學的高峰。（筆者在加爾文神學院的授業導師瑞慕勒先生常說，在神學上要向十六、十七世紀學習，但十六、十七世紀的生活其實很可怕，既包括大規模的宗教戰爭的可怕，也包括人在生活方式各方面的簡陋，比如進行手術卻沒有麻藥。）因此，改革宗並不是「復古派神學」，認爲只要徹底回到初期教會、回到教父神學、回到中世紀，或者回到十六、十七世紀，就可以解決現在的問題，這種想法既不合乎聖經，也不合乎現實，乃是非常幼稚的。每個時代都要根據聖經、根據歷史傳承，對於自己時代所面對的問題和挑戰做出自身的努力。歷史已經成爲歷史，即使我們眞的想回去也不可能做到。所以改革宗神學的特徵之一就是不斷根據聖經和時代需要進行改革。[60] 這種敬畏上帝，按照上帝的聖言

59　Gary North, *Westminster's Confession: The Abandonment of Van Til's Legacy* (Tyler: Institute for Christian Economy, 1991), Forward, x.

60　這是荷蘭第二次宗教改革過程中提出的口號，原意是教會在教義、敬拜和行政上已經是改革宗教會，接下來最重要的工作就是會眾在靈命上的歸正。此處所強調的並不是不斷修正對教義的陳述，而是

不斷改革現狀的精神乃是改革宗神學的精神和精華。這種不斷改革的精神不僅面向自身內在的靈命、面向教會本身的歸正，而且面向個人和社會生活的方方面面。正如清教徒牧師凱斯（Thomas Case）一六四一年在英國議會講道時所強調的那樣：「改革必須是普世性的。……要改革所有地方、所有人和所有行業；要改革各級司法和行政部門。……要改革大學，改革城市，改革國家，改革學校，改革安息日，改革聖禮、敬拜。你們當做的工作遠遠勝過我所能說的。……凡不是天父所栽植的，都要拔出來。[61]」

從這個角度來說，改革宗神學是否被邊緣化並不是我們首先關注的問題。我們首先關注的問題應當是忠於聖經所啟示的真理，並忠心地完成上帝交託給我們那不斷改革、勇猛精進的時代性使命。

當然，從教會現狀來看，改革宗神學仍然是守護基督教真理的鋼鐵長城，也是帶領世界走向真理、帶領中國歸向上帝的主流力量。中國教會歷史學家梁家麟博士強調：「加爾文的神學思想為更正教賦予獨特的身分性格。要是沒有他在神學上的貢獻，宗教改革也許只停留在一連串歷史事件的地步，而不能發展成一個活潑而有生命的信仰傳統，將不同地方偶發的行動貫穿起來。特別是在十七世紀，面對天主教強烈的攻擊，只有加爾文主義能夠

強調基督徒靈命本身的改革。可惜，近現代以來，很多改革宗教會反其道而行之，不強調自己在靈命上的歸正，反倒為了迎合時尚，不斷妥協，在教義方面不斷修正。沒有教義上的穩定性，牧者和會眾都會無所適從，直接影響到講壇的傳講和信徒靈命的歸正。

61　Quoted from Michael Walzer, *The Revolution of the Saints: A Study in the Origins of Radical Politics* (Cambridge, Massachusetts: Harvard University Press, 1965), pp. 10-11.

旗幟鮮明地高舉更正教的神學立場，確定其獨特的信仰身分。無疑更正教存在著路德宗、聖公宗、重洗派等不同傳統；但是，卻沒有任何一個神學傳統就其系統性和全面性而言，可以與加爾文的改革宗傳統相比擬。這也解釋了為何改革宗傳統傳播的幅員最遼闊，影響也最廣大。」[62] 並且，我們始終堅信，改革宗神學最純正地反映了聖經啟示和教會認信的真理，正如蘇格蘭改教家約翰·諾克斯所言，如果我們站在上帝這一邊，我們就始終是大多數！

最重要的是，改革宗神學所代表的並不是一個歷史性的宗派，而是一種在認知上不斷地回歸聖經；在生命上不斷地經歷上帝的恩典；在行動上不斷地根據上帝的聖言、倚靠聖靈的大能改變並道化世界的精神和運動。這種精神和運動永遠不受時間和空間的局限，始終此起彼伏、不斷更新、不斷壯大、披荊斬棘，直到耶穌基督再來的日子。

改革宗神學在中國發展所面對的五大問題

改革宗神學在今日中國異軍突起，在中國大陸教會中與福音派、靈恩派三分天下。早在二〇〇八年的時候，北京中國社科院的于建嶸教授就在北大發表有關家庭教會的演講，指出：「就神學立場而言，中國家庭教會基本上是基要派基礎上的福音派。現在有兩種神學思潮影響家庭教會的神學立場，就是改革宗運動和靈恩派運動，從而使中國教會的未來趨勢基本上劃為三派：福音

62　梁家麟，《基督教會史略：改變教會的十人十事》（香港：更新資源有限公司，2002 年），頁 211。

派、改革宗和靈恩派。」[63] 實際上，正如陳宗清牧師所分析的那樣，「改革宗其實是福音派的一支，而改革宗與靈恩派並不一定是對立的陣營」[64]，因此，改革宗在中國大陸的影響不僅停留在宗派性的改革宗教會內部，也影響到一般的福音派教會和靈恩派教會。當然，改革宗神學在中國的發展要面對教會內外、中國內外的很多問題和挑戰，此處我們只談及五個方面：

1. **專制制度的強大**：中國二千年來延續至今的皇權專制是空前強大的。這種皇權專制赤裸裸地宣揚「打江山，坐江山」的流氓政治思想，拳頭硬的就是老大哥，槍桿子裡面出政權，根本不在乎任何禮義廉恥，完全是勝者為王，敗者為寇。他們打江山的時候可以不擇手段地屠殺對手、禍害百姓、攫取權力；他們在坐江山的時候也會不擇手段地打壓異己、荼毒天下，維持個人和家族的權力。這種專制制度的可怕性在於它已經滲透到中國文化的骨脈精粹，使得每個中國人在潛意識中都想「皇帝輪流做，明年到我家」。因此，基督徒在中國的使命絕不是推翻一個政黨的統治，或推翻一個王朝的政權，而是與政黨和王朝背後的皇權專制之幽靈作戰。這種皇權專制的幽靈不僅徘徊在中南海，也徘徊在教會中，甚至徘徊在我們每一個中國基督徒的心中！

2. **偶像崇拜的氾濫**：中國的偶像崇拜尤其集中體現在對皇帝的頂禮膜拜上。雖然我們也有過余英時先生欣賞的宋朝士人與皇

---

63 于建嶸，〈為基督教家庭教會脫敏：2008 年 12 月 11 日在北京大學的演講，〉http://www.sachina.edu.cn/Htmldata/article/2008/12/1696.html，2015 年 5 月 14 日查考。

64 陳宗清，《文化宣教面面觀》（加州：思福文化宣教使團，2014 年），頁 143。

帝「同治天下」的黃金時期，[65] 但中國歷史上大多數時間都屬於暴君與昏君交叉的時期。雖然我們中華民族歷史上不乏特立獨行、先知先覺的人物，但大多數知識分子還是甘心樂意地作專制政權的舐痔之徒。甚至到了廿世紀還有人恬不知恥地譜曲高唱：「東方紅，太陽升，中國出了個毛澤東，他是人民大救星！」傳統儒家所期待的「明君聖王」、「得君行道」，更是對政治領域的偶像崇拜起推波助瀾之功。我們必須深刻地認識到人的有限性和有罪性，確知即使我們這些賴恩得救的人仍然是蒙恩的罪人，心中仍有殘餘的邪情私慾。我們實在不值得別人崇拜，所以我們要和保羅一樣自覺而謙卑地在眾人面前承認：「在罪人中我是個罪魁」。只有時常保持這樣的清醒和謙卑，我們才能夠杜絕在中國文化中根深蒂固的偶像崇拜的習氣。

3. 神職人員的軟弱：教會神職人員的軟弱和敗壞也是不能迴避的問題。這種問題並不是唯獨中國才有，在聖經中也記載了神職人員的軟弱和敗壞，亞倫的兩個兒子就是因為獻上「凡火」而被上帝親自擊殺。上帝藉著以賽亞指責當時的祭司和宗教領袖們是貪食的「啞巴狗」，給整個社會帶來了巨大的危險和禍害。在《瑪拉基書》中，神職人員的敗壞引發上帝極大的憤怒。趙天恩牧師在考察中國現代教會史的時候指出：「大多數的中國傳道人都簽了名，也加入了三自。但是妥協的結果，並沒有使大多數的傳道人保存他們的事奉工場，在屢次的政治運動及學習過程中還是被排除掉了。為什麼呢？主要原因是他們多數對政治，特別

65　余英時，《宋明理學與政治文化》（臺北：允晨文化，2004 年），頁 7。

是中共的統戰鬥爭理論一無所知，使他們很容易陷入陷阱。第二個原因就是被懼怕所控制，以至於走妥協的道路。」[66] 廿世紀八〇年代中國大陸興起的很多家庭教會的傳道人，往往還沒有初中畢業，不具備基本的人文常識和神學訓練，只是因為他們經歷了神蹟奇事，在共產黨政治封閉的氛圍下，他們的夢想和精力無法宣洩，就一窩蜂地投入到所謂「傳福音」的天國大業中來，又因為缺乏基本的道德修養，而互相攻擊，各占山頭，使得中國大陸教會在復興的表象下異端橫行、怪獸四伏，更有許多人在教會中受到蒙蔽和傷害。我們當然承認其中有上帝的旨意和憐憫，但承認教會的問題和自身的敗壞亦是我們的責任。

4. **教會建制的混亂**：歐美華人教會基本上都是走「獨立教會」的路線，在宗派上缺乏明確的歸屬，在建制上多是習慣性的「方便法門」，多數教會在建制上和一般的民間社團沒有根本性的區別。港、臺教會享受政治的自由和法治的規範，臺灣長老會、香港播道會、宣道會等都有一定的建制。中國大陸教會在專制政權的打壓之下無法成型，所謂的「三自教會」直接處於無神論政黨的轄制之下，而「家庭教會」基本上都是各自為政，占山為王，採取「家長制」或「主教制」的模式。即使有的教會明確接受改革宗神學和長老制治理模式，但因為缺乏親身的經驗和警醒，往往那些強勢或比較有恩賜的牧師、長老不知不覺地便成了教會的「家長」或「主教」。

5. **靈命靈修的膚淺**：中國大陸家庭教會在靈命靈修上多受

66　趙天恩、莊婉芳，《當代中國基督教發展史（1949-1997）》（臺北：中國福音會出版部，1997年），頁59。

靈恩派的影響，片面地把聖靈的充滿體現集中在說方言、醫病、趕鬼等神蹟奇事上，不明白聖靈是真理的聖靈，是讓我們成聖的聖靈。成聖之路無他法，就是倚靠聖靈所賜的大能大力，以上帝所啓示的律法爲順服上帝的標準，不斷效法基督，攻克己身，叫身服我：「我必將我的靈放在你們裡面，使你們順從我的律例，謹守遵行我的典章。」另外，在靈修神學上比較深厚的就是聚會所系統，倪柝聲所著的三卷《屬靈人》仍然能在很多追求敬虔的教會中大有影響。可惜，倪柝聲所提倡的靈修走向神祕主義和苦修主義，不僅不能用積極入世的世界觀來裝備聖徒，反倒使得基督徒的生活與社會文化的需要越來越隔絕。我們很多人在學習改革宗神學的時候，所學習和強調的多是改革宗的教義神學和長老會的治理制度，對於清教徒的真精神，也就是追求敬虔，缺乏深刻的把握，在靈修操練上更是缺乏，結果這種偏頗經常使得很多人自以爲是改革宗人士，便對其他教會與弟兄姊妹缺乏基本的認可、理解和尊重，動不動就說別的教會「不合法」、「沒有權柄」，被人譏笑爲「殺人宗」。要在中國傳講改革宗神學，改革宗人士必須在靈修上長進，自覺、謙卑地作衆教會的僕人，而不是裁判。務要以愛心成全其他教會與弟兄姊妹，而不是雄心勃勃，狂奔亂行，一定要把其他教會都收編到自己的旗幟之下。

雅和博經學與文明宣教

雅和博經學倡導文明論護教學，這與我們所主張的文明宣教是一脈相承的。文明宣教就是文化宣教，只不過在文明宣教中我們更加明確地突出基督教文明的重要性。

文化宣教是筆者恩師趙天恩牧師的「三化異象」所特別推動

的。趙牧師早在一九九三年的時候就明確地提出：「我們的三化異象使命就是中國福音化、教會國度化、文化基督化，我們的工作自然就朝著這三方面去發展。首要的就是推動福音事工，傳福音使多人信主，就是量的增加。第二是要建立國度化的教會，就是按照神的救贖啟示使教會更新，不受宗派主義或某些文化的捆綁，而進入神的整個救贖歷史當中。第三、文化基督化，就是鼓勵教會、信徒去影響自己的國家和社會，使國人得到福音的好處，甚至改造原有的世俗文化及社會制度。基督徒參政及從事教育工作都是更新社會的好途徑。」[67] 趙天恩牧師特別親自帶領我學習范泰爾的前提論護教學，耳提面命，並且囑託我運用前提論護教學中所展開的普遍恩典之教義，會通西方改革宗神學與中國文化，從而使得改革宗神學能夠本土化，在中國落地生根、開花結果。

　　筆者另一恩師陳宗清牧師則進一步確立了文化宣教的異象，他明確界定文化宣教就是：「各行各業的基督徒在不同的文化領域裡為真理作見證，引人歸向基督。」[68] 因此，文化宣教的終極目標，「是要讓基督的真理進入所有的文化領域，以致聖經的世界觀可以向固有的或世俗的世界觀挑戰。透過彼此之間不斷的互動、交流與對話，好使人的心思意念可以轉變而歸向神。由此觀之，文化宣教的願景是『改變文化土壤』，讓更新後的文化可以

67　趙天恩，《扶我前行：中國福音化異象》（臺北：中國福音會出版部，1993 年），頁 31-32。

68　陳宗清，《文化宣教面面觀》，頁 92。

為基督作見證。」[69]筆者所心儀的文化宣教是在這兩位恩師之主張的基礎上更進一步，倡導自覺又全方位地建立基督教文明，筆者所強調的「仁教心學，法治德政」就是對這種基督教文明之藍圖的概括。

雅和博經學由「仁教」之教育學習，轉向「心學」之生命改變，再經「法治」之制度規範，達成「德政」之品格塑造，最後落實到「文明」之長期建造。經過這樣的陶冶過程，才能真正塑造耶穌基督的精兵，並能在多元宗教、文化戰爭中不僅確保自身的生存和建設，也能己立立人，透過個人的美德與善行、家庭的敬虔與和諧、教會的聖潔與大愛、國家的法治與自由這些文明的力量來吸引人歸向上帝，正如上帝自己所應許的那樣。

惟願上帝憐憫中國，願聖靈的大能開啟人心，使純正地高舉上帝的主權和約法、注重個人的尊嚴和責任的改革宗神學在中國傳播開來；使敬虔地強調上帝律法的長老制教會在中國建立；使雅和博經學所提倡的「聖學為體，世學為用；仁教心學，法治德政」之說在中國深入人心；使每個基督徒都能「歸回聖經，訪問古道；通達時務，聖靈內證」，積極地從自身、家庭和教會做起，改變幾千年沉澱的專制文化；使神州大地真正成為「敬畏上帝，信靠基督；愛主愛人，守約守法」的基督教國家；使擁有世界四分之一人口的中國真正在文化上成為全世界的祝福！

69　陳宗清，《文化宣教面面觀》，頁 93-94。

LOGOS 系列 7
基督教文明論

作　　者：王志勇
社　　長：鄭超睿
主　　編：余杰
編　　輯：鄭毓淇、仉政仁
封面設計：戴芯榆

出版發行：主流出版有限公司 Lordway Publishing Co. Ltd.
出 版 部：台北市南京東路五段 123 巷 4 弄 24 號 2 樓
電　　話：(0981) 302376
傳　　眞：(02) 2761-3113
電子信箱：lord.way@msa.hinet.net
郵撥帳號：50027271
網　　址：http://mypaper.pchome.com.tw/news/lordway/

經　　銷：
紅螞蟻圖書有限公司
台北市內湖區舊宗路二段 121 巷 19 號
電話：(02) 2795-3656　傳眞：(02) 2795-4100

以琳發展有限公司
香港九龍灣啓祥道 22 號開達大廈 7 樓 A 室
電話：(852) 2838-6652 傳眞：(852) 2838-7970

財團法人基督教以琳書房
台北市忠孝東路四段 210 號 B1
電話：(02) 2777-2560　傳眞：(02) 2711-1641

2017 年 8 月　初版 1 刷
書號：L1709
ISBN：978-986-95200-3-4（平裝）　　　　著作權所有 翻印必究

Printed in Taiwan

國家圖書館出版品預行編目資料

基督教文明論 / 王志勇著. -- 初版. -- 臺北市 :
主流, 2017.08
　　面 ;　公分. -- (LOGOS系列 ; 7)

　ISBN 978-986-95200-3-4（平裝）

　1. 神學　　2. 基督教哲學

242　　　　　　　　　　　　　106014108